adidas

ドルトムント
2010－11、2011－12にはボルシア・ドルトムントでリーグ2連覇を達成。主力として、得点を獲り続け、ブンデスリーガを席巻した。

マンチェスター
2012 年には名門マンチェスター・ユナイテッドへ移籍を果たす。ノーリッチ戦でハットトリックを達成するなど、リーグ制覇に貢献した。

日本代表
2008 年に日本代表に初招集。ロシア W 杯のコロンビア戦では PK による先制ゴールを決めるなど、主軸として躍動した。

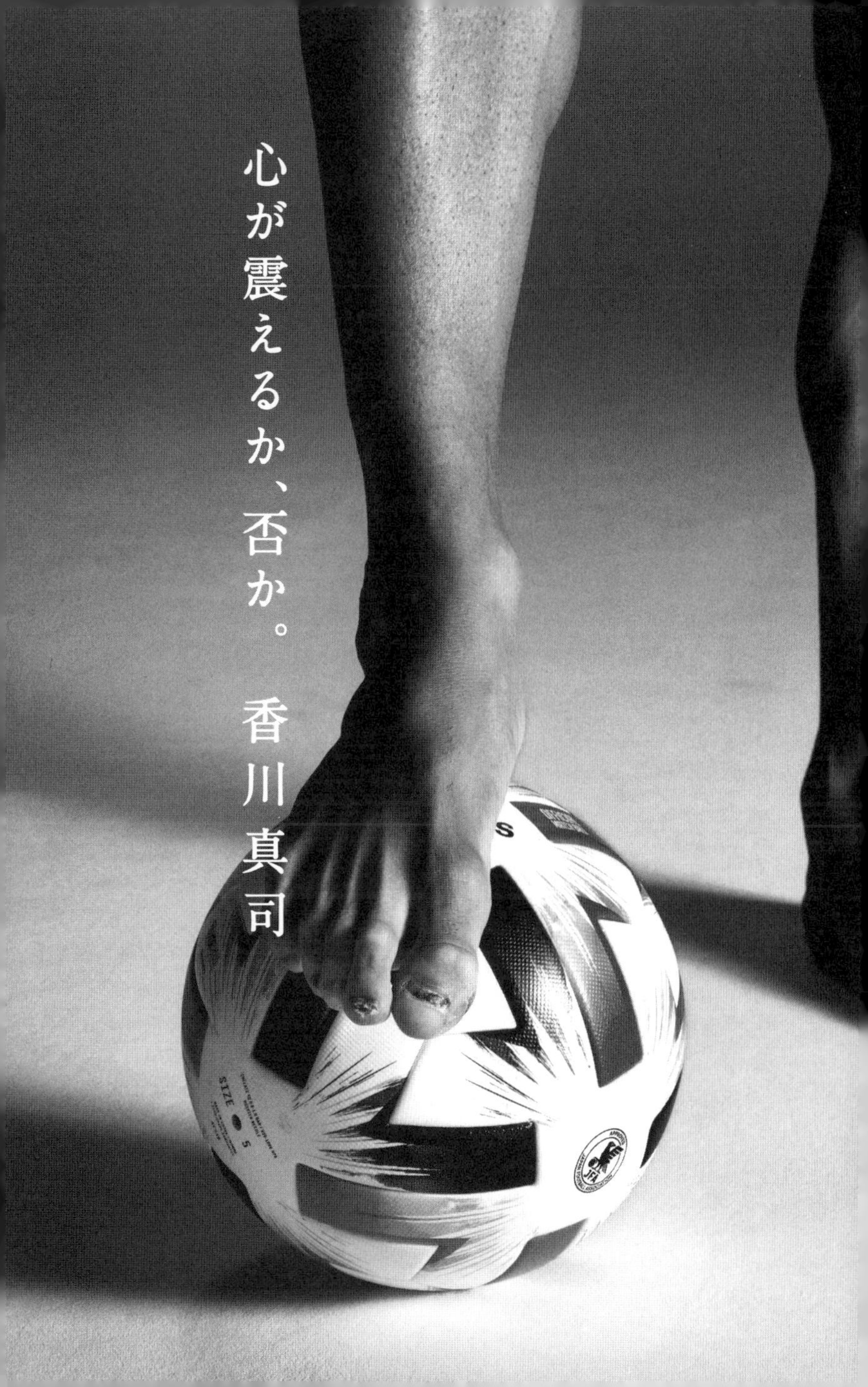

心が震えるか、否か。

香川真司

CONTENTS

CONTENTS

まえがき

香川真司

人生のあらゆるシーンで、「選択」を求められるのは、サッカー選手も、社会人も、学生も一緒だと思う。その多くは正解なんて存在しない。

僕が小さいころからプロ選手を志して、日本代表になって、海外で約10シーズンを過ごすことができているのは、小学6年生のときの「選択」によるものだと思っている。

神戸に住んでいた僕は、仙台にある街クラブの練習に心を奪われた。

「僕もここでやりたい！」

そう思った。まるで「練習帰りにアイスが食べたい！」というくらい、あたかも現実的なことのように僕は両親に主張した。「遠いし、無理やろうなぁ」と、一般常識を前に希望を飲み込むことなく、意見を伝えた。そして、その意思を貫かせてもらった。

海外移籍を検討していた20歳のころ、ドルトムントのスタジアムに行った。8万人入るというスタジアムの熱気と、ヨーロッパ特有の寒さに身を震わせながら、僕はこの試合を見た。

そして、感じた。「できる、通用する、やれる、やりたい」と。

ある年は、ドルトムントからマンチェスターに飛行機で飛んだ。名将ファーガソンはタキシード姿で僕を迎えてくれて、そして、ホワイトボードのトップ下に「Kagawa」と書き込んで僕への期待を表現してくれた。

よく、「選択」をする際にいわれることとして、タイミングが重要だ、とか、より困難な道を選ぶべきだ、というものが多いように感じる。それはなんとなくは理解できる。でも、僕の場合はちょっと違う。

自分の「心が震えるか、震えないか」。それが判断基準なんだ。「ワクワク」という表現でもいいのだけれど、「武者震いする」という方が近いかもしれない。

仙台の街クラブの練習を見て、心が震えた。ドルトムントの試合を見て、このスタジアムの熱気に包まれたいと思った。ファーガソンのおもてなしは、粋に感じて、心につき刺さった。

僕が本を出すにあたり、主に2つのことは伝えられると考えている。

ひとつは、先に書いた「心が震えるか、震えないか」によって様々な「選択」をすることにより、後悔をしないでほしいということ。

もうひとつは、そうはいっても、一方で僕は数多くの失敗をしてきたし、後悔することもたくさんある。でも、そうした苦い経験があったから、色々なことを考えられるようになったし、歯を食いしばって頑張り続けることができた、ということだ。

いつも僕のことを見続けてくれた、スポーツライターのミムラユウスケさんの力を借りて、一冊の本にまとめました。客観的に見てくれたミムラさんのおかげで、重層的かつ資料性もある本に仕上がったと自負しています。かなり分厚く、文字数も多いのだけれど、僕のサッカー人生の追体験を楽しんでもらえれば幸いです。

まえがき2

ミムラユウスケ（構成／スポーツライター）

この本には香川の誠意と生き方がつまっている。

8つの章と、その章を構成する多くのエピソードで構成されているが、各エピソードの本文が終わったあとに、香川の言葉による「FROM SHINJI」というパートが基本的に追加されている。

この種の本は、選手本人が少しだけ時間を割いて語り、それをふくらまして一冊の本にすることが少なくない。でも、香川は違う。

「生涯で出す唯一の本にするのだから、中途半端なものは作りたくない」

そう考えていた。だから、異例ともいえる取材時間と制作時間が与えられ、この分厚い一冊ができた。

この本の制作が本格的にスタートしたのは、私がドイツから日本へと拠点を移したあと、2017年の2月からなのだが、

「ミムラさん、明日、都内の○○ホテルあたりに来られますか？」

「今夜、時間ありますか？」

「来週、ドイツに来られますか？」

「来月、スペインに来る予定はありますか？」

そういう形で連絡がきた。

この本のために何度も、何度も、話す機会をもらった。東京、千葉、大阪、神戸、宮崎、ドルトムント、イスタンブール、サラゴサ、バルセロナ、テッサロニキ……。

さらに2010年から筆者が取材させてもらった話も収録されているから、アジアとヨーロッパはもちろん、北米、南米、アフリカ、オーストラリアと世界の主要大陸全てにおける香川が記録されている。

他にも、クロップ、ファーガソンなど世界のサッカー史に残る人物との貴重なやり取り、移籍の舞台裏と実情、この本にしか記録されていないエピソードは山ほどある。

もうひとつだけ、香川が妥協しないで制作することにこだわった理由があるとするならば、彼の人生の選択と、そこで考えたことが、誰かのヒントになることを本人が強く望んだから。とりわけ、現役のプロサッカー選手を筆頭としたアスリートや、プロスポーツ選手を目指す子どもたちの参考になることを願い、失敗したエピソードも赤裸々に書かれている。

サッカーを始めたばかりの子どもたちにも、この世界についての知識がそれなりにあるプロ1年生にも届くように。それが、サッカー選手の書籍としては異例の量と密度になったこの本をまとめる立場からの切なる願いである。

第一章　@SENDAI

13歳で縁もゆかりもない街へ

涙のわけ

涙のわけが違った。

親元を離れる寂しさや悲しさで泣いたりはしない。でも、心が満たされないときには涙を流した。

サッカーであそこまで心を揺さぶられた以上は、その道を突き進まないなんて考えられない。

香川真司は涙を流しては、こう訴えていた。

「絶対に、仙台に行く」

小学5年生のときのこと。

仙台にあるＦＣみやぎのジュニアユースの子どもたちと一緒にサッカーをする機会があった。ＦＣみやぎのジュニアユース、つまりは中学生のチームだ。当時、香川が所属していた神戸ＮＫサッカークラブ（現在のセンアーノ神戸）のコーチと、ＦＣみやぎのコーチが知り合いだった。両チームは定期的に交流していて、このときはＦＣみやぎの面々が神戸にやってきた。

なんや、これ。めちゃくちゃ楽しいやん！

仙台から来た年上のお兄さんたちと一緒にボールを蹴る喜びを覚えた。

サッカーが好きな少年であれば、自分よりも上手い人たちと一緒にボールを蹴るのは楽しい。上手い人たちと同じチームにいれば、自分が一気に上手くなったような気になれる。彼らを相手にサッカーをすれば、登るべき山に出会えた気がして、胸が高鳴る。

その経験があまりに刺激的だったので、この年の冬休みに、今度は自分が仙台へ行くことにした。ＦＣみやぎの監督の家に2週間ほど泊めてもらい、練習に参加した。当時からＦＣみやぎの練習時間は長かった。さらに、チームの練習が終わっても自主練として好きなだけボールを蹴ることができた。文字通りのサッカー漬けの生活を送った。

西日本に住む人間にとって、東北の冬は寒い。痛いと感じるくらいの寒さだ。

でも、香川少年は、別の痛みを覚えた。冬休みが終わり、神戸に戻ってからのことだ。仙台で過ごした時間を忘れられなかった。

「早く、仙台に〝帰りたい〟」

香川少年は、両親に訴えかけていた。目には涙があふれていた。

家族のもとを離れるのが寂しいとか、友だちと会えなくなるのが辛いと感じて、涙を流すのが一般的なのかもしれない。

でも、香川は違った。大好きなサッカーを好きなだけやれる環境を見つけてしまった以上、そこに身を置けないのが、ただ、ただ、悲しかった。FCみやぎのサッカーはそれくらい特別なものだった。

FCみやぎは香川が小学4年生のときに発足した、新興の街クラブだ。香川の3つ上の子どもたちが1期生にあたる。あの時点で、Jリーガーを輩出した実績はなかった。

当時のFCみやぎには入団テストもなかった。Jリーグのクラブの下部組織や強豪校のサッカー部に入ろうとすれば、推薦を受けたり、選抜テストをクリアしないといけない。しかし、FCみやぎの場合はやる気さえあれば、誰でも入ることができた。

香川は、神戸市立乙木小学校の4年生のときの文集に将来の夢を、こんな風に書いた。

（プロ）サッカー選手になる
ワールドカップに出る
背番号10（を背負いたい）
ハーフのセンター（トップ下やボランチなどと呼ばれる、ピッチの中央に位置するMF）

綿密な人生プランを立てていたわけではない。それでも、サッカー選手になりたいと想う気持ちは強かった。

親としての意見を言うことはあったが、最後は息子の決断を尊重する。それが香川家の方針だった。「真司がそこまで言うのなら」と、このときも仙台へ移り住むのを認めてくれた。仙台以外から通う子どものために、当時のFCみやぎが里親制度を設けていたのも幸いした。

しかし、仙台行きが決まったあと、小学校卒業を控えたタイミングでその制度が利用できないことが発覚した。予期せぬトラブルだったが、幸運にも、香川を居候させてくれる家族が見つかった。香川よりも1学年上ながら、同じタイミングでFCみやぎに入ることになっていた東浩史の一家だ。後にJリーガーになる東の家で、香川の新たな生活が始まった。

FROM SHINJI

冬休みに仙台で2週間を過ごした時点で、僕の意志は固まっていた。迷いはなかった。

当時の僕には、プロサッカー選手になりたいという夢があった。でも、このときに夢を実現するために入念なライフプランを立てた、というわけではない。

ただ、プロサッカー選手になるためには、サッカーが好きな気持ちにだけは正直にならないといけないと思った。となれば、好きなだけサッカーに打ち込まないといけない。もっとも、小学生の僕が世間の状況をよく知っているはずもない。当時の僕が知っている、サッカーに好きなだけ打ち込める唯一の場所がＦＣみやぎだった。だから、仙台に行くしかないと考えた。

そんな小学生の考えが実現したのは両親の理解があったから。強く反対された記憶もない。小学生の息子が親元を離れたいと言い出したら寂しい思いもあるのかもしれないのに、快く送り出してくれた。よく決断しくれたよなぁ、と今になってその意味をかみしめている。

プロへの一歩は6畳2人暮らしから

とりあえずは、東家にお世話になる。そんな見切り発車のような形で仙台での生活は始まった。

だが、いつまでも他人の家に居候させてもらうのは気を使う。先方だって、いつまでも香川を泊めておくのは大変だろう。

ＦＣみやぎの指導者や両親などもまじえて話し合い、ひとつの結論が出た。祖母の英子が神戸から仙台に移り住んで、一緒に暮らすことになった。

こうして、およそ半年がたったころから英子と2人で、6畳一間のアパートでの共同生活が始まった。

祖母と孫という間柄ながら、英子が一方的にかわいがるという関係ではなかった。

例えば、英子からこんな小言を言われた。

「夜の10時過ぎたら、冷たいものを飲んだらアカン！」

「寝るときには靴下を履きなさい」

香川も負けじと、「別にいいやん！」とか、「わかってるわ」と言い返すこともあった。

それでも、「ケンカするほど仲が良い」という言葉があてはまるくらいの愛情は確かにあった。

だから、後の人生の節目となるタイミングでは香川の頭に英子のことが浮かんだ。2010年、ドルトムントへの移籍が決まり、セレッソ大阪での最後の試合のときのこと。試合後のセレモニーでの花束のプレゼンターを香川自身が選ぶことになった。そこで香川が指名したのが、母の広美と祖母の英子だった。

こうして、香川がプロサッカー選手になるという夢を追う足場は固まり、サッカーに打ち込む環境が整うことになった。

FROM SHINJI

「おばあちゃんなら、仙台に行けるんちゃう?」と両親が言ったのが一緒に暮らすきっかけだった。

確かに、当時はおばあちゃんと口ゲンカをすることは多かったかな(笑)。反抗期というほどではないけど、多感な時期だったし。

覚えているのは、おばあちゃんが作ってくれる卵焼き。食べてみると、ジャリジャリという歯ごたえを感じて。よく見たら、殻が入っていたことも……。

他にも、「味噌汁の味が濃い」と、文句を言うこともあった。

ただ、一緒の生活に慣れてくると、お互いに言い合っても仕方がないなと思うようになった。おばあちゃんの機嫌をとったりしながら、ある意味で子どもながらに戦略を立てつつ、過ごすようになった。

とはいえ、僕のために縁もゆかりもない仙台に、よく来てくれた。今では、おばあちゃんには感謝の気持ちしかない。

独特の指導方針

FCみやぎ(*1)が活動を始めたのは、日本代表が初めてW杯に出場した1998年のこと。ジュニアユースといわれる、中学生のクラブとして産声をあげた。2001年に入団した香川は、4期生にあたる。同じ年、1期生にあたる子たちが高校に上がるそのタイミングで、高校生を対象にしたユース部門が新設されて、今にいたる。

最大の特徴は、独特の指導方針だった。

・ドリブルを磨く
・パスに〝逃げる〟のは厳禁
・一対一のススメ
・派手なプレーの禁止
・特定の形だけに特化した練習をする日を設ける（クロスからシュートに持ち込む形など）
・圧倒的な運動量を身につける

また、組織としては、こんな特徴がある。

・年齢による上下関係をなくす（年上の選手でも「くん」をつけて呼ぶだけ）
・同じレベルの選手が2人いるならば若い選手を起用する
・ディスカッションを積極的に行なう
・守備側がプレッシャーをしっかりかけてゲーム形式の練習を行なう

さらに、人格形成にも力を入れていた。

・試合に出る時間が長い選手ほどピッチ外で献身的に働く
・（ボーイスカウト的な）サバイバル能力を身につける
・旧時代の部活的な厳しさを求める
・教訓となるような言葉から学ぶ

これらの方針を子どもたちに落とし込むような言葉を、当時のコーチたちは持っていた。

例えば、パスではなく、ドリブルをするように求める際に、コーチたちはこんな風に指導していた。

「ドリブルができる選手が、タイミングをはかってパスを出すことはできる。でも、パスしか出せないヤツにはドリブルなんてできないぞ！」

練習のメニューはドリブルの技術を磨くために、一対一で行なうものが多かった。パスを出す回数は制限され、ドリブルが多くなるようなルール設定がされていたりもする。だから、普通の試合と同じように11人のチーム同士が対戦するゲーム形式の練習でも、ほとんどパスを出さず、各ポジションでドリブルばかりが繰り広げられる。

「パスに逃げるな！」

それがコーチの口グセだった。

小学生時代の香川は、「ドリブルをしても、ボールがほとんど足から離れない」と言われるくらいにドリブルを得意とする選手だった。そんな子が、ＦＣみやぎの独特の練習を見たら、何を感じるだろうか。

「ドリブルがもっと上手くなれそうだ‼」

当時の香川少年が魅了されてしまうメニューが、仙台の街クラブにはあった。

そんな独特の練習メニューを支えていたのが、圧倒的に長い練習時間だった。

選手たちは別々の学校に通っているため、集合時間にはバラツキが出る。それでも16時半から17時にはウォーミングアップなどを始め、17時半からは全体練習が始まる。20時45分には終わるのだが、そこから先は各自が自主的な練習に取り組む。練習場の照明が消されるのが21時半。5時間近く練習をすることもザラにある。

練習メニューも、過酷なものだった。

例えば、練習のはじめに組まれていたのが、〝工業団地〟と呼ばれていたメニューだ。練習場の近所にある工業団地の外周を走る。1周は5キロ強だ。常に全力で走るように求められる。

「全力で走らないといけないのが、とにかくキツかった」

当時のチームメイトたちは、そう口をそろえる。

基本的に練習は土日も含めれば週に4回だ。しかし、上級生のチームに選抜される選手はその練習にも顔を出すから、自分たちの学年の練習を含めて、週に6回は練習がある。

クラブの組織も、香川の成長をうながしてくれた。

同じメニューを中学1年生から3年生までが一緒になって取り組むことがある。同じ能力の選手が2人いるならば若い選手を起用するというのがクラブの方針だ。年上のなかに入る子たちは、はじめは大きな衝撃を受ける。でも、体格で勝る先輩たちと一緒にプレーするから、自然と知恵をしぼるようになる。そうした工夫が、さらなる成長をうながす。香川は中学1年生のときから3年生の練習に参加できた2人のうちのひとりだった。そしてこの環境が後の香川の成長に大きな意味を持つことになる。

「心技体」の、「技」や「体」を磨いてくれたのが、一風変わった練習メニューと組織だった。

ただ、FCみやぎの独自性は「心」を鍛える指導方針にあったのかもしれない。

そのための活動は多岐にわたった。1人あたり500円を渡された子どもたちが5人1組のグループに分かれて40

キロのウォークラリーをすることもあった。夏になれば秋田県のバンガローに泊まり、食事も子どもたちだけで作り、朝から晩までサッカーをする合宿も組まれていた。

それだけではない。学校のように、成長するための言葉を学ぶ時間もあった。例えば、「トマトはミカンになれない」という言葉もそうだ。選手それぞれに個性がある。そこに自信を持つべきで、誰かのマネをする必要もないとコーチ陣は強調していた。

「夢念ずれば、花開く」

そんな言葉が当時は最も大切なフレーズとして教えられていた。

「また、相田みつを的なのが来たよ〜」

ときに選手たちからそんな感想があがるくらいに、〝くさい〟教えもあった。

当時の指導方針を表す象徴的なエピソードがある。香川のひとつ上の学年に、青山隼（じゅん）という選手がいた。14歳以下の日本代表から継続して、年代別の代表チームに選ばれてきた、創生期のクラブを代表するような選手だった。香川が年代別の代表選手として初めて参加した国際大会であるU‐20W杯でもレギュラーを務めた選手だ。

彼の実力は頭一つ抜けていたし、代表選手として世界と戦って感じたことをチームメイトに還元（かんげん）してくれる貴重な存在でもあった。

「世界では、５秒以内でシュートを打たないと通用しないぞ」

青山からそう聞かされ、感銘（かんめい）を受けた選手も多い。

しかし、青山でさえ、ＦＣみやぎでは試合のメンバーから外されることもあった。その年代の日本代表に入る選手が、所属チームで試合に出られないというのは、普通では考えられない。

そんなとき、コーチたちは問いかけた。

「オマエは試合に出られれば、それで満足なのか？」

「テングになっているのか？　偉くなったなぁ……」

チームのなかでも能力の高い選手や、中心的な役割を担っていた選手にこそ、厳しく指導する。目立つ選手が叱られれば、当人だけではなく、みんなが考えるきっかけになるからだ。

コーチの仕打ちが理不尽だと思えるような瞬間は、香川たちにとって、いくらでもあった。でも、それはもちろんＦＣみやぎのコーチたちの性格が悪かったからではない。あえて、そういう態度で、選手たちに接していたわけだ。

理不尽なことにあふれている社会へ出ても、困らないようにという願いからだった。

周囲がうらやむような才能を持ち合わせていた天才が、大人の社会であるプロの世界に入ってから伸び悩んだり、消えていったりするのはなぜか。若いころに挫折を味わえなかったり、理解しがたい理不尽さと向き合ってこなかったから、だろう。そういうものと直面したとき、乗り越え方がわからない。

理不尽さと向き合って、ただ歯を食いしばって頑張ることが必要なときもある。それを理解させるための指導スタイルが、当時のＦＣみやぎにはあった。

ちなみに、当時の香川が好んで聴いていた音楽は流行りのヒット曲などではなかった。

あるとき、チームメイトのひとりが、流行の曲を入れたテープを持参していた。試合会場へ向かう車中にそれを流すと、香川から大きな声が飛んだ。

「違う、違う！　このタイミングで聴かんとアカンのは長渕やろ！」

そう言って、長渕剛の曲をかけるように香川が求めることもあった。当時の指導者が長渕の曲を好んでいて、子どもたちによく聴かせていた影響もあったのかもしれない。

ただ、香川がそんな風に考えていたのには理由がある。当時のチームメイトはこう証言している。

「数年前にも、紅白歌合戦での竹原ピストルの歌が良かったと彼は話していましたけど、要はハートに語りかけるような歌が好きなんだと思います。あのころは、そういう歌をみんなで歌って、鼓舞したかったんでしょうね」

ヨーロッパでサッカー選手として生きる今では、試合前に聴くのはもっぱら洋楽が多い。曲目も、ジャンルも変わった。それでも、テンションが上がるような音楽を聴くスタイルは変わっていない。

FROM SHINJI

僕はテクニックには自信がある。それはＦＣみやぎで培った。ただし……最近だとネイマール、少し前ならばロナウジーニョが見せたような、トリッキーなプレーが実はかなり苦手だ。例えば、かかとを使ったヒールキックなどが上手くできない。

仙台での日々があったから今の自分があるし、当時の指導方針に何ら不満はない。ただ、今になってみると、遊び心のあるヒールキックなどをあのころに練習させてくれていたら、プロのレベルでも使えたのになと思うことはたまに、あるかな（笑）。

僕は上の学年の人たちに交ざって練習をすることも多かった。確かに、最初はコテンパンにやられて大変だけど、毎日のように一緒に練習をしていくと、意外と慣れていく。

プロになった今の自分のように、足りないものを分析できてはいなかったけど、夢中でやっていくなかで、身につけられるものは確かにあった。

振り返ってみて、良かったなぁと思うのは、「お山の大将」になるような隙を少しも与えてくれなかったこと。少しでもテングになった瞬間に、すぐにその鼻はへし折られる。勘違いしないようにと、面と向かって言われることもあるし、帰宅したあとにもメールで徹底的に指導された。

中学から高校2年生までで培われたメンタリティーが今につながっているのは間違いない。自分の基礎はあの時期に作られたと確信している。

相田みつをさんを思い起こさせるようなフレーズのなかで、「夢念ずれば、花開く」という言葉だけは今も忘れない。練習や試合で上手くいかない日が続くと、たまに思い出す。

＊1　香川の出身チームが語られるとき、「FCみやぎバルセロナ」と表記されることもあるが、正確には「FCみやぎ」だ。当時は各学年で50人くらいずつ子どもがいて、レベルに応じて2～3チームずつ作られる。ただ単純にAチームやBチームと名前をつけてしまうと、子どもたちが劣等感を覚えてしまったり、競争意識が薄れてしまったりする可能性がある。そんな考えから、上から順にバルセロナ、ユベントス、パルマ……といった形でチーム名がつけられていた。一番上のレベルのチームがバルセロナと呼ばれ、香川もそこでプレーしていたから、「FCみやぎバルセロナ」と紹介されることが多いようだ。

遠くにかすむ天才

遠くの天才と、目の前の天才――。

同じ学年の2人の天才と若くして巡り会えたことは、香川のサッカー人生の行方を左右する決定的な出来事だった。

遠く離れたところにいた天才が、森本貴幸である。

森本は15歳10ヶ月6日で、日本のトップリーグであるJ1にデビューした。2004年3月13日に打ち立てられたJ1の最年少出場記録は、15年以上たっても破られていない(*2)。

香川が中学卒業を間近に控えた3月、スポーツ新聞の一面では大人たちに交じって、ひとりの中学生がデビューした様子を華々しく伝えていた。

「あれを見たときは……。『うわ、これはヤバいな』って。世間にとっても衝撃的だったと思いますけど、自分にとってもものすごい衝撃だった。プロの世界を知らないオレには、自分と同じ学年でプロデビューするヤツの立場なんて、想像すらできなかったですから」

FCみやぎのコーチからは、こんな言葉をかけられた。

「もうJリーグでプレーしている同じ歳の選手がいる。悔しくないのか!?」

当時の香川のポジションは、森本と同じFWだった。コーチがそうやって競争心をあおろうとするのも不思議ではない。

ただ、このときばかりは、悔しい気持ちはそこまでわき上がってこなかったと記憶している。同じ学年で、同じポジションの選手がプロになっているというのは、想像の範囲を超えていた。東京ヴェルディ1969(現東京ヴェルディ)に現れた新星との距離はあまりに遠すぎたのだ。

デビュー戦となったジュビロ磐田との試合で見せたプレーは、目に焼きついて離れなかった。

「あの試合のドリブルなんかは、マネしようとしましたよ。トゥ、トゥ、トゥ、トゥっていう、あのキレ！　まぁ、試してはみたけど……当時の自分には無理だったッスね」

香川の方がおよそ10ヶ月遅く生まれているとはいえ、体格や技術、スピードは比べものにならなかった。森本は、スキンヘッドの風貌とドリブルからゴールを決めるプレースタイルにより、ブラジル代表としてW杯に3度も出場したロナウドと比較されるほどだった。

「彼は体格を見ても、当時から出来上がっていた。そして、プロ相手の一対一の場面でも、バリバリ抜いていて。当時から自分は身体が小さい方だったから、体格の差もけっこう感じていましたね」

後に森本と同じチームで日の丸をつけて戦うことになるなんて当時は想像すらできなかった。それでも、多感な時期に、衝撃と目標を与えてくれる存在に、若くして出会えたのは幸せだった。

ただし、森本の存在自体は以前から知っていた。衝撃を受けたのは、中学生のうちにJ1の試合にデビューしたこと、そこで遜色なくプレーしていたことだ。

というのも、森本は中学に入った直後から、同世代の子どもたちの間では有名だったからだ。実際に、中学2年生のときに福島県のJヴィレッジで行なわれた全国大会で森本を見かけた香川は、こんな会話を、チームメイトとかわしている。

「森本はオレらと同じ歳らしいぞ」

「ヤバいな、無茶苦茶レベル高いじゃん」

このときの香川は上級生中心のチームに飛び級で加わっていた。だから、自分と同じ年齢の森本のすごさを心の底から共有できるのは、同じように飛び級で参加している同級生だけだ。そして、その同級生こそが、香川の成長を語るうえで欠かせない、「もうひとり」の天才だった。

FROM SHINJI

モリと初めて話したのは、北京五輪のメンバーが発表された直後。7月に行なわれた神戸合宿だった。

事前に、「面白いヤツだよ」と周りの人から聞いていたから、話しやすかったし、同級生だったのですぐに仲良くなった気がする。

モリの存在はとにかく大きかった。彼がいたから、自分が頑張ってこられたのは間違いない。僕がセレッソに入団した2006年の夏には、セリエAのカターニアへの海外移籍を果たしているし。とにかく、自分よりも2歩も3歩も先を行っていた。だから、アイツに追いつこうと僕は頑張ってこられた。

＊2 1988年5月7日生まれの森本は、J1の最年少出場記録だけではなく、最年少得点記録も持っている。

目の前にいた天才

アイツは、オレよりも常に先を走ってるなぁ。

当時は、いつもそう感じていた。

香川も中学1年生のときから中学3年生のいるトップチームに交ざって練習をさせてもらっていた。でも、試合に出られるチャンスはほとんどなかった。

そんなときにひとりの同級生だけは、中学3年生と一緒に試合に出ていた。

その名は菊池小弥太。みんなからは「コヤタ」の愛称で親しまれていた。

「FCみやぎのあった仙台市泉区のスターといわれていましたからね」

2017年から香川の個人トレーナーを務めた神田泰裕は、FCみやぎのジュニアユース時代の同級生でもある。彼は仙台市出身であるため、同胞のコヤタの存在は以前から知っていた。

「エリートはコヤタ、雑草が香川、という感じでした」

香川の所属するマネージメント事務所UDNで、現在は代理人業を営む段家卓也も、同級生だ。段家は、当時の記憶をたぐりよせながら、こう表現する。

「コヤタは中学生にして完成されていた選手でした。しかも、体格でもスピードでも、彼は頭一つ抜け出ていて、上級生にも引けをとらなかった。それに対して、香川は身体の成長が早い方ではなく、いつも自分よりも大きい選手とやらないといけなかった。そのあとの香川のことを考えれば、上級生に劣る体格やスピードの差がハンデとなり、良いトレーニングになっていたのでしょうね」

一方で、コヤタの目には、香川がこう映っていた。

「ボールがどこに飛んでくるのかを見分ける本能みたいなものが優れていましたし、ゴール前では落ち着いているなとは感じていました」

それらはあくまでも、昔を思い出して初めて感じられることだ。コヤタが当時、驚異的だと感じていた香川の資質は別のところにあった。

「負けず嫌いなところだったり、気持ちの部分です。正直なところ、練習がキツすぎて、サッカーが楽しいかどうかなんて、わからなくなることがよくありました。ひたすら走らされて、『なんで、こんな練習をしなきゃいけないの？』と不満を覚えることもありましたし。それなのに、真司が楽しそうにボールを蹴るのを見たり、『プロになりたい』と楽しそうに話しているのが不思議だったんですよね。アイツは辛くないのかな、と」

コヤタと香川はFWとして2トップを組むこともあれば、香川がFWで、コヤタが攻撃的なMFを務めることもあった。いずれにしても、彼らが攻撃の中心にいたのは確かだ。

段家はいう。

「香川はＦＷといっても、ポストプレーをしたり、ヘディングで競り合うようなタイプではなかったです。どちらかというと、足下でボールを受けたがるタイプでした。とにかく『パスをくれ』と言っていましたから」

先に触れたように、クラブの方針は試合に出ている選手にこそ、厳しく接するというものだ。ことあるごとに叱られていたのは、香川であり、コヤタであった。コヤタは実際に中学の途中までキャプテンを務めていたのだが、ある試合で顔にボールがあたって痛がっていたところ、やる気がないと見なされてキャプテンから外されている。

「オマエのプレーは、チームの中心としてどうなんだ⁉」

そう問いただされることがあった。

そんな風に厳しく指導される2人の間には、強いライバル意識があった。

グラウンドの上だけではない。工業団地を走るときもそうだ。同時にスタートを切っても、5キロを超える道のりで差が出てくる。ある者が先頭集団として引っ張れば、後方で後れをとる子もいる。そんななか、コヤタが前に出れば、香川もそれに負けじと前に出ていく。

「おいおい、まだ練習前だぞ。飛ばしすぎだろー」

2人の様子を見た同級生たちがそう感じることもよくあった。

神田トレーナーは当時の様子をこう振り返る。

「中学生にとってけっこうな距離を走ることになるのですが、そんなことはおかまいなしに、真司はコヤタを意識して、バチバチにやり合っていた感じがありましたね」

そんな香川の姿勢は、コヤタも感じていた。

「監督が、僕らのことをよくあおるんですよ。真司と一対一の練習をすることもよくあったんですけど、どちらかというと、真司の方が僕のことを強く意識していた印象があります」

ただし、コヤタが振り返るように、上級生たちとは少しだけ違う点があった。

「上の学年などと比べると、僕らの代にはそもそも天才と呼べる選手はいなかったのかもしれません」

ひとつ上の代も、2つ上の代も、全国大会に出場していた。にもかかわらず、香川たちが中学3年生のときに、全国大会への切符を逃してしまった。宮城県の大会では優勝したものの、全国大会の出場権をかけた東北大会で、同じ宮城県代表のベガルタ仙台に大敗を喫したからだ。

チームを目標の舞台に導けなかった責任がコヤタと香川の胸には重くのしかかった。

「僕たちは、同期や後輩たちを全国に連れていってあげられなかった。まして、真司はわざわざ神戸から来たくらいですから、親にも『全国大会に出たよ！』と報告したかったはずなんですけどね……」

最後の東北大会が開かれたのは岩手県だった。FCみやぎは、仙台から泊まりがけでこの大会に参加していた。最後の試合が終わったあと、ホテルではジュースやお茶が振る舞われ、ささやかな「お疲れ様会」が行なわれた。

コヤタには、何かを見た記憶があまり残っていない。涙で目がかすんでいたからだ。たよりになるのは耳からの記憶だ。

「もう、みんなボロボロ泣いて。カラオケ大会みたいなものをして、最後にみんなで肩を組んで歌ったんです。Kiroroの曲だったんじゃないかなぁ。歌い出した瞬間から、みんな号泣。あれで最後ですからね。真司もワンワン泣いていた気がしますね」

FROM SHINJI

中学の3年間は、コヤタが常にチームを引っ張っていて。彼にはかなわなかった。1歩も、2歩も、先を行っている選手だったから。

当時の監督やコーチたちは、中心選手にはとても厳しかったから、僕らは叱られることが多かったし、よく比較された。

いつしかそれが当たり前になって、自分のなかで自然とライバル意識が芽生えていったんだと思う。

コヤタとは仲も良かったし、チームメイトとしても頼りになる。アイツのプレーにはうならされることばかりだった。

当時は僕の方が後れをとっているばかりだったけど、「いつか、絶対に超えてみせるぞ」という気持ちは心の底にあった。

負けたくないから、試合でゴールを決めたい。ひとりでも多く、ドリブルで抜いてみせたい。チームメイトであり、仲間でもありながら、意地の張り合いをしていた感じがあった。

そして、ひとりになった

ＦＣみやぎジュニアユースとしての最後の大会が終わると、選手たちは進路を考え始める。それは中学校の部活動でサッカーをやっている子たちと変わらない。

普通と違っていたのは、高校生部門であるＦＣみやぎユースに進級できる環境があったことだ。当時は、Ｊリーグの下部組織をのぞけば、そのような環境は珍しかった。だから、ＦＣみやぎ誕生からの3年間は、大半の子たちがそのままユースへ進級していた。

だが、香川のいた4期生の間には、それまでとは少し異なる空気が漂っていた。

ひとつ上の先輩も、その上の先輩たちも、全国大会に出場できた。それなのに、自分たちは……。

監督やコーチは、そんな空気を感じ取っていたからこそ、強調していた。

「上の世代と違って、オマエたちは全国大会に出られなかった。だからといって、環境を変えて、高校サッカーで頑張ろうと思うのは〝逃げ〟だぞ！」

中学生のときに叶（かな）えられなかった全国大会出場を、高校で果たさないといけない。そんな責任を強く植えつけられたのが、コヤタであり、香川だった。

ただ、神田は、環境を変えようと考えていた。

「『ユースには進まない』と、チームのなかでは僕が最初に言い出した気がしますね。兄が高校の部活で頑張っていて、高校サッカーに憧れていたんです」

神田が当時を、こう振り返る。

「僕がユースに上がらないと言ってからは、真司やコヤタから毎日のように声をかけられるわけです。『神田、（ＦＣみやぎに）残れよ！』と。練習で顔を合わせるときだけではなく、帰宅してからも、メールが来て。しつこかった（笑）」

香川らが熱心に仲間を引き留めていたのは、中学時代の悔しさを晴らす以外にも理由があったと神田は感じていた。

「僕らの代では全国大会には行けなかったですけど、その代わり、すごく仲が良かったんですよ」

最終的には神田はユースに進むことなく、高校でサッカーを続けていくことになるのだが、今もまだ忘れずにとってあるモノがある。

当時は、ＬＩＮＥのようなメッセンジャーアプリはまだ存在しておらず、「携帯メール」全盛の時代だ。それでも、あのころに送られてきた携帯メールの画面を写した写真が、神田のスマートフォン（スマホ）に保存してある。例えば、コヤタからのメールにはこんな風に書いてある。

神田、おまえ、ユースに入れよ！
別に神田がユースに入ることでどうのこうの、ということではないよ。でも、高校に行ったら、オマエ自身がダメになるぞ。コーチも言ってたけど、○○君とか△△君だって、もう全然使われなくなっているみたいだぞ
（注：○○と△△の部分は、名前を伏せた）

段家も、ＦＣみやぎユースへの進級を断念したのだが、今になれば当時のことをこんな風に分析できる。

「全国大会にも出場した上の代の多くがＦＣみやぎユースに進んでいたから、そのままユースに上がれば彼らと一緒にプレーできます。そうなれば、普通の高校のサッカー部など、他の選択をする以上に高いレベルでサッカーが続けられる環境がありました」

だから、そのまま進級するのは、プロになる最善の道だったといえる。香川のように。

でも、それまでの前例とは異なり、香川たちの代のレギュラーの多くがＦＣみやぎユースへ進むのを断念した。

「もちろん、ユースに上がらなかった選手のなかでも高校選手権で活躍したいとか、色々な夢はあったと思います。ただ、ユースに上がらなかった僕らの多くは、心のどこかでプロサッカー選手になるのをあきらめたということかもしれません」


その陰で……。

香川とともに仲間たちを説得していたコヤタも、実は、揺れていた。神田や他のチームメイトにこっそりと相談していた。しかも、泣きながら。

「オレ、ユースに上がるべきなのかな？　それとも、高校でサッカーをすべきなのかな？」

中学3年生の夏の終わりというのは、男の子にとっては多感な時期でもある。誰かのさりげない一言にも敏感に反応する。コーチが口にした一言をきっかけに、少年から青年になりつつあるコヤタは違和感を覚えることになった。

「全国大会に行けなかった僕らは、監督やコーチから『ユースに上がってから、一緒に一花咲かそう。オマエたちにはその力があると信じているぞ』と言われていたんです」

しかし――。

「ゲキを飛ばす意味もあったと思うのですが、僕らの下の学年に対して、『上の代は全国に行けなかった。あんな風になったらダメだぞ』と話したそうなんですよ。それが僕の耳に入って……」

信頼してコーチについてきたのに、なんなんだ？

コヤタの心は揺らいだ。

「『裏ではそんなこと思っているのか』と不信感を抱きました。そこからは高校サッカーに進みたいと思い始めてしまったのです」

でも、コーチがそうした発言をしているということ、そして自分が揺れているということを、打ち明けられない仲間がひとりだけいた。

「真司にだけは相談できませんでした」

そもそも、コヤタは香川と一緒に仲間たちに対してFCみやぎをやめることを引き留めていた立場だった。それに、厳しい練習を課されても、理不尽なことを言われても、言い訳もせずに食らいついていくのが香川だった。「環境を変えて、高校サッカーで頑張ろうと思うのは逃げだ」というコーチの言葉も、しっかり受け止めているはずだ。

そんな友を前にして、ユースへ進むことに疑問を抱き始めたことなど、言えるわけがなかった。

さらに、香川の境遇（きょうぐう）にも思いをはせていた。コヤタは仙台市の出身で、近所に楽しそうなサッカークラブがあるからという理由でFCみやぎに入っている。香川はわざわざ神戸から出てきて、祖母と一緒に小さなアパートで暮らしていた。

ある練習試合に、香川の両親が遠く神戸から応援にやってきたことがあった。ところが、香川は良いプレーを見せられず、チームも敗れてしまった。試合のあと、香川が人目につかないところで悔しさに肩を震わせ、涙を流しているのを目撃したこともあった。

当時のコヤタからしてみれば、そこまでの覚悟を胸に仙台でサッカーをする香川に圧倒されていた部分はあった。

「僕の場合は、心の底から100％信頼できる監督やコーチのもとでないと、やはり、プレーできないと思ったんです。これはあとから知ったことなのですが、高校に進んですぐのころにはプロのスカウトの方が僕の試合に来てくれたこともあったみたいで……。僕の場合はそのあとに怪我が続いたことがプロに届かなかった最大の原因だとは思うのですが、本当にキツい練習ばかりだったのに、それでもサッカーを楽しそうにやっていた真司の強さは、プロにふさわしいものだったのかもしれません」

最終的に、FCみやぎのユースに進まないと決めたのだが、それでも、香川には報告できずにいた。

どうしたらいいか。コヤタが思い悩んでいるときに、香川からメールが届いた。

「おまえは、残るよな？」

ついに、そのときが来てしまった。

真司は、キレるだろうな。

そう思いながら、それまで相談もせずに黙っていたことと、一緒にチームメイトを引き留めていたにもかかわらずFCみやぎを離れることを、わびるメールを送った。

しばらくして、返ってきたメールは今もコヤタの頭のなかに焼きついている。

いや、謝らなくていいよ。今まで、ありがとうな。
オレたちは全国には行けなかったけど、
おまえは、高校サッカーで全国を目指せよ。
オレはFCみやぎに残って、プロを目指すわ。
お互いに違うステージになるけど、頑張ろうな！

コヤタは、泣いた。

「僕は、あのときのFCみやぎのなかで真司を最もひどい形で裏切ってしまったという思いが特に強くて。彼がどう思っていたのかわからなかったですけど。だから、アイツがプロになったとき、すごく嬉しかったんですよ。僕はサラリーマンをしていますけど、今もアイツの活躍を見ると、自分たちの青春や夢の続きを見せてもらっている気がするんです」

だから、香川が2010年の7月にドルトムントへ移籍すると、半年もたたないうちにコヤタはドイツを訪れた。大学の冬休みを利用して、香川の家に泊まり、試合も観戦した。2018年のロシアW杯のセネガル戦では、現地で香川のプレーに声援を送った。

香川の個人トレーナーとしてともに過ごした時間の長い神田は、香川が何気なく語った話を思い出すことがある。

「最終的には、中3のときにトップチームの試合に出ていた人間は、真司以外はひとりも残らなかったので。『やっぱり、あのときはさすがに寂しかったぞ。だって、オマエらみんな、いなくなるんだもん』と言われたんですよね」

FROM SHINJI

どうして、あのときにチームメイトたちを引き留めたのか。

やはり、中学3年生で自分たちが一番上の年齢になったときに、全国大会に出られなかった悔しさからなのかな。シンプルに、その悔しさを晴らすためにFCみやぎユースで全国大会を目指そうと考えていたから。

もちろん、（高校の部活でサッカーをする人だけが出られる）高校選手権への憧れはあった。故郷の神戸に戻って、地元の滝川第二高校へ進学するのはどうだと言われたりもした。岡ちゃん（岡崎慎司）も通った、高校選手権の常連校だ。

ただ、僕の頭のなかにはFCみやぎのユースに上がる選択肢しかなかった。その考えは周囲の人に何か言われても、チームメイトがどういう道を選んでも、ブレることはなかった。やっぱり、僕はプロになるために、当時の指導者たちを信頼して、FCみやぎに来たんだから。

チームメイトの多くがいなくなり、さみしく思う一方で、僕のなかにはアッサリしていたところもあったのかな。突き詰めると、周りのことは気にならないというか……。自分だけはプロに行くんだという想いは常に持っていたから。それで「香川はドライなヤツだ」と言われてしまえばそれまでだけど、そういう性格や考え方がプロになるための原動力になったのかもしれない。

自分のこうした性格は海外のクラブでプレーするには向いているのかなと思ったりもしている。

２０１０年にヨーロッパへ渡ってからまもなく11年。仲の良い外国生まれの選手もたくさんできた。僕らが戦っているのは厳しいプロの世界で、ヨーロッパでは選手の移籍も盛んだ。すごく仲の良かったチームメイトの移籍がいきなり決まる、なんてこともよくある。

移籍が決まった選手と簡単に挨拶をかわすだけのこともある。あるいは、前のシーズンの終わりに「また来シーズンな！」と言って別れたのに、次のシーズンにクラブハウスに来てみたら、その選手は移籍していて、お別れを言えないなんてことも少なくない。移籍する選手の送別会が開催されることなんて、ほとんどない。仲が悪いとかそういう次元の話ではなくて、そういう世界なのだ。そこで毎回、別れを悲しんでいるようではやっていけない。

ただ……神田に、そんなことを言ったのは、正直覚えていない（笑）。わりとドライだといわれる僕でもやはり、当時はさみしかったのかもしれない。

飛び級人生の本格的なスタート

目の前の天才を追い越したという確信のないまま、高校生が所属するFCみやぎのユースに進むことになったのは、幸せなことだったのかもしれない。

もっと成長しないといけない、と自然と思えたからだ。

実際、ジュニアユースを卒業した香川の成長曲線は、そこから急カーブを描いていくことになった。

中学2年生になるころから上級生の試合に出始めていた香川は、ユースに進むと、高校2年生や3年生に交じって練習や試合をするのが当たり前になっていった。

この時期に、ポジションがFWからボランチへと替わった。最前線から、中盤の低い位置まで、2段階ほどポジションを下げることになった。

そこにはいくつかの事情があった。

まず、2列目のトップ下と呼ばれるポジションでは、後に愛媛FCでプロになる東が不動の存在となっていた。香川が仙台に引っ越してきた直後に居候をさせてもらったあの東だ。さらに、中盤の底のボランチと呼ばれるポジションにも守備が得意な選手がいたため、香川は2人のボランチのなかで攻撃的な役割を与えられた。そこには香川のテクニックと視野の広さはボランチの方が活きるのではないか、というコーチたちの判断もあった。

そもそも、当時のFCみやぎには、中学生や高校生の間は、色々なポジションをやらせるという方針があった。様々なポジションを経験すれば、その選手の後のキャリアの成長の助けになると考えられていた。

実際に、このコンバートは大きな影響をもたらす。

香川はFWとしてプレーしていたころから、「パスをくれ！」という声だけではなく、視線やジェスチャーでもチームメイトに訴えかけているようなタイプだった。ただ、FWは相手のDFラインの前でプレーするため、ボールに触れる機会はそれほど多くない。

ボランチはチームの心臓のような役割で、攻撃の多くがそこを経由していく。やがて香川は、ボールにたくさん触れられるポジションに喜びを見出(みいだ)すようになった。

「ボールに数多く触れることで、リズムが作れる」

サッカー選手がしばしば口にすることである。ポジションを下げてボールに絡む機会が増えたことで、香川の躍動感が増したようにチームメイトの目には映っていた。同時に、ドリブルを重視するクラブの方針の通りに香川が繰り返し仕かけるドリブルは、相手チームにとって脅威にもなっていた。


同級生がほとんどいなくなったなかで、香川が気を許す存在となっていたのが、２つ年上の斎藤雄大(ゆうだい)だ。後に国士舘大学を経て、当時はセミプロのリーグに所属していたツエーゲン金沢で５年間プレーした（金沢は、２０１４年からＪ３に加入した）。

現役から退いた現在は都内の会社に勤めているが、最近では香川がシーズンオフに東京に滞在しているときにはよく、顔を合わせる。香川が２０１７年６月に左肩を痛めて、運転すらできない状態で日本でのオフを過ごしたことがある。この時期には、さながら専属の運転手のように、ハンドルを握り、香川の気分転換に付き合っていた。

斎藤は、香川との仲をこう語る。

「もちろん、彼が中学生だったころから知っているし、当時から物怖(ものお)じしないで一対一を仕かけてきていました。それは印象に残っていますよ。ただ、中学を卒業する時点でＪリーグのユースに引っ張られるようなレベルや知名度は、ありませんでした。仲の良かった同期のみんながＦＣみやぎをやめたので、僕なんかが仲良くさせてもらっているところはあるんじゃないかなと思いますね」


当時のＦＣみやぎでは、ユースに上がるとクラブの所有する寮に入ることができた。香川も、このタイミングで入寮することになった。セレッソ時代の途中まで続く、寮生活の始まりである。

寮の管理は選手たちの仕事だった。自分たちで掃除機をかけ、食堂からトイレにいたるまで掃除もしなければならなかった。建物自体は古く、パチンコ屋の２階部分が寮になっていた。共用スペースには卓球台もあった。地元出身の斎藤は実家から通っていたのだが、練習の前後に寮へ顔を出すこともよくあった。

「練習がない日などは、学校帰りに寮に行っては、真司たちとよく卓球をしていたんです。そうしたら、いつのまにか、真司はめちゃくちゃ上達してしまって（笑）」

夢中になると、とことん突き詰めたくなる性格はこのころから変わっていない。2014年のブラジルW杯の際には、空き時間を利用して日本代表チームのなかで卓球大会が行なわれたのだが、大久保嘉人を破って、優勝したのは香川だった。

「真司があそこまで〝手〟を自在に使えるとは思わなかった！」

当時の代表選手たちからはそんな声があがっていたのだが、その腕前はこの時代に培ったものだった。

グラウンドを離れれば、そんな微笑（ほほえ）ましいやり取りもあったのだが、厳しい練習や試合の雰囲気はユースに上がっても変わることはない。「相当、キツかったですからね……」と斎藤は今では笑いながら、当時の様子をこう語る。

「平日の夕方の練習時間を使って、仙台育英高校と練習試合がよく組まれていたのですが、試合内容が悪かったりすると、自分たちのグラウンドに戻ってきてから練習が始まるんですよ。何しろ、1試合やったあとですからね！　仙台育英のグラウンドからチームのバスで帰るのですが、『今日はこのあと練習するのかな？』と、ビクビクしていました」

他にもPKを外したり、トップチームとサブチームの紅白戦でトップチームが引き分けたり、敗れるようなことがあれば、さらに走らされることもあった。

ちなみに、FCみやぎの寮は練習場からそう遠くないところにあったものの、当時香川が通っていた黒川高校までは、およそ15キロも離れていた。香川は練習での走り込みに加えて、毎日30キロ近い距離のサイクリングをしていた。

テクニックがあるタイプのため意外だと思われることも多いが、香川は大人になってからもスタミナには自信を持っており、2011－12シーズンの前半戦では、ブンデスリーガの全選手のなかで1試合あたりの平均走行距離がトップになったこともある。日本代表でも走行距離がチームトップクラスを記録することも少なくなかった。そのスタミナの素地は、厳しい練習と長距離の自転車通学のあったFCみやぎ時代に作られていた。

ピッチの外では仲の良い先輩と後輩という間柄だったが、試合になれば「真司にかなり頼っていた」ことを斎藤はよく覚えている。

「僕がセンターバックをやって、真司がボランチをやることが多かったのですが、僕らのなかに入っても〝普通に〟やれている感覚ですよね。上級生がゴリゴリのフィジカルを活かしてぶつかって、下級生がつぶされることはよくあると思うのですが、真司がつぶされているシーンを見たことがない。上級生をおそれることもなかったし、『コイツは体格の差に気づいていないんじゃないかな』と思うことさえありましたからね」

中学2年生のころから上の学年に交ざって試合に出ることがたまにあったが、この時点ではもう、上級生のなかに入って試合をすることが香川にとって当たり前になっていた。飛び級で得られる体験を武器に、香川はプロに向けての歩みを加速していくことになる。

FROM SHINJI

今になってみるとジュニアユースの同期がユースに進まなかったのは、自分のサッカー選手としての人生にとっては良かったのかもしれない。

もちろん、寂しさはあった。でも、みんなも高校に進んでからは怪我をしたり、新しいサッカーに戸惑ったりしていたなかで、僕は同じ指導方針のもとでサッカーを続けられた。しかも、体格で勝る先輩たちのなかに交じって。

そこから同級生と差がつき始めた部分はある気がする。

ただ、FCみやぎでは楽しい思い出や嬉しかった記憶よりも、悔しかったことばかりを覚えている。当時の指導者たちからも、よくこんなことを言われていたから。

「ドリブルから逃げるな！　そういうところがオマエの弱いところだ」

「そんなんじゃプロにはなれないぞ！」

それでも歯を食いしばって、「オレはプロになるんだ」と耐える毎日だった。どんなことを言われようとも、「もう、いいです」とか、「もう神戸に帰ります」と言った記憶はないし、そう思ったこともない。やっぱり、FCみやぎからプロになるという考えしか頭のなかにはなかったから。その意味では、外の世界を知らないというのも、あの年代の子がわき目を振らずにサッカーに打ち込むには良いことなのかもしれない。

当時の環境が僕のテクニックを磨いてくれたのは間違いない。

ただ、見落とされがちなことがある。あの指導方針は、プロになってから、（特にヨーロッパに行ってから）監督に厳しい言葉をかけられたときや、いきなり試合のメンバーから外されたときに、活きたと思う。理不尽な扱いを受けたり、腹が立つようなことを言われたとしても、「みやぎ時代にも経験したことや」と自分に言い聞かせられたからだ。

僕はエリートではなかったし、エリートだと勘違いするような隙をコーチたちは〝一瞬たりとも〟与えてくれなかった。だから、苦しいときには当時を思い出すことで、耐えられるのだと思う。

初めての日の丸

確かな成長を感じさせる出来事が立て続けに起きたのが、2005年だった。

まず、高校2年生に上がる直前の3月に、U－17日本代表に選ばれた。年代別の代表チームとはいえ、日の丸の入った日本代表のユニフォームに袖を通すのはこれが初めての経験だった。

そして、大きな転機が9月に訪れる。

仙台カップ国際ユースサッカー大会だ。2002年の日韓W杯で宮城県が試合会場に選ばれたことや、イタリア代表が仙台市でトレーニングキャンプを張ったことがきっかけとなって、この18歳以下の国際大会は産声をあげた。第1回大会の2003年にはイタリア代表と2002年W杯優勝国であるブラジル代表が招待されたが、それ以降は各国の代表チームにU－18日本代表などが挑む大会となった（2011年の大会が東日本大震災で中止になって以降、行なわれていない）。

2005年の大会の参加チームは、U－18ブラジル代表、U－18クロアチア代表、U－18日本代表、そしてU－18東北代表の4チームだった。当時16歳だった香川は、東北代表の一員として、この大会に臨むことになった。3日おきに試合が組まれているため、控え選手も含めてメンバーの多くに出場のチャンスがある。

香川は初戦のU－18ブラジル戦でスタメンに名を連ねる

も、0―4で完敗した。続くクロアチア戦では1―2で敗れたものの、香川は途中出場ながらゴールを決めた。

そんななかで迎えたのが、最終のU―18日本代表戦だった。香川はスタメンに名を連ねた。

このときの日本代表のメンバーに目をやると、その後にA代表に選ばれる選手、海外でプレーすることになる選手、そしてW杯に出場することになる選手がずらりと並んでいる。吉田麻也、槙野智章、安田理大、内田篤人、ハーフナー・マイク、梅崎司、柏木陽介……。

この試合は、日本代表のハーフナーの先制ゴールで幕をあけた。ところが、徐々に東北代表が巻き返していき、最後は5―2という大差で金星をあげることになった。試合終了のホイッスルが鳴ると、日本代表の選手たちの数人は悔しさからピッチに倒れ込むほどだった。

対する東北代表の香川は、フル出場で、2アシストを記録。最優秀選手賞にあたる大会MVPこそクロアチアの選手にゆずったが、日本代表のキャプテンを務めていた山本真希らとともに、優秀選手賞にあたるMIP賞を与えられた。

日本全国から選ばれた日本代表を、東北代表が打ち負かした。そして、その中心に香川がいた。この大会を機に、香川の名は全国に知れ渡ることになるのだ。

「試合後は僕も悔しくてね、東北代表の清水（秀彦）監督と挨拶はしましたが、ろくに話もしなかったんです（笑）」

そう語るのは、当時のU―18日本代表を率いていた吉田靖だ。現在も浦和レッズの育成組織の指導にたずさわるなど、いわゆる育成年代のエキスパートである。

「東北を担当するコーチから、良い選手がいると報告を受けてましたし、僕も実際にFCみやぎの試合を見に行ったこともありました。香川がまだ高校1年生のときでした」

当時の印象を、こう振り返る。

「初めて試合を見たときもそうでしたが、彼のターンの技術や前を向く力は、他の選手と比べて、特段に素晴らしいなと思っていました。相手選手のプレッシャーを受けるなかで、前を向けるか、向けないかによって、攻撃の次の展開は大きく違ってきますよね。肉体的にはまだ出来上がっていませんでしたが、技術的には間違いなく、トップクラス。大柄の選手の間をすり抜けていくようにドリブルをしていましたし、良い選手だなと感じていましたね」

この仙台カップでは香川の非凡なセンスを改めて目の当たりにして、その後のU―18日本代表に「すぐに招集するべきだ」と感じた。

「この年代を指導するうえで優先順位が高いのは、若い選手に色々な経験を積ませて、将来のA代表につなげていくことです。だから、『この選手はいいな』と思ったら、年齢に関係なく引き上げていました」

実際に、当時の日本サッカー協会の幹部からも、ことあるごとに言われていた。

「勝ち負けよりも、良い選手に様々な経験をさせて、将来につなげるように」


こうして、香川が日の丸を背負う日々が始まった。チームの名称はU-18からU-19へと年をまたいで変わっていく。チームの活動全てに招集されていたわけではないが、その存在感は高まっていった。

翌年の10月、高校3年生ながらセレッソでプロとなっていた香川は、U-19アジア選手権のメンバーに選ばれた。ただひとりの17歳の選手として。

香川の出番がやってきたのは、グループリーグ3試合目のイラン戦、後半32分のこと。左MFの梅崎と代わって出場した。その後の準々決勝は出番がなく、準決勝の韓国戦では0-1とビハインドを背負っていた後半の頭から、なんと、左サイドバックとして途中出場を果たす。そして、同点ゴールの起点となった。延長戦にもつれ込んだ試合で、PK戦の末に日本が勝ち上がりを決めた。北朝鮮にPK戦で敗れた決勝戦では出番はなかったが、翌年のU-20W杯の出場権はしっかりと勝ち取った。

しかし、なぜ、サイドバックで起用されたのか。そこには2つの理由があった。吉田が解説する。

「まず、攻撃的なサッカーを僕はやりたかった。そのためには攻撃の能力のある選手をどんどん使っていこうというのがひとつの考え方です。当時はまだスタメンでいけるだけの力はなかったですけど、負けている試合で香川の力が必要になります。韓国戦では実際に、それで同点に追いつけましたから」

もうひとつの理由が、当時のチームの中心に柏木がいたからだ。日本代表の基本となるフォーメーションは〔4-4-2〕。中盤の底のボランチと呼ばれるポジションは2つあり、そのうちの守備的な役割をFCみやぎジュニアユースで香川の先輩だった青山が、攻撃的な役割を柏木が担っていた。

当然ながら、香川が中央のエリアを得意とする選手だという認識は吉田の頭にあった。ただ、そこにはチームで欠かせない役割を担っていた柏木がいた。だから、香川をサイドで起用したのだ。

香川はチーム最年少だったこともあり、当時のチームでは大人しい方だった。本来とは違うポジションに異議を唱えたり、その理由を進んでたずねるようなこともなかった。ただ、吉田には強く印象に残っていることがある。

「紅白戦だと、必然的に柏木とマッチアップすることになるんですけど、けっこう激しく、バトルをしていたんです。負けたくないという姿勢が感じられるような……」

育成年代のエキスパートには、その姿勢こそ大切だと考えている。

「年齢が一番下ですから、大人しい存在ではあった。でも、それは悪いことではないんです。内に秘めた強さがあるかどうか。その強さが、非常に重要なのです。香川には、そういう強さがありました」

翌年にカナダで行なわれたU-20W杯でも、香川はメンバーに選ばれた。またもや、最年少の選手として。

このときのチームは、歴代のU-20日本代表のなかで、今も語り草となっている。中心となっていたのは、前述の柏木や、香川が小学校時代に所属していた神戸NKサッカークラブの先輩でもある森島康仁。そして、後にロシアW杯に出場することになる槙野らだ。彼らはいわゆる「調子乗り世代」と呼ばれていた。この大会でも、あらかじめ考

子どもたちとのふれあいを大事にしている。

えていたゴールパフォーマンスを試合で披露して、話題になっていた。当時、流行していたエクササイズの「ビリーズブートキャンプ」の動きを模したパフォーマンスから、漫画『ドラゴンボール』のかめはめ波という技など……。

そんな世代を象徴するひとりが、髪を真っ赤に染めて大会に臨んだ槙野だった。

彼もまた先の仙台カップで香川の存在を初めて知り、「オレらのことを蹴散らす選手が、東北地方の選抜チームにいるとは」と驚いていた。そんな調子乗り世代の槙野は、当時最年少だった香川について、こんな風に見ていた。

「僕らのなかにいて馴染(なじ)めなかったということはないです。ただ、上の世代のなかに、グイグイ入ってくるわけでもなく、最初は人見知りの性格がかなり出ていましたね」

大会中のホテルでは空き時間に選手たちが集まって、次の試合のゴールパフォーマンスについて話し合ったりしていた。その場にいるが、積極的に発言をするわけでもない香川の姿を槙野は鮮明に覚えている。後に、香川のドルトムントの自宅にも泊まるような仲になる槙野は、こう語る。

「A代表になってからは積極的に輪に入ってくるし、チームのために自分から発信もします。でも、当時はそうではなかったですからね。ただ、発言はしなくても、彼の実力はチームのみんなが認めていましたよ」

この大会ではグループリーグでいきなり2連勝を飾り、3試合目となったナイジェリア戦で香川は柏木に代わって先発を果たす。この試合に引き分けた日本はグループ首位で決勝トーナメントに進み、チェコと対戦。一時は2－0とするなど、試合を優位に進めるものの、2－2で延長戦へ。最後はPK戦の末に涙をのむことになったが、香川は延長後半5分に梅崎と交代で出場していた。

香川の立場は前年のアジア予選同様にベンチからのスタートだったが、その成長は多くの者が認めるところだった。ナイジェリア戦では内田からのクロスを左胸でトラップしてからシュートをゴールに突き刺したが、不可解な判定でゴールを取り消される。

「嘘や……」

香川はあのとき、はっきりとそうつぶやいた。

さらに、チェコ戦では延長戦終了の3分前に、青山の蹴ったボールをトラップして反転した香川が左足で放ったシュートが、相手選手の左手にあたったのにもかかわらず、見逃されてしまった。VAR（ビデオ・アシスタント・レフェリー）システムが導入され、浸透しつつある現在では考えられないような不運もあった。

　香川自身はもちろん、チームにとってもあの結果はほろ苦いものとなった。もちろん、監督を務めていた吉田も悔しさをかみしめていた。ただ、18歳のサッカー選手のことを考えたときに、あの結末で良かったと吉田は感じている。この年代の指導を務めた経験が豊富な者だからこその意見だ。

「やはり、若いうちに注目されすぎてしまうと、だんだんおかしな方向に進んでいってしまうことがよくありますから。あそこで変に活躍して満足感を得るよりも、力を出し切れなかったという感覚が残るくらいの方が、若い子には良いと思うんです。それが次の一歩につながっていきますからね」

　大会が終わったあと、当時のチーム最年長だった梅崎から香川はこう言われた。

「次の大会ではオレたちの代よりも良い成績を残せよ！」

　U－20W杯は年齢制限のある大会だ。カナダ大会のメンバーで、次の大会に出場するチャンスがあるのは、飛び級で参加した香川ただひとりだった。

第二章　@OSAKA

恩人たちとの出会い

たとえ無名であったとしても、優れた選手はいつか、必ず発見される。あのときの出会いも、必然だったのかもしれない。

運動量が伸びしろを表す

2004年の3月、当時セレッソ大阪でスカウトを務めていた小菊昭雄は、FCみやぎの試合を訪れた。視察の目的は、高校3年生に進級する直前のGK丹野研太のプレーを見ることだった。彼を獲得するかどうか。その目処を、つけなければいけない時期にさしかかっていた（最終的に、丹野は翌年1月にセレッソ大阪に加入）。

しかし、小菊は別の選手のプレーに釘づけになった。線は細かったが、姿勢が良くて、ボールタッチも柔らかい。攻守、両方に積極的にかかわっている。

運動量が多く、魅力的な選手だ。これまでも少なくない試合を見てきたのに、見落としていたのだろうか。

そんなことを考えていた小菊は、関係者から、こう言われた。

「あの子は今度、高校1年生に上がるんですよ」

「えぇ⁉ と驚きましたよね。確かに、中学生みたいに細い子だなとは思っていましたが……」

前述の通り、香川真司が中学3年生のときには、全国大会に出場していない。香川のことを知らなかったのは、そんな事情もあった。

とはいえ、まもなく高校生になろうとしている子が、高校生に交じって、ひときわ目を引くプレーをしているのは事実だった。小菊の胸が高鳴る。

「その日のうちにFCみやぎの関係者と色々な話をして、彼の生い立ちや務めてきたポジションなどの情報は一気に収集しました」

同時に、心に決めた。

これからは彼のプレーを、こまめに見にこなきゃいけないな、と。

香川の動向を追いかけると決めた小菊にとって、幸いしたことが2つある。

ひとつは、GKを獲得するようチームから強く求められていたタイミングだったこと。丹野の視察は小菊の重要な任務だった。そして、丹野を見ようとするときに、香川も視界に入ってくる。

もうひとつが、選手をスカウトする以外の仕事があったこと。当時の小菊はセレッソのトップチームが対戦する相手の分析も任されていた。だから、大阪から東日本へと足を運ぶ機会が多かった。ベガルタ仙台の試合の偵察はもちろんだが、FC東京、浦和レッズ、横浜F・マリノスなど、関東に多くのチームがあった。しかも、東京駅から仙台駅までは、新幹線を使えば最短でおよそ1時間半だ。

「関東まで来たから、仙台まで足を延ばします」

そんな風にクラブに相談すれば、許可も下りやすかった。

香川が高校2年生になるころには、多いときには1ヶ月に3回、少なくとも2週間に1回はFCみやぎの試合か練習を視察するようになっていた。

「もちろん、身体の強さやスピードなど、体格面ではまだ物足りなさはありました。でも、そんなものをかき消すくらいに、見る度に成長を感じられたし、彼はサッカーが好きなんだなと感じさせられることが多かったんですよ。スカウトには、慎重な判断が求められます。向上心があるのかどうかを、じっくり見極めないといけない。ただ、見る度に、確信に変わっていくというか、惹かれていくというか。そんな感覚がありました」

ちなみに、小菊と香川が初めて言葉をかわしたのは、高校2年生の夏である。

山形で試合があるということで、小菊は前日の夜に現地に入っていた。偶然にも、FCみやぎと同じホテルに泊まることになった。翌朝、FCみやぎの子どもたちは8時にホテルを出発する予定だった。そろそろ彼らもホテルを出ただろうという頃合いになって、部屋を出てエレベーターに乗り込んだ。すると、慌てて、ジャージに片腕をつっこんでいた香川と乗り合わせ、目が合った。

「あ、おはようございます」

「はじめまして。セレッソのスカウトを担当しています。これからも見させてもらうね」

このときは短い挨拶だけ。ただ、香川の表情からは「この人、よく見かけるなぁ」とでも言いたげな様子が浮かんでいたという。

この年の9月の仙台カップでの大活躍もあり、高校2年生にして、香川の名前は全国区になっていた。

翌年の高校卒業を待たずにFC東京などが獲得を考えているという噂も聞こえてきた。もちろん、高校卒業時には多くのクラブが殺到するだろう。

この時点で、香川は将来のセレッソを担うほどの選手になるという確信もあった。

10月に入ったころ、小菊は、(移籍や新入団など、選手の編成を担う) 強化部にライバルクラブの動向を伝えるとともに、当時のゼネラルマネージャー (以下GM) 補佐を務めていた梶野智に直接、現場で確認してもらうように頭を下げた。

ちなみに、梶野とともに訪れた試合では他のJリーグのクラブのスカウトも熱い視線を送っていたが、あくまでも〝高校3年生の終わりに〟香川を獲得しようと話し合っていた関係者が多かったという。

実際に香川のプレーを目の当たりにした梶野も即決して、当時の人事の責任者だった西村昭宏GMもGOサインを出した。もっとも、オファーを出したところで、それが実る可能性は必ずしも高くないだろうという感覚が小菊のなかにあった。

なぜなら前例がなかったからだ。

Jリーグではユース組織の設置が義務づけられており、ユースに所属していた選手が高校を卒業する前にそのクラブとプロの契約を結ぶことはある。ヨーロッパでもよくあるケースだ。

ただ、Jクラブのユース以外の選手が、高校卒業を前にプロとしての契約を結ぶのは前代未聞だ。そんな選手はいなかった。

「無理を承知で突っ込んでいった感じでしたよ」

小菊は、当時を苦笑交じりに振り返る。

しかし、その熱意は香川の心に響いた。

香川は高校3年生になるのを待たずして、2006年のはじめ、高校2年生の終わりからセレッソの一員になることに同意した(*3)。

小菊はなぜ、高校生になる前の香川に将来性を感じたのか。それは選手を獲得するかどうかの最終的な判断を下す際に大切にしていた以下の2つの基準と合ったからだった。

1、向上心があるかどうか。

2、サッカーが好きかどうか。

「判断の材料となるのが、ピッチ上の運動量だと僕は思います。試合が始まると、サボりたければいくらでもサボれます。でも、勝ちたいからハードワークする。それが向上心につながります。サッカーが好きであれば、ボールに触れていたいし、相手とボールを巡って球際の争いになっても、ここで負けたくないと奮起する。それが、運動量として表れると思うのです。プロになってすぐの体力測定でも30メートル走などの短距離のスピードは、年齢的なこともあって他の選手より劣っていたかもしれません。ただ、長距離走や、持久走のデータはすごく高かったです」

香川がセレッソの練習場で残しているものを見て、仙台で得た感覚が間違いなかったことを小菊は確信することになる。

「小学校の低学年の子たちにサッカーをやらせると、いわゆる『団子サッカー』になってしまいますよね。みんながボールの周りに集まってしまう状態です。ただ、あれがサッカーの原点だと僕は思うんです。真司は高校生になってもそういうところがあって。さっきまで相手のゴール前にいたのに、今度は、反対側にある自分たちのゴールに帰っている。そこでボールを奪ったと思ったら、また相手ゴールの前でボールを受けたり。もちろん、プロになる過程では、ポジショニングなど色々と勉強して変わっていかないといけない部分はあります。でも、小さな子どもみたいに、とにかくボールに絡もうとする姿を見て、本当にサッカーが好きなんだなと確信できました」

そんな小菊の確信が正しかったことは、香川がセレッソの一員となってからほどなくしてみんなが認めることになった。

FROM SHINJI

報道でも出ていたように、FC東京の方たちからもすごく良い評価をしてもらっていた。当時の東京の強化部長代理だった大熊清さんの話からは、自分のプレーをよく見てくれていることが伝わってきたし、ありがたい言葉もたくさんいただいた。その少し前まで大熊さんはU-20日本代表の監督も務められていた方だったので、説得力があった。それに、東京という街への憧れも……(笑)。

でも、最終的にセレッソにお世話になることを決めたのは、やはり小菊さんの存在が大きかったから。他の誰よりも早く、自分のことに興味を持ってくれて、たくさんの試合や練習を見に来てくれた。単純だと思われるかもしれないけど、自分にとってはすごく嬉しかった。

あとは小菊さんの人間性。あの人のコミュニケーション能力！　人を惹きつけるというか、人の心をつかむのが本当に上手(うま)い。実際によく話すようになるのはセレッソに入ってからだけど、小菊さんの言葉や心づかいに救われたことは数え切れない。

＊3　高校2年生の冬休みのタイミングで大阪へと引っ越すことになったため、仙台で通っていた高校から、セレッソと提携していた通信制の高校へ転校した。

最高のタイミングでプロへ

セレッソでプロサッカー選手として歩み始めたのは、2006年1月のこと。この年は、クラブの新たな試みがスタートする年でもあった。これが香川にとって大きかった。「TM50」と名づけられたプロジェクトである。将来のセレッソを担う若手選手を鍛え上げるために、年間に練習試合を50試合以上行なうことを目標としていた。「TM50」という名前には、「Training Match（練習試合）を50試合戦う」という意味が込められている。Jリーグを戦うトップチームと、セレッソユースなどの育成組織との間に、若手選手たちを鍛える環境を作ることになったのだ。

当時はサテライトリーグという、若手選手などを中心に鍛えるためのリーグ戦が行なわれていた。ただ、それだけでは足りないとセレッソの首脳陣は考えていた。ある意味で、2020年までJ3に所属したセレッソ大阪U-23の前身となるような存在でもある。ヨーロッパでは、育成年代のチームとトップチームとの間にU-23チーム（2軍にあたるセカンドチーム）があるのが一般的だ。

TM50の対象となる選手たちはトップチームと同じ練習に参加することもあったが、それに加えて、彼らだけの練習も行ない、徹底的に鍛えられることになった。

この時期は、日本代表としても活躍し、チームを引っ張ってきた森島寛晃が30歳を過ぎ、西澤明訓が30歳になろうとしていたタイミングでもあった。クラブとして若手選手の育成に力を入れていくことが決められ、2006年からそれが明確な形となったわけだ。

しかも、この年から小菊の立場もスカウトからコーチへ変わった。

4年にわたりスカウトを務めていたが、現場で選手たちを指導する立場に戻ることを本人は望んでいた。そもそも小菊はセレッソのU-15のコーチから指導者としてのキャリアをスタートさせている。クラブとして若手の育成に本腰を入れるタイミングで、その適任者として小菊に白羽の矢がたった。だから、トップチームのアシスタントコーチと同時に、TM50のアシスタントコーチも任されることになった。当時の香川が唯一、心を許せる存在だった小菊がアシスタントコーチとして、毎日を見守ってくれるというのは、後の香川の成長を考えれば、大きな意味があった。

もうひとつ見逃せないのが、過去に例を見ないような質と量を伴って、新人が集まってきたことだ。

前年にセレッソがJ1で優勝争いをしていたため、有望な選手が集まりやすい状況にあった。若者が強いチームに惹かれるのは、古今東西変わらない。

最終的に8人の新入団選手がいたのだが、その内訳が例年とは大きく異なっていた。普通は、新人選手は、高卒選手と大卒選手のどちらかしかいない。

しかし、このときは違った。

小松塁などの大卒の選手たち、森島康仁をはじめとした高卒の選手たち、まもなく高校3年生になろうとしていた香川……。

そして、高校2年生になろうとしていた柿谷曜一朗がいた。4歳のときにセレッソの運営するサッカースクールに入ってからセレッソ一筋だった選手だ。香川よりもひとつ年下、16歳でプロ選手としての契約を結ぶことになった天才である。柿谷への期待や注目度は、香川へのそれをはるかに上回っていた。当時、育成年代に詳しい人のなかには、香川を知っている者もいくらかはいた。一方、柿谷の名前は、サッカーに興味がある者なら一度は聞いたことがあるレベル。それほどの逸材だった。

実は、高校2年生だった香川へのオファーを出す時点で、柿谷が翌シーズンからプロ契約を結ぶことも内定していた。小菊は当時の2人に与えられた環境を、こう振り返る。

「当時、曜一朗は若手のなかでもトップのなかのトップの選手でした。あのころの曜一朗にかなわないところも、真司にはありました。そこは、努力で補（おぎな）うしかない。真司にとっては近い年齢のトップの選手と一緒にやれるということは大きかったと思いますよ。それに真司がいることで、曜一朗も刺激を受けられる。彼らがライバルになると予想していましたし、お互いにとって良いタイミングでの、良い出会いになったのかなと。中長期的に、セレッソの将来を担ってほしいということも真司には伝えてありました」

一方で、香川は、当時の様子をこんな風に記憶している。

「曜一朗とは常に、比較されました。スピードも、テクニックもすごかったし、華やかさもアイツの方があったから。

当然、比較されることで、葛藤はありましたよ。『意識するな』と言われても、意識せざるをえない環境でしたよね」

ただ、香川のなかでは、絶対に口にしない言葉があった。それはこの時期だけではなく、今も変わらない。

「『アイツは上手いよね』とか、『アイツは天才だから、かなわないよ』と言うのは好きじゃないんですよ。そういうことを言う人もいるけど、その気持ちがわからない。内心では『上手いなぁ』と思わずにいられないレベルの選手がいたとしても、絶対に口に出さなかったです」

もちろん、柿谷だけではなかった。将来性を買われていた堂柿龍一がいた。香川にとって神戸NKクラブの先輩であり、後に飛び級で参加することになるカナダでのU-20W杯でエースとして君臨していた森島康仁もいた。香川は高校3年生に上がるタイミングでプロになるという稀有な存在ではあったが、小菊などのスタッフからのものをのぞけば、それほどの期待を受けていたわけではなかった。

「当時は、実績も知名度も同期の選手たちとは全然違っていたから。でも、『焦るな、勝負は今じゃない。将来は絶対にオレが上に行くんだ』という気持ちだけは常にあったんですよね」

香川がライバルの存在を強く意識することこそが、小菊らの望んでいた状況だった。

「今思うと、小松もそうですし、長くセレッソで活躍した山下（達也）や藤本（康太）もそうですし、若手だけの練習は本当にバチバチやっていましたからね。こんなたとえが良いのかどうかはわからないですが、ヨダレをたらしながらやっているような、激しい雰囲気の練習でした。細かいことを教えるよりも、そういう刺激を受けられるような環境を作って、レベルアップをうながすことが指導者に求められることだと思うんです」

セレッソがクラブをあげて若い才能たちを鍛え上げようとしていたタイミングで、プロの門を叩けたことは香川にとって幸せなことだった。

焦らずにいられた理由

「おい、おい、競馬が始まったぞ（笑）」

「TM50」の対象となる若手練習が始まると、それを横目で見たトップチームの選手たちは、そうささやき合ったという。

トップチームの練習が午前中に行なわれる日には、若手選手はそれに加えて、午後にもトレーニングに取り組む。トップチームでコンスタントに試合に出場する選手たちとは別に、フィジカルトレーニングも課された。最低でも週に2回は、午前と午後の2部練習に取り組むことになっていた。

「もう、メチャクチャ走らされましたよね。走るだけのメニューが40分以上も続いたこともあったし」

香川は当時のことを、よく覚えている。

「特に週明けの練習がキツくて、当時のルーキーはみんな、おびえていました（笑）」

何しろ、若手のためのチームとは思えないほど、指導体制は充実していた。ヘッドコーチの大熊裕司のみならず、コーチに勝矢寿延、さらにアシスタントコーチに小菊がいて、徹底的に鍛え上げられる環境がそこにはあった。

ただ、当時の香川が「トップチームの試合に出てやる」というギラギラとしたオーラを発していたかというと、そうでもない。周囲に対して、よくこう話していた。

「僕はまだ、目立たなくていいんです」

もちろん、同期の大半より、年齢の分だけ発育は遅れていた。そのため、小菊からこう言われることが多かった。

「真司はまず、プロのスピードやパワーに耐えられるような身体作りをしないといけない。もちろん、メンタル面でも成長しないとな」

香川はこう答えていた。

「わかってますよ！　将来のために他人より1年早くプロになったんですから」

だから、同期の柿谷や森島康仁がトップチームの試合のメンバーに入り、出場するチャンスを得たとしても、焦ったり、ふてくされるようなことはなかった。

むしろ、小菊には別のところで気を使ってもらうことが多かった。

「今日は5時までだぞ！」

そんな風に声をかけられることがよくあった。というのも、厳しいトレーニングを終えたあとに、居残りでシュートやドリブルの練習をしたがっていたからだ。

なんで、好き勝手やらせてくれないんや。

香川がそう思ったことは、何度もあった。

相当な負担がTM50の全体練習でかけられていたから、自主練習のやりすぎで怪我をしないようにコーチたちは細心の注意を払ってくれていたのだ。練習の合間にも、私生活のこと、先輩たちのこと、プロが手にするお金のことなども、小菊は話してくれた。

同じ歳の高校生よりも1年早くプロになるという特殊な事情はあったにせよ、香川が焦らずにいられたのには、大きく分けて2つの理由があった。

ひとつが、当時のセレッソの試合の状況だった。

「もちろん、トップチームの試合には出たかったですよ。ただ、1年目のときには、アキさん（西澤）、モリさん（森島寛晃）、フルさん（古橋達弥）、ヤマタクさん（山田卓也）がいたでしょう。途中からヨシトさん（大久保嘉人）や名波（浩）さんも入ってきた。言うたら、セレッソの一つの黄金期ですよね。簡単に試合に出られるとは思っていなかったし、試合に出る心の準備もできていなかった」

最終的にセレッソは大方の予想を裏切ってJ2に降格することになるのだが、前年には優勝まであと一歩のところまで迫った、層の厚いチームだった。クラブによる中長期的な強化を図るという方針と、若者に勘違いする余地を与えないほどの分厚い選手層があったからこそ、焦らずに練習に取り組めた。そんな環境が幸いした。

もうひとつが、香川の性格から来るものだ。

「いや、ホンマにね、3～4年はレギュラーとして試合に出られなくてもいいいと思っていましたから」

香川はそう断言する。

「まずは、プロでやる身体作りが必要だったし、あのレベルに適応するには時間も、慣れも必要だと考えていました。だから、目先の試合出場にはこだわらずにいられたんですよね」

プロになりたいという想(おも)いだけは強くて、小学生のときから行動に移してきた。

ただ、何歳までにプロや日本代表になって、どの国でプレーして、どんな背番号をつけて……と明確に夢や目標を描き、設定するのが得意な子どもではなかった。だから、自らの描いた理想的なキャリアプランとのギャップに苦しむようなことはなかった。

「2、3年後に花開くように、と言ったらカッコつけている感じになりますけど、そんなことを考えながら練習をしていました。プロになってからは、練習以外には自由に使える時間も多くて。良くも、悪くも、そこに適応しちゃうのが怖いなと思ったりもしていて。あのときは確かにかなりの練習でしたけど、FCみやぎのときのような〝非科学的な〟練習量ではなかった（笑）。だから、オフの日も練習せなあかんな、という意識がどこかにありましたね」

このシーズン、香川は2試合にベンチ入りしただけで、プロの選手として公式戦のピッチに立つことはなかった。同じ歳の他の選手よりも早くプロになったことで得られた1年間は、内に秘めた悔しさを育て、身体やテクニックを鍛えるために捧げられることになった。

FROM SHINJI

やはり、プロのレベルの高さには驚くことが多かった。それまでとはプレッシャーの速さも、強さも違ったから。5メートル先へパスを出そうとするときでも、プレッシャーが怖くて味方をしっかり見ることができず、ミスすることがあった。

モリさんや、アキさんは、僕から見たらスーパースターだった。モリさんは腰が低い感じだったけど、他の先輩に自分から話しかけるなんてできなかった。特にアキさんは怖かった。金髪だったし（笑）。ただ、名波さんは当時から面倒見が良く、よく話しかけてくれた。名波さんのお子さんもかわいくて、一緒に遊ばせてもらったりした。

あのころはやっぱり、トップチームの人たちとの差をすごく感じていて。そんな人たちと一緒に練習をするときには緊張していた。だから、（久保）建英（たけふさ）や、ガンバ大阪にいたころの（宇佐美）貴史なんかは、若くても気後れせずにやっていてすごいなと思う。あのころの僕には、自信なんて、なかったから。そういう自信をつかめるようになるのは、2年目以降のことだ。

あと、覚えているのは、小菊さんがタイミングを見計らって声をかけてくれたこと。

「監督が『この前の練習試合で香川は良いプレーをしていたらしいな』と言ってくれていたよ。オマエのこと、気にかけているみたいだぞ」

そんな言葉に救われた部分は間違いなくあったし、そういうことをサラッとできるのがあの人のすごいところだ。

祖父との出会い

セレッソに連れてきてくれた小菊がプロサッカー選手としての父であるならば、香川は祖父のような存在とも出会うことになった。

それが秀島弘だった。

秀島は、兵庫県の有馬温泉の「兵衛向陽閣（ひょうえこうようかく）」という老舗旅館で24年間にわたって腕を振るった料理人だ。最後は総料理長として、50人の料理人を束ねていた。定年を迎えて退職したあとの２００３年、セレッソの寮長となった。もちろん、寮の管理だけではなく、選手たちに食事を振る舞う。新人選手は一定期間、寮に入らないといけない。高卒と大卒によって年数は異なるものの、香川も高卒選手と同様に最低3年間は寮で暮らすことを義務づけられていた。

寮の存在意義のひとつは、プロになった途端に生活が乱れないようにすることだ。プロになれば、数多（あまた）の誘惑が転がっている。もうひとつが寮で暮らす間に、プロの世界で通用する身体を作ること。プロの料理人として培（つちか）ってきた経験は、選手の「食育」に大きな意味を持つ。クラブはそんな期待を持って、秀島を迎え入れていた。

当時の香川は、1日に３７００キロカロリーの食事をとることを課せられていた。プロで通用する身体作りのためとはいえ、かなりの量である。勢い良くかき込んで平らげられるボリュームではない。ゆっくりと、2時間近くかけて食事をとることが多かった。

寮の食堂にあるＴＶには「スカパー！」が設置されていたため、Ｊリーグの試合や海外サッカーなどを見ながら、ゆっくりと食事をとることができた。同期のなかでも香川の部屋は、服などで散らかっている方だったし、部屋のＴＶではＣＳ放送も映らない。さらに、最初の1年は通信制のウィザス高校に通っていたから、宿題や課題もあった。そんな事情から、食事の時間以外でも、香川が食堂で過ごす時間は長かった。

ただ、好んで食堂に顔を出していたのは、それだけが理由ではない。

「秀島さんは、技術者であり、職人なんです。そんな人だから、何でも見抜かれてしまうような気がして、接するときは自然と素直になれました。それに秀島さんの話は的（まと）を射（い）ていたから、『この人の言うことはこれから先も役に立つだろうな』と思って聞いていました」

秀島は寮長でもあるから、若い選手たちに小言を言うこともあったし、生活が乱れていると感じれば叱ることもあった。若い選手たちは、高校の厳しい先生や親のもとを離れて、自由な空気を感じられることに喜びを見出していた。秀島の話が始まると、その場をサッと離れる者もいた。

一方の香川は、自然と秀島のもとに足が向いたし、そのお説教を聞くのが大好きだった。

「ワシはサッカーに関しては素人や。でもな、料理人もサッカー選手も、同じ技術者なんや！　技術者としての立場から、オマエらに伝えられることはナンボでもある」

それが秀島の口癖だった。

当時のセレッソの若手が競走馬のように走らされていたのは先に書いてある通りだ。スタミナの面でも、筋力の面でも、相当に鍛えられていた。それでも練習試合のあとに、香川が「疲れた」と口にすると、秀島からはこんな言葉が飛んできた。

「プロが疲れていて、どうするんや！　もっと走り込め！」

秀島自身も、そんなアドバイスをしたことはよく覚えていたようで、アドバイスを素直に受け止めた香川が、その日から毎日30キロもの距離を走るようになったこと、その生活を3年間続けたことを、後年になってメディアの取材を受ける度に語るようになっていた。

チームで課される練習の他に毎日、30キロを走っていては、さすがに身体が壊れてしまう。香川に言わせれば「話を盛りすぎ（笑）」となる。ただ、秀島の言葉通りに、チームの練習が終わったあとに香川が黙々と走り込んでいたのは事実である。

「真司は、秀島さんに本当にかわいがられているよな」

秀島が77歳でその生涯を閉じるまで、関係者からはそう言われ続けた。ＴＶ、新聞、雑誌と、香川についてのインタビューを最も受けたひとりが秀島である（＊4）。

香川は秀島のことが、大好きだった。

だから、規定の3年間が過ぎてからも、しばらくの間は寮で暮らした。そして、２００９年の途中に寮を出たあとも、ことあるごとに秀島に会いに行った。秀島の作る料理の味を舌が欲していたのはもちろんだが、その説教を無意識のうちに求めていたからだ。

２００９年のクリスマスの少しあと、香川はひとりで秀島のもとを訪れたことがあった。後に触れるが、将来の移籍を見すえたヨーロッパ視察を終えて大阪に戻ってきてから間もない時期だった。香川の手元にあったのは、１枚の紙。代理人（＊5）に交渉を任せるという委任状だ。それにサインしてドイツへ送れば、移籍の仮契約が終わる（＊6）。

当時はひとりで暮らしていた香川のマンションにはFAXがなかった。移籍の手続きを進めるためには、自らの署名の入った紙をFAXで送る必要がある。そこで香川は、FAXが設置されていた寮に足を運んだ。

「ワシならこのタイミングで海外には行かん。オマエはJ2で活躍したが、J1ではまだ何も成し遂げておらんやろ。そこで自分の力を証明してからでもええんやないか？　最終的に決めるのは、オマエ自身。ただ、人生にはタイミングがあるんや」

秀島からかけられたのは、そんな言葉だった。そして、最終的には秀島の言葉通りに、セレッソでもう半年間プレーすることになった。

後にセレッソを離れて、海外でプレーするようになっても、秀島との関係は変わることはなかった。ドイツでは5月の終わりから7月上旬ころまでオフがあり、年末にはウインターブレイクもある。その時期には必ず、秀島のもとを訪ね、職人の作る料理を食べ（〆は必ず、うどんだった）、貴重なアドバイスをもらうようになった。

別れ際にかわすのは、いつも、強烈なハグだった。秀島の割烹着（かっぽうぎ）には料理で使う食材や油の匂いがしみついている。その匂いを感じられるハグはいつも、1分以上は続いた。

そんな関係は秀島が肺炎のために亡くなる2016年の夏まで変わらなかった。同年の7月27日に秀島が亡くなってからは、オフの度に秀島のお墓を訪れて、近況を報告するようにしている。

FROM SHINJI

実（じつ）のおじいちゃんのような存在だった。職人気質の秀島さんの言葉は本質をついていた。だから、惹かれる。サッカー選手の僕にとって参考になることが多かった。

「サッカーに集中して努力するヤツは、絶対に成功する。あんた、頑張りぃや！」

そんな言葉もよくかけてもらった。あとは、2015年の夏にマンチェスター・ユナイテッド（以下、ユナイテッド）からドルトムントへ復帰して1年がたったころにかけてもらった言葉もすごく印象深い。

「今は苦しいかもしれん。そういうとき、男はただ、ただ、耐えるんや！」

あの言葉が当時の支えになったのは間違いない。

２０１６年の夏に日本に帰ったときには、秀島さんの体調が悪いことは事前に知らされていた。それでも病院ではなくて、寮にいたのが秀島さんのすごいところ。

ゆっくりと会えるのは最後かもしれないと思いながら訪ねた。体調も優れなかったのかもしれないけど、あのときも最後はいつもと変わらない熱烈なハグでお別れした。あの強烈なハグは決して忘れることはない。僕の身体がしっかりと覚えている。

＊4　香川が２０１０年の夏にドルトムントへ移籍してからは、寮に入る若手選手に「ウサギと亀」の話をすることが秀島の日課となった。入団した当時は、柿谷らをはじめとした選手たちの方が期待され、実際に香川よりも前を走っていたが、ライバルたちを横目に淡々と努力を続けていた香川は「亀」のようにゆっくり成長をして、日本代表やヨーロッパのクラブで活躍するようになった、というのが話のオチである。もっとも、そのなかの「ウサギ」のひとりである柿谷が徳島ヴォルティスへのレンタル移籍を経て、セレッソで再び活躍するようになってからは、そうした選手でもあきらめなければ道はひらけるのだという話が加わった。「孫」たちにいつまでも無償の愛を注ぐのが、秀島の優しさである。

＊5　２０２０年９月現在では、すでにＦＩＦＡによる「代理人制度」が撤廃され、各国のサッカー協会に登録した者が交渉を代理できるという、「仲介人制度」に変更となっている。ただ、香川の移籍活動を担ってきた人物はもともとＦＩＦＡ公認代理人であり、また、ＦＩＦＡが「代理人制度」を復活させる方向で動いているという報道が度々出ているため、本書では「代理人」という表現を用いる。

＊6　ほとんどの選手が海外移籍に伴い、代理人の協力を仰ぐのだが、代理人は文字通りに契約の手続きまで代行する。彼らが選手の意思をきちんと託(たく)されたものであることを証明するために、選手が署名した委任状が存在する。それがあれば、文字通りに選手の「代理」となって、契約に関する手続きを進めることができる。選手の入団が発表されるときに、クラブの首脳陣と選手が書類にサインするのをもって手続きが正式に完了する。その際の映像や写真を目にした人は少なくないかもしれない。ただ、その前の段階に存在する様々な条件や手続きについては代理人とクラブの間で交渉するのが一般的だ。

特性を見抜いたクルピ

ピンチは、誰かにとってのチャンスにもなる。

セレッソは、優勝にあと一歩と迫りながら、最終節で優勝を逃したことが2回もある。２０００年（この年は前期と後期の２ステージ制に分けられており、そのファーストステージ）と、２００５年だった。

いずれも、その翌年には一転、成績が急降下して、２部降格の憂き目にあっている。

香川にとっての最初のシーズンもそうだった。

２００６年に降格が決まると、名波、西澤、大久保など、日本代表の歴史にも名を刻む選手たちが一斉に抜けた。

Ｊ２降格はクラブにかかわる全ての者にとって、散々な結末だ。しかし、若手選手にとっては、チャンスとなる。

香川も、それをモノにした若者のひとりだ。

ただ、主力が大量に抜けて挑んだ２００７年のＪ２での戦いは厳しいものだった。森島寛晃が原因不明の首の痛みで早々に戦列を離れてしまうアクシデントも重くのしかかった。第14節のサガン鳥栖戦で、香川のパスミスから失点して敗れると、このシーズンから指揮を執っていた都並敏史は解任された。

そのあとにやってきたのが、クルピだった。

彼との出会いが香川の人生を大きく動かすことになる。

「良い選手は年齢に関係なくプレーすべきだ。私は経験や年齢に関係なく、良い選手は試合に出す」

新指揮官はそんな考えの持ち主だった。

だから、若手のボランチとして少しずつ試合に出始めていた香川の映像を見て、クルピは以下の４つの特長に注目した。

・点を獲ろうとする意欲
・テクニック
・ボールを受けてから前を向き、仕かけていく姿勢
・何度もゴール前に入っていける運動量

クルピは小菊にこう聞いた。

「なぜ、彼はボランチをやっているんだ？」

クルピによって、ボランチよりも1列前に上がった攻撃的なポジション、左サイドのＭＦで香川は起用されるようになった。

ただ、小菊には、香川が喜んでコンバートを受け入れたようには見えなかった。

FCみやぎユースに上がるタイミングでボランチへとポジションを移してから、プロへの階段を駆け上がってきたという自負があったからだろう、こんな風にたずねてきた。

「なんでボランチじゃないんですか？」

監督と選手の間に立って、橋渡しをすることはアシスタントコーチの大切な仕事だ。クルピ監督の意図をかみくだきながら、小菊は丁寧に説明していった。

「歳を重ねてからポジションを後ろに下げることはできる。でも、真司くらいの若さでは前線に近く、プレッシャーの厳しい、シビアなエリアで勝負すべきだと思うな。それに、時間やスペースがないなかでも上手くプレーするだけのテクニックを真司は持っているんや。この厳しいプレッシャーを受けるなかで勝負をする経験は、将来、ボランチをやりたいと思ったときにも必ず活きてくるぞ」

このメッセージは香川に響いていたようだったが、もうひとつ幸いしたのは、ようやく試合に出られるようになった時期と重なっていたことだ。プロ1年目には「3～4年はレギュラーで出られなくてもいい」とさえ考えていたものの、試合に絡む機会が増えると、欲も出てきた。

もっと、長い時間プレーしたい。もっと、大きな役割を与えてほしい。

そう考えていた香川にとって、ポジション変更と引き替えに、出場機会や自身にかかる期待が増すというのは悪い話ではない。

納得すれば、早いものだ。左サイドのMFとしてプロの試合に出ることで、香川が課題を次々と見つけていくのはコーチ陣からも見て取れた。

どうすれば、マークしてくる相手DFを手玉にとれるのか。ゴールを決めるためにはどうしたらいいのか……。

そこにブラジル人指揮官から声がかかる。

「とにかく、結果を残せ！　シーズンで15点獲れれば、代表にでも、海外にでもいけるぞ」

最終的に、2007年に香川が記録したのは5ゴールにすぎない。

だが、前年は一度たりとも公式戦のピッチに立つこともできなかったのに、この年の最後にはレギュラーになっていた。それでいて、シーズン終了時はまだ18歳。普通の高卒の選手にとってのルーキーイヤーとなる年を、プロ2年目として迎えられたのが大きかった。同じ歳の選手の大半がプロのレベルに適応しようともがいているときに、試合で活躍することに意識を向けられたのだから。

いわゆる飛び級でプロになった意味は、ここから大きくなっていく。

FROM SHINJI

レヴィー（クルピ）からは、チャンスに絡むプレーを、そして、そこからゴールに直結するプレーを要求された。それをいつも求められていたから、習慣のように身についていった。

どうしても日本人はプロセスばかりを大切にしてしまいがちだ。だから、ゴールを決めるまでの形に意識を向けすぎてしまうことがある。でも、まっとうなプロセスを踏んでいなくとも、ハングリーさを武器にゴールを一心不乱に追求する者が、この世界でのし上がっていくのもまた事実。ブラジルからやってきた監督は、そんな世界の常識に基づいて指導してくれた。

ボランチから攻撃的なＭＦへポジションが上がったことで、結局、このポジションではゴールが一番高く評価されることなんだと実感するようになった。良い内容のサッカーを目指すのはとても大切なこと。ただ、相手よりも多くゴールを決めることが、サッカーの本質である。

日本のリーグで、日本人監督のもとでしかプレーしないのなら、従来の価値観のままだったかもしれない。ブラジル人のレヴィーに出会えたことは、サッカー人生に大きな影響を与えてくれた。

ゴールの価値を知る

劇的な環境の変化と、日に日に膨らんでいく周囲からの期待。香川にとっての２００８年は喧騒（けんそう）のなかで進んでいくことになる。

１月、U-19日本代表の活動から幕を開けた。この年の10月の終わりには、２００９年のU-20W杯出場権をかけた、ＡＦＣ U-19選手権が控えていた。そのための貴重な強化の舞台となったのが、カタール国際親善トーナメントだった。

前年のU-20W杯では〝飛び級〟で上の世代に交じって

いたが、このときは同じ歳か、歳下の選手が仲間だった。遠慮もいらない。楽しく過ごした大会では、優勝を果たした。秋に控える大会に向けて、手ごたえを感じるとともに、周囲からの期待も膨らんでいった。

ただ、本人が同世代との戦いをかみしめたタイミングで、周囲からは別のものを求められるようになっていく。2月には北京五輪を目指す23歳以下のチームの合宿に、4月にはトップカテゴリーとなるA代表に選ばれることになるのだから。

セレッソでも、1年前とは立場が大きく変わっていた。

前年はJ2で5位に終わり、J1への復帰は叶(かな)わなかった。「今年こそは……」というのが、クラブにかかわる者たちの総意だった。

だが、前年から首の痛みに悩まされていた森島寛晃は、この年になっても、復帰の見通しが立たなかった。

そこで期待を向けられたのが、香川だった。

このシーズンのJ2は15チームで構成されており、各チームが3回ずつ対戦するという変則的なレギュレーションになっていた。

シーズンを各チームとの対戦に合わせて3つに区切ると、香川のゴール率の変遷(へんせん)は一目でわかる。

・1巡目(3/9~5/21):14試合全てに出場して3ゴール
・2巡目(5/25~8/9):8試合に出場して1ゴール(A代表の試合と五輪により6試合を欠場)
・3巡目(8/17~12/6):13試合に出場して12ゴール(出場停止で1試合の欠場)

劇的な変化の背景には何があったのか。

理由のひとつは、A代表などで、自分よりも上のレベルの選手たちと一緒にボールを蹴り、彼らの意識の高さや考えていることに触れることで、一気に成長したから。

ただ、それだけではない。

クルピのもとで前年から取り組んできた意識改革の成果が現れたのだ。これが大きかった。

新しいトレーニングを始めた翌日から、成果が出るなんてありえない。毎日、コツコツと努力をする。続けていけば、それが自分の血や肉となっていく。成果が見え始めるのは、せいぜい数ヶ月後くらいから。この時期の成長は、前年から継続してきた成果が、日を追うごとに大きくなっていったからだった。

クルピのアドバイスに耳を傾けて、取り組んでみる。そこに喜びや楽しさを見出す。途中で思い悩んだら、小菊らが温かい言葉で励ましてくれる。そうやって、少しずつ前に進んでいった。

「あそこで自分がチームの中心にならないといけなかったですから。中心選手に求められるのは、チームを勝たせる仕事。目に見える結果を残して、チームをJ1に上げないといけない。そうなれば自然と『ゴールを獲らないといけないぞ』と自分に言い聞かせるようになりますよね」

クルピのもとで、意識が変わった。

意識が変わると、プレーも変わる。

プレーが変われば、結果は変わる。

そして、結果が変わることで、周囲との関係も変わっていった。

「点を獲ることによって、周りからの見られ方がどんどん変わっていったんですよね。みんなが頼ってくれるようになり、自然と自分にボールが集まってくる。『最後は真司やな』みたいに。そういう信頼を感じられるのは最高だったし、そうなると、今度は、みんなのためにもゴールを獲らなきゃいけないという気持ちになってくるんですよね」

FROM SHINJI

レヴィーからは「キーパーをかわしてみろ」と繰り返し言われた。「ゴールを決めるためには、それが最も確率が高いから」と。

あのころは、紅白戦でもGKと一対一になったら、とにかく抜き去ることを考えていた。そのためにキックフェイントをしたり、スピードに変化をつけたり……。2009年のコンサドーレ札幌戦のゴールなどはまさに、その形から決めたゴールだった。ただ、あとで試合の映像を見たときに、「あぁ、こんな感じでGKをかわしていたんだ」と気づくことも多かった。無心になって、GKをかわしていったんだと思う。

ヨーロッパに来てからは、プレッシャーがゆるい試合などなくて、スペースも限られているから、完璧に抜き去れるようなシーンはほとんどない。2012年、ドルトムントで2度目のリーグ優勝を決めたボルシアMG戦のゴールなどは、今はバルセロナで活躍してるGKテア・シュテーゲンをかわしてからのゴールで印象深い。完全にかわし切らなくても、

GKに尻もちをつかせてから決めるゴールは、そんなアドバイスの延長線上にあるものだと思う。

レジェンドから託されたもの

10月の終盤にさしかかるころだったと、香川は記憶している。森島寛晃から食事に誘われた。チームのイベントなど、食事をともにしたことはそれまでに何度もあった。でも、2人きりでじっくり話をしたり、食事に連れていってもらったことはない。

何だろう……。

そう考えながら出かけた先で、打ち明けられた。このシーズン限りで、引退するつもりであることを。

森島はセレッソ一筋、18年。「ミスター・セレッソ」と呼ばれ、その温厚な人柄とともに、ファンやサポーターから愛されてきた。それだけではない。仙台で暮らしていた時期に行なわれた日韓W杯のチュニジア戦で彼が決めたゴールも香川は鮮明に記憶している(*7)。

そんなレジェンドから引退を打ち明けられて動揺していると、さらにこう告げられた。

「実は、オレの8番を、これからは真司につけてほしいと思っているんだ」

ヤンマーのサッカー部時代から17年間、守り続けてきたのが8番のユニフォームだった。

あまりに重いものを受け止めるのには覚悟が必要だ。その場では即答できなかった。

その少しあとの10月30日、森島は記者会見を開き、引退を発表している。

「今までセレッソ大阪でやってきたなかで、今後セレッソ大阪を引っ張ってくれる選手は、自分自身、香川真司だと思っているので。自分の想いというものを、ご飯を食べながら、本人には伝えたつもりでいます」

さらに、背番号8の行方について記者から問われると、こう答えたという。

「どういう形になるかはわからないですが、一応、真司に着けてほしいなという想いがあり、(彼に)話はしました」

この会見を受けて、多くの者が香川の意向を知りたがったが、そのとき彼は日本にいなかった。日の丸を背負い、サウジアラビアでU-19選手権に参加していたからだ(*8)。

11月8日、代表チームの活動を一足先に終えた香川は、日本に帰国した直後にセレッソのユニフォームを着て、ヴァンフォーレ甲府戦に先発した。森島の引退発表後、セレッソにとって最初の試合だ。

前半のうちに2失点を喫する厳しい展開だったが、後半6分に香川がゴールを決める。そして2－2で迎えた後半28分、逆転となるゴールを叩き込んだ。雄たけびをあげ、喜びを爆発させながら、26番のユニフォームをまくり上げた。その下に着込んでいたのは、大先輩から預かっていた8番のユニフォームだった。

香川は続く湘南ベルマーレ戦で1点、その次のザスパ草津戦でも2点を決めた。いずれも、森島のユニフォームを、自らのユニフォームの下に忍ばせてマークしたゴールだった。

12月6日、この年のJ2の最終戦はセレッソのホームゲームだった。J1昇格の可能性を残して、愛媛FCとの試合は行なわれた。森島の原因不明の首の痛みは癒えてはいなかったが、セレッソの選手として最後の出場のために、2－1で迎えた後半のアディショナルタイムに、タッチラインに沿いに立った。そして、香川と交代で、8番を背負う「ミスター・セレッソ」として最後の時を刻んだ（なお、昇格を争っていたベガルタが同時刻に行なわれた試合に勝ったため、セレッソはJ2で4位になり、このシーズンも昇格が叶わなかった）。

試合後に引退セレモニーが行なわれたあと、チームメイトとともに主役が場内を一周していくことになった。ホームのサポーターの前にさしかかると、森島は自らのユニフォームを脱ぎ、香川に着せた。サポーターから拍手と歓声が降り注ぐ。

こうして、背番号8番と、J1昇格というクラブの悲願の両方を香川は託されることになった。

FROM SHINJI

森島さんが引退を発表したあたりから、一気に得点能力が増した感じがある。ちょうど、J2での戦いが佳境を迎えるタイミングだった。

1試合の価値は変わらないというけれど、J1昇格をかけた大事な試合が続いているのは、チームの誰もが感じていた。そして、そうした重要な試合で、僕は点を獲れるようになった。「大事な試合になると点が獲れない！」と嘆いていたのが嘘だったかのように。

自分がチームを引っ張っていかないといけない。森島さんのためにもゴールを決めて、チームを勝たせないといけない。そういう気持ちが自分を成長させてくれたのだと思っている。

僕はあまりユニフォームを交換しないタイプだから、自宅にあるユニフォームの枚数は決して多くはない。それでも、あの日に森島さんから頂いたユニフォームは、その少し前にカズさん（三浦知良）から頂いたユニフォームの隣に飾った。

＊7　森島がゴールを決めたのは、当時のセレッソが本拠地としていた長居陸上競技場（現ヤンマースタジアム長居）での試合。

＊8　10月26日のベガルタ仙台戦を終えてから、香川はサウジアラビアで行なわれるU-19選手権へと向かった。この大会ではA代表の試合と違い、無条件で選手を招集できるわけではない。しかも、この開催期間はJ1昇格をかけた山場となるJ2の終盤戦にさしかかってしまう。日本サッカー協会とセレッソが話し合ったうえで出された決断が、10月26日のベガルタ戦後から、アジアユースのグループリーグ最終戦のある11月4日までU-19日本代表に参加するというものだった。その日程であれば、U-19の試合に最大3試合出場できて、セレッソの試合を欠場せずにすむからだった。11月8日のU-20W杯の出場権をかけた準々決勝の韓国戦を前に香川は現地を離れたが、日本は0-3で敗れてしまい、飛び級で国際大会に参加する常連だった香川が同年代と一緒に戦う世界大会の機会は失われてしまった。それまでU-20W杯に7大会連続で出場していた日本は、ここから4大会続けて出場を逃すことになる。

勝ちたい気持ちが強すぎて……

香川がセレッソで試合に出るようになってからの全てが順調に進んでいたわけではない。周囲からすれば、ヒヤヒヤせずにいられなかったこともあった。

後に、クルピ監督は、こんな言葉を残している。

「本来は選手が立ち入るべきでないところにまでシンジが入ってしまうことがある」

ある試合のハーフタイムでのことだった。前半のセレッソの攻撃はなかなか上手くいかなかった。当然ながら、ロッカールームには選手や監督のため込んだフラストレーションが充満していた。もっとも、ハーフタイムの監督の指示によって、あるいは選手と監督の対話によって、戦い方を修正して後半に巻き返すこともよくある。

オレがチームを引っ張らないといけない。

そう考えていた香川は、作戦ボードの横に立っていたクルピ監督のもとへ近づいていった。ボードには、選手の背番号がかかれたマグネットが〔3－4－2－1〕というフォーメーションの形で並べられている。そこに手をかけ、最前線のFWが2人並ぶように〔3－3－2－2〕のような形に変えていった。

「なかなか前線にボールが入らないのが問題だから、2トップにした方がいいと思うんですよ！」

隣でそれを見ていたクルピの顔がみるみる硬直していくのを、アシスタントコーチの小菊は確認している。そして、クルピが口を開いた。

「シンジ、オマエは監督になったつもりかー⁉」

世界のサッカー界で、沈黙は悪である。ピッチの外からながめている感覚と、実際にピッチに立って相手と対峙している選手の感覚とに、ズレが生じていることもある。監督に対して意見を伝えるのは決して悪いことではない。

しかし、いきなり戦術ボードに手をかけて、フォーメーションの変更を求めるのは、やりすぎだった。

その場はクルピが香川を叱りつけ、後半に向けての指示が送られ、収まったかのように見えたが……。

翌日、小菊はクルピに呼び出された。

「シンジはいつか、ヨーロッパでプレーしたいと話しているそうだな。ベンチを経由して、勝手に出ていけばいいよ。アイツは勘違いしている‼」

かなりの剣幕だ。さらに、こんな指示を受けた。

「これまでのシンジの良くないプレーを集めた映像集を作れ！　自分が監督だと思っているのなら、大間違いだ。それを思い知らせてやれ」

そんなときに両者の間に立つのがアシスタントコーチの役割である。香川を呼び出して、話をすることにした。

「シンジ、監督はものすごく怒っているぞ！」

「ホンマっすか？　ヤバいな……」

香川の顔が少し青ざめていくのを見ると、こう続けた。

「オマエが勝ちたいと考えているのはわかる。そのための責任を背負ってプレーしているのも伝わってくる。でもな、伝え方、伝えるタイミングには気をつけないといかんよ」

そこからは香川も態度を改めていった。必要なことを伝えるのをやめようとは思わない。ただ、その伝え方を考えていくようになった。

練習でも監督とコミュニケーションをとり、チームのために汗をかくような仕事にも献身的に取り組んでいった。クルピとて、選手が間違っていると感じたときには、はっきりと指摘するが、そうした出来事をいつまでも引きずるタイプではない。そこからはまた、信頼で結ばれた選手と監督の関係に戻っていった。

「あれは真司にきちんと注意しなければならないシチュエーションでした。ただ、内心で僕は嬉しい気持ちも少しあったんです。セレッソに来たときには控えめだった真司が、年上の選手たちにも指示を出して、チームが勝つために主張をするようになったわけですから」

小菊は当時を思い出して、そう語る。

「選手にノビノビとやらせてあげようという考えをクルピさんは持っていましたが、選手が一線を超えてしまうようなことは許さないという厳しさもありました。両面を持ち合わせているというのも名将たるゆえんなんでしょうね。そういう人に育ててもらえたのは、真司にとって幸せなことだったのかもしれません」

ちなみに、クルピの求めるシーンを集めた映像集を、小菊は実際に作っていた。監督から指示された仕事だったし、「シンジに見せろ」という指令がいつ来るかわからなかったからだ。ただ、幸いにしてそんな日は来なかった。だから、このシーズンの終わりにそのＤＶＤはひっそりと処分した。

FROM SHINJI

今振り返ってみると、間違いなくやりすぎだ。

あのときは僕らの攻撃を警戒して、相手が引いて守ってきていた。そのなかで2シャドーといわれるポジションの一角に入った僕を含めて前の３人だけが孤立してしまう感じがあったから、「2トップにしてほしい」と監督にお願いした記憶がある。

「そんなのはオマエがひとりで決めることではない！」

そうやって監督が怒ったのも当然だ。

感じたことを伝えるのは悪いことではないけど、

それを伝えるプロセスはとても大切だ。あのときは前半の攻撃が上手くいかなくてイライラしていた感情をぶつけたような感じだった。それではダメ。監督としっかり信頼関係を築いたうえで、正しい形で考えていることを伝えないといけないと勉強になった。

もちろん、小菊さんがそんな映像集を作っていたことは知らなかったけど（笑）。

またも飛び級で世界大会へ

人はお金や時間が限られているときにこそ、知恵をひねる。北京五輪を目指す日本代表の監督を務めた反町康治もそうだった。

反町の率いたチームは２００７年の8月22日から11月21日まで最終予選の6試合を戦い、無事に本大会の出場権を獲得した。1ヶ月に1回、10日弱の活動期間中に、2試合が組まれる。それが3ヶ月続く。試合が終われば、選手たちは所属するチームに戻る。そしてまた、翌月に集まるというのが当時のスケジュールだった。

予選の最中に、怪我やコンディション不良で選手を入れ替える必要に迫られても、一度は招集した選手たちだった。に合宿や試合に反町が目を向けたのはそれまで

「3ヶ月で6試合あるから、途中でメンバーを入れ替えることはできる。でも、予選の最中にそれまで試したことのない選手を呼ぶのは難しかった。もちろん、真司のことは知っていたけれど……」

23歳以下の選手（１９８５年1月1日以降に生まれた選手）が出場できる北京五輪のメンバーの中心選手は大きく分けて、2つの世代で構成されていた。上の世代にあたるのが２００５年のＦＩＦＡワールドユース選手権（この大会のあとにU-20W杯へ改称）に参加した本田圭佑らのグループ。その下の世代にあたるのが、香川も2試合に途中出場を果たした２００７年のU-20W杯を戦った選手たちだ。

五輪予選で下の世代から呼ばれた選手の大半は、07年のU-20W杯で主力を張った選手だ。結局、最終予選が終わるまで、香川に声がかかることはなかった。

ただ、予選が終わると状況は大きく変わる。年をまたぎ、五輪イヤーを迎える時点で、反町はこう考えていた。

「北京五輪まで半年と少しの時間があった。世界レベルで戦うことを考えたときに、もう一度、選手たちを見直して、新しいチームを作るくらいの変更も必要になってくると考

えた。それに、五輪代表というのは、選手たちの将来も見すえないといけない場だから」

例えば、アジア予選では〔3－5－2〕のフォーメーションを採用することも多かったが、そこには理由があった。4バックを採用する際に必要なサイドバックに優秀な人材が少ないと感じていたからだ。ただ、下の世代にあたる内田篤人と安田理大がカナダのU－20W杯でサイドバックとして活躍し、所属クラブでも成長を続けていた。上の世代では、長友佑都が頭角を現し始めていた。彼らの成長があったから本大会では4バックを採用することになるのだが、その準備に着手できたのは、五輪の行なわれる2008年に入ってからだった。

2007年、五輪予選が行なわれた年に、香川はクルピによって攻撃的なポジションへとコンバートされた。これにより出場時間を大きく延ばし、一気に成長していた。だから、オリンピックイヤーの2008年を迎えるにあたり、反町の頭には香川の存在が浮かんでいた。

「セレッソでよく試合に出ているのを見ていて、力があるとは感じていた。だから、このタイミングで呼んでみようと」

こうして、2008年の2月13日から24日まで行なわれるアメリカ遠征のメンバーに香川は選ばれた。北京五輪を目指すチームへ参加するのは、これが初めてのことだったから、香川自身こう感じていた。

「J2で試合に出られるようにはなっていましたけど、J1でバリバリやっている人たちのなかにいきなり入るわけですよ。『やってやるぞ』という気持ちはもちろんありましたけど、内心は『オレが入っていいんかな?』と不安でしたね。初対面の人も多かったし……」

U－20W杯でも飛び級の経験はあったが、あのときは最年長の選手との差は2歳。でも、今回は最大で4歳だ。かすかに覚える不安を監督やチームメイトに悟られないように気を張りながら、アメリカでの選考合宿に挑んでいった。12日間の合宿で練習試合を4試合もこなすスケジュールで、サバイバルレースは最終コーナーにさしかかりつつあった。

この時期の反町の頭にあったのは以下のようなことだ。

「こちらの求める考えやサッカーに選手を無理矢理はめ込むのではなくて、自分の良さを活かしてもらいたいと考えていた。五輪までに、一緒に練習や試合に取り組める期間はそれほど長くはないから」

反町は、この時点でクラブチームの監督を5年、A代表のコーチを1年近く務めた経験があった。だからこそ、活動時間がクラブチームと比べて極端に限られる代表チームに合ったマネージメントを考えていた。

2月の合宿で、自らの目の前で練習をする香川を見たときに、こんなイメージがわいた。

「真司を最も活かせるのは、〔4－4－2〕の左MFだなというイメージはすぐに浮かんだかな。やっぱり、ボールを受けてからの1歩目が速かったから。そして、ボールを持ってからのアイデア、ファーストタッチにはほとんど間違いがなかった」

香川のプレーのレベルについて、すぐに確信を持てた。ただ、五輪代表の監督として、もうひとつ、重視している資質があった。

「世界の舞台で戦うためには、物怖(ものお)じしない選手が必要となってくる。いくら上手くても、それがなければ厳しい。例えば、長友や岡崎慎司らもそうだったけれど、彼らには運動量の他に、物怖じしない、インターナショナルな舞台で戦う資質があったということだろうね」

実は、２００６年に北京五輪へ向けたチームの立ち上げにあたり、当時の日本代表監督を務めていたオシム氏とこんな約束をしていた。

「日本サッカー界の最終的な目標は、4年後のW杯。そこで戦力になれそうな選手を呼んでいくつもりです」

反町だって勝つことに飢(う)えている。集めた選手たちのためにも、五輪で結果を残したかった。ただ、将来のA代表につながることを常に考えないといけない。そこに、年代別の代表監督と、他の監督との違いがある。

アメリカ合宿のおよそ1ヶ月後、国立競技場で行なわれるアンゴラ代表との親善試合でも、反町は香川を呼ぶことにした。このとき選んだのは、本大会の登録できる上限人数と同じ、18人だ。

後半26分に梅崎司と交代で、左MFとして香川を送り出すと、シュートを2本放ち、数回のドリブル突破からチャンスも作った。

この試合をスタンドで観戦したある人物は、前のめりになって香川のプレーを見つめていたのだが、それはまたあとで触れる。

ともあれ、アンゴラ戦を終えた反町の頭のなかには、本大会を戦うチームのイメージが出来上がりつつあった。あの時点で海外のクラブでプレーしていた森本貴幸や本田らの存在も思い浮かべながら、香川の起用法を考えた。

「本田には右サイドから中に入って、色々なプレーをする力がある。本田はこの世代の中心でもあった。それに対して、左サイドで真司がプレーするイメージがわいたんだ。アイツが外に開いているときには、サイドバックの選手がインナーラップできるし、中に入ったらオーバーラップできる(＊9)。サイドの局面で、真司とサイドバックの選手が相手との二対一の状態を作れれば、チームの強みになると感じたね」

そのあとに香川はA代表に選ばれたため、内田や長友と同じように5月と6月の五輪代表の活動には参加できなかった。それでも、反町は、7月14日に発表した北京五輪のメンバーに香川を加えている。

なお、香川は吉田麻也や森本らとともに、最年少の学年の3人のうちのひとりだった。オーバーエイジという例外を除けば、次回以降の大会に出場できる権利のある選手は香川だけだった(＊10)。これは香川が3月17日に生まれた、いわゆる早生まれの選手だからだ。一般的にスポーツの世界では身体の成長が遅れがちになる早生まれの選手は、ある程度の年齢までは、体格の差に悩まされることが多い(＊11)。肉体的なハンデを抱えながら香川が年代別の代表に度々、飛び級で選ばれたのは、FCみやぎ時代から年上の選手たちと一緒にプレーする環境で身につけたものがあったからだ。

8月5日、初戦を2日後に控えたこの日にチームは天津五輪センター体育場で、公式練習を行なった(＊12)。グラウンドの芝生の状態を見たときに、反町は確信した。

これは、厳しい戦いになるだろうな。

もちろん、当時はそんなことを口にすることはできなかった。敗戦の言い訳と受け止められてしまうし、自らの発言が切り取られ、選手に厳しい意見が向けられる可能性もあったからだ。

ただ、今になってみれば、あのときの真相を語ることはできる。

「芝生が根づいていなくて、グラウンドはグチャグチャだった。一歩踏み込もうとすれば、ズルッと滑ってしまう。そうなると、日本の選手の持つクイックネス(素早さ)が活かしづらくなる。事前のスカウティングでは、(対戦する)アメリカの選手たちはそういうクイックネスに弱いと感じていただけに、なおさら悔やまれたよね。うちの選手たちが持っている良さや魅力を出しづらかったという意味で」

北京五輪では、1日に同じ会場で2試合が組まれていただけではなく、男子の試合の前日に同じ会場で女子の試合が2試合も行なわれていた。そんなことはW杯などではありえない。芝生に大きなダメージを残してしまうからだ。さらに、天津では連日のように気温は30℃を超えており、湿度は50％以上あった。ときどき雨も降った。それで芝生に影響が出ない方がおかしい。

そんななかで迎えたアメリカとの初戦では、香川は「4－2－3－1」の左MFとして先発に名を連ねた。前半20分には、コーナーキックから本田、内田、香川とつなぎ、香川が内田に戻したあとのクロスにフリーで森重真人が飛び込んだ。この試合で最大のチャンスだったが、シュートは左に外れてしまう。その後も日本は何度かチャンスを作ったが、後半開始早々に失点して、0－1で敗れた。続くナイジェリア戦でも、左MFのスタメンは香川だった。前半の序盤にも、後半の早い時間帯にも香川は良い形からシュートに持ち込むが、ゴールネットは揺らせない。後半18分、香川と李忠成にかわって、岡崎と豊田陽平が送り出されたが、1－2で敗戦。2連敗。この時点でグループリーグ敗退が決まった。

瀋陽（しんよう）へと舞台を移してから迎えた、最終のオランダ戦では5人を入れかえて試合に臨んだ。香川は後半35分から投入されたが、0－1で試合は終了。日本は全敗で大会を去ることになった。

「真司が芝生に足を取られて滑っていた場面があったし、他の選手も同じような状況だった。アイツはキレで勝負するタイプの選手だから、それが活かしづらい環境だったのは……。今となっては、恨み節に聞こえてしまうけどね」

反町は、グラウンドの状態が良い結果を残せなかった最大の原因だったとは考えていない。

ただ、選手たちの良さが前面に出る大会にならなかったのは、気の毒に思えた。実力をある程度出せれば、世界との差を具体的に測れるだろうし、世界のチームを相手に自信を得られる部分もあったかもしれない。それなのに、あの大会の選手たちには、具体的な指標というより、悔しさばかりが残ることになってしまったのではないか。そう思わずにはいられなかった。

戦いを終えたチームは、瀋陽から成田空港へ飛んだ。そして、近郊のホテルの大広間で、チームの解散式が行なわれた。

「今日をもって、このチームの活動は終わりとなる。1試合でも多く、世界の舞台での試合を経験させたかったのに、たった3試合で終わらせることになってしまい、申し訳ない。全ての責任はオレにある。みんなは、ここを出てからは、胸を張って帰ってほしい」

反町の視界には、涙を流す長友の姿が入った。それで、こらえ切れなくなった。声は少し震えてしまったが、そのあとに2つのメッセージを残した。

「10年後に、どこかでもう一度、このメンバーで集まろう。そのときまでどうか、みんなも一流のプレーヤーとして活躍していってくれ」

もうひとつは、最年少の香川へのものだった。

「真司、オマエだけは次のオリンピックにも出場できる。みんなの悔しさを次の大会でぶつけるチャンスがあるんだ。みんなの涙を忘れずに、これからも頑張ってくれ」(*13)

18人のうち、本田と森本は当時から海外のチームに所属していたが、残りの16人のうち9人が、その後にヨーロッパのクラブへと移籍することになった。また、メンバーのちょうど半分にあたる9人がW杯のメンバーに入り、そのうちの7人がW杯のピッチに立った。

あの大会の「10年後」となる2018年のロシアW杯には香川を含めて、5人が出場。彼らはなおも、海外での戦いを続けている。

FROM SHINJI

北京五輪は、初めてスタメンの選手として参加した世界大会だった。大会の前にA代表の試合でコートジボワールなどの普段は対戦しないような選手たちと試合をしていたし、2007年のU-20W杯でも2試合ほど出場していた。だから、世界で戦う感覚をそれとなくわかった気でいた。

ただ、北京ではスタメンで使ってもらったことで、改めて、世界との差をつきつけられた。アメリカ、ナイジェリア、オランダと同居する「死の組」に入ったが、自分たちの真の実力を知るためには良かったのかもしれない。だから、あの大会は自分にとってひとつの転機となった。

以前にも「将来はヨーロッパでプレーしたい」と話すことはあったし、心のなかで考えたりもしていた。ただ、当時はあくまでも漠然としたイメージのなかでの話。何歳までにヨーロッパに行けばいいのか、どのようなクラブでプレーしたいのかなど、具体的なプロセスを思い描いていたわけではなかった。

あの大会で世界との差を感じたことから、世界の舞台で活躍できるような力をつけないといけない、と考えるようになった。それも、少しでも早くヨーロッパへ行くべきだと、思わせてくれた。

それまでの夢を目標に変えてくれたのが自分にとっての北京五輪だった。

＊9　インナーラップは、前にいる味方の内側を、後方から出ていく選手が追い越していく動き。オーバーラップは、外側を、追い越していく動き。ピッチを縦方向に5つのレーンに分けて考えることが一般的になった現代では、当時よりもインナーラップとオーバーラップの重要性が高まっている。

＊10　オリンピックに参加する代表チームがU－23日本代表と呼ばれているのは、開催年の23年前の1月1日以降に生まれた選手でメンバーを構成しないといけないという年齢制限があるから（ただ、1チームにつき最大3人まで、制限よりも上の年齢の選手を加えることができるというオーバーエイジ枠がある）。次の大会にオーバーエイジ枠以外で出場できる権利を持ちながら、飛び級で登録メンバーに入ったことがあるのは、年齢制限が設けられて以降は、中田英寿、故・松田直樹、平山相太と、香川の4人だけ。

＊11　4月2日生まれの子どもが最年長で、4月1日生まれの子どもが最年少とする日本の教育システムの影響から、日本のスポーツの世界では一般的には、早生まれの選手は不利とされている。誕生日が早い子どもの方が、同じ学年のなかでは発育が進んでいるから、体格差で優位に立てる。しかし、若いころにそうしたハンデを、創意工夫や努力によって跳ね返し活かす術（すべ）を身につけた選手は、後に大成することも多いといわれている。サッカー界では、3月12日生まれの奥寺康彦、2月26日生まれの三浦知良、1月22日生まれの中田など、海外で日本人が活躍する道を切り開いた人たちは、軒並み早生まれだったりもする。

＊12　国際大会では、実際に試合が行なわれるグラウンドで事前に練習をする時間が設けられるのが一般的だ。多くの場合、試合前日に行なわれる。ただ、オリンピックの場合には、同じ会場を男子だけではなく、女子サッカーでも使用することが多い。このときも日本が試合を行なう前日に女子の試合が行なわれたため、公式練習は試合の2日前に行なわれた。

＊13　ロンドン五輪では年齢制限の範囲内で香川には出場の権利はあったものの、A代表や所属クラブの活動もあり、アジア予選を通してメンバーに選ばれることはなかった。ただ、ロンドン大会の会場のひとつにマンチェスターが選ばれており、日本代表はエジプトとの準々決勝をかの地で戦った。試合の2日前に代表チームがマンチェスター市内の日本食レストランで食事をとっていたところ、ユナイテッドに移籍したばかりの香川が偶然にも同じタイミングで来店。本来なら参加する権利のあったチームのメンバーを激励した。なお、吉田麻也は北京五輪に続き、ロンドン五輪にも出場したが、ロンドン大会ではオーバーエイジ枠での参加だった。

大胆さと遠慮の初代表

北京五輪を目指すチームですでに2度ほど先発していたものの、それらは観客もほとんどいないアメリカ遠征での練習試合だった。

でも、あの日は違った。2008年の3月27日、U-23日本代表としてアンゴラ戦を迎えたときの緊張感は全く別のものだった。会場は新築される前の旧国立競技場だ。聖火台のあるスタンドとカズらのプレーとがセットになって小学生時代の香川の目に焼きついていた場所だ。前の年にセレッソで初ゴールを決めた水戸ホーリーホック戦の観客数は1300人に満たなかったが、この試合では1万人以上が観戦に訪れるのは確実だった。

そうした緊張感が香川の身体をむしばんだのか、試合前日のチームのホテルで異変が起こっていた。

だが、そんなことなど知らず、この様子をスタンドから興奮して見つめていた人物がいた。

U-23日本代表のアンゴラ戦の前日、日本のA代表は、南アフリカW杯の出場権をかけたアジア3次予選を戦った。ところが、アウェーで行なわれたバーレーン戦に0-1で敗れてしまった。当時の岡田武史監督が2度目に日本代表の監督に就任してから、初めての敗戦だった。その翌日、成田空港に到着した岡田は、その足で国立競技場へ向かった。前夜の試合に敗れた苛立(いらだ)ちを抱えながら。

そこで目にしたのが、躍動する香川の姿だった。

「真司は、ボールを止めた瞬間に相手に向かっていったんだ。普通の日本人選手は相手に向かうのではなく、空いているスペースへ向かっていくものなんだよ。相手にひるまずにドリブルで向かっていく真司の姿を見た瞬間、『おっ！』と思ってね」

当時の技術委員長を務めていた小野剛から香川の存在については聞かされていた。とはいえ、じかに目にした衝撃は予想をはるかに上回るものだった。

「ボールをもらってからの最初のタッチで敵に向かっていけば、相手にボールをさらすことになる。普通は、それが怖いんだ。相手が来てもかわせるという自信があるか、目の前の相手を『抜いてやる』というくらいの強い気持ちを持っていないと、できないプレーだから」(＊14)

周囲にいた数人のスタッフも、同じように衝撃を受けていた。外国人選手でそういうプレーをする者はいるが、日本人でそういうボールの持ち方をする選手は「ほとんど見たことがない」と岡田は断言する。

南アフリカW杯まで2年と3ヶ月弱の期間が残されていたが、岡田はこんなことを考えていた。

「このままではW杯は勝てない。必ず、新戦力が必要になる」

翌月にはJリーグの合間をぬって、3日間という短期間のA代表の合宿が組まれた。そこで長友らと並び香川をA代表の活動に初めて参加させることにした。ただ、そのなかで10代の選手も、J2のチームに所属する選手も、香川ただひとり。当時の岡田は報道陣に向けて、こう話した。

「彼は19歳ですが、物怖じしない。緊張してプレーできないという性格ではありません。それを見極めたうえで使っています」

中村憲剛は、当時の代表の中心選手のひとりだった。後に香川は「プレーの感覚が合う選手」として中村の名前を挙げているし、ゴールにつながるパスをもらう前に「憲剛さんと目が合った」と話したこともある。そんな先輩は初めて日本代表に呼ばれ、緊張気味に挨拶に来た19歳の香川をこんな風に見ていた。

「J2から選ばれた唯一の選手だったし、まだ大ブレイクはしてなかった。自分の実力を信じ切れていなかったところもあったとは思います。彼って、そういうところは意外と気にするタイプなので(笑)」

ただし、そんな第一印象もグラウンドに出ると変わっていった。

「ボールに触れれば、雄弁なんでね。あのころから、彼は抜群に上手かったですから」

岡田は、この合宿で香川が見せた、あるアクションに目を丸くすることになった。

「最初の練習で真司はいきなりボールを取られたんだけど、その後に遠藤（保仁）の練習着を引っ張って、倒したんだよ。それを見て、ビックリしたね。まだ19歳なのに『これはすごいヤツが出てきたな！』と」

物怖じしない香川のスタイルは、当時の代表にかかわる者たちにも特異なものに映っていた。また、最終日に行なわれた筑波大学との練習試合でも先制点をあげた。

インパクトを残した香川は、5月24日に行なわれたキリンカップのコートジボワール戦で、A代表にデビューすることになった。またもや長友と同じタイミングだった。そのあと、長く日本代表でともに戦うことになる2人である。背番号は長友が27番を、香川が26番を背負っていた。香川の26番は、当時のセレッソでつけていた背番号だった。後半30分、香川は矢野貴章とともに交代で入った。日本がすでに1点をリードしており、この時間帯では試合のペースも落ちていた。そこまで激しい攻防は起きることはなく、試合も1－0のまま幕を閉じた。岡田監督はデビュー戦としてはまずまずのパフォーマンスだと感じていたが、香川自身は自らの良さを出せたという手ごたえがあったわけでもなかった。

ともあれ、香川は、日本代表の歴史のなかで5番目に若い、19歳と68日でのデビューを果たすことになった（＊15）。

そして、この試合は後々まで語られることになる。香川が平成生まれの選手としては初めて、日本代表でプレーした選手になったからだ。

FROM SHINJI

忘れもしない。あのアンゴラ戦の前日、ホテルで血尿が出た（汗）。

後にも、先にも、そんなことはない。それで急遽、病院へ。精密検査を受けたところ、特に異常はないということで、翌日の試合はどうにか許可された。（長友）佑都やウッチー（内田）など、北京五輪世代の選手は何人かいたけど、みんなJ1で試合に出ている選手たち。やはり、ビビッているのを隠すのに必死で、そういう症状が出たのかもしれない。ただ、アンゴラ戦のピッチに立ったら、すごくフィーリングが良くて。少し追い込まれた方が僕は良いプレーができるのかもしれない（笑）。

当時はJ2からJ1へと、ゆっくりとステップアップしたうえで、日本代表に入り、いつかはヨーロッパでプレーしたいと考えていた。それが、Ｊ２にいるときにいきなり代表に呼ばれた。

そこで、代表の選手たちのすごさを「見てしまった」という感覚が強い。当時は俊さん（中村俊輔）や松井（大輔）さんなどが、ヨーロッパのクラブでも活躍していたけど、自信を持って、堂々とプレーしている姿には驚かされた。その姿を見て、普段から厳しい環境でやっているからなのだろうなと感じた記憶がある。そんな姿勢を19歳でじかに感じられたのは大きかった。自分もそういう選手になりたいと思うようになったから。

あとは、Ｊ２で細々とやっていた僕が、10代で代表に入ったことでみなさんにも注目してもらえるようになった。注目されることで、それまで以上に結果を残さないといけないと思えた。ある種のプレッシャーも、そこから成長していくためにはプラスになったのかもしれない。

＊14　もちろん、アンゴラ戦の日に岡田がどう感じていたのかを香川が知るのはずっとあとのことだ。ただ、試合後に香川はこんなコメントを残している。「（最初のプレーの）ファーストタッチが消極的だと、その後も消極的になってしまうと思ったので、最初から積極的にいこうと考えていました。いつも自分がやっているプレーを出すということを心がけてやろうと思っていました」

＊15　現在はこの出場記録は8番目に若い記録となっている。このあとに、香川よりも若くして、山田直輝、米本拓司、久保建英がデビューした。

W杯のメンバーに入れなかった理由

代表デビューから4試合目、２００８年10月9日のＵＡＥとの親善試合。香川は後半25分からの出場ながら、内田のクロスに合わせて代表初ゴールを記録した。19歳と２０６日で決めたのは、当時も今も変わらず、歴代3番目に若い記録である。順風満帆な滑り出しだった。そこから代表にも定着し、少しずつプレー時間を延ばしていった。

しかし、２００９年の5月27日のチリ戦で途中出場から7分間プレーしたのを最後に、代表からは遠ざかった。主な理由のひとつが、右足の小指の怪我だった。

実は、夏を過ぎたころから痛みは強くなっていた。だが、J1昇格をかけた戦いは、そこから正念場を迎える。当時のセレッソで最も多くのゴールを決めていた香川が、抜けるわけにはいかない。

ただ、9月23日の東京ヴェルディ戦で先発したのを最後に、スタメンからは外れることになる。クルピ監督やコーチ陣、クラブの医療スタッフやドクター、選手編成の責任者である強化部長らもまじえて話し合いをするほどに状態は悪かったからだ。様々な意見が出たが、香川の意思は痛みに耐えながらも「チームに貢献したい」というものだった。

結局、10月3日のアビスパ福岡戦からは、試合途中から起用されることになった。それでも、昇格の決まった11月8日のザスパ草津戦までのリーグ戦の8試合で、途中出場の短い時間で3ゴールを決めている。

11月22日のベガルタ仙台戦では途中出場を果たしながらも、途中交代に。その前の試合でJ1昇格も決まっていたため、24日には右足の第五中足骨の手術に踏み切った。こうしてリーグ戦最後の2試合には欠場したが、27得点でJ2得点王に輝いた。

リハビリを経て、怪我も癒えたため、2010年2月に行なわれた東アジアサッカー選手権（後にE－1サッカー選手権に改称）では久しぶりに日本代表に選ばれた。2戦目となる香港戦では後半31分から途中出場。続く最終の韓国戦では先発の大久保が負傷したため、前半26分に香川が送り込まれた。

しかし、前半41分に今度はセンターバックの田中マルクス闘莉王が退場になってしまう。そのため、ハーフタイムに、今度は香川がセンターバックの岩政大樹との交代を命じられた。

試合の途中に出場して、試合が終わる前にベンチに下がる。サッカー選手にとっては屈辱的で、辛い経験だ。大久保など、複数の関係者がロッカールームで涙を流す香川の様子を見ていた。そこからまた、代表の試合から遠ざかることになる。

翌月からはJリーグが開幕。香川にとっては初めてのJ1での戦いだったものの、代表での悔しさをぶつけるかのように11試合で7ゴールを記録していた。驚異的なペースに、香川を南アフリカW杯のメンバーに推す声はファンやメディアからだけではなく、代表のコーチからもあがった。メンバー発表の5日前に行なわれた鹿島アントラーズ戦に岡田が視察に訪れると、そこでもゴールを決めている。

しかし、北京五輪のときとは異なり、最終選考で涙をのむことになった。

東アジアサッカー選手権に臨んだ23人のうち、16人が南アフリカW杯のメンバーに入った。残る7人の内訳はこうだ。東アジアサッカー選手権が開幕したときに海外のクラブでプレーしていた中村俊輔、松井、長谷部誠、本田、森本の5人。南アフリカW杯中にチームのキャプテンを務めたGKの川口能活と、FWの矢野だった。

「もしも、真司に個人の力で突破していくような役割を与えるとしたら、メンバーに入る能力を持った選手だ」

当時の指揮官である岡田はそう考えていた。ただ、それでもW杯のメンバーに入れるには、ある基準を満たしていないと判断した。

「あのときは、わずかでも、隙があったらW杯で勝てないと考えていたんだ。だから、チームが勝つことを何よりも優先できる選手を選ぶことにした。例えば矢野だったら、ヘディングが強くて、相手を追い回せるので、チームが勝った状態で試合終盤を迎えれば活きてくる。色々な状況を考えて、真司を外すことにしたんだ」

東アジアサッカー選手権のメンバーに入っていなかった矢野は、実際にW杯の初戦のカメルーン戦で、1－0で迎えた後半37分から出場した。そして、監督の求めるプレーに徹して、日本の勝利に貢献している。

岡田がそのように判断したのは、こう感じていたからだった。

「真司のなかには北京五輪の悔しさがあって、『五輪では自分の力は通用しなかったけど、次のW杯で通用するかどうかを試してみたい』という思いが強いように見えたんだ。日本がドイツ代表みたいな力のあるチームだったら、そういう選手がひとりいてもいいのかもしれない。仮に、あそこで真司を選んでいたら、本大会で活躍していたかもしれないけど、それはもう、仮定の話だから……」

下馬評が著しく低く、大会前には大きな批判にさらされていた日本代表は、日本以外で開催された大会で初めて、決勝トーナメントに進出した。南アフリカW杯で結果を残せたのは、わずかな隙も許さないチームを岡田が作り上げたからだった。

2010年5月10日、セレッソ大阪のクラブハウス。W杯メンバーの発表会見が終わった直後の様子を、アシスタントコーチだった小菊はこんな風に記憶している。

「僕はスタッフと一緒にメンバー発表の会見を見ていて、選手たちは別の部屋で見ていました。会見が終わって、部屋を出たら、ちょうど廊下で真司と顔を合わせることになったのです。『オレ、落ちたわ……』って、悲しい表情をしていました。それでも、我慢してその気持ちを出さないでおこうとするのがわかって、余計に心が痛みました。何と声をかけていいかもわからなくて、僕もうなずくことしかできなかった気がします」

香川がW杯のメンバーに選ばれた場合には記者会見が行なわれる予定になっていた。だから、その予定もキャンセルされるはず、だった。ただ、クラブハウスにメディアが大挙しているのを知った香川本人の意向により、落選について自らの口で語ることになった。

「悔しいです。あのピッチに立ちたかったです。でも、代表で自分が結果を残せていたかというと、そうではなかった。次の4年で、もっと、もっと、良い選手になって、もっと良いサッカーをしたいです」

U‐20W杯に、北京五輪と、急激な成長をとげて最終メンバーに入ってきた香川と日の丸の幸福な関係もここで小休止を余儀なくされたのだった。

FROM SHINJI

岡田さんが見に来ていたU‐23のアンゴラ戦では積極的な姿勢を見せられたのかもしれないけど……。

セレッソ時代に代表に参加したときの自分には躍動感が足りなかったと思う。

ミスを恐れていたし、周りに気を使って、合わせるようなプレーをしていたのは間違いない。代表ではそんなに結果も残せていなかったし、当初はJ2から呼ばれていたこともあって、自信が決定的に足りなかった。若さゆえの勢いみたいなものはあったはずだから、そういうものをガムシャラに出していければ良かったのかもしれない。

代表チームには代表チームなりの難しさがある。

例えば、活きの良い若手が、所属クラブで良いプレーを見せて、代表に呼ばれるとする。最初はその勢いで、それなりの活躍ができてしまうこともある。

でも、勢いは一時的なもので、長くは続かない。

初めて代表に選ばれてからの短い期間で、決定的な自信をつかむような結果を残せたりすれば話は別だけど、勢いがなくなったときに心のより所がなくなってしまう。そうなると、一気に苦しくなり、自らのよさを発揮するのは難しくなる。

それに、南アフリカW杯のころには、球際の争いで絶対に負けないという姿勢や、相手にパスを回されていても、ハードワークを続けられるような力も気持ちも十分ではなかった。

もちろん、メンバーに選ばれなかったのはすごく悔しかったし、その悔しさは今も忘れてはいけないと思う。ただ、当時の自分の覚悟やプレーのスタイルを考えれば、落選するのは仕方がなかったのかなとは感じる。

ちなみに、当時は自分がどうしてメンバーから外れたのかを聞くチャンスはもちろんなかったし、聞こうとは思わなかった。

でも、2017年に岡田さんとゆっくり話す機会があり、理由も聞かせてもらった。そのときの話はあとで出てくるけど、僕にとっては大きな意味があった。

極寒の地で未来を決める

「小菊さん、明後日から一緒についてきてもらいたいんですけど……」

香川がそう切り出したのは、2009年の12月のこと。ドイツとオランダのクラブの視察に行く直前だった。

「日本にいたときに日本人の代理人にお願いしていたわけでもなかったので。トーマス（クロート）はいたけど、やはり昔から知っていて、信頼できる人に一緒にいてほしかった。あとは、コーチとしても3年間一緒にやっていた小菊さんが何を感じるかを聞かせてもらいたかったですし」

香川が小菊を頼ったのは、無理もないことだ。

日本の代理人と契約して海外へ移籍するパターンもあるのだが、香川の場合はそうではなかった。高原直泰（なおひろ）などの移籍をまとめた経験のあるドイツ人のクロートに代理人を任せていた(*16)。彼は、ヨーロッパの慣習に基づいて、ドルトムントなどの視察の手はずを整え、後の契約にかかわってくれた。視察に行けば、通訳を介してクロートとコミュニケーションをとりながら、各クラブの監督やGMの話を吟味したりする必要もある。

まだ20歳だった香川にとって、ヨーロッパの〝オトナ〟

たちと話し合うのはたやすいことではなかった。

幸いにして、この時期にはすでにJリーグの日程も全て終わっており、若手を中心とした自主トレが行なわれていた程度だった。セレッソも小菊の帯同を認めてくれた。

なお、このときの香川は知るよしもなかったが、クラブから小菊へは以下の2つのミッションが与えられていた。

1、11月に手術したばかりの右足のリハビリに現地で付き合うこと。

2、この時点でまだ決まっていなかった2010年シーズンの香川との契約を結ぶために尽力すること。

もちろん、2つ目の条件は香川の決断次第だ。それもセレッソの首脳陣は理解したうえで、快く送り出してくれた。

J2の得点王で、20歳。香川に興味を示していたクラブは多かった。

この時点で、報道などではドルトムントだけではなく、シャルケやケルン(*17)、当時本田が所属していたオランダのフェンローの名前も挙がっていた。クラブによって、接触の方法は様々だった。クラブの施設を案内してくれるところもあれば、ホテルの一室でプレゼンテーションをしてくれるところもあった。ただ、当然ながらどのチームの試合も週末に組まれているので、実際に観戦できるチャンスは限られている。そんななかで香川が選んだのが、ドルトムントの試合だった。2009年12月19日、ホームのジグナル・イドゥナ・パークでフライブルクを迎え撃つ一戦だ。

ドルトムントの正式名称は"Ballspielverein Borussia 09 e.V. Dortmund"である。あえて日本語に訳すと、「登録された球技クラブ・ボルシア09ドルトムント」となる。この09というのは、クラブが創立された1909年を指している。

香川が視察に訪れた2009年最後のホームゲームは、クラブの創立100周年を祝うメモリアルゲームだった。ドルトムントの関係者は、節目となる試合に視察に来てもらえたことの意義をかみしめていたようだったが、実情は少し異なっていた(*18)。

このときのドイツは寒波に襲われており、キックオフ前の時点で氷点下10℃を下回るような状況だった。ドイツでは一部の地域を除いてあまり積もることのない雪も舞っていた。雪とボールを区別できるように、特別にオレンジ色のボールを使って試合をしたくらいだった。

凍てつく寒さのなかで、小菊と身を寄せ合っていた。集中して試合を見るのも困難な厳しい環境だ。結局、当時のエースであるバリオスのゴールにより、1－0で試合は終わった。試合終了を告げるホイッスルが鳴ると、香川は小菊と目を合わせた。

「真司、このレベルなら問題なくプレーできるな！」

「やれます！」

視察を終えた香川は、クリスマス前に日本へ戻ってきた。

さて、どうするべきか。

ウインターブレイク明け、1月早々に迎え入れたいというクラブもあった。一方で、ドイツでの翌シーズン、つまり南アフリカW杯後の7月からの移籍を打診してきたクラブがあった。全てをテーブルに並べ、考えることにした。

寮長を務めていた秀島にも相談したし、小菊をはじめ、信頼している人たちの意見にも耳を傾けた。

最初に考えたのは、どのクラブに行きたいのかについて。

ドルトムントだろうな。

それほど迷わなかった。

リーグ優勝だけでなく、ヨーロッパでもチャンピオンに輝いたことのある実績、若い選手が多かったり、優秀な監督が前のシーズンから就任して力をつけているという情報。それらも参考になった。

ただ、最も大きかったのは、彼らの熱意だった。当時のドルトムントのスカウト担当だったミスリンタート(＊19)などは、はるばる日本にまで視察に来ていた。さらに、香川の得点率に目をつけたことなど、彼らが獲得したいと考えている理由(＊20)も明確だった。

移籍したいクラブが定まれば、身の振り方も自ずと見えてくる。

「そもそも、ドルトムントのオファーは、次のシーズンから来てほしいというものでした。だから、決断を下すまでにはもう少し時間もあった。もし、あのタイミングで移籍すれば、向こうのシーズンの途中にチームに加わる難しさもある(＊21)。手術をしたばかりだったし、J1の舞台で試合に出たこともなかったし、あのタイミングでの移籍はやめることにしたんです」

最終的に決断を下したのは、年が明けた1月3日のこと。セレッソとは半年間の契約を結ぶことになった。

そのうえで、ドルトムントへ移籍することに正式に合意したのが、現地時間の5月9日、日本時間で5月10日になったばかりのタイミングだった。

期待に胸を膨らませる出来事があったから、同じ5月10日に発表されたW杯のメンバーに入れなかったときにも、すぐに気持ちを切り替えることができたのかもしれない。

5月11日、移籍を発表する記者会見に臨んだ香川は、こう話した。

「こんなに早く海外に行けると思っていなかったし、（セレッソで）主力として試合にこんなに早く出られると思っていなかったし、ましてや森島さんの背番号を受け継げるとは思ってもいなかった状況で、今を迎えるというのは不思議な感じがあるんですけど、自分が努力して勝ち取ったものだと思っています。セレッソがすごくサポートしてくれて、今回の移籍も前向きに応援してくれたおかげだと思っているので、感謝の気持ちでいっぱいです」

後に、この会見は、かなり話題になった。

「なんて、晴れやかな表情をしているんだ！」

実際に会見場にいた記者たちだけではなく、ネット上にも、驚きと興奮の声があふれていた。

もちろん、南アフリカW杯のメンバーに入れなかった悔しさを抑えようという気持ちは心のどこかにあったのかもしれない。

だが、大きな夢と希望を抱けるのが、若者の特権である。21歳の青年にしか感じられない喜びが、身体の奥底からあふれ出ていた。それが、周囲の人たちが拝むほどのまぶしさとなって表れていたのだ。

4日後に行なわれたセレッソでの最後の試合となったヴィッセル神戸戦では、人生で初めてFKからゴールを決めた。そこからは南アフリカW杯にサポートメンバーとして帯同するために日本代表の活動へ。

短くも、濃密な大阪での3年半はこうして幕を下ろした。

FROM SHINJI

ドイツの寒さにはとにかく驚いた。寒いというより、痛かった。あの日は記念のセレモニーを見るのも辛かった。試合前のセレモニーを見ている間も、「早く試合が始まってほしいな」と思っていたくらいだ。（CEOの）ヴァッケさんには申し訳ないけど（笑）。

複数の候補のなかでドルトムントの試合をわざわざ選んだくらいだったから、心がドルトムントに傾いていたのは確かだった。もちろん焦る気持ちはあったけど、ドルトムントに決めたことも含めて、あの冬にあわてて移籍しなくて正解だった。

＊16　日本の代理人は選手から一定額の報酬をもらうのに対して、ヨーロッパの代理人は選手の移籍や契約延長が成立したときにクラブから成功報酬という形で対価をもらうのが一般的だ。そうした違いがあるから、両者が協力するようなケースも珍しくない。

＊17　翌シーズンに香川がドルトムントでブレイクすると、当時はケルンでキャプテンを務めていたポドルスキが「どうしてうちの幹部は、香川のような才能を見逃していたんだ」と語って、注目を集めた。もちろん、ケルンの首脳陣が見逃していたわけではなかった。このタイミングで、攻撃的なポジションを務められる別の日本人選手を練習に参加させるなど、ケルンは香川のような選手を欲していた。

＊18　後に香川が加入して、大活躍すると、ドルトムントのヴァッケCEOが「クラブの偉大な歴史のセレモニーを見せられたら、誰でもうちのクラブに入りたいと思うはずだ」と香川の移籍が実現した理由を分析して、話題になった。歴史を大切にするドイツ人らしいエピソードではある。ただ、この時点ではまだ、ドイツやヨーロッパにおける歴史の持つ意味や価値を香川が理解していたわけではなかった。

＊19　当時スカウト担当だったミスリンタートは、香川に限らず、レバンドフスキ（現バイエルン）、オーバメヤン（現アーセナル）、デンベレ（現バルセロナ）などを発掘した人物として有名。彼らに共通するのは、ドイツ国外でプレーしていたときに、ドルトムントに招かれて、ブレイクしたこと。その後、トゥヘルが監督に就任したときに、関係が悪化するなどして、アーセナルのスカウト部門長へ転身。現在は、シュトゥットガルトで選手編成の責任者であるSD（スポーツディレクター）を務める。遠藤航のシント＝トロイデン（ベルギー）からシュトゥットガルトへの移籍にも尽力した。

＊20　ツォルクSD（スポーツディレクター）は後に、その理由をこう説明している。
「我々はシンジの高い得点率に注目したんだ。普通の若い選手には見られないようなものだった」

＊21　ヨーロッパのシーズンは一般的には、8月の後半ごろに始まり、5月ごろに終わる。それゆえに、「秋春制」と呼ばれることが多い。一方で、日本のシーズンは「春秋制」と呼ばれ、3月ごろに始まり、12月ごろに終わる。

熱狂を巻きおこす

第三章 @DORTMUND

ブレイクの背景

2010年の7月12日（＊22）に、香川真司は初めてドルトムントの選手として練習に参加した。練習が終わると、クロップ監督からユニフォームを手渡された。背番号は23番だ（＊23）。そのユニフォームを手に持って、向けられていたカメラに笑顔を振りまいていた。

といっても、地元メディアと日本メディアが数人ずついたくらい。それほど大きな注目を集めていたわけではなかった。

翌13日に、シャルケで立派な入団会見を行なうことになる内田篤人への注目度の方が、この時点では高かった。

J1で何度も優勝経験のある内田と、それまでのキャリアの大半をJ2で過ごした香川。

南アフリカW杯のメンバーだったサイドバックと、メンバーには入れなかったMF。

あの時点で、注目度に大きな差があったのは当然だったのかもしれない。

初めての練習を終えてホテルへ戻った香川は、小菊昭雄に電話をかけた。

「やっぱり、このレベルでも問題なくやれますよ！」

およそ8ヶ月前にジグナル・イドゥナ・パークで100周年の記念試合のあとに語り合った予感は、ドルトムントのチームメイトとボールを蹴ったときに実感に変わった。

実は、ドルトムントでの初めての練習は、後々まで語り草になっている。

「シンジの最初の練習を見て、アイツが上手（うま）い選手だとわかったんだ！」

シャヒンはドイツ人の記者にそう語ったという。香川と同じ21歳ながら、すでにチームの中心として君臨（くんりん）していた選手だ。他の選手の評価をあまり語りたがらないことで有名だったから、この発言は話題になった。

香川は、こんな風に記憶している。

「最初の練習でシャヒンを見て、コイツはチームの中心だろうなと思ったんですよ。ミニゲームでは、みんなに指示を出したり、盛り上げたりしていて」

ここで、ビビッたら負けやろ。

そう思えたのには理由がある。物怖（ものお）じしないで年上の選手たちと一緒にボールを蹴ってきた経験があった。仮に、内心では少しくらい驚いたときでも、競争の激しい世界ではひるんではいられない。

「オレもパスを出すから、オマエも出してくれ！」

身振りも交えつつ、香川はチームメイトに要求していた。

幸いにして、練習グラウンドからミーティング、さらには試合中まで通訳の山守淳平が完全に帯同することになった。専属の通訳が24時間体制で帯同するのは、ブンデスリーガにやってきた日本人選手としては初めてのケースだった。これはクロップ監督たっての希望からだった。香川自身が望むのであれば、コミュニケーションはいくらでもとれるだけの環境があった。

なお、当時の代理人のクロートは後に日本メディアに、こんな言葉を残している。

「日本人は静かで控えめだという印象があるが、シンジは全く違っていた。練習初日からチームメイトと積極的にコンタクトをとって、自然に輪のなかに入っていったんだ」

チームにすんなり溶け込めた理由は、香川の姿勢や監督の方針以外にもあった。

チームの選手編成の責任者であるツォルクSD（スポーツディレクター）からは、ドルトムントにやってきた際にこんな声をかけられた。

「シンジ、ここで何も遠慮することはないよ！　このチームには22歳以下の選手が16人もいるんだからね」

香川と日本でいうところの同学年の選手は、シャヒン以外に、フンメルス、グロースクロイツ、レバンドフスキ、スボティッチ、ランゲラクなど、後に各国の代表でも活躍するプレーヤーたちがひしめいていた。1歳違いの選手にも、S・ベンダー、シュメルツァーなど……。後にリーグを代表することになる選手たちの名前があった。

最終的にこのシーズンで9年ぶりのリーグ優勝を飾ることになるドルトムントの平均年齢は、24・21歳。ブンデスリーガ史上、最も若い平均年齢でリーグを制したチームだった（＊24）。

自己主張する姿勢と、自らが選んだチームの環境。

プロとしてのキャリアの大半をJ2で過ごしていた選手が、いきなりヨーロッパのトップリーグでチームの主役に躍り出ることができた背景にはそうした要因があったのだ。

FROM SHINJI

今思うと、多少は生意気なところもあったと思う。当初はドルトムントに行った喜びよりも、そこからステップアップすることを意識していた部分もあったから。その次のステップに進むのが早ければ早いほどいいなと考えていたくらいだったから。

そんな生意気さもプラスに作用して、当時の僕は何も恐れることなくプレーできたのだと思う。

もちろん、ドルトムントが名門クラブだというのはわかっていたけど、優勝からは8年も遠ざかっていたし、前のシーズンにどうにかヨーロッパリーグ（EL）の出場権を獲得した状況。いきなり優勝できるとは考えてはいなかった。若い選手が多いので勢いに乗ったら面白いかなとは思っていたけど……。

初めての海外移籍だから、色々なプレッシャーはあると予想していたけど、自分はやれると信じていた。あとは、最初の方に上手く結果を残せればいいなと思っていたくらい。そこまで深く考えていなかったことも、物怖じしないプレーにつながったのかもしれない。

ひとつひとつのプレーに目を向けると、ゴール前で切り返すときのアジリティ（俊敏性）の質などは、それほどではないと感じた。

一方で、驚いたのはスライディングの質だった。足の裏を平気で見せて仕かけたり、審判の判定の基準も違う。リーグ開幕戦となったレバークーゼン戦でもJリーグなら2～3人退場してもおかしくないくらいだなと感じていたが、実際にはイエローカードが数枚出されただけだった。

当時のドルトムントには、僕のことを見て「ライバルが来たな」と警戒するような雰囲気はなく、普通にチームメイトとして受け入れてくれていた。シャヒンもそうだし、他にもしょっちゅう話しかけてきたケビン（グロースクロイツ）や、シュメレ（シュメルツァー）などとは、よくつるんでいた。

意外だったのは、チームのなかでもベテランと若手の役割に違いがあったこと。ベテランの選手は練習が終わるとサクッと帰っていくのだが、若手選手は練習で使った用具などを運ばないといけない。海外では歳の差なんて一切関係ないと思っていたから、ドイツにも日本と似ているところがあるのだと少し驚いたことを覚えている。

＊22　アフリカ大陸で初めて行なわれたW杯の決勝戦で、スペインが初優勝を果たしたのが7月11日のこと。この日は、サッカー界が新たなサイクルへと踏み出す日でもあった。

＊23　ドルトムントから提示された空き番号のなかから23番を選んだ理由は、ベッカムのイメージがあったのはもちろん、ベッカムが参考にしたというバスケットボール界の伝説、マイケルジョーダンがつけていたからだ。両親がバスケットボールをやっていたこともあり、サッカー少年だった子どものころに、学校の夜間開放を利用して家族みんなでバスケットボールをすることがよくあった。母の広美はインターハイ出場経験もある。それもあってか、当時NHKのBSでやっていたNBAの試合を、実家で過ごしていた小学生のときにはたまに見ることもあった。

＊24　優勝を決めた直後にクロップ監督はこう語っている。「うちの若い選手たちは、チームのなかにいて、お互いが切磋琢磨していくことで力をつけていったと思う。チームの環境は一人ひとりの選手にとって、心地いいものだっただろうね。私はただの石っころでも、キレイに磨いて、大理石や宝石に変えることができるのさ（笑）」

ヨーロッパで生きる場所を見つける

ドルトムントに加入した当初の香川は、サイドの選手として見られていた。

例えば、プレシーズンが始まったころに売り出された現地誌のスタメン予想では、左サイドにKagawaの名前があったし、チームに加わってから練習試合では3試合続けてサイドのMFとしてプレーした。左サイドが主だったが、右サイドのMFとしてプレーすることもあった。

セレッソ大阪時代には、センターフォワードの後ろに位置するシャドーのポジションだけではなく、左MFでプレーしていたから、当初の起用法は自然なものだったのかもしれない。

ただ、香川のなかではしっくりこないところがあった。

ドルトムントでの初練習の3日後に始まったオーストリアでのトレーニングキャンプ中にこんな感想を抱いていた。

「こっちでは基本的に、『サイドに張っていろ』と言われるんですよね。それだとボールがなかなか来ない。サイドに張って、待っているだけではつまらないというか……」

戸惑いも覚えた。

「動いているなかでボールを受けたいので、まずは自分のところでボールを受けてからサイドチェンジのボールを送って、そこから自分も中に入るような感じを狙っているのですが……。右サイドにボールがあったら右サイドで完結するような、縦に速い攻撃ばかり。単調で、良いリズムが生まれないんですよね。もっと流動的に動いて、プレーできたらやりやすいのに」

だから、だろう。

「シンジー！」

攻撃の練習をしているときにあれこれ考えるあまり、足が止まってしまい、監督の雷が落ちることもあった。

解決策は、意外な形でもたらされた。

キャンプが終わったあとのこと。3部リーグに所属していたドレスデンとのアウェーゲームが組まれていた。ドルトムントに来てから4度目の練習試合にあたる。

ここで香川は初めて、〔4－2－3－1〕のトップ下を任されることになった。

センターフォワードに入ったのは、香川と同じ新加入のレバンドフスキだった。この時点でセンターフォワードにはバリオスという絶対的なエースが君臨していたのだが、クロップ監督は格下との練習試合ではあえて、新加入の2人を同時に送り出したのだった。

すると、それまでの試合ではパスが来るのをアウトサイドで「待つ」ことの多かった香川に躍動感が生まれる。ある程度自由に動ける中央のポジションを与えられたことで、運動量も、ボールに絡む回数も増えた。

リズムが作りやすくなった。序盤からDFラインの裏へ飛び出しては、パスを受けていく。それまでとは別人のように生き生きと動いている。

前半27分、ドルトムントにカウンターのチャンスが訪れる。右サイドでボールを持ったレバンドフスキが駆け上がり、クロスを送る。後方から走り込んできた香川が、頭で合わせて、ゴールネットを揺らした。

試合はその後、両チームが1点ずつ取り合い、2－1で終わった。

今では考えられないことだが、当時のドルトムントは低迷期から抜け出そうとしていたところだったため、ドルトムントから500キロ以上も離れたドレスデンまで取材に来る記者の数は少なかった。試合のあと、シャワーを浴びてから取材エリアに香川が姿を現したとき、待っていたのは筆者ひとりだけだった。

「点を獲ったことは一安心かな」

最初の問いかけには、そう答えた。

この時点では、トップ下のポジションへの思いよりも、ゴールという目に見える結果を初めて残せた安堵（あんど）感の方が強かったのだ。

ただ、このポジション変更は、大きな転機となった。

次の実戦の機会は、ちょうど1週間後。マンチェスター・シティ（以下、シティ）との親善試合だ。ホームスタジアムで初めてプレーすることになった香川は、この試合でもトップ下で先発。先制ゴールにつながるPKを獲得し、さらには決勝ゴールも決めた。

これが決定打となり、その立場を不動のものにしていく。同時に、トップ下に愛着を持つようになった。ヨーロッパでの自分の居場所をついに見つけたのだ。


日本で「トップ下」と呼ばれる香川のポジションは、ドイツではNummer Zehnと呼ばれる。英語に直せば「ナンバー・テン」、つまりは「10番」という意味だ。

香川と10番のポジションの相思相愛ぶりを誰よりも感じていたのは、クロップ監督だったのかもしれない。

「これまでシンジにはほとんど弱点がないと感じていた。もしも、弱点をあえて挙げるとするならば、クロスの精度だろう。ただし、彼が中央のポジションでプレーするならば、クロスを上げる機会はそれほど多くはない。何より、チームが速いテンポでパスをつないでいけば、彼は今日の試合のように前に出ていけるし、ゴールへつながる危険なプレーを生み出してくれるんだよ！」

全てを変えたレヴィアー・ダービー

嘘のようだが、本当の話である。

シャルケのキャプテンを務めるGKのノイアーは、試合の日以外にドルトムントを訪れたことがない。ライバルは常に憎むべき存在だ。

スペインのレアル・マドリードからやってきたラウールはドイツ最大のダービーを取り巻く状況に驚きを隠せなかった。

「僕はバルセロナで買い物をしたことも、食事をしたこともあるけどねぇ……」

ドルトムントの番記者マルコスは断言した。

「ハンブルクダービー、ミュンヘンダービー……この国には色んなダービーがあるけど、間違いなく、このダービーがドイツで一番だ」

２０００年から２００７年までドルトムントでプレーし、今季からシャルケに加入したメッツェルダーはダービーの特徴を端的に語る。

「ドイツで最もエモーショナルな試合さ」

FCシャルケ04とBVボルシア・ドルトムントによる「レヴィアー・ダービー」がドイツ国内で最大のダービーである。両チームのスタジアムは直線距離にしてわずか36・5キロしか離れていない。シャルケは炭鉱の街として、ドルトムントは鉄鋼の街として栄えた歴史がある。

「レヴィアー」は、「炭鉱」を意味する。もっとも、「縄張り」という意味もあるし、2つのクラブがあるルール地方を指すこともある。「勝利」という意味を持つと主張する記者さえいる。

ドルトムントが対戦成績で差をつける時期が続いたが、昨季のダービーで2連敗したために対戦成績が逆転した。1963年から始まった、ブンデスリーガにおける昨シーズンまでの対戦成績はシャルケの27勝23分26敗だ。

試合の2日前、ドルトムント中央駅のキオスクでは雑誌や新聞が飛ぶように売れていた。

「『キッカー』はないの⁉　じゃあ、とりあえず『スポーツビルト』ちょうだい！」

どちらもドイツを代表するスポーツ誌で、この週はどちらもダービーの特集を組んでいた。ドルトムントはリーグ開幕戦こそ落としたものの、それ以降はヨーロッパリーグを含めて公式戦4連勝を果たしている。原動力は、若くて才能のある選手たちだ。

ドルトムントの選手には勢いがあった。

対するシャルケ側から景気の良い話は聞こえてこなかった。『キッカー』誌でシャルケ担当のミュラー記者は警鐘（けいしょう）を鳴らしていた。

「リーグ、チャンピオンズリーグ（以下、CL）含めて4連敗。次のダービーで負けるようでは、マガト監督の進退問題に発展するかもしれないね」

勝気な性格で知られるノイアーの言葉も頼りなかった。

「連敗していようとも、ダービーはやってくる。できれば、勝ち点3をとって自信を取り戻さないといけない」

シャルケの選手には自信がなかった。

ダービーの当日、ドルトムント中央駅から3本の臨時列車が運行された。ファンのためにゲルゼンキルヘン中央駅までノンストップで結ぶ。駅のホームでは、発車間際までドルトムントのファンがビールを手に歌っている。

「いつも優勝できない〝シャイセ〟04‼」

「シャルケ」と「シャイセ」。

発音がよく似ているから、ドルトムントのファンはいつも「シャイセ」と口にする。「シャイセ」とは、「糞（ふん）」を意味するドイツ語だ。

「なんでドルトムントのファンになったかって？　そりゃ親父にスタジアムに連れていかれたからだよ」

15年来のファンであるミヒャエルさんにシャルケが憎い理由をたずねるのは愚問だった。

「ずいぶんと長い時間、ＢＶＢと一緒に過ごしてんだ。ＢＶＢはオレの人生なのさ。ライバルだから、シャルケはむかつく。それは昨日も、今日も、明日からも変わらないね」

ＢＶＢとは、「球技のクラブ」という意味で、ドルトムントの愛称のことだ。

ゲルゼンキルヘン中央駅の北側の広場はシャルケのファンに、南側はドルトムントのファンに開放されていた。両者が顔を合わせないように配慮されている。

駅の北側のバーで、シャルケファンはビールを飲んでいる。店の外までチームカラーの青いユニフォームや服を身にまとった人たちであふれ返っていた。彼らのホームゲームだ。心行くまで飲んで、酔って、スタジアムに繰り出せばいい。60歳になるゴールドハマーさんは、45年間もシャルケを愛し続けている。

「『クソッたれ黄色・黒』チームとのライバル関係は今日に始まった訳じゃないから。アイツらとは飲めねぇ。ケンカになっちまう」

ゲルゼンキルヘンの駅からスタジアムに向かうタクシーでは運転手がささやく。

「僕はシャルケの試合を見に行ったことがないんだけど、結果はいつも、すぐにわかる。シャルケが勝てばバーに人があふれるし、負ければみんな家に帰ってしまう」

駅を出て約10分、タクシーは停（と）まった。

「マンチェスターのオールド・トラッフォード、あれって『夢の劇場』って言われるでしょ？　でも、ビール好きの僕にとってはフェルティンス・アレーナこそが『シアター・オブ・ドリームス』だなぁ」

そんなことを語る記者もいた。ダービーの舞台、フェルティンス・アレーナはスポンサーであるビール会社「フェルティンス」の名を冠したスタジアムだ。なんと地下に巨大なビールタンクが置かれ、スタジアム内に張りめぐらされた管からビールが出てくるのだ。

なぜ、〝シャイセ〟のスタジアムに夢のようなシステムがあるのか、ドルトムントのファンは気に食わない。ドルトムントはミュンヘンと並ぶドイツ有数のビールの産地。彼らの誇りはビールなのだ。

　数多くの記者でごった返す試合前の記者室は、ダービーに関する博物館のようだ。

「97年のダービーは最高だったな。シャルケにいたＧＫのレーマンがロスタイムにＣＫからヘディングで同点ゴールを決めた」

「40年くらい前、暴動に備えて警察犬が待機していたんだけど、何を間違えたか警察犬が試合中にピッチに入って、シャルケの選手のケツに嚙みついたこともあったなぁ」

　ダービーの数だけドラマがある。「エモーショナルな試合」だからこそ、事件も起こる。

　公式戦4連敗中のシャルケと、公式戦4連勝中のドルトムントでは勢いに大きな差がある。過去5シーズンにおけるシャルケの圧倒的有利な戦績も、今回は当てにならないのかもしれない。先のＷ杯では予想を的中させ、世界中に名を知られるようになったタコのパウル君もドルトムントが勝つと予想していた。

　大方の予想通り、序盤からドルトムントが主導権を握った。10分のＦＫからのゴールはオフサイドで取り消されたが、その後の7分間で3回の決定機をつかむ。シャルケの守備陣には組織も、個々の選手の奮闘もなかった。

　ホームチームが一方的にやられるのだから、シャルケファンのテンションは上がらない。耳をつんざくブーイングもない。予想以上の不甲斐なさに、スタンドはざわつくばかりだ。

　アウェーチームに歓喜の瞬間が訪れるのは時間の問題だった。20分にゲッツェがドリブルで仕かけようとしてこぼれたボールをトップ下の日本人が拾う。ボールを少し前に押し出してから素早く左に方向転換すると、左足を振り抜いた。相手選手の足にわずか触れたボールはゴール左隅に突き刺さった。

　南スタンドの一角に押し込まれたドルトムントファンとドルトムントのベンチの前だけが弾けた。だが、6万人以上がつめかけた試合だとは思えないほど、小さな爆発だった。

　その後もドルトムントが3度の決定機を手にしたが、決められず。前半は0－1のまま終了する。

　ハーフタイムを挟むと、シャルケのファンは勢いを取り戻した。選手交代を行なったことでシャルケの攻撃に迫力が出てきた。選手たちのプレーが、ファンの気持ちを盛り上げていく。ファンの声援が選手たちを後押しする。ホームチームが勢いに乗る。

　後半12分過ぎごろだっただろうか。

「シャルケ！」と北スタンドが叫ぶ。

「ヌル・フィーア！」と南スタンドが返す。ヌルはドイツ語で0を、フィアーは4を指す。「シャルケ04」というチーム名を連呼しているのだ。シンプルな応援は迫力が違う。ホームチームを後押しする声援のおかげで、少しずつダービーらしい雰囲気が出てきた。

　だが、それも一瞬のことだった。

　過去の歴史など知らない選手がいた。シャルケへの苦手意識とは無縁の日本人がいた。

「まぁ、理想通りの展開でした。後半の立ち上がりからシャルケが前に出てきて、ラインは下がっちゃいましたけど、人に対してもしっかりとプレスがかかっていたのでね。だから、後半の最初をしのぎ切って、カウンターを決められました」

　後半13分、素早い攻撃から右サイドのブラシュチコフスキがファーサイドにクロスを送る。中盤の低い位置からゴール前に走り込んだのが、彼だ。左足で合わせるだけだった。

　香川の2点目のゴールは、ドルトムントファンを狂喜に導き、シャルケのファンが作り出した雰囲気をぶち壊した。

　その後は、両チームが1点ずつを加え、1−3というスコアで、77回目のダービーではドルトムントが快哉(かいさい)を叫ぶことになった。

　試合終了のホイッスルが鳴ったとき、シャルケファンの3分の1近くは、スタンドをあとにしていた。1点差の争いであれば、審判の判定が勝敗を分けるような展開であれば、ホームチームのファンは怒りをあらわにしただろう。しかし、歯が立たなかった。香川のゴールで勝負が決まってから、敗戦を受けいれるまでには時間もあった。彼らのなかにこみ上げてくるのは怒りよりも虚しさだ。

　シャルケのマガト監督は肩を落とした。

「私がシャルケに来てから最悪の日だ」

　ドルトムントの香川は喜びを隠せなかった。

「こっちに来てから最高の日になりました」

　試合が終わってから1時間ほどで、スタジアムの周りにはシャルケファンの姿はほとんど見られなくなった。前回のダービーが行なわれた今年2月、シャルケが逆転勝利を飾ったあの晩、氷点下のなかでもビールを飲んで、歌い、叫ぶファンがスタジアムの周りにいつまでも残っていたのだが。

静まり返ったスタジアムの脇を、2人のシャルケファンがとぼとぼと歩いていた。

「ダービーなのに一対一の競り合いで戦ってなかった。勝てるはずがないよ」

落胆の色が濃かった。

「あれじゃあ練習試合と変わらねぇよ」

シャルケが勝つと、スタジアムからゲルゼンキルヘン中央駅を結ぶ路面電車はたびたび急停止する。ファンが歌い、跳ね回り、車体が大きく揺れてしまうからだ。だが、この日の路面電車にダイヤの乱れはなさそうだった。

そのころ、36・5キロ離れたドルトムントのジグナル・イドゥナ・パークでは大変な騒ぎになっていた。選手たちを乗せたバスを、発煙筒をたいたファンたちが出迎える。歓喜の歌は、「ダービーの英雄」にささげられた。

「ラララ〜、ラララ〜、カーガワ、シンジー」

スタジアムに出かけずに、街中でドルトムントの名産のビールを流し込みながら勝利の美酒に酔いしれる連中もいた。ドルトムント中央駅から5分ほどの距離に、チームの写真やグッズなどが飾られているバーがある。日本から来た記者とカメラマンが足を踏み入れた瞬間、再びあの歌が聞こえてきた。

「ラララ〜、ラララ〜、カーガワ、シンジー」

4人組のドルトムントファンがビールを片手に迎えてくれる。

「カガワは日本人だよな？　ということは……ニンテンドー！　ニンテンドー！」

「次のW杯の決勝戦は日本とドイツで決まりだ。カガワは2ゴール、ケールが3ゴール。3対2でドイツが勝つけどな」

ケールは2006年を最後にドイツ代表から遠ざかっている。だが、彼はドルトムントのキャプテンだ。

試合の翌日、「ダービーの英雄」としてメディアからの取材を受けたあと、香川は、少しだけはにかんで語った。

「ドルトムントに帰ってきたら、発煙筒がたかれていたり、本当にすごくて……。ファンに肩車をされて祝ってもらって、これがダービーだなって感じた。そんな試合に、自分のゴールで貢献できることは一生に一度もないくらいのこと。試合のあとの出来事もすごく印象に残った。忘れない日になったかな」

試合直後、ドルトムントのクロップ監督が熱弁をふるっていたことを思い出す。

「シンジは、本当に、本当に、素晴らしいプレーヤーだ。この試合は間違いなくドイツで最大のダービーだ。そして、ヨーロッパでも最も大きなダービーのひとつだ。真司はこれで、ドルトムントの人達に絶対に忘れられることはないだろう。ダービーで2得点もしてしまったら、ドルトムントに興味を持つ人間なら誰にでも覚えられる」

早口でまくしたてたクロップ監督は、日本人記者に向かって力を込めた。

「だから、この試合を日本で見られなかった人がいたら、あとでもいいから見る機会が得られることを願うね。それだけの価値がある」

シャルケファンから楽しみと誇りを奪い、ドルトムントファンに興奮と歓喜をもたらしたのが香川の決めた2つのゴールだ。

レヴィアー・ダービーは、ドルトムントとシャルケのものだ。だが、ドイツ最大のダービーを支配したのは、ドイツ人ではなく、ひとりの日本人だった。

（2010年9月30日発売『Sports Graphic Number』763号内「歓喜と絶望のレヴィアー・ダービー」の原稿を1ヶ所のみ加筆し、他はほぼ掲載当時のまま転載）

ドルトムントの歴史のなかでも、あの一戦はいまだに語り継がれている。9年ぶりの優勝へのターニングポイントとなったダービーとして。

ただ、そんな一戦を現地で観戦したドルトムントのサポーターの数は例年より少なかった。その理由は、アウェー用サポーター席のチケットは安く設定するという暗黙の了解があるのにもかかわらず、この試合のドルトムントサポーター用の席の値段をシャルケサイドがこれまでの約1・5倍に設定したから。およそ1500人のドルトムントのコアなサポーターが、抗議の意（*25）をこめてチケットの購入を取りやめていたのだ。

試合を終えた選手たちをドルトムントの街で熱狂的に歓迎したのは、試合内容もさることながら、本来ならスタジアムで90分にわたって声をからして応援を続けるサポーターの体力が有り余っていたこととも無縁ではなかった。

ロケット花火をうち上げたのも、歌い続けたのも、強引に香川の足をつかんで肩車をしたのも、有り余ったパワーをぶつけるようなものだった。

ドルトムントを取り巻く人たちでさえ、熱狂していたのだ。当事者たちの高揚感はそれとは比べものにならないものだった。

クロップ監督は、試合後の選手たちにこう話した。

「最高の試合をしたあとで、オマエたちに飲みに行くなって言っても無理だろう（笑）。楽しんでこい。ただし、明日の練習には遅れるなよ！」

1日に2試合戦っても元気なままでいられそうな若い選手たちが当時のドルトムントにはひしめいていた。あの日の夜も、そのままチームメイトたちと食事に出かけた。ダービーという特別な試合のあとだから、祝杯は進む。香川は、隣の席に座っていた、エースのバリオスに冗談交じりに声をかけた。

「あれ、今日は何点決めたの？　オレは2点（笑）」

彼の顔がみるみる赤くなっていた。日本人同士であれば通じるジョークも、彼らのようにゴールを決めることに飢えているストライカーには、通じない。それは香川にとっても〝勉強〟になった。

もちろん、失敗談だけではない。

後にドイツ代表入りするグロースクロイツやシュメルツァーと特に仲が良かった。彼らとのエピソードには事欠かない。

ある晩のこと。翌日はチームの練習もない。23時ごろに香川の電話がなった。グロースクロイツだった。

「シンジ、今どこにいるの？」

「風呂でまったりしているよー。ケビンは？」

「いま、シンジの家の前（笑）。タクシー待たせているから、早く下に降りてこいよ！」

ムードメイカーのグロースクロイツはいつも突然、連絡をしてくるタイプだった。

そこからはチームスタッフの家を訪れてサプライズで誕生日を祝ったあと、ドルトムントの応援歌やスタジアムで流れる曲のかかるクラブに連れていかれた。グロースクロイツは子どものころからゴール裏のスタンドで応援していたから、そうしたクラブにもなじみがあった。そこで、夜明けまでパーティーは続いた。

そんな風に過ごすのも、実際にピッチに立ったときのチームワークにつながっていく。若かったからこそできたことだったが、あのころは全てが香川とドルトムントを中心に回っていた。

ダービーの勝利でチームは勢いに乗って、2010年の最終戦でフランクフルトに敗れる前までのリーグ戦12試合を11勝1分けで乗り切った。開幕戦に敗れた影響など吹き飛ばす勢いで、気がつけば2位のマインツと勝ち点10差をつけて、ウインターブレイクを迎えることになった。

FROM SHINJI

あのころは、やることなすこと、全てが上手くいくような不思議な感覚があった。いつか痛い目にあうのではないかと、ときおり怖くなるくらいだった。サッカーを始めてから25年以上たつが、あんな時期はなかなかない。

ダービーのあとにバリオスに言ったジョークは、全く通じなかった。僕らはピッチの上では最高のコンビネーションを見せられていたけど、それから数週間はまともに口を利いてもらえなかったから(笑)。ただ、彼らがそれくらいにハングリーさを持って戦っていることを感じられる機会になった。そして、そのハングリーさが、ゴールを決めるための燃料になるのだろう。

「クラブに遊びに行きたくなるのもわかる。ただ、トラブルになったり、メディアの餌食(えじき)になる可能性があるから、ドルトムントのクラブで遊ぶのはやめておけ!」

監督からはよく、そう言われていた。

あのころは、確かによく遊びに出かけていた。海外に移籍すると、グラウンドの外でもコミュニケーションをとることが大事になってくる。特にヨーロッパで何の実績もない時期には、そういう機会がないとなかなかチームに溶け込めない。同年代の選手が多かったし、グロースクロイツというお調子者がいたので、当時の僕は、チームの輪にすんなり入っていけた。

今になって振り返ると、あのころはヤンチャしていたなと感じる。それが楽しかったし、パワーにも満ちあふれていた。疲労が回復するスピードも速かったから、それでも問題なく激しいサッカーに取り組めていたのだと思う。

さすがに、今の僕はそんな風に夜遊びに出ることもない。「歳取ったなぁ」と感じることはまだないけど、疲労などが抜けていくスピードは21歳のころとは違うわけだから。

そもそも、最近は1日の終わりにその日の練習や試合について振り返って、次の日の予定や練習メニューについて考えたりしている。そんな作業に楽しく取り組んでいる自分もいる。日々の練習で全力を出すためには、やはり規則正しい生活を続けるのが一番だという考えにたどり着く。

ただ、そんな考え方に自信を持ち、腰をすえてサッカーに取り組めるのも、若いころにヤンチャしたり、色々な経験があったからだと思うのだ。

＊25　リーグのサポーター同士の結束は強く、普段は敵と味方に分かれる別のチームのサポーターが、リーグの方針などに納得できないときには、歩調を合わせることも多い。試合中に一斉に抗議の横断幕を掲げたりするようなこともある。例えば、２０１７－18シーズンから、あらかじめ定められた週だけは月曜日の夜に1試合行なうようになったが、この方針に対して各クラブのサポーターが足並みをそろえて抗議を続けた結果、廃止されることになった。

代表の10番を任され、考えたこと

そのときは都内の有名なうどん屋の個室にいた。２０１０年の12月26日のことだった、と香川は記憶している。ドルトムントへ移籍してから2度ほど帰国していたが、いずれも日本代表の活動のためだったから、羽を伸ばせたわけではない。

でも、このときは、違った。

12月27日から始まるアジアカップに向けた代表合宿までの、つかの間の休息を過ごしていた。

料理を待っているとき、電話が鳴った。日本サッカー協会のマネージャーからだった。代表合宿でのスケジュールや注意事項などが伝えられることはよくある。だから、特に気にすることなく電話をとった。

「真司に10番をつけてもらうことになった」

驚いた。

指名されたのは光栄なこと。かといって、無邪気に喜ぶのは……。平静をよそおって、同席した知人にもらした。

「オレ、10番になったわー」

それから2日後。日本代表がアジアカップに向けた練習を始めるタイミングで、10番をつけることが協会から発表された。

日本代表の10番の先輩、中村俊輔選手と。

「日本代表の10番」と聞くと、香川は名波浩や中村俊輔の姿を思い浮かべる。

しかも、この2人とは接点もあった。名波とはセレッソでのルーキー時代に半年ほど、同じチームで過ごしている。親分肌で、末端の者にも優しいから、ことあるごとに声をかけてもらっていた。また、名波の子どもがなついてくれていた。２００９年に引退した名波は解説者として、日本代表のほとんどの試合を訪れていた時期があり、話をする機会も多かった。

中村は、香川が代表入りするずっと前から10番を背負っていた。気安く話しかけられるわけではなかったが、その姿を見て、海外でプレーすることが夢から目標へ変わっていた。

香川のドルトムントでの活躍を見て、中村が「真司が10番をつけられる日が来るといいね」と話してくれていたのも、共通の知人を通じて耳にしていた。

「俊さんがそう話してくれていたとはいえ、自分が10番をつけることになるとは、全く予想していなかったんですよね」

それが当時の香川の偽らざる気持ちだった。

「というのも、それまでの代表の傾向を考えれば、司令塔のようなタイプというか、味方を活かすパスを出せるようなタイプの選手が背負っていたから、自分ではないだろうと。そもそも、自分のキャリアのなかでも、10番をつけることはほとんどなかったんですよ」

ただ、10番に興味がなかったといえば嘘になる。あとから指摘されて気づいたが、２０１０年の秋に出演したＴＶのサッカー番組内で行なわれたゲームの最中に、将来の夢として「日本代表の10番をつけること」とほぼ無意識に口にしていた。

そもそも、幼稚園のときにサッカーを始めてから、最初に憧れたのは鹿島アントラーズで10番を背負っていたジーコだった。それから鹿島のファンになり、神戸や大阪で鹿島の試合が行なわれるときには両親に頼んで連れていってもらった。父の啓一は野球をやらせたいと内心は思っていたようだし、両親と一緒にバスケットボールをやったこともある。でも、あのころからサッカーに夢中だった。小学校4年生のときに文集に、「背番号10」と書いたように。

もちろん、巡り合わせもあった。10番を背負っていた中村が、２０１０年の6月29日のパラグアイ戦をもって、代表を引退してからあの番号は宙に浮いていたのだ。南アフリカW杯後には親善試合が4試合行なわれていたが、そこで10番をつけた選手はいなかった。

そして、南アフリカW杯後に日本人で最も強烈な輝きを放っていたのが香川であることに異論の余地はなかった。なにしろ、２０１０年8月に始まって、12月に折り返しを迎えたブンデスリーガの前半戦のＭＶＰ（ブンデスリーガ公式ＨＰが選定）に選ばれたくらいだった。

「確かに、タイミングはありましたよね。俊さんが代表を引退したタイミングで、自分はヨーロッパに来て、結果を残せていた。そこで自分としても、ある種の自信はついていたから」

香川の気持ちを前向きなものにしたのは、セレッソ時代の経験だった。

「森島（寛晃）さんから8番をもらったときも、それによって新たな責任感とモチベーションが生まれていたから。確かに、今までの10番とタイプは違うかもしれないけど、それは新しいチャレンジだし、そのプレッシャーを背負いながら戦うのが大事だと思えたんですよね」

それまでの代表の10番のイメージは名波や中村はもちろん、古くは木村和司やラモス瑠偉が背負い、作り上げられたものだった。

先輩たちみたいな華麗なパスは出せないけど、10番のイメージを変えたり、違うスタイルを定着させられたらいいな。

そう考えて、2011年のアジアカップから10番を背負っての戦いが始まった。

FROM SHINJI

10番をつけさせてもらうようになってから、怪我などの理由で代表から外れたことが何回かある。親善試合などでは誰もつけないこともあったが、公式戦となると違う。例えば、2017年6月。僕は怪我でメンバーから外れることになったけど、W杯予選のイラク戦で乾（貴士）が10番をつけることになった。「今回だけは、オレが10番をつけさせてもらうな」乾からはそんなメッセージが送られてきた。プレースタイルも、性格的にも合う乾の心づかいが、なんか嬉しかった。代表の試合に出られない状況だったのだから、嬉しいと思うのも変な話だけど。あのときは槙野（智章）がメディアを通して「香川の代わりに10番をつけるのはオレです！」と話して、どうなるんだろうとヤキモキしていたので、ホッとしたところもあった（笑）。

ただ、その後にわいてきたのは、自分が10番をつけさせてもらうようになったときに、俊さんに連絡をしなかったことへの反省だった。

2002年から2010年まで、基本的には俊さんが10番を背負っていた。特に、2006年のドイツW杯が終わってからは海外でプレーする選手の数が減っていた時期もあり、ピッチの中でも外でも、プレッシャーと期待を一身に背負っていたのが俊さんだった。「10番となると、えげつない批判をされることもあるんだな」と感じることも少なくなかった。

俊さんとは2016年の夏に一緒にゆっくり食事させてもらう機会もあったのに、言えなかった。いつか、きちんとお礼をする機会を……と思っている。

成長が止まる恐怖

とにかく、ここで何かを手にしないといけない。チームの優勝だけでは物足りない。新しい10番としての存在感も見せないといけない。

あの大会では、気持ちばかりが先走っていた。

２０１１年の1月9日、グループリーグのヨルダン戦からアジアカップでの日本代表の戦いが始まることになっていた。

アジアカップで決勝まで勝ち進めば、1月14日に再開する予定のブンデスリーガの後半戦のうち、最初の3試合を欠場しないといけない。ドルトムントの快進撃は、本来の実力以上の勢いに支えられている気がしていた。一方で、あのなかに身を置いているから急激に成長できているという感覚もあった。だから、もしも1試合でも離れてしまったら、色々なものが失われてしまうような気がして怖かった。

ドイツではすでにアトレティコ・マドリードやパリＳＧが香川の獲得に乗り出したというニュースも出るくらいに注目されていた。

だから、余計に気負っていたのかもしれない。

日本代表はグループリーグの3試合で8ゴールを決めていたが、左ＦＷとして先発に名を連ねていた香川にはゴールがなかった。そんななかで迎えたのが、準々決勝。開催国カタールとの試合だった。

前半早々にカタールに先制される不安定な立ち上がりだったが、岡崎慎司のループシュートを頭で押し込んで、ようやくこの大会初ゴールを決めた。しかし、後半に、吉田麻也が退場を命じられた。さらに、そこで与えたＦＫから勝ち越しゴールを許す苦しい展開だった。後に、多くの選手が「心が折れそうになった」と話したのもうなずける。

それでも本田圭佑のパスに岡崎が反応し、こぼれたボールを香川は上手くコントロールすることができた。最後は左足で豪快に蹴り込み、試合を再び振り出しに戻した。

そして後半のアディショナルタイム。本田、岡崎、遠藤保仁が次々と倒されたなかで、ボールを拾った長谷部誠からスルーパスが来た。これを受けると、ＤＦのスライディングをかわし、さらに飛び出してきたＧＫもかわした。セレッソ時代のクルピの教えを実戦するかのようなシーンでもあり、自身も好む形でのゴールの道筋がはっきりと見えていた。

ただ、そこで別のＤＦに後ろから倒された。明らかにＰＫとなるシーンだったが、右サイドバックに入っていた伊野波雅彦がこぼれたボールを蹴り込んだ。土壇場での逆転ゴールにより、開催国を下した。

「ゴールを決められたのは良かったですけど、それ以外は全然ダメでした。ミスも多かったですし、身体が重くて、動きの質も……」

試合後に興奮気味に接してきた記者に囲まれると、香川はそう切り出した。

「上手く相手をかわした結果が伊野波くんのゴールにつながった部分もあるし、あれは自分の良さでもあります。なかなか点を決められなかったので、ホッとした部分はありますけど、その他の内容については……」

今ならば、もう少し柔軟に考えることができる。理想のプロセスを踏む以外にも、結果を残す道があると知ったからだ。例えば、ラッキーなゴールであっても、それを決めることでリラックスして、プレーの質が上がり、それがさらなるゴールを生むこともある。

ところが、あのころは質が向上したあとでなければ良い結果は生まれないと信じ込んでいた。さらに大会前からの気負いもあった。

だから、心は晴れなかった。

一方、苦しみながらも開催国を退けたことで、チームには上昇ムードが漂っていた。そこから3日間空いて、準決勝の韓国戦だ。

ただ、日中は暖かいのに陽が沈むと一気に気温の下がるカタールの気候のせいか、極度の乾燥から来たものなのか、原因はわからなかったが、喉に激しい痛みがあった。試合前の2日間連続で痛みを感じて、念のために点滴を打つことになったほどだった。

そんななかで、韓国戦に挑んだ。一進一退の攻防が続き、1－1で迎えた後半31分だった。左サイドでドリブルをするために強く踏み込んだときに、右足に鋭い痛みが走った。香川が自分から交代のサインを出したわけではないが、後半終了直前に細貝萌（はじめ）との交代を命じられた。試合は延長戦にもつれても決着がつかず、ＰＫ戦のすえに日本が決勝進出を決めた。

普段の試合のあとならばトレーニングシューズを履いてロッカールームを出るのだが、このときは違った。右足の甲に氷をあてているために、シューズは履けない。サンダルで取材エリアに顔を出した。それでも、その日はチームメイトと同じようにホテルに戻り、眠りについた。

異変に気づいたのは、翌朝のことだった。

右足の痛みは前夜とは比べものにならなかった。検査を受けると、右足の小指のつけ根の骨折だという。ピッチがゆるい状態だったために、強く踏み込んだことも関係していたのかもしれない。あるいは、それまでの疲労が蓄積されていて、避けようのない怪我だったのかもしれないが。

とにかく、その怪我により、代表を離れてドルトムントへ戻らないといけなくなった。ホテルを出る前、リラックスルームと呼ばれる部屋に向かった(＊26)。

「このチームなら大丈夫、絶対に優勝すると思う」

部屋にいた長谷部らにそう伝えて、ホテルを出た。

その後、ドルトムントに戻って再び検査を受けたが、診察結果はもちろん変わらなかった。「シーズン中の復帰は厳しいだろう」とも告げられた。

チームと話し合った結果、日本で手術を受け、しばらくはそのままリハビリをすることも決まった。

何もかもが上手くいく。ものすごいスピードで成長できる。そんな風に感じられたドルトムントでの戦いからも、しばらくは離れないといけなくなった。

FROM SHINJI

ドルトムントへ移籍してからは、チームも自分も良い結果を残せていたので、メディアから好意的に取り上げてもらうことも多かった。インタビューを受ける際には、「いつか壁にぶち当たる日が来るかもしれない。だから、それを乗り越えるための準備もしておかないといけない」と答える機会も、それにつれて増えていった。全てが順調に進んでいたから、自分に言い聞かせるためでもあった。

ただ、「オレが怪我をするはずがない」という根拠のない自信だけは持っていた。

そんななかで、怪我をしてしまった。あの怪我は壁という感じではなかったけど、当時は「壁にぶち当たる以上に辛い」と感じていたかな。

壁を乗り越えるためにもがくことには大きな意味があると思っていたけど、怪我は壁とも違って、時間が止まるような感じだった。そのせいで成長も止まってしまう気がして、とにかく悔しかった。

あとは……。リハビリだけの生活に慣れてしまうのが怖かったかな。
「オレ、サッカー選手なのかなぁ……」
「オレは今、ここで何をやっているんだろう?」
よく、そんなことを考えた。

幸いにしてリハビリは順調に進んで、ホームでのシーズン最終戦には間に合った。試合前のウォーミングアップからサポーターが僕の応援歌を歌ってくれたことや、後半43分に途中出場する前から大声援を送ってくれたことは嬉しかった。

優勝セレモニーも、翌日の優勝パレードも嬉しかったし、みんながシーズン前半戦のプレーを褒めてくれた。でも、優勝に貢献できたという手ごたえはあまりなかった。

例えば、セレッソでJ2からの昇格を決めたときには、大事なシーズン終盤戦でゴールを重ねたことで、しっかり貢献できたという手ごたえはあった。それと比べて、あのシーズンは、終盤の大事な時期にいなかったから。

喜んではいたけど、心の奥底から優勝の喜びをかみしめていたわけではなかった。その喜びは来年に、と考えていた。

＊26　代表合宿や大会中の空き時間に、選手たちが集まるためのスペース。たいていは大型のTVが置いてあり、TVゲームやスポーツ新聞、雑誌などが用意されていることも。スナック類に、コーヒーや紅茶などもあり、選手たちが空いている時間を使ってコミュニケーションをとれるよう配慮されている。

クロップ監督——情熱と戦術と愛情と

クロップ監督がブンデスリーガにおける日本人の常識を変えたことは、実は、あまり知られていない。

これまでブンデスリーガの1部では35人の日本人選手がプレーしてきた。2部などにも広げれば、その人数はさらに増える。

香川はブンデスリーガでデビューした9人目の日本人にあたる。

ブンデスリーガの歴史のなかでは、香川以前と、香川以降で大きな違いがある。通訳の有無である。そこには、名将の想(おも)いがこめられていた。

「香川以前」にブンデスリーガでプレーしていた日本人選

手にも、契約に関する話し合いや監督と個人面談などを行なう際に通訳を務めてくれる存在はいた。その形態は様々で、必要になったときだけ呼ばれたり、練習場や試合会場に待機する場合もあった。ただ、基本的には練習のグラウンドや試合のベンチに入ることは許されなかった。

ところが、香川のケースは前任者たちとは異なっていた。

通訳の山守が、ドルトムントの活動のほぼ全てに帯同することになったのだ。彼はドルトムントのスタッフと同じウェアに身を包み、練習グラウンドでは監督の脇に立った。試合日にはロッカールームはもちろん、ベンチにも入って、クロップの言葉を一つひとつ、日本語に訳して伝えた。

香川が加入して間もない時期にオーストリアで行なわれたトレーニングキャンプでは、こんなエピソードもある。選手たちが持久走に取り組んでいるときに、山守が必要に応じて並走しながら訳していたところ、なぜかツォルクSDから「やるからには全力でやれ！」とゲキを飛ばされ、プロサッカー選手と同じ距離を走らされたのだ。山守はJunpeiという名前から「ＪＰ」というニックネームで知られ、この種のエピソードは、ドイツでもたびたび報じられた。

そのため、香川の活躍ぶりを目にした他のクラブは、日本人選手を獲得する際には、専属の通訳を雇ったり、クラブで働く日本人のスタッフやコーチに通訳を任せるようになった。これが「香川以降」の新常識である。この流れは、予算に限りのあるスモールクラブをのぞき、長く続いた。

実際、香川が後にドルトムントを去ってから、山守はニュルンベルクで清武弘嗣の、シュトゥットガルトで浅野拓磨の通訳を務めた。勤務形態は、ドルトムントのときよりも多少短くなることもあったが、基本的には練習にも試合にも付きそうというものだった。

そもそも、香川が加入する前から、ドルトムントには通訳が雇われていた。スペイン語やポルトガル語を介する通訳が、パラグアイ人のバリオスやブラジル人のサンタナのために働いていた。後に、フランス語やイタリア語を介する通訳も雇われることになる。

練習グラウンドや試合のロッカールームに通訳を入れるというのは、当時のブンデスリーガでは非常に珍しいケースだった。香川のために通訳を招き入れた理由について、クロップ監督は当時こう語った。

「シンジに通訳がいるのは、僕の日本語があまりにひどすぎるからさ（笑）。バリオスにいつもスペイン語の通訳がついているように、シンジのそばにはＪＰがいる。私はシンジが活躍しやすい環境を作ってあげたい」

クロップが通訳にこだわった理由については、選手やスタッフとの契約に関する責任者であるツォルクSDから、当時こんな説明があった。

「クロップ監督はコミュニケーションを大切にする人だからだ。監督は、何を求めているのかを選手に正確に伝えたいと考えている。もちろん、選手が何を必要としているのかも僕らは理解しないといけない」

クロップは後年、クラブハウスのなかに通訳のための特別な施設を作っている。2013年以降に国外の選手が一気に増えたからだ。

選手の数だけ、母国語の数も違う。英語をある程度、話す選手に対しては、クロップが個別に英語を用いて話すこともあったが、チーム全体に何かを訴えかけたいときはドイツ語を用いる。しかも、そこで話す内容は、選手たちの心に響くように、事前にじっくりと練られたものだ。

自らの言葉を、ドイツ人選手たちと同じ場所、同じタイミングで、ドイツ語を理解できない選手たちにも伝えたい。

それがクロップの意向である。

だから、ミーティングルームには傍らにマイクが備わった複数のブースを作った。通訳がそこに入り、監督の言葉を同時に訳す。訳された言葉はブース内のマイクと連動したヘッドフォンから聞くことができる。選手は自分の母国語や得意な言語に訳された音声が聞こえるヘッドフォンを選び、クロップの想いの込もった言葉を理解する。

クロップの言葉へのこだわりを示すエピソードならば、山のようにある。

クロップは2011年から家庭教師をつけて、苦手としていた英語の勉強を始めたという。彼がヨーロッパナンバーワンを決めるCLで初めて指揮を執ることになるシーズンと重なる。そこから猛勉強をして、翌シーズンの終わりには流暢な英語を話すようになり、周囲を驚かせた。

クロップが英語の勉強に精を出したのは、いつかイングランドで監督を務めたいという夢を彼が抱いていたからであるのはもちろんだが、チームにやってきた外国人選手と、直接コミュニケーションをとりたがっていたことと無関係ではない。

ヨーロッパで活躍する監督は、おもに「戦術家」タイプと、選手のやる気を引き出す「モチベーター」タイプとに分類される。

優秀なアシスタントコーチに戦術面で一定の権限を与え

るクロップが、優秀な「モチベーター」として評価されるのは、それだけ言葉を大切にしているからなのだ。

そして、その言葉と態度で、選手たちに情熱を伝えるのだ。

香川とクロップの関係について振り返るとき、もうひとつ忘れてはならないのが、世界で戦うために必要な守備について学んだことだった。

クロップのチームの代名詞といえば、"Gegen-pressing"である。ボールを持っている相手に対してプレッシャーをかけていくのが、一般的なプレッシングだ。その言葉の前に、ドイツ語で「ドルトムント対シャルケ」と表現するようなときに使う「対」を意味する、Gegenという言葉がつく。"Gegen-pressing"というのは、チームがボールを失ったときに、すぐに守備に意識を切り替えて、チームで一体となって、相手からボールを奪い返すようなプレッシングを指す。

この言葉が一般に広まった当時、イギリスでは"Counter-pressing"と訳された。クロップがイギリスメディアの取材に答えるときにも、この表現を使う。英語に訳されたときの方が、この用語のニュアンスはつかみやすいかもしれない。いずれにせよ、これを武器にクロップはドルトムントに9年ぶりのリーグ優勝をもたらし、翌年の国内2冠、そしてその翌年のCL準優勝につなげていった。

もっとも、戦術面を主に担当したのはアシスタントコーチたちだった。

当時の香川も、クロップたちの求める"Gegen-pressing"について、前向きなコメントを残している。

「なんとなくコースを限定するのではなくて、少しでも前に寄せろと言われました。ある試合では勢い余ってイエローカードをもらってしまったのですが、『それでも行け』と言われましたからね。前線からみんなでボールを奪いに行くのがチームのスタイル。それに球際の争いでなめられていたらダメですし、そういうプレーを続ければ相手は味方からのパスを受けたくないと思うようになるでしょうし。日本ではやっていなかったですけど、このスタイルの方が楽しいですよ。攻撃だけをしていれば良いというわけではないのなら、そうやって前からガンガンいける方が自分には合っていますね」

でも、クロップが最も大切にするのは、愛である。

２０１０年7月20日、キャンプが始まってまもない時期だった。練習で何度かミスをした香川に、練習が終わったあとにクロップ監督が声をかけた。

「昨日も今日も、とてもハードなトレーニングをしている。だから、大変なのはわかる。チームメイトも君のことをすごく評価しているし、これから頑張るように」

その陰で、クロップは旧知のベテラン記者に聞かれていた。

「新加入のカガワについては、どう感じている?」

「ふふふ、どうかな。君が自分の目で確かめて、どう思うかを言ってごらん」

それから1週間ほどたったあとのこと。香川の様子を観察したらしい記者から、感想を伝えられた。

「彼の動きは、他の選手にはないものがあるね。日本から来た若手のものだとは思えないよ」

だから、こう返した。

「そうだろう? でも、まだ大げさに評価するような記事は書かないでくれよ。あまりに早くから注目されてしまうと、プレッシャーが大きくなって大変だから」

親が息子を大切に育てるように、無償の愛を注ぐのがクロップという監督の本質なのだ。

FROM SHINJI

あのころは、攻撃から守備への切り替えが少しでも遅れたら、よく怒号が飛んできた。腹の底から出された大きな声で(笑)。

クロップ監督のもとでプレーしていたときには、守備をする快感も覚えていた。相手にボールを奪われたときに、ゲーゲンプレッシングで、みんなでボールを奪い返しに行く。ホームゲームのときには、それにサポーターが反応して、盛り上げてくれる。だから、気持ち良かったし、楽しかった。

その後、色々なサッカーを経験することになったけど、クロップ監督のようにチームとして取り組むべきサッカーを徹底するのは簡単なことではないと気がついた。そこで改めて、クロップの偉大さを思い知らされた。

もちろん、よく知られているように、選手たちのモチベーションを上げるのは抜群に上手かった。

試合前にはいつも、選手を最高の気分でピッチに送り出してくれる。試合前に話す内容が試合ごとに大きく変わる、というわけではないけど、ジェスチャーを交え、手を叩いて、大きな音を出し、選手の気持ちを盛り上げようとしてくれる。色々な監督のもとでプレーしてきたけど、ロッカールームで最も響くのはクロップの声だと思う。

そうやって選手の気持ちを盛り上げてくれたうえで、最後は「自分たちのサッカーを見せるぞ！」と言ってから、歯を見せ、笑顔を浮かべてくれる。そのスタイルはホームでも、アウェーでも変わらないから、いつも同じような戦い方ができたのだと思う。

クロップのことを思い出すとき、頭に浮かぶのは、あの情熱的な振る舞いだ。

あとで詳しく紹介することになるけど、２０１２年にユナイテッドへの移籍を決めたと報告したときにも、一瞬、残念そうな表情は浮かべた。でも、最後には祝福の言葉をかけてくれた。

この人は心の底から選手の幸せを願える愛情の持ち主なんだ。

そう確信できるほどの温かさが、彼にはあふれていた。

自ら壁を作り、苦しむ

仕事からしばらく離れる期間を作るのは、意義のあることだ。休みを経て、気持ちがリフレッシュされる。そうすれば、また仕事に打ち込める。

だが、仕事から離れる時間があまりに長いと、色々なものが失われてしまう気がして不安になる。

あのときの香川もそうだった。

２０１１年6月29日、ドルトムントでの2度目のシーズン練習が始まった。クラブハウスに着くと、クロップ監督から、こんな風に声をかけられた。

「日本でのオフはどうだったんだ？」

「すごく楽しかったです。楽しすぎて、ヤバいくらい(笑)」

片言のドイツ語で香川はそう返した。

「ところでシンジ、日本に彼女はいるのか？」

あ、これは試されているな。

そう感じた香川はジョークで返した。

「日本に彼女はいないです。彼女は『ドイツにしか』いないですよ！」

なごやかに初日を迎えたものの、当時の香川には、恐れていることがあった。

前のシーズンのドルトムントで最終戦では短い時間ながら公式戦のピッチに立っていたが、自分たちの優勝と、相手チームの2部リーグ降格がほぼ決まっていた状況だった。本来の雰囲気にはほど遠かった。

そのさらに前に出場した公式戦となると、アジアカップの準決勝。1月25日のことだ。このシーズンの開幕戦は8月5日に組まれていたから、半年以上も真剣勝負の舞台から離れることになる。

怪我で成長のスピードが止まってしまうというネガティブな感情はもうなかったが、ブランクだけは不安だった。

リーグ開幕戦の相手は、このシーズンで残留争いに巻き込まれることになるハンブルガーSV（以下、HSV）だった。ブンデスリーガでは、チャンピオンに特権が与えられている。開幕週の金曜日の夜に、他のチームに先だってホームで試合を行なうことができるのだ（＊27）。

このときはホームのサポーターの大声援を受けて、3－1で快勝した。香川はゴールに直接絡むことはなかったが、まずまずのパフォーマンスで、後半のアディショナルタイムまでプレーした。

しかし、そこからチームは不調にあえぐことになる。

第2節のホッフェンハイム戦で早くも敗れてしまった。第4節でレバークーゼンと引き分けたあと、第5節のヘルタ戦、第6節ハノーファー戦と連敗。11位まで順位を落とした。

さらに、9月13日から、リーグ戦と並行して戦うCLが始まった。各国の上位チームが参加して、ヨーロッパ王者を決める大会だ。香川を筆頭に若い選手たちのほとんどは、このとき初めて出場することになった。もちろん、クロップ監督にとっても同じだった。

しかし、CLでは、グループステージのちょうど半分にあたる最初の3試合で1分2敗という散々な結果だった。

不調のきっかけは、前のシーズンからの選手の入れ替わりにあった。

中盤の底で司令塔の役割を担っていたシャヒンがレアル・マドリードへ移籍していったし、シーズン前に行なわれた南米選手権でエースのバリオスも負傷して戦列を離れていた。中盤の底と、最前線。2人の中心選手が欠けたのだから、上手くいかない。

彼らの代わりに白羽の矢が立てられたのが、新加入のギユンドアンと2年目のレバンドフスキだった。後に主軸を担う2人だが、このときはまだ、彼らにも周囲の選手にも迷いがあった。それがシーズン序盤のつまずきの最大の原因だった。

そのうえで、香川には、実戦から半年以上離れていた不安とブランクがあった。厳しい時間を過ごすのも当然だ。

10月1日のアウクスブルク戦。香川がピッチに立つチャンスは訪れなかった。怪我以外の理由で出番が与えられなかったのは、ドルトムントに来てから初めてのこと。代表戦をはさんで迎えた10月14日のブレーメン戦でも、ベンチ入りしながら出番がなかった。

チームは上手く機能せず、自分もチームに貢献できない。もどかしさから、当時はどうしてもナーバスになっていた。

「今回はヨーロッパに来てから最初の『壁』です。ここ数年では経験したことのないくらい高い壁にぶち当たったのかなとは感じています。でも、今はシーズン中だから、そんなことをあえて話したくはないです」

そんな風に語ったこともあった。

変化の兆しが見られるようになったのは、10月の終わりごろからだ。

10月22日にケルン戦で香川はシーズン2ゴール目を決めた。11月19日のアウェーのバイエルン戦では苦しみながらも、1－0で勝つと、氷点下10℃近いスタジアムでチームメイトと水をかけ合いながら、喜びを爆発させた。

「最近はゴールが決まったあとや試合が終わったあとに、シンジがみんなから祝福されるだろう？　あれは、シンジにとって大きなモチベーションになるんじゃないかな」

そのように語っていたのは外部から見たドイツ人記者だったが、確かに香川がグラウンドの上で仲間たちとじゃれ合いながら、喜ぶのは久しぶりのことだった。

シーズンの序盤戦には自身の不甲斐なさから、試合後に2万5000人のサポーターが密集している「南スタンド」の前に挨拶へ行かないまま引き上げたこともある。遠征時の食事の席でひとり、浮かない表情でいることもあった。

苦しみから解放されたと確信できるようになったのは1月に入ってから。日本での短い冬休みを経て、リーグ後半戦に向けた準備をしていた時期だ。

ドルトムントは、スペイン南部のラ・マンガという温暖な街でトレーニングキャンプを行なった。緊張感が張り詰めた練習が繰り広げられ、サッカーだけに集中できる静かな環境だった。チームで滞在していた高級リゾートホテルのテラスで、苦しんだ時期について香川はこう振り返った。

「やっぱり、結果がついてこなくて、精神的にキツかったですね。変な表現になるかもしれないけど、すごく〝楽しくなかった〟」

何もかもが全て上手くいったドルトムントでの1年目。それとは対照的な2年目の前半戦を静かに振り返っていた。そして、少し反省するようにこう続けた。

「そもそも、壁というものを自分のなかで大きく作りすぎていた。9月、10月と、考えすぎていましたね。僕は考えすぎちゃうタイプだから。やっぱり、生活も、サッカーも楽しまないといけないし。そういうポジティブなところが大事だなと思うようになったかなぁ……。ただ、そのなかで成長したはず。成長していなかったから、もっと暗いですよ（笑）」

だから、キャンプを打ち上げるころには、ごく自然と前向きな要素に目が向くようになっていた。

「実は、今回のキャンプではダ・シルバと同じ部屋が割り当てられたんですよ。アイツと同部屋になるのは、最初のシーズンの開幕前のキャンプ以来で。あのときは、良いスタートが切れましたからね。この先、いいこと、あるかも」

ダ・シルバは香川と同じく、２０１０年の夏から2年間、ドルトムントでプレーしたブラジル人選手だ。それほど多くの試合に出場する機会があったわけではなかったが、幸運を運んでくれる存在だったのかもしれない。

結局、香川を苦しめたのは、自分で作り出した幻想の壁だった。

怪我で2ヶ月近くボールをまともに蹴れなかったことも、公式戦の舞台から半年以上も離れたことも、初めての経験だった。

だから、長期的な怪我から復帰する過程で、どんな気持ちで、どう過ごすべきなのか、そのイメージすらわかなかった。

怪我による空白の期間があれば、誰だって復帰してからしばらくは戸惑う。30歳を過ぎた今なら、それもわかる。でも、当時22歳だった香川にはわからなかった。だから、自分で、自分を苦しめてしまったのだ。

ただ、苦しむことも、若いころには必要だったのかもしれない。苦しんだ時間は高く跳ぶための助走期間となって、その後の躍進につながっていったのだから。

＊27　普段のリーグ戦はCS放送などの有料チャンネルでしか見ることができないが、開幕戦とウインターブレイク明けの金曜日に行なわれる2試合は、地上波のTVにて特別に無料で放送される。多くの人に見てもらえるのは王者に与えられた特権なのだ。

壁を越えたからこその大爆発

スペインキャンプで香川が静かに語った言葉が正しかったことは、シーズンの再開とともに明らかになっていった。

２０１２年1月22日のＨＳＶ戦。中断期間で充実したトレーニングを積んできたことを証明するかのように、アウェーゲームながら５－１で完勝した。香川も１アシストを記録したが、試合後は喜びとは無縁で、反省の弁を口にした。

「今はパスに酔っている自分がいる。それではダメ！　他の選手に負けていられないし、もっと自分を出して、シュートまでいかないと。それができなかったのが悔しいです」

この試合にはポーランド代表監督が視察に訪れていた。燃えていたのは、レバンドフスキに加えて、ブラシュチコフスキ、ピシュチェク。３人のポーランド代表選手たちだ。クーバの愛称で知られるブラシュチコフスキなどは、ドルトムントにＰＫが与えられると、一目散にボールを拾いに行った。ＰＫを蹴りたそうな素振りを見せた香川らにもボールを触らせず、そのＰＫを自ら蹴り込み、代表監督にアピールしていた。

翌週のホッフェンハイム戦で香川は、ドリブルで、ペナルティーエリアへ何度も進入していった。そして１９９センチのＤＦヴェステルゴーアを置き去りにして決めたゴールを含め、２得点を記録した。

「強引にドリブルで仕かけたことで、『エゴ』を出せました。いくらアシストしても、点を獲ったヤツが一番。それを忘れてはいけないですよね」

この「エゴ」が、爆発への合図だった。

2月11日のレバークーゼン戦ではファーストタッチでひとりをかわし、ペナルティーエリアに入ってからの切り返しとフェイントで2人のＤＦに尻餅をつかせたうえで、ゴールを決めた。圧巻のプレーだったため、魔法使いの呪文の言葉である「アブラカタブラ」をもじって、「アブラ・カガワ」と評されたほど。

そこからはドイツ中から絶賛の声が聞こえてくるようになった。

「トヨタ車のような精密な部品と正確な設計力を備えながら、ポルシェ車のような強力なエンジンを積んでいる」

奇しくも、売り出し中だったゲッツェが怪我でシーズン後半戦を棒にふることになった。これでレバンドフスキと並んで、香川が頼られる機会はさらに増えた。香川の両サイドに構えるグロースクロイツやブラシュチコフスキなどは、献身的なプレーで支えてくれるようになった。

「後半戦に入って自分の調子も良いと感じるし、しっかりと結果を残している。だからチームメイトも『シンジにボールを預ければチャンスになる』と思ってくれている。それを僕も感じながらプレーできるから、楽しいですよね」

確かに、セレッソ大阪でプレーしていたときに、似たような感覚は味わったことがある。

ただ、このときはブンデスリーガで優勝を争うドルトムントである。手応えは日本にいたとき以上だった。

信頼を感じられるから、コンスタントに結果を残せるから、それが次の試合で力になる。ドルトムントでも試合を重ねる度に、自信を深めていった。

4月21日。勝てば優勝が決まる状況で、ボルシア・メンヘングラッドバッハ（以下、ボルシアＭＧ）とのホームゲームを迎えた。前半の早い時間帯のペリシッチのゴールで先制して、ハーフタイムへ。

そして、後半の14分だった。レバンドフスキのパスに、後方から走り込んでいた香川が反応する。ＧＫが前に出てきたが、スピードを落とさないように気をつけながら、思い切り良くボールを前に押し出す。このアクションだけで、ＧＫを置きざりにした。あとはもう、左足で無人のゴールに蹴り込むだけだった。あのときかわしたのは、現在はバルセロナで守護神を務めるテア・シュテーゲン。セレッソに在籍していた時期にクルピ監督に求められたような、ＧＫをかわしてからのゴールだ。

スタジアム全体がこのゴールで優勝を確信したのがわかった。クロップ監督もベンチを飛び出して、駆け寄ってきた。それを見た香川も飛び上がって、クロップの胸に飛び込む。

結局、香川はシーズン後半戦に出場した16試合で9ゴール、8アシストを記録することになった。1試合に1点以上は直接ゴールに絡んでいた計算になる。

昔からそうだったように、ゴールを決める喜びは大きかった。ただ、このときは、アシスト数から自分のプレーの幅が広がっていることを実感した。

「スルーパスに関してはセンスないなと感じていたんですよ（笑）。１シーズン目はゴールばかりで、アシストはほとんどなかったですし。今季からスルーパスも意識するようになって、その成果も出た。一方で、今日はゴールを決めないといけないと自分に言い聞かせて臨んだ試合ではゴールも決められましたからね」

チームも、気がつけばリーグ戦では9月18日のハノーファー戦以来負けなしで、当時のブンデスリーガの年間最多勝ち点を記録するなど、圧倒的な強さを見せつけて、連覇を果たした。

5月12日のカップ戦の決勝が残っていたとはいえ、リーグ優勝を決めたことで、本来であれば香川は一息つけるはずだった。

しかし、そうはならなかった。

ドルトムントから将来のプランを明らかにするよう求められていたからだ。具体的には、ドルトムントが臨む契約延長のオファーを受け入れるのか、断るのか。決断をせまられていた。

なお、当時の香川とドルトムントの契約は２０１２－13シーズンの終わりまでだった。

選手は契約期間を満了すれば、好きなクラブと自由に契約を結ぶことができる。ただ、契約期間の途中で移籍したいと思えば、新しく移籍するクラブが、現在所属しているクラブに違約金を支払う必要がある。このときの違約金は、「移籍金」と呼ばれることが多い（＊28）。

契約期間が満了してしまうと、クラブは何の金銭的な見返りも得られず、選手が移籍するのを見守ることしかできない。だから、チームの〝主力〟となる選手との契約が残り1年になった時点で、契約を更新するかどうかの決断を求めることが多い（＊29）。そこで選手が更新しないという意思を示すと、移籍に向けて動くことが大半だ。契約期間が残った状態で移籍をすれば、移籍金が手に入るからだ（＊30）。サッカーの世界も、そうしたビジネスの側面なしには成り立たなくなっている。

ともかく、香川とドルトムントにとって、その判断をしなければいけないデッドラインが、２０１１－12シーズンが終了する4月末だったわけだ。

２０１２年に入って早々に、まず、ドルトムントから契約更新のオファーが届いた。香川には考える時間も必要だったし、ブンデスリーガ2連覇に向けて試合に集中したかった。だから、「優勝が決まるまでは待ってほしい」と伝えていた。ただ、こうして優勝が決まったからには、決断しないといけない。

香川は、考えた末に、契約を延長しないと決め、それを伝えた。

だが、決断をした時点で、移籍するクラブを見つけていたわけではない。

この2年間で積み上げてきたものがあるから、これからオファーは届くはずだ。

そう考えての決断だった。

そして、ボルシアMG戦の翌週の4月29日にツォルクSDの口から、メディアに向けて、香川が決断を下したことが明かされた。これを機に一気にオファーが舞い込むことになった。

例えば、後にモウリーニョ自身が認めたように、当時彼が指揮を執っていたレアル・マドリードからも獲得の意思を伝えられた。ただし、当時のレアルでトップ下を務めていたエジルの控えとしてチームに加わってほしいというオファーだった。他にも、当時アーセナルの監督を務めていたベンゲルはSkypeを使ったビデオ通話で熱意を伝えてくれた。さらにリバプールからもオファーがあった。誠意のある内容だった。

その一方で、メディア上ではよく名前の挙がっていたユナイテッドからはまだ、オファーが届いていなかった。

ともあれ、ドルトムントとの幸福な関係は2年で終わりを迎えることが決定的になった。当然ながら、チーム関係者からは落胆する声も聞こえてきた。

それでもクロップ監督は、こんな声をかけてくれた。

「私はもちろん、シンジと一緒に長く戦いたいと思っている。でも、シンジが決めたことであれば、全力で応援するよ！」

なお、クロップは当時、親しい記者にこう告げていたという。

「シンジはサッカー少年なんだよ。彼はずっとイングランドでプレーしたいと思っていた。そんな子どもの夢を大人が邪魔することなんてできるわけがないだろう？」

FROM SHINJI

ドルトムントと契約を延長するかどうかの決断を下すまでは、かなりプレッシャーを受けた。メディアでは連日のように去就が取りざたされるし、CE

Oのヴァッケさんはクラブハウスなどに顔を出したときには、「どうだい?」とか言いながら、腹の内を探ってくる。クロップ監督が直接たずねてくることはなかったが、気にしている様子は伝わってきた。なんとなく、気まずかった(笑)。

もちろん、あのシーズンのCLのグループステージで最下位に沈んでしまったのは気にかかっていた。自分にとっても、監督やチームメイトにとっても、「オレたちの本来の実力が反映されたものではないぞ」という感覚は残っていたと思う。初めて参加したこともあり、世界最高峰のレベルでの戦い方を僕らはわかっていなかった。

だから、もう一度、挑戦すれば、もっと上にいける自信もあった(実際に翌シーズン、ドルトムントはこの大会で準優勝を果たした)。そこに参加できないのは少し、心残りだったかもしれない。

ただ、最終的には自分の心に問いかけてみた。

「ここでリスクをとらないで、どうするんだ?」

「オレは少しでも上のレベルでサッカーをするためにヨーロッパに来たはずだろ?」

それで、答えは出た。

あのときの決断については、今になっても、少しも後悔はない。

＊28　携帯電話の2年契約の途中に、別のキャリアへと移行しようとすると「契約解除料」が発生する。それとほぼ同じ仕組みだ。例えば、2018年にロナウドがレアル・マドリードからユベントスに移籍した際に、推定で130億円の「移籍金」が支払われたと報道されたが、「移籍金」というのは厳密にはそれまで所属していたクラブとの契約を破棄するためにレアル側に支払われた「違約金」のことを指す。

＊29　クラブは、〝主力〟選手には契約を更新するかどうかの決断を求めることが多い。そのため、大半の選手が契約満了を迎える前に、移籍か、契約を延長しているように考えてしまいがちだ。しかし、現実はそうではない。実際には、多くの選手(＝主力ではない選手)は契約が満了したタイミングでクラブを離れている。去就がニュースで大きく取り上げられるのは、各クラブの〝主力〟クラスだけだ。だから、多くの人は、どの選手も契約延長の問題に向き合っているような印象を受けている。逆にいえば、クラブから契約を更新するかどうかの決断を厳しく迫られたなら、それは主力選手だと認められたということを意味する。

＊30　クラブから見て、契約を1年残した選手が移籍することで得られるものと、その選手が契約の最後の1年間でクラブに残してくれるものとを比較するのは簡単ではない。ただ、サッカーの世界では怪我もつきものだ。残念ながら、半年から1年近くプレーできない怪我を負ってしまうことも少なくない。だから、契約期間が残り1年となった選手が、契約更新に応じる気配がなく、なおかつ他のクラブが一定以上の移籍金を払うようであれば、大半のクラブが移籍を認める。

ドルトムントとの別れ

他の試合とはちょっと違う空気に包まれる。それがＤＦＢポカール（以下、ドイツ杯）の決勝戦だ。

アマチュアチームも参加して、ドイツのナンバーワンチームを決めるカップ戦の決勝の舞台はいつも、ドイツの首都ベルリンにあるオリンピア・シュタディオンだ（＊31）。基本的には、ブンデスリーガ最終戦の翌週に行なわれる。ドイツサッカー界の1年を締めくくるお祭りのような高揚感が、選手の心を刺激する。

これが最後の試合になるんやろうな。

香川はそう感じながら、5月12日のピッチに立った。相手はバイエルンだ。ドイツで最強のチームがどちらなのかを決める試合にふさわしい舞台が整っていた。

試合は、前半3分の香川のゴールで先制する。25分にはロッベンのゴールで追いつかれるも、前半41分にフンメルスが勝ち越しゴールを決め、前半のアディショナルタイムに香川のパスをレバンドフスキが決めて、３－１となり、ハーフタイムを迎える。

ロッカールームへ戻ろうとしたところで、シュメルツァーに呼び止められた。スタジアム内の大型ビジョンがＶＩＰ席の様子を映していたからだ。

「今日のシンジが絶好調なのも当然だよな〜」

シュメルツァーが笑いながら指さしたビジョンに映っていたのは、あのファーガソンだった。ユナイテッドの監督を務めていた名将は、自身の目で確認したうえで、正式なオファーを出すかどうかを決めようと考えていたようだった。

そんなやり取りを経て迎えた後半、香川のゴールこそなかったが、攻勢は変わらず、５－２という大差をつけて、優勝を決めた。

国内リーグとカップ戦の2冠を達成したのは、1909年に生まれたドルトムントの100年を超える歴史で、このときが初めてだった。1年前のリーグ優勝のときとは違う。その中心として最後まで戦ってきた実感があったから、試合後には喜びがあふれてきた。

「ドイツでフルに戦ったこの1年間は、日本でのシーズンとは比べものにならないほどタフでした。『ゆっくり過ごせるシーズンオフが待ち遠しいな』とここまで強く思ったのは、プロになってから初めてですよ（笑）」

心が満たされているから、飾らずに気持ちを表現できる。

「最高の雰囲気で試合をやれて、バイエルンに決勝で勝つことができたのは、素晴らしい思い出になりました。ここに来るまでに苦しい試合を勝ち抜いてきたという達成感もあるし、サッカーと向き合えて本当に充実した1年になりました」

この2年間で最高の試合になったな。

そう確信して、スタジアムをあとにした。

翌日にはドルトムントに戻って、30万人がつめかけるなかで優勝パレードが行なわれた。ドルトムントの街のなかをゆっくり走る2階建てのバスに乗り、写真を撮り、チームメイトとビール片手に歌いながら過ごす。贅沢な時間だ。前の晩にベルリンで行なわれた優勝パーティーからの疲れもあり、あの夜はぐっすり眠ることができた。

そして、翌朝。ドルトムントのクラブハウスへと向かった。

ヨーロッパではいきなり移籍が決まることもあるから、シーズンの最後には、クラブハウスのロッカールームの自分が使うスペースを片づけないといけない。この時点でユナイテッドと正式な契約を結んでいたわけではなかったが、翌シーズンもドルトムントでプレーする可能性はゼロに近かった。

クラブハウスには選手やスタッフがいて、それぞれに慌ただしく動いている。シーズンオフのバカンスに一刻も早く出かけようと目の色を変えて、片づけに取り組む選手もいた。

ファンからもらったプレゼントに、予備のスパイク、試合で使ったユニフォームなど……。1年かけてたまっていったものを段ボール箱に勢い良くつめ込んでいった。1時間ほどかかったところで、一通りは片づいた。あとは、車で運び出すだけだ。ドルトムントで過ごした嵐のような2年間が脳裏をかすめていく。

そんなとき、人の気配を感じた。

ちょうどロッカールームに入ってきたのが、クロップ監督だった。

香川とクロップの視線が交錯(こうさく)する。お互いに歩み寄った。クロップの目から流れ落ちるものがある。でも、笑顔だった。太陽と雨が同時に見える天気雨のように、本来は同居しないはずのものが同居する。満面の笑みの奥に涙が光っている。193センチの巨体で、こちらの身体を包むように抱きついてくる。その腕のなかで、香川の瞳の奥にある堤防も決壊した。

「ここはオマエの家なんだ。いつでも、戻ってきていいんだからな」

そんなことを言われたのは覚えているが、他は覚えていない。そもそも、ほとんど話していないのかもしれない。抱き合いながら、お互いのぬくもりを通して2年間を振り返っていた。これで、ドルトムントともお別れだ。

その日の夕方、香川は荷物をまとめて、ドルトムントの自宅を出た。向かう先はイギリス北部の街、マンチェスターだった。

＊31　第二次世界大戦前の1936年に行なわれたベルリン五輪に合わせて建てられ、数回の改修を経て今も現役だ。毎年このスタジアムで決勝戦が行なわれるため、花火などの演出も計算しつくされている。香川にとってもお気に入りのスタジアムのひとつ。

第四章 @MANCHESTER

期待と重圧、そして挫折

名将の口説き文句

人生における大事な決断を言葉で説明しようとすると、嘘くさくなってしまうことがよくある。でも、あの移籍を決めた理由についてはシンプルに表現できる。

「あんなに期待されているのに、勝負しないわけにはいかないでしょ!」

香川真司は直感的にそう思った。

5月14日の夜、香川はマンチェスター空港近くのホテルに着いた。目的はひとつ。翌日にユナイテッドのファーガソン監督と会うためだった。彼はGMの仕事、つまり、選手編成の責任者としての役割もかねていた。

イングランドでは、ドイツのように練習が公開されることもないし、選手が取材を受ける機会も限られている。取材の機会が著しく制限されるから、パパラッチと呼ばれるカメラマンたちが暗躍(あんやく)する。プライベートでの行動を彼らに狙われる機会も多いので、うかつに街に出ていくわけにもいかない。その日の夜、香川はホテルで静かに過ごした。

翌日、早朝の7時にファーガソンがホテルの会議室に入ってきた。しかも、タキシードを着て。聞けば、そのあとにパーティーに出席するための服装らしい。でも、香川の目にはそれが自分を迎えるための最高のおもてなしのように映った。

握手から入る。会う前のイメージは次々に崩れていった。まず、想像していた以上に身長が高いと感じた。実際は、175㎝の香川よりも5㎝高いだけ。ファーガソンのかもし出すオーラと風格が、そう感じさせたのかもしれない。ただ、激情型の監督だと聞いていたのに、拍子抜けするほど物腰は柔らかかった。

口数が多いわけではないが、言葉には重みがある。いきなり、こう切り出された。

「ユナイテッドの監督として、ぜひとも、君に来てもらいたい。君には期待している」

そこから、ファーガソンは立ち上がり、ホワイトボードの前に立った。翌シーズンに監督が考えているフォーメーションが少しずつ、見えてくる。〔4-2-3-1〕の布陣になるように選手の名前が書き込まれていく。最前線のセンターフォワードの位置にはルーニーの名前があった。10番を背負い、イングランド代表でも活躍していたチームのエースだ。

そして、トップ下の位置に「Kagawa」と書き込まれた。

「このポジションで、活躍してもらいたい」

その言葉を聞いたときにはもう、他のクラブからのオファーのことなど、全て吹き飛んでいた。

これは、チャレンジするしかない。

瞬間的にそう思えた。

「自分をどのように使いたいのか。明確なビジョンを示してくれて、ファーガソンの口から直接、『来てもらいたい』と言ってもらえた。たとえお世辞でも、嬉しいですよ。もちろん、3日前の決勝をベルリンまで見に来てくれたわけで、誠意も感じられましたし。それでもう、十分でした」

これで腹は決まった。仮契約もすませて、あとは細かい条件をつめるだけ。ファーガソンとは新シーズンでの再会を約束して、別れた。

その日のうちにロンドンを経由して、日本へ。日本代表として、ブラジルW杯アジア最終予選の3試合を戦ったあと、オフを日本で過ごすことになった。

イギリスの労働ビザの取得には時間がかかる。ドイツでは一般の観光客として入国して、現地で労働ビザへと切り替えられる。でも、イギリスではそうもいかない。はるかに複雑な手続きと、時間を要する。


ようやく許可が下りたのは、7月も1週間が過ぎたころだった。

7月10日、ついに新しい戦いが始まる。滞在していた大阪のホテルを出てから、長旅が待っていた。伊丹空港を出発して、成田空港、ロンドン・ヒースロー空港を経由して、マンチェスターへ向かう。ロンドン行きの飛行機の出発が遅れたため、大阪のホテルを出てからほぼ、丸1日を要した。

到着ゲートを出ると、普段から顔を合わせるスポーツ専門の記者だけではなく、ワイドショーのレポーターも待ち受けていた。

「香川さん、何か一言！」

「長旅の疲れはありますか⁉」

彼らはマイクをつき出して、向かってくる。そもそも、「何か一言」というのはスポーツの現場ではあまり聞かない質問だ。香川の周りにいる3人の警備員が「道を空けてください」という言葉もなく、力に任せて彼らを押しのけていくから、喧騒(けんそう)はさらにヒートアップする。

到着ターミナルを出てすぐのところには、クラブお抱えの運転手が待っていた。香川が足早に進むと、初老の運転手は手際良く荷物を積み込んでくれる。大きなスーツケースが2つに、アディダス製の巨大なスポーツバッグが1つ。

長い戦いを始めるにしては少ないように見えるが、スパイクひとつで世界中を飛び回るサッカー選手らしくもある。必要なものは、あとでそろえればいい。

車はそのままホテルへと向かったが、しばらくして香川はあることに気がついた。1台のタクシーが追走してきていたのだ。そのタクシーには日本人が乗っていて、カメラを構えている。日本のメディアが尾行していたようだ。ドライバーにそれを伝えると、一気にスピードを上げ、タクシーの追跡を振り切った。

「本来ならば私がそうしたことに気がつかないといけないのに……。気を使わせてしまって、本当に申し訳ない」

丁重な謝罪を受けた。

F1ドライバーのような運転をするなぁと、その運転技術に驚いていたくらいだったが、少しして、ドライバーの言葉の奥にあるものに気づいた。

ユナイテッドにかかわる人たちは、それぞれにプロフェッショナルとしての誇りを持っているんだ、と。

この一件で、クラブの持つ重みに触れたような気がして、タクシーに追いかけられた気味悪さよりも、偉大なクラブの一員になった誇らしさの方が上回った。

2日後に、入団会見が行なわれた。

会場は、本拠地オールド・トラッフォードの一室だ。普段の試合の日にはVIPのために使用されるナイトラウンジが、この日の会見に使用された。ファーガソン監督、同じく新加入のパウエルに続いて、会場に入った。香川の前にはマイクが23本も置かれていた。日本とイギリス、両方のメディアから大きな注目を集めていたからだ。

セレッソからドルトムントへの移籍を発表した会見と同じように、背筋を張って、実にゆっくりと言葉をつむいでいく。ただ、前だけを見て、新天地での意気込みを語っていった。

「ユナイテッドに加入したということで世界から見られている感じがあります。こういう素晴らしいビッグクラブでプレーするというのはいろんなプレッシャーがあると思いますけど、それを喜びに変えて、自分のパフォーマンスを披露したい。今はそういう気持ちでいっぱいです。

この練習着（香川はクラブ指定のジャージを着用していた）や、チームのエンブレムの入ったものに袖を通すことは感動的というか、素晴らしく、誇りを感じているので。まだ合流していない選手もいるなかで（*32）、より一層レベルの高い環境でやれるというのは、僕自身、素晴らしいことだなと感じているので。そういうものを大事にして、

1日1日、頑張っていきたいなと思います」

お披露目されたユニフォームにプリントされた背番号は26番だった。セレッソ大阪で2年間背負ったのと同じ番号だ。セレッソ時代の先輩である大久保嘉人らにも相談しながら、あのときのように下から這(は)い上がっていくというメッセージを込めて、この番号を選んだ。

FROM SHINJI

ファーガソン監督と会ったときには、心のなかで少し興奮したことを覚えている。あの赤みがかった顔はTVを通して見るのと変わらず、厳格なイメージがあった。でも、言葉を交わしてみると、予想とは正反対で、優しい口調が印象的だった。そして夕キシードを着て、あの場に来てくれたのには驚いた。

イギリスは紳士の国といわれるように、オシャレを楽しんだり、気取ったりするところがある。当時のユナイテッドであれば、チームの移動用のスーツもカバンもスポンサーのポール・スミス製のものでそろえられていた。イギリスではレストランにもドレスコードがあるところが多く、シャツやジャケットを着用して行くことが多かった。

ドイツでもチームみんなで移動する際にはスーツを着ることはあるけれど、選手はシャツをズボンの外に出したり、ベルトをゆるめたりしている（笑）。レストランにもTシャツとスニーカーなど、ラフな格好で行くことが多い。同じヨーロッパの国なのにそこまで違うのかとイングランドへ渡った当時は少し驚いた。

僕もそんな英国式のファッションに憧れてオーダーメイドの靴を注文したこともあるのだが、完成するまでに何度もサイズを測り直したりして、けっこう大変だった。「今すぐこの靴を履きたいのに」と思ったし。でも、それがイギリス流のオシャレなのかもしれない。

＊32　直前の6月8日から7月1日にかけて開催された、ヨーロッパの代表チームの王者を決めるEUROに出場した選手は、他の選手よりも遅い休暇が与えられていた。ルーニー、ウェルベック、ナニらがそうで、彼らがプレシーズンマッチに出場するのは8月5日のバレレンガ戦からだった。

名門とは何か

マンチェスター郊外のキャリントンという地区に、ユナイテッドの巨大なトレーニングセンターはある。マンチェスターはイギリスで第3の都市だが、日本の名古屋のような規模ではない。街の中心街を抜けると、片田舎のような光景が広がっている。

そこをさらに進んでいくと、突然、広大なユナイテッドのトレーニングセンターが姿を現す。選手のロッカールームや監督室のある豪華なクラブハウスから、バスケットボールコートやバレーボールコートまで備えた室内練習場があり、その先には複数のグラウンドが並んでいる。

香川が最初に驚いたのは、その大きさだった。

ゲートを抜けてからも、駐車場に着くまでにはしばらく車を走らせないといけない。駐車場から建物に入っても、ロッカールームに行くまでに鍵のかかったドアが3つほどある。メインのエントランスにはチャールトン、ベスト、カントナ、ベッカムなど、クラブで活躍したレジェンドたちの写真が飾られている。敷地の大きさだけではなく、クラブの歴史の重みにも圧倒された。

初めての練習の日にロッカールームに入っていくと、それまではTV画面を通して見ていた顔が並んでいた。

「ナイス・トゥー・ミート・ユー」

ファーディナンドやスコールズといったレジェンドとも、簡単な挨拶をかわし、握手をしていった。長方形のロッカールームで香川に与えられたスペースはファーディナンドと、ブラジル人のアンデルソンの間の一画だった。

「心のなかでは、『うわぁ、ファーディナンドや』と思いましたが、内心は強がって、平静を装いながら挨拶をしていましたね（笑）。そういうものは必要なプライドだと思うし、『自分はここで戦うのだから』と心のなかで言い聞かせている感じでした」

ファーディナンドは2002年からユナイテッドに所属しており、イングランド代表としても長く活躍してきた選手である。ロッカールームのボスのひとりだ。チームを代表して意見を求められることも多い。彼による香川評はこんな感じだった。

「昨シーズンのドイツ杯の決勝でプレーしている姿をTVで見たけれど、とても印象的だった。その素晴らしさに多くの人が驚くことになるだろう。それに、シンジは良いヤツみたいだ」

ファーディナンドは当時からSNSを駆使して、チームの様子を伝えていた。飛行機のなかで香川にカメラを向け、その様子をアップすることもあった。

香川は、ロッカールームのスペースの割り当てにも助けられた気がした。

「やはり、ファーディナンドはチームのボスのような存在だったから、よく話しかけてくれましたよね。アンデルソンはブラジル人らしい陽気な雰囲気があって、仲も良かった。それに（英語を母語としない）外国人の話す英語はゆっくりで聞き取りやすいから、僕も遠慮せずに話せる（笑）。彼らの存在もあったので、思った以上にチームにすんなりと溶け込めました。むしろ、ドルトムントに移籍したばかりの方が初めての海外ということで、緊張は大きかったくらいですね」

もっとも、ホームタウンにとどまって、新シーズンに向けてのトレーニングをゆっくり重ねていられないのが、ビッグクラブの宿命である。

7月17日から、世界中をまわってテストマッチを行なうワールドツアーが始まった。南アフリカではダーバンでアマズルと、ケープタウンでアヤックス・ケープタウンと親善試合を行なった。そこから中国に飛んで上海申花とテストマッチが組まれていた。

「いつもチャーター機を使うから、移動のストレスは意外とないね」

香川はそう語ったが、滞在先ではスポンサーの主催するイベントが分刻みで組まれていた。年間で各スポンサーから数億円を受け取る代わりに、このようなときには、クラブを挙げてスポンサーのイベントに協力していく。

また、中国での滞在中にはユナイテッドならではの工夫もあった。イギリスと7時間の時差がある現地の時刻に合わせるのではなく、イギリス時間で生活するように求められた。起きるのもイギリス時間の朝にあたる、上海時間の午後になってから。すぐにヨーロッパに戻るわけで、時差を克服しようとして、現地の時間に生活を合わせるのは身体に負担がかかるという判断からだった。そういうノウハウがあるのも、プレシーズンに世界中を飛び回るのが当たり前となっているクラブならではだった。

スタッフの数もドルトムントとは比べものにならないほど多く、全員の名前を覚えるなんてとてもできなかった。世界中にファンを持つクラブはそれだけの規模を誇っていた。

そこからチームは一度、マンチェスターへ戻ることになった。ＥＵＲＯに出場していたルーニーなどの中心選手も、このタイミングで合流することになった。

そこからチームは北欧へ。ノルウェーのオスロでは地元のバレレンガとの試合に臨んだ。かつてファーガソン監督が理想の布陣として示したフォーメーション。その最前列には縦にルーニーと香川が並んでいた。それが、この試合ではわずか14分だったが実現した。

「ルーニーはすごく、わかっているというか……。お互いの特長を理解しながら、自分だけではなくて、周りの良さを引き出そうとしてくれます。彼がトップ下の位置まで下がったら、僕が前に出るし、その逆もある。すごい選手なので、彼を活かすようにやっていけば、自分も活きてくると思います」

2日後にはルーニーから、香川の印象が語られた。

「シンジには非常に良い印象を持ち続けているよ。すぐにチームに馴染んだし、とても才能のある選手だ。ボールを受けるのが好きで、シンプルにキープしてくれる。それに、すごく効果的にボールを扱うよね。彼は僕のためにも、チームのためにも、たくさんのチャンスを作ってくれると思うな。シンジがチームに加わったことに僕は興奮しているのさ」

ノルウェーの隣国スウェーデンのイェーテボリに渡って、今度はあのバルセロナとテストマッチを戦った。プレシーズン最大の注目カードは０－０で終わり、最後はＰＫ戦で決着をつけることになった。

香川が驚かされたのは、試合後のことだった。思いもよらないタイミングで声をかけられた。声の主は、現在はヴィッセル神戸でプレーしているイニエスタだった。彼の方に目をやると、ユニフォームを交換しようというジェスチャーをしている。

「内心ではすごく興奮していましたよ！　でも、実際には『オーケー』みたいな感じでちょっと気取って交換しました（笑）」

素直ではない、というわけではない。数年前の香川ならば、緊張で固まるか、ものすごく喜んでみせるか、どちらかだったはずだ。

背伸びをしていると言われるかもしれない。

でも、ひとつ上のステージに置かれたときに、それが当たり前であるかのように振る舞い、適応してきたからこそ、あのレベルまでたどり着けたという自負もある。だから、あらゆる場面で堂々と振る舞うのも必要なプライドだと考えている。

そのあと、一度マンチェスターへと戻ってから、ツアーの締めくくりとして、ドイツのハノーファーへと向かった。香川にとっては慣れ親しんだ地でもある。

8月11日、初めてユナイテッドの練習に参加してからちょうど1ヶ月がたった日に、ハノーファーと親善試合を戦った。それまでよりも1列後ろ、センターハーフのポジションで先発して、試合途中からトップ下にポジションを移した。そして、後半40分にはルーニーのパスに反応して、右足で決勝ゴールを蹴り込んだ。

ルーニーとのコンビネーションも深まってきた。最高の状態で、開幕を迎えられるな。

このときは、そう感じていた。

ハノーファー戦のあとにはチームを離れ、日本代表の活動のために札幌に向った。

8月15日のベネズエラとの親善試合は1－1で終わったが、試合を終えてホテルで眠りにつく少し前のタイミングで、驚きのニュースが飛び込んできた。

プレミアリーグで前シーズンの得点王に輝いたアーセナルのファン・ペルシーがユナイテッドへ移籍することが決定的になったというニュースだった。

開幕戦を週末に控えたこの状況で、前シーズンの得点王の移籍を実現させてしまう。それがユナイテッドというクラブだった。

FROM SHINJI

前のシーズンのドルトムントは当時のブンデスリーガで歴代最多となる勝ち点を記録するなど、素晴らしい成績を残していた。ユナイテッドの選手たちもドルトムントに少しは興味を持っているかなと予想していたけど、そんなことはなかった。ドルトムントについて聞かれないのは、ユナイテッドにいる選手たちには「自分たちのチームが世界一だ」というプライドがあるからだと感じた。

ユナイテッドの一員として試合や練習をするようになってから気がついたのは、彼らの体格の良さだった。ドイツで活躍する選手たちも日本人と比べたら大きいのだが、イングランドでプレーする選手たちは骨の太さが根本的に違うのかな、と思うくらいの分厚い肉体があった。

試合以外のところでも、色々な違いがあった。ドルトムントではチームで一緒に行動することも多かったが、ユナイテッドでは個人を尊重するような空気がある。

　例えば、練習の集合時間も異なっていた。ドルトムントでは練習の始まる1時間前までにはクラブハウスに着いていなければいけない。少しでも遅れれば、チームのルールにのっとって、罰金が科される。

　一方、ユナイテッドでは30分前までに到着すればOK。練習が終わったあとも、ロッカールームでゆっくり過ごすのではなく、すぐに帰っていくような選手も多かった。遠征の際のホテルでも、食事をとり終われば、食堂でいつまでも話したりせずに、それぞれが自分の部屋へと戻っていく。

　ある意味で、すごく自由だ。

　それは、空気がぬるいということではない。それぞれが大人として扱われていた。

　例えば、当時は大ベテランの域に達していたスコールズにしても、練習に来るのはチームのなかでも最後で、練習が終われば最初にクラブハウスをあとにしていた。でも、練習では誰よりもハードに取り組んでいた。紅白戦では、タイトルをかけた決勝戦さながらに、相手の足ごと刈り取ってしまうような、鬼気迫るスライディングを見せる。

　やる気がないのではなく、彼らはメリハリをきっちりつけて仕事をしていた。ヨーロッパの主要国のなかで試合数が最も多いことも影響しているのだろう。ハードなスケジュールだから、量よりも質を求めるスタイルが身についたのだと思う。

　ただ、当時の僕は「気楽でいいな」と感じるくらいで、あの状況で自分が最高のパフォーマンスを出すためのトレーニングや身体のケアに取り組んでいたわけではなかった。自由が与えられる代わりに、何を考え、何をしないといけないのか。そこにもう少し敏感になり、その意味を考えておけば良かったとは思う。

　でも、そんなことは誰も教えてくれない。それがユナイテッドだった。僕はあのときには気がつけたわけではないけど、あの経験があったから、あとになって気がつくことができたともいえる。

壮大な実験をはばんだのは……

イギリスメディアでさえも驚いたファン・ペルシーの電撃移籍の余波が冷めやらないなか、開幕戦を迎えた。エバートンとのアウェーゲーム、8月20日のことだった。

香川はトップ下で先発。移籍したばかりのファン・ペルシーが出場したのは後半23分になってから。しかし、試合には0－1で敗れてしまった。なお、このときのエバートンで指揮を執っていたのが、翌シーズンにユナイテッドにやってくるモイーズだった。

波乱のスタートとなったが、翌週にフルハムをホームに迎えた試合でも、香川はトップ下で先発として送り出され、前半35分には待望の初ゴールを決めた。1トップにはファン・ペルシーが入り、ルーニーはベンチからのスタートとなった。イングランドの試合数の多さは、ヨーロッパのトップリーグのなかでも群を抜いている。ローテーションを組んで、各選手が休む試合を設けていくことも、大切な戦略となる。だから、ルーニーからは、ベンチに座ることの動揺は感じられない。試合にも3－2で勝った。

CLでも、初戦となる9月19日のガラタサライ戦に先発して、この試合で唯一のゴールをアシストするなど、まずまずのスタートを切っていた。

そんななか、10月23日にブラガとのCL第3節を迎えることになる。

この試合の前日の記者会見でファーガソン監督は、ある構想について語り出した。

「ダイヤモンド型の中盤を試すことは我々にとって革新的な試みだ。伝統的なワイド型のフォーメーション（注：〔4－2－3－1〕や中盤をBOX型にした〔4－4－2〕）と、ダイヤモンド型のフォーメーションを使い分けられれば、相手は対策を立てづらくなる。それは、大きな強みを持つことにもつながる。カガワやクレバリーのような選手はダイヤモンド型のフォーメーションが求められたときに本当に良いプレーをすることができるのだ」

例えば、ユナイテッドで大きな意味を持つ7番をかつて背負っていたベッカムも、右サイドを主戦場とした選手だった。

「クラブの歴史において、我々はワイドの選手とともにプレーしてきた。もしも、我々がコンスタントにダイヤモンド型の中盤でプレーすることになったら、それは革命的な出来事だろう。我々の過去の歴史に反するからだ」

ここで新たな試みとともに、香川の名前を挙げた。「カガワを獲得したもともとの理由は、ストライカーの背後でプレーできる能力があったから。最近の数試合でカガワは中盤の右サイドでプレーしていたが、問題なくこなした。中央でプレーするのと同じようにチャンスを作る能力を持っているからだ。ダイヤモンド型の中盤でプレーしたとしても問題はない」

ファーガソンの言葉に忠実に従うのであれば、このとき試そうとしていたフォーメーションは［4－3－1－2］と表記した方がよいのかもしれない。ブラガ戦で香川に任せたのは、「3」の一番左。中盤の底よりも少し前、そして、少し左にいるポジションだった。

しかし、ブラガ戦では、前半2分、20分と相手の左サイドからのクロスにより、立て続けに失点。いきなり2点のビハインドを負うことになった。

このフォーメーションでは、サイドの守備がおろそかになる。ワイドに開いた選手がいる場合には、自陣のサイドの深い位置ではサイドのMFとサイドバックの2人がかりで相手のサイド攻撃に対応をすることができる。この試合のように、センターのMF（ブラガ戦では右にクレバリー、左に香川、中央にフレッチャー）が3人いると、中央の守備は厚くなるものの、サイドはどうしても手薄になってしまうため、そこを突かれた形になった。

ただ、攻撃で可能性を感じないわけではなかった。前半の27分過ぎにはルーニーが香川に合図を送り、一時的にポジションを入れ替えた。すると、前半34分にはルーニー、ファン・ペルシー、香川の3人が絡んでチャンスを作り、香川のクロスからFWのエルナンデスがヘディングでゴールネットを揺らしたのだった。これは微妙な判定でオフサイドとなったが、ルーニーの他にファン・ペルシーも含めたコンビネーションに期待を抱かせるシーンはあった。

このときの最大の誤算は、その少し前の前半の28分に、香川が左膝を痛めていたことかもしれない。激しくスライディングを仕かけた際に、左膝をピッチにとられていた。前半は痛みを押し殺しながらプレーしていたが、膝の腫れを隠すことはできない。ハーフタイムには交代するしかなかった。そして、後半からは香川の代わりにナニが入り、ワイドの選手を置いた伝統的な［4－2－3－1］へとシフトチェンジ。エバンスのゴールと、エルナンデスの2ゴールによって、逆転に成功した。

試合後にファーガソン監督はこう話した。

「ダイヤモンド型のフォーメーションは我々にとって重要

なものだと確信している。ただ、0－2になってしまえば、相手チームがゲームを殺すのは簡単だ。だから、我々はナニを右サイドに、ルーニーを左サイドに回して、（状況を）変えなければいけなかった」

ここから香川は怪我で2ヶ月にわたり、戦列を離れることに。それに伴い、ファーガソンの壮大な実験も、棚上げされてしまった。

試合直後の香川は「自分から交代を申し出ることだけはしたくなかった」と振り返ったが、ここで怪我がなければ、あるいは違う展開になっていたら……というのは「たら」「れば」の話である。

そして、そこからのユナイテッドは「伝統的な」戦い方を武器に、リーグの頂点へとかけ上がっていくことになる。

FROM SHINJI

新加入の選手として、怪我は最も避けたいなと感じていた。力が入りすぎていたから、怪我をしてしまったのかもしれない。とはいえ、それくらいの覚悟がなければ、あのレベルでは戦えない。また同じようなシーンがあれば、僕は同じようにスライディングをする。

あのときは、大きなチャンスがやってきていた。ただ、あの試合について後悔はない。もしも自分に本当に力があれば、最終的には確固たる地位を築けたはずだから。

実は、ユナイテッドに移籍した直後には、こんなことを感じていた。

日本的な考え方でいえば、当時のドルトムントの方が「良いサッカー」をしているのではないか、と。

例えば、ドルトムントでは守備に回るときにも、チーム全体で連動していく。一方、ユナイテッドでは各選手が自分に与えられたスペースをしっかり守る感じだった。相手に中盤でボールを回されても、ある程度は自由にやらせておく。DFラインも、ドルトムントなどと比べたらけっこう低い。それでも、ゴール前の危険なエリアでは身体を張って、相手の攻撃を食い止める。

攻撃でも、ドルトムントでは全体をコンパクトにして、最終ラインから押し上げて、分厚い攻撃を仕かけようとしていた。それに対して、ユナイテッドでは先制しようものなら、中盤の守備的なポジションから後ろの選手はそんなにラインを上げずに、あとは攻撃の選手が上手(うま)くからんで、追加点を獲ってくれれば良いというような考え方があった。

　ドイツの方が組織的な戦いをするし、チームとして連動していくことが大事になっている。その点では日本人との相性も良いのかもしれない。

　移籍した当初は、どうしてもドルトムントでやっていたサッカーの残像があったから、「このサッカーで結果を残せるのかな」と感じて、戸惑いもあった。

　ただ、プレミアリーグはブンデスリーガよりもチーム数が多く、試合数も多い。さらに、１年間でリーグ戦とヨーロッパのカップ戦に加えて、国内のカップ戦が２つもある。しかも、ＦＡカップにいたっては、同点の場合は、後日改めて再試合を行なう。それだけの試合数だから、全ての試合で組織的に、ハードワークを続けるのは難しいというのが当時の主な考え方だったように感じる。

　それに、チームとして連動していなくても、大事な局面では、それぞれの選手が身体を張って解決できてしまう。それだけ個の能力が高い選手が集まっているリーグなのだ。

　ユナイテッドではどんなに相手に攻められても、内容は良くなくても、最後には勝ちを拾ってみせるというプライドがあった。それが勝者のメンタリティーということかもしれない。

　以前は、結果が出ていても、内容が伴わなければ、僕は不安や不満を抱えることもあった。そして、それが自分を苦しめることがなかったといえば、嘘になる。

　でも、ユナイテッドには結果を積み上げていくことで、自信をつかみ、その自信を次の試合へとつなげていく強さがあった。

　個人としても、チームとしても、良いプレーを追い求めていくのはとても大切だ。ただ、良い結果を残し続けることで、自信や余裕が生まれ、それが次の試合で良いサッカーや良いプレーにつながることもある。ユナイテッドでプレーしてからは、そう考えられるようになった。

物事と真面目に向き合えるのは、日本人の良さであることは間違いない。だから、結果に至るまでの過程を大切にする。

ただ、「過程」を大切にするあまり、最も大事な「結果」を残すことがおろそかになってしまうことがある。それでは、ダメだ。

ユナイテッドで触れたような考え方は日本では受け入れられづらいものかもしれないけど、大切な考え方のひとつではあると思う。

ライバルの活躍で考えていたこと

外から見るからこそ、ライバルたちのすごさを実感することになった。

香川は、左膝を痛めた10月23日のCLのブラガ戦のあとから、12月26日のプレミアリーグのニューキャッスル戦までの2ヶ月ほど試合に出られなかった。

その期間に行なわれたリーグ戦11試合のほとんどで、ルーニーとファン・ペルシーが前線でコンビを組んでいた。2トップのように横並びに近い形になることもあれば、ルーニーが少し下がって縦に並ぶこともあった。大半の試合で、サイドにウインガータイプの選手を配して、ファーガソンがいうところの「伝統的」なサッカーを繰り広げた。

この期間にファン・ペルシーは全11試合に出場して7ゴール、5アシスト。ルーニーは9試合に出場して、5ゴール、3アシストを記録した。

それがチームの成績にもダイレクトに反映された。11試合のなかで戦ったチームにはチェルシー、アーセナル、マンチェスター・シティといった強豪も含まれていた。にもかかわらず、ユナイテッドは9勝1分1敗の好成績を残した。

そして、11月24日のQPR戦に勝って首位に躍り出ると、そこから優勝へと突き進んでいった。前のシーズンでは同じ街の宿敵シティと勝ち点差で並びながら、得失点差でおよばずに涙をのんだ。ファン・ペルシーの加入は、ユナイテッドに欠けていた得点力を上げるために大きな意味を持っていた。

彼らが期待通りの活躍を見せたことで、ファーガソンが10月のCLで試した「実験」に再び手をかける必要もなかった。彼らを伸び伸びとプレーさせることがチームの勝利につながるのは明らかだった。

香川は12月29日のウェスト・プロムビッチ戦で復帰した。それも、トップ下のポジションで、先発として。

「この2ヶ月で前線の選手が結果を残しているのを見て、『自分はそういうレベルのチームに来たのだな』と感じています。この2ヶ月間は辛かったし、苦しかった部分はありました。試合に入ってからは集中して、自分の持っているものを出そうと意気込んでやりましたけど、まだまだ物足りないですね」

試合後にそう話した香川は、そこから少しずつ出場時間を延ばしていく。ベンチ入りメンバーからも外れたのは、先発したCLのレアル・マドリード戦の前後の計2試合だけ。そして、3月2日のノーリッチ戦ではハットトリックも記録した。

「こんなときにハットトリックができるとは思っていなかったですし、本当に良かったです。3点とも運ではなく、自分らしい形から決めたものなので」

香川が喜びをかみしめる傍らで、ファーガソン監督のこんなコメントが残っている。

「彼の能力の高さは、パスやターンなどを見ればわかったはずだ。特に2点目などは、一度、止まってからシュートを打っている。本当に上手にボールをコントロールして生まれたゴールだった」

上機嫌な指揮官は、そこにこうつけ加えた。

「カガワは順調にゴール数を伸ばしている。MFの選手として良いことである。『来シーズン』には、トッププレーヤーになっているはずだ」

ファーガソンが、プレミアリーグに初めて挑戦する難しさを語るのは、もはや定番となっていた。プレミア初挑戦となる香川については、激しいプレーの応酬となるチェルシーやアーセナルのようなチームとの対戦は避け、それ以外の試合でプレミアリーグのレベルに少しずつ慣れてほしいと考えていたようだ。だからこそ、香川についてのコメントにはしばしば、「来シーズン」というキーワードが含まれていた。

11月から首位の座を明け渡さなかったユナイテッドは、優勝に王手をかけてアストン・ビラ戦を迎えた。4月22日のことだ。リーグ最終戦まで1ヶ月近くあったこの時点で、王手をかけていたという事実が、このシーズンのユナイテッドの強さを物語っていた。

この大一番では、ファン・ペルシー、ルーニーと並んで、香川も先発に名を連ねた。ルーニーは中盤の底にまわり、香川がトップ下を務めた。香川にとっては3試合連続でのスタメンだった。優勝に花を添えるかのように、ファン・ペルシーがハットトリックを記録して、3－0の完勝でリーグタイトルを手にした。

「大きな達成感はないですけど、優勝は何度味わっても素晴らしいです。このチームに来てまだ1年。もっと、もっと、自分の良さを出せると思っています。このチームの歴史に自分の名前を残せるように、努力していきたい」

チームを優勝に導いた実感はなかったが、シーズンの終盤戦には手ごたえを覚える機会も増えていった。翌シーズン以降の戦いに香川は胸を膨らませていた。

ユナイテッドは、イングランドのクラブの最多優勝記録を、またひとつ、更新した。国内リーグで20回目となる優勝を決めた直後のロッカールームは、お祭り騒ぎだった。

とりわけ、以前からプレーしていた選手たちの喜びは特に大きかった。同じ街に本拠地を置くシティが、前のシーズンの最終戦のアディショナルタイムに2点を叩き込む奇跡の逆転劇で、ユナイテッドから、タイトルを奪っていったからだ。

2006年のドイツW杯で優勝したイタリア代表の面々が歌ってから、サッカーの世界では定番の曲となったWhite Stripesの『Seven Nations Army』のメロディーに乗せて、「オー、シンジ、カガワー」とファーディナンドが歌う。イングランド代表としても活躍してきたDFは、ことあるごとに気にかけてくれる、父親のような存在だった。そんな歌をBGMにして、香川もチームメイトと踊っていた。

ひとしきり喜んだあと、香川がふと目をやると、その場にはふさわしくないほど落ち着いている選手を見つけた。嬉しそうにしているのだが、喜びを爆発させるというほどではない。

ギグスだった。1991年にユナイテッドでプロとしての第一歩を踏み出してから、引退するまでの24シーズンをユナイテッド一筋で戦い続けることになるレジェンドだ。落ち着いていたのは、ベテランと呼ばれる39歳の年齢によるものだろうか。

香川はたずねた。

「これで優勝は、何回目なの？」

「あぁ、13回目なんだよ」

「ア、アンビリーバブル……」

信じられない、としか返せなかった。そんな香川を見て、ギグスはニヤッと笑みを浮かべた。

ユナイテッドとは、そういうクラブなのだ。

そこからおよそ、2週間。優勝の余韻がマンチェスターの街から薄れつつあった時期に、選手たちは衝撃(しょうげき)の告白を聞かされることになる。

FROM SHINJI

優勝できたことはもちろん、嬉しかった。さすがに、ドルトムント時代のような達成感はなかったけど。

それでも、自分の良さを出せるようなシーンは、試合を重ねるにつれて確実に増えていった。確かに、シーズンの序盤から、当時のイングランド代表のキャリックなどは僕の動きをよく見て、良いパスを出してくれていた。ただ、それ以外のチームメイトとも、ピッチの上で少しずつ良い関係を築いていけるようになっていた。

ルーニーやファン・ペルシーの存在感は大きくて、チームメイトからの彼らへ寄せられる信頼の大きさは同じピッチに立った者にしかわからないだろう。だから、自分もそういう存在になりたいと思えた。

もちろん、ルーニーと縦に並んで、自分がトップ下でやれることが理想だった。ファーガソン監督も、そう言って、僕を獲得してくれたわけだし(笑)。

ただ、リーグが開幕したあとにファン・ペルシーのような、チームの大黒柱となるクオリティーを持った選手を獲得できるのが、ユナイテッドなのだ。

ちなみに、ファン・ペルシーとのライバル関係などを指摘されたこともあったが、彼との間に何の問題もなかった。実際に、彼とのパス交換から何度もチャンスを作っていたわけだし、ピッチを離れても、ジョークを言い合っていた。何より、上には上がいるのだという、当たり前ではあるけれど、忘れがちなことを、前線のライバルたちは気づかせてくれた。

だから、優勝に満足するのではなく、翌シーズンに向けた課題が残ったのだと、あのときはすごくポジティブにとらえていた。

優しさの人、ファーガソン

２０１３年5月8日の朝、ユナイテッドの選手たちはロッカールームに集められた。号令をかけたのは、ファーガソン監督である。

同じ日に、コーチングスタッフも、クラブスタッフも、別々の部屋に集められていた。

このときは、ロッカールームには携帯電話の持ち込みも禁止された。関係者の口から、鼻のきくイギリスメディアへ、「情報」が漏れるのを避けるためだった。

大切な言葉は自分の口から伝えたい。

27年間にわたってユナイテッドの監督を務めてきた指揮官は、そう考えていた。

「大事な話がある」

その言葉が何を意味するのか。想像に難くない。

２０００年にイギリス王室から「ナイト」の称号を与えられた、「サー・」アレックス・ファーガソンは、選手たちがそろったのを見て、口を開いた。

「私は今シーズンでユナイテッドを去ることにした。勝者として、この偉大なクラブを去りたい。人生とは、変わりゆくものなのだ」

およそ半年前、２０１２年の年末には、このシーズン限りで監督の座を辞すことをファーガソンは、ほぼ決めていた。決断のきっかけとなったのは、最愛の妻であるキャシーの妹が、２０１２年の10月に亡くなったことだった。結婚してから50年近くたっていた妻のキャシーが悲嘆にくれていたのを見るにつけ、世界中から注目を集めるクラブの監督を務める自分を支え続けてくれた彼女を、今度は自分がサポートしたいと考えたからだ。

年が明けて、２０１３年の2月にはクラブの首脳陣にその意思が伝えられ、そこから後任選びも進んでいた。

確かに、ファーガソンが監督業から足を洗うのではないかというニュースが世界をにぎわせたことは、過去に何度もあった。ただ、それは憶測に基づいたもので、ユナイテッドの指揮を執り続けることで、それらのニュースは否定されてきた。

でも、このときは違った。ファーガソンが自らの意思でたどり着いた結論だった。

スクープをかぎつける優秀な記者がいるからこそ、イギリスのキオスクやスーパーには多くの新聞が並ぶ。２０１０年ごろからスマホも普及して、ＳＮＳが人々の生活を変えていった。情報を閉じ込めておくのは以前よりも困難になった。

しかし、ファーガソンの口から選手たちに直接伝えられるその瞬間まで、退任の情報が外部に漏れることはなかった。その事実こそが、彼が27年かけて作り上げた組織の結束と価値を物語っていた。

引退の2年後にファーガソンは自伝を出版している。そのなかで、自らの決断の影響を大きく受けた、ファン・ペルシーと香川について言及している。熱心に口説いたのにもかかわらず、わずか1年しか面倒を見られなかったことを悔いるような記述がある。

監督の誠実さや親心のような優しさを香川が感じることは、何度もあった。

例えば、2013年の2月のこと。CLのレアル・マドリード戦を1－1で終えたあと、メディアに注文をつけたこともある。

「カガワは相手の守備をこじ開け続けていた。だが、それを評価する人間が少ない。彼への評価は少し不公平に思える。プレミアリーグにはフィジカルコンタクトが多い。他のリーグとは根本的に異なるのだ。カガワは、今季の経験を『来シーズン』につなげてくれるはずだ」

ファーガソンのそんな評価を、香川がメディアを通して知ることもあった。もちろん、賞賛するときには、あえてメディアを通して発信することで、選手の心をつかむのが名将流の人心掌握術なのかもしれないが。

確かに、試合で不甲斐(ふがい)ない戦いが繰り広げられれば、選手を震え上がらせるような怒りを見せつけることはある。それゆえに、「ヘアドライヤー」の異名をとった。

でも、少し赤みがかっていたその顔は、燃えたぎる怒りを隠しているのではなく、ほろ酔いの祖父が見せる優しさの表れかもしれないと香川が感じることもあった。

衝撃の告白から一夜明けると、ファーガソンはそれぞれの選手を監督室に呼んで、個別に話す時間を設けた。香川との付き合いは、この時点で1年もたっていない。シンプルだが、力強いメッセージを送った。

「ユナイテッドに来てくれて、本当にありがとう。そして、私が君を迎え入れたのに、申し訳ない。私の方が先に、ここを去ることになった。しかし、君には期待しているし、来シーズンはさらに良いパフォーマンスを見せてくれると確信している。その考えは今も変わらない。これからも、頑張ってくれ」

FROM SHINJI

監督をやめると聞かされたときは、ビックリした。後任は誰になるのだろうと気になったし、あれだけ長い期間にわたって監督を務めていた人がいなくなれば、ユナイテッドというクラブ自体が変わらないといけないのは明らかだったから。

もちろん、もっと一緒に戦いたかった。でも、僕のなかに裏切られたような気持ちなんて、少しもない。ドイツでわずか2年間結果を残しただけの人間に、初めて話をしたときから、とても優しく接してくれた人だったから。

それまでのキャリアのなかで、監督との関係で苦労した経験はなかった。セレッソでのクルピ監督、ドルトムントでのクロップ監督――。名将といわれる監督ばかりと出会うことができた。そんな巡り合わせの良さは僕のサッカー人生のなかでも、誇れるものだ。

ただ、レヴィー（クルピ）との別れも、クロップのもとを離れたのも、自分が選んだ道を進むためだった。名将が自分から離れていく経験はなかったから、この先どうなるのだろうと思った。

一般的には、監督は試合だけではなく、練習でも目を光らせているイメージがあるかもしれない。でも、ファーガソンは違った。練習に顔を出すのは、週に1、2回だ。もちろん、ビッグマッチの前にはその頻度も少し増えるが。練習を仕切るのは、アシスタントコーチたち。だから、ファーガソンが練習を見に来ても、口を挟むようなことはほとんどない。

アウェーゲームを戦う際には、試合前日に現地に着くようにチームメイトたちと移動するのだが、移動の飛行機や列車もファーガソンは別のことが多かった。試合前日にホテルで夕食をとる際には顔を出すことが多かったが、そういうときはコーチたちと赤ワインを軽く飲みながら談笑していた。だから、主に言葉をかわすのは、試合の始まる少し前から試合が終わるまでの間くらいだ。あのレベルになると、強く求められるのは、戦術などではなく、人を束ねる能力やカリスマ性なのかもしれない。

スコットランド出身のファーガソン監督の英語は、なまりがかなり強いことで有名だった。

僕がカメラの前で英語を話す機会はそれほど多くないし、海外でインタビューを受けるときには誤解を避けるために通訳をお願いすることが多いから、みなさんにとっては意外かもしれないけど、英語に対する苦手意識はない。みなさんからしたら、「香川も意外に話せるじゃん！」というくらいのレベルかもしれない。

でも、ファーガソンの英語をしっかり理解するのは難しかった。ネイティブのイギリス人でも聞きわけるのが難しいといわれるレベルのなまりだったから。それほど深い話ができなかったのは、少し残念だった。もっと、色々な話をさせてもらいたかった。

ちなみに、ユナイテッド時代に僕が暮らしていたのは、マンチェスター郊外のアルダリー・エッジという地区。ユナイテッドやシティの選手が多く住むエリアだ。そんな地区にあった僕のアパートのオーナーはファーガソンだった。確かに、厳しい一面もあるのだが、クラブに迎え入れた選手はとことん面倒を見る。それが彼の素顔だった。

兄でもあり、父でもある、カズ

「真司はきっと、『この人は、何をしに来たのだろう？』と思ったはずですよ（笑）。彼が空港に迎えに来てくれたときに、僕の隣にはトレーナーがいましたし、マッサージ用のベッドも持ってきていましたから」

カズは、そう記憶している。２０１２年12月のことだ。すでにＪリーグはオフに入っていたその時期に、イタリアのローマでＣＭを撮影する予定があった。ローマへ行く直前の週末の試合日程を見ると、シティとのマンチェスターダービーが組まれていることに気づいた。前のシーズンの王者シティと、雪辱に燃えるユナイテッドが顔を合わせる。サッカーにかかわる者であれば誰でも、興味をそそられる試合である。そこで従来の予定よりも少し早くヨーロッパに行き、試合を観戦したいと考えた。香川に連絡をとると、快く（こころよ）チケットを用意してくれるという。

「僕はどこへ行くときでも、スパイクとすね当てを持っていくんですね。誰かが自分のことを見て、獲得のオファーを出してくれるかもしれないという考えがあるからです。もちろん、あの時期は自主トレもしないといけないので、トレーナーが同行していたのですが」

香川は10月に負った怪我からの復帰に向けた最終段階で、試合でプレーすることはなかった。それでも、あの空気を吸って、香川とゆっくり話ができた。だから、マンチェスターまで足を延ばして良かったとカズは感じた。

「あのときはユナイテッドの選手たちが、どのような調整をしてあれだけの試合数をこなしているのかなどについて聞きましたし、基本的には僕の方から質問することが多いですかね。真司が年々、男らしさを増しているのは間違いないのですが、僕にとってはずっと変わらない弟のような存在です」

2人の出会いは、相当前までさかのぼる。なんと、香川が小学1年生のときだ。

香川が小学1年生に上がる前の1月に阪神・淡路大震災が起きた。しばらくたって、神戸の街に新たな日常が生まれつつあるころだった。知人に頼まれたカズは、神戸市内の小学校をお忍びで訪問した。それが偶然にも香川が通っていた乙木小学校だった。カズは子どもたちと一緒に写真を撮ったり、スポーツバッグの景品を用意して、抽選で景品を引き当てた子にはサインを書いてプレゼントした。その引きの強い子のなかに、香川が含まれていた。

はさみを開いたり、閉じたりすることに由来する「シザーズ」というカズの得意なフェイントを身につけようと練習し、ゴールのあとには「カズダンス」のパフォーマンスまでマネしていたのが当時の香川だ。プレゼントを受けるとき、その目はキラキラしていたはずだ。

「確かに、僕がサインを入れて景品を渡したのは覚えていますよ。すごくたくさんの子たちに迎え入れてもらいましたし、景品が当たった子も3人くらいいたのかな。でも、それが真司だということは知るよしもなくて（笑）。あとからその話を聞いて、すごく驚いたのです」

その後もカズは、香川にとっての憧れのサッカー選手であり続けたのだが、当時とは立場を変え、接点を持ったのは13年後だった。

２００８年4月26日、Ｊ２の横浜ＦＣとセレッソ大阪の試合が組まれていた。香川と対戦するのはこのときが初めてだった。その名前は知っていても、まだプレーのイメージがカズの頭にはわかなかった時期だ。

当時は横浜でプレーしていた山田卓也から、香川の想いを聞かされた。山田と香川は2006年に1年間、セレッソで同じ時間を過ごしており、面識があったからだ。

「香川が、カズさんのユニフォームを欲しがっているみたいですよ」

お互いにスタメンで出場したその試合では、前半が終わったタイミングで自らのユニフォームを香川に渡した。

「『本当かな。オレのことなんて、知らないんじゃないの?』と山田には伝えたのですが、どうやら、本当に欲しいと思ってくれているということで。僕は最後まで試合に出る気でいますけど、途中で交代することもあるから、ハーフタイムにあげたんです」

そこから、2人はプロサッカー選手として、交流を続けていく。

2010年の年末には、カズが雑誌「Sports Graphic Number」で連載していた「Dear KAZU」の企画で、香川から手紙をもらい、それに答えることになった。

そのなかで、最後にカズはこう書いている。

「3年前の横浜FCのユニフォームのおかえしというわけじゃないけど、ドルトムントのサイン入りユニフォーム、贈ってください」

2011年夏、ドルトムントでの最初のシーズンが終わったあとに、当時ヨーロッパでプレーする日本代表の選手数人とカズとが会食する機会があった。そこに来た香川の手には、ドルトムントのユニフォームが握られていた。その後は「カズさん会」なる名称で、ヨーロッパのシーズンが終わるタイミングで、海外でプレーする選手たちとカズは食事をするようになった。それは今も続いている。彼らがその会を心待ちにしているという噂を耳にすることもあるが、カズはこう感じている。

「真司たちと一緒に食事をさせてもらっても、エネルギーをもらうのは僕の方ですからね。みんなは『カズさん、カズさん』と言ってくれて、一緒に写真を撮りますけど、『本当に撮りたいのかな?』と思うくらいですから(笑)。僕の方が楽しみにしているんですよ」

ただ、2人の交流はそうした会合だけにとどまらない。ことあるごとに連絡をとり合っている。

例えば、2011年のアジアカップ・カタール大会のグループリーグのシリア戦で、本田圭佑のPKが決勝ゴールとなり、2－1で日本が勝ったあとのこと。香川に「今度、

PKを蹴るチャンスがあったら、蹴ってほしい」とLINEでメッセージを送っている。
「他の選手を押しのけて蹴ってほしいということではなくて、大事なときにPKを蹴るくらいの存在感のある選手になってくれたらという気持ちをこめて送ったのです」

憧れの三浦知良選手と。

香川が活躍したときだけではなく、怪我をしたとき、悩んでいるように感じられるときにも、カズはメッセージを送ることにしている。

今では日本人選手がヨーロッパでプレーするのが当たり前になったが、その道を切り開いたカズの功績に異論の余地はない。イタリアのセリエAが、紛れもなく世界最高峰のリーグだった時代にその門を叩いたのだから。

そんな経験があるからこそ、香川への世間の評価については少しもどかしく感じることがある。

「ユナイテッドでの真司の評価については、色々なことを言う人がいるじゃないですか？　1年目が終わったあとにファーガソン監督がいなくなり、上手くいかなくなった、と。ただ、長年務めていた監督がいなくなってからも、それまでと同じように結果を残し続けるというのは、サッカーの世界では本当に難しいものなのです。それに真司はユナイテッドでは2年間戦って、最初のシーズンには優勝して、ハットトリックもしていますよね。そう考えたら、大成功だと思いませんか？

ひょっとしたら真司が僕くらいの年齢になったときに、もっと評価されているのかもしれないです。ユナイテッドのような、世界の本当のトップのすごさや、そこで優勝する喜びを知っているのは、真司しかいないわけですよね。だからこそ、そういうものをこれからもみんなに伝えていってほしいですよね」

パイオニアであり、あのときのマンチェスターの空気を香川とともに吸った経験があるからこそ、カズは強調する。

「これからヨーロッパへ行く選手はたくさん出てくると思います。でも、真司はドルトムント時代から含めて、ヨーロッパのトップリーグで3年続けて優勝しました。そんな日本人選手は、これから20年たっても、出てこないかもしれない。そのくらいの偉業だと思いますよ。そして、彼があのレベルに到達したからこそ、他の選手たちがそこを目標に向かっていける。それは本当に大きな功績なのです」

カズは、香川のことを「かわいい弟」と表現する。

一方で、香川にとっては、兄のように自分をかわいがってくれる存在でありながらも、ときには父のように道を示してくれる存在でもある。

このあとに出てくることになるが、カズから聞かされたことが、知らず知らずのうちに、将来の自分の行動につながっていくことがあるのだから。

FROM SHINJI

僕は年上のサッカー選手に「先輩、先輩」と言って、無邪気にすり寄っていくタイプではない。かわいげがないと思われるかもしれないけど。

でも、カズさんだけは特別だ。

小学1年生の僕が初めて〝生で〟見たカズさんは、サングラスをかけて、スーツをピシッと着こなしていた。ただ、胸元のボタンはあけてあって。カッコイイと思いつつ、それを上回る、ものすごいインパクトを感じたけど（笑）。

もちろん、そうしたファッションだけにひかれていたわけではない。サッカー少年だった当時の僕にとって、憧れであり、お手本となる存在だった。

中学に上がるタイミングでFCみやぎに入り、ドリブルを磨くような指導を受けて、僕は成長することができた。ただ、ドリブルの喜びの原体験を与えてくれたのは、カズさんだった。TVでカズさんのドリブルを何度も見返しては、必死になってマネをする。それが僕の小学校のときのサッカーの記憶の多くを占めているくらいだ。

ユニフォームを交換しようと自ら申し出ることも基本的にはない。モノに執着がないからだ。僕の方から「ユニフォームが欲しいです」と試合前から申し出たのは、あの試合だけだ。もっとも、「自分のユニフォームをカズさんにあげても困るだろう」と考えて、〝あのときは〟ユニフォームをありがたく受け取っただけだったけど……。

僕はあまり過去を振り返ることもないし、感慨にふけることもない。でも、10年以上もプロサッカー選手としてプレーしているなかで、カズさんと今でもこまめに連絡させてもらえているのは幸せなことだ。

50歳を超えても、僕からサッカーについての刺激を得ようとしてくれるのがカズさんだ。その裏にはカズさんなりの優しさや、決して偉そうに振る舞うことのない人間性がある。サッカー選手としてのプロフェッショナリズムを考えたとき、最高のお手本なのだ。だから、僕はことあるごとに、カズさんと連絡をとらせてもらうし、日本にいるときには会いに行かせてもらう。

同時に起用されることのなかったパートナー

南アフリカW杯後の2010年10月から、2014年6月のブラジルW杯まで日本代表の指揮をとることになったのが、イタリア人のザッケローニだった。

彼の指揮する日本代表では、誰がトップ下を務めるのかが常に議論の的となっていた。

イタリア人指揮官はこのポジションを本職とする2人を同時に起用することが多かった。たいていの場合、本田がトップ下で、香川が左FWを任された。〔4－2－3－1〕と表記されることの多かったフォーメーションだが、サイドの攻撃的なポジションはFWであり、〔4－2－1－3〕の方がザッケローニの考えているものに近い。

香川が本来のポジションとは異なるポジションで起用されていることが、クラブで見せているようなパフォーマンスを出せない最大の原因だと語られることは多かった。

本当に、そうだったのだろうか。

２０１3年の3月、ブラジルW杯出場をかけたヨルダンとのアウェーゲームが予定されていた。

この時点でグループ首位を快走していた日本は、引き分けでもW杯への出場権を手にできる状況だった。

ただ、このときは、本田と長友佑都を負傷とコンディション不良で欠いていた。

「怪我人が出て、今回は圭佑くんたちがいないですけど、試合に出るメンバーで良い戦いをして、結果を残していければ自信につながると思います」

そう話した香川は、期待を一身に集めていた。

前年の10月に怪我をして、およそ2ヶ月にわたって戦列を離れていたこともあり、ユナイテッドの選手としてW杯予選を戦うのは、この試合が初めてだった。

ユナイテッドの一員としての風格を持って、存在感を発揮してくれるのではないかと、周囲の期待は膨らむばかりだった。

香川のそばでその様子を見ていた清武弘嗣も、こう話していたくらいだ。

「真司くんがどう思っているのかはわからないですよ。でも、ちょっと、そっとしてあげといてほしいなと思うんですよ。それがユナイテッドでプレーして、（日本代表の）10番を背負う選手の宿命なのかもしれないですけど……」

ヨルダン戦の前には、ヨルダンの首都アンマンと飛行機の直行便で結ばれているカタールのドーハで、カナダ代表との親善試合が組まれていた。大事な一戦のためのリハーサルだ。

その試合の前半、香川がトップ下を任された。ただ、前半の日本の攻撃は低調だった。監督は、後半から清武を投入することにしていたが、そのプランを変更せざるをえなかったほど。

代わりに、後半の頭から中村憲剛が交代でトップ下へ送り出された。これに合わせて、香川は左FWへとまわった。日本は前後半に1点ずつ決めて、２－１で勝ったのだが、チームの攻撃は、中村の入った後半の方がはるかに機能していた。

しかし、4日後のヨルダン戦では、カナダ戦の前半に近い形で日本は戦うことになったのだ。大方の予想に反して、トップ下に入ったのは香川だった。

もっとも、カナダ戦の前半とは異なり、日本は序盤から良い攻撃を見せていった。再三にわたってチャンスを作ったことで、前半39分には相手の右サイドバックを交代におい込むなどの優勢を保った。ザッケローニ監督も「今日のように、アウェーチームが9回、10回とチャンスを作るのは稀なことだ」と振り返ったほどだった。

ただ、前半のアディショナルタイムにコーナーキックから先制点を許すと、後半16分にもカウンターから失点し、一転、苦しい戦いになってしまった。

それでも、直後に清武と岡崎慎司が左右のポジションを入れ替えたあたりから、日本は猛攻を見せる。後半24分には清武の浮き球のパスに反応した香川が、裏に抜け出して右足で豪快なシュートを決めて、1点差に。その1分後には、内田篤人がPKを獲得した。しかし、遠藤保仁のPKはGKに阻まれてしまう。同点のチャンスを逃した日本は徐々にペースを落とし、試合は1－2で終了。

引き分けでもブラジルW杯への出場が決まる状況だったが、その行方は6月のオーストラリア戦まで持ち越しとなった。

「圭佑くんがいないとダメだったといわれますけど、真司くんはすごく良いプレーをしていたんですから」

ヨルダン戦のあとに清武はそう語っていたが、同じようなことを多くの選手が話していた。

一方で、香川自身は、短く、こう語るだけだった。

「精神的にもやっぱり強くならないといけないし、レベルアップしないといけない。厳しい環境のなかでもまれて、頑張っていきたいです」

日本における何度目かのサッカーブームのまっただ中に行なわれたあの試合で出場権を獲得していたら、香川のなかでの感覚も、ひょっとしたら世間からの見方も、変わっていたかもしれない。

結果的には、およそ2ヶ月半後にホームで行なわれたオーストラリア戦で、今も語り草となっている本田のPKで同点に追いついた日本は、1－1の引き分けでW杯の出場権を手にした。

ピッチの上で敗戦を告げる笛を聞いた選手とは違う形で、ヨルダン戦を見つめていた選手がいた。

直前のカナダ戦で素晴らしいパフォーマンスを見せながら、出番のなかった中村である。

「真司は試合に向けて集中していると思ったし、『何としても結果を出そう』と考えているように感じられたので、試合前に特別に何か伝えるようなことはありませんでした。

僕自身も、『一緒に出してもらえれば真司のこともチームのことも助けられるのに、監督はオレを選んでくれないのか……』と、メンタルを回復するまでにけっこう時間がかかったくらいだったので」

その前のカナダ戦の前後半を見比べたうえで、本人だけではなく、多くの者が先発を予想していたくらいだったから彼のなかでの落胆も大きかったわけだが……。

「ただ、今になってみれば、真司に『オマエにしかできないプレーがあるんだから、もう少し肩の力を抜いて頑張ればいいよ』というような言葉をかけてあげられれば良かったな、と思いますよね」

そう振り返るのには、理由がある。

香川が代表に定着した2010年以降、中村はことあるごとに語ってきた。

「クラブにいるときとは違って代表で左サイドを真司がやるときでも、自分がピッチに立てば、彼の良さを活かせると思う」

あるいは、当時は難しいといわれることの多かった本田と香川の共存についても、持論があった。

「自分がボランチに入れば2人の良さを活かせる自信があります」

当時、香川の活かし方について語る人はチーム内外に数え切れないほどいたが、香川の活かし方を知っているから、自分を使ってほしいと言う者は、中村をおいて他にいなかった。

その理由をこう解説する。

「フィーリングが合うからです。『フィーリング』という表現を使うと、漠然としているように聞こえるかもしれません。でも、そういう表現が最も的を射ているような気がします。『コイツとはコンビネーションを合わせるのに時間がかかるな』という選手と、『すぐに合わせられそうだ』という選手とがいるのですが、真司は『わかり合えそうだな』と感じられる選手でした。それが、フィーリングが合うということなのです」

わかり合える要因ならば、いくつもある。

例えば、2人のポジションの変遷もそうだ。

「真司はもともと、ボランチをやっていた選手ですよね。僕はもともとトップ下ですけど、ボランチもやるというタイプなので」

他には、プレーのリズムについてのとらえ方も。

「『ここではシンプルにプレーしよう』とか、『ここは細かくパスをつなぎながらやっていこう』とか、そういう考えが共通しているところがはじめからあったので」

香川の特長を頭で理解していたからこそ、言葉で端的に表現できる。

「真司は、動きながらボールを扱うのがすごく上手な選手です」

その言葉の真意はこうだ。

「とにかく彼のスピードを落とさないようなパスを出すことを意識して僕はプレーしていましたから。真司は、相手DFの間にフラフラッと入っていき、チャンスになりそうだなと思った瞬間にスピードを上げます。そのタイミングで彼にパスを出すと、ボールが足に吸いつくような感じがある。普通の選手はそんなタイミングでボールを受けようとしても、上手くトラップできないんですよ。それが真司にはできました」

2010年の南アフリカW杯のあとに初めて行なわれた日本代表の試合でも、2人のホットラインからゴールが生まれている。香川が左のアウトサイド、中村がボランチで先発した、2010年9月4日のパラグアイ戦だ。

香川が左サイドから中央にボールを運んでから、中村へ預ける。香川はその瞬間からDFがいる中央のエリアへ向かって、スピードを上げていった。少しだけタメを作った中村が、そこへスルーパスを送る。そのボールを正確にコントロールした香川がゴールを決めた。香川がドルトムントへ移籍してから最初の代表戦でのゴールだった。

「あれは真司の良さがもっともわかりやすく出ていたゴールのひとつだと思いますけどね」

香川が別の試合で、「憲剛さんからパスをもらう前に、目が合いました」と語ったこともある。

それほどまでに2人には通じるものがあった。

「僕の勝手な考えかもしれないですけど、真司との間には信頼感がありました。プレーしている最中に、彼からは『早くボールをちょうだい!』という空気を感じましたし、僕も『真司、早く受けに来い』と思っていましたから」

ザッケローニ監督のチームでは、最初の1年半は、本田がいなければ、基本的には中村がトップ下で起用されていた。ただ、2012年の2月29日のウズベキスタン戦を境に、そういう場合でもトップ下を香川が任されるケースが増えていった。

それならば、ボランチに中村が入り、左FWかトップ下に香川という形ならどうだったか。「真司の良さがもっともわかりやすく出ていたゴール」が生まれた試合も、その布陣から生まれている。

しかし、ザッケローニ監督は、中村をボランチの選手として起用することは基本的になかった。

２０１３年のコンフェデレーションズカップのときだけはボランチでの起用が検討された感じがあったが、結局は、まともなプレータイムは与えられないまま終わった。

もしも、イタリア人指揮官が違う考えを持ち合わせていたら……。また違った未来が見られたのかもしれない。

代表の中心選手が背負うもの

「最近はユナイテッドであまり試合に出ていませんが、今回の代表戦では試合勘が心配ではないですか？」

記者がそう問いかけて、少しぶっきらぼうに香川がこう答える。

「どういう環境でやっているのか、そこで何を得られるのかを最もよく知っているのは、僕ですから」

香川がユナイテッドで2シーズン目を迎えていた時期には、そんなやり取りがよくあった。

他には、こんな質問も定番だった。

「日本代表の10番として、どんなプレーを見せないといけないと考えていますか？」

そんなやり取りを目にしながら、「大変だな」と中村憲剛は感じていた。ミックスゾーンと呼ばれる取材エリアでは、香川の前にはいつも記者の人だかりができていた。

ホテルにいても気が休まらないのではないかと心配したこともある。

「真司についてすごく厳しく書かれている記事やニュースは、嫌でも目に入ってくるでしょうから」

そう語る中村は、「ヨーロッパのメディアに直接、触れたわけではない」とことわりを入れてから、日本特有のプレッシャーをこんな風に表現する。

「ヨーロッパも厳しいと言われますけど、『いや、いや、日本のメディアのプレッシャーもすごいな』と感じますよ。というのも、日本とヨーロッパの違いとして、日本ではスター選手を作りたがる傾向があると思うんです。それがヨーロッパとの歴史の差なのかもしれないですが、日本ではどうしても、個人がフォーカスされる。あの時期の代表だと圭佑と真司にほとんどがフォーカスされる状況でした。チームのパフォーマンスは抜きにして、活躍すれば当然で、活躍できなければ批判されますから」

そうした状況に置かれた香川の様子をこんな風にとらえていた。

「そういうものを真司は真剣に受け止めてしまうところがありましたよね。個人的には、若いころの方が、良い意味で、伸び伸びとプレーしているイメージがありました。それが真司の良さでもありましたし。ひょいひょい飛ぶようにプレーしている感じですかね。ただ、クラブレベルで階段を上り、代表では10番も与えられた。『自分は10番を背負う選手だし、自分のプレーが結果につながるから』というようなことを口にしたり……。サッカーを楽しめていないのではないかと心配になることはありましたね」

自分がチームを引っ張らないといけない。その想いだけは香川のなかに強くあるから、悩みは深まる。ただ、そこで悩むのではなく、状況を打破するために必要なことを考え、行動に移せるようになるのは、もう少し先のことだ。

「だからこそ、一緒にやれたら、真司をリラックスした状態でプレーさせてあげられるのになと思っていました。それは真司のためにという部分もありますけど、チームが勝つために必要なことなんです。彼はそれくらいの能力のある選手ですから」

ユナイテッドの選手として、日本代表の10番として、世間から受けるプレッシャーを取り除いてあげることはできない。

でも、ピッチのなかでのストレスであれば、間違いなく、自分が軽減させてあげられるのに……。

中村は確かに、そう感じていた。

しかし、ボランチとして、中村に文字通り後方からサポートする時間が十分に与えられたのは、ザッケローニ監督が就任する直前のパラグアイ戦くらい。結局、ブラジルW杯の1年前に行われたコンフェデレーションズカップの最終戦となったメキシコとの試合を最後に、彼が代表のピッチに立つことはなかった。

カズは、香川と同じ時期に日本代表で活動したことはないが、香川の置かれた立場には強く共感できる。

例えば、１９９８年のフランスW杯出場を目指して戦っていた、アジア最終予選でのこと。当時の日本はまだW杯に出場したことがなかったが、すでに２００２年に日韓ワールドカップが開催されることが決まっていた。開催国として出場権が無条件で与えられる前に、本大会に出場できる力があると証明しないといけない。当時の日本にはそういう空気があって、フランスW杯出場は目標というよりも、義務となり、選手たちにプレッシャーをかけていた。

日本代表へのプレッシャーは歴史上最も大きかったかもしれない。その中心にいたカズは、フランスW杯の予選のさなかに、ファンから生卵を投げられたこともある。

「『あの選手はもっと良いプレーができるだろう』と口で言うのは簡単です。でも、あのプレッシャーのなかで試合をやるのは大変なものです。普通の試合とは重みが違いますから。僕も身体で、W杯予選のことは覚えていますけど、あの重みはどうしたって、言葉では表現できないものです。自分が試合を決めないといけないという責任感があるし、勝たないといけないというプレッシャーもある。ときには、それが怖いと感じるときもありました。それが代表の重みですから」

ただ、そうしたものに立ち向かうことは、きっと意味がある。50歳を過ぎてもなお、現役のプロサッカー選手として活躍を続けるカズは考えている。

「厳しく言われるのは、エースの証です。特別な人しか、言われないわけで。そういうものを真司たちは背負ってきたんです」

香川とこまめに連絡をとっていたカズは、こう感じることがあったという。

「色々なことに気を使っていたというか……。味方を上手く使うためにはどうしたらいいのか、自分が活きるためにはどうしたらいいのか。真司だって、本能のままに動いて、プレーしていた時期があったはず。単純に相手をドリブルで抜く楽しさや、相手をかわしてからシュートを打つ喜びを覚えたり……。サッカー選手は、色々な経験を積んでいくことで、デビューしたころのプレーのままではいられない部分はあると思います」

カズにも、そうした葛藤（かっとう）と向き合い、乗り越えてきた経験があるからこそ、今ではこんな風に考えている。

「無理にチームを引っ張ろうとしなくてもいい。そういうことを意識しないで、自分のプレーに集中すれば良いのかなと思いますね。チームメイトを鼓舞（こぶ）して、引っ張るようなタイプの選手も大切です。

ただ、真司にそうなってほしいとは、僕はこれまでも言ってきませんでした。真司は背中だったり、プレーで引っ張るタイプだと思いますから。そういうタイプの選手だって、とても大きな価値があります。楽しくサッカーをして、幸せになってほしい。それが一番、大切なことですから」

FROM SHINJI

当時は記者の人たちからユナイテッドの選手としてどうプレーするかをよく聞かれていた。ただ、自分にはビッグクラブでプレーしているのだというプライドがあったから、「そこで何を得られるのかを最もよく知っているのは、僕です」と答えていた気がする。実際に、成長する余地がたくさんあると考えていたわけだし。

ただ、周りからの評価や、日本代表の10番を背負う選手としての責任の大きさに振り回されていた部分があったとは思う。親しい人に「しんどいわ」と漏らしたことは何度もある。

では、「10番なんて背負わなければよかった」と本心から思うのか?

答えはノーだ。

確かに、あの時期に「代表でプレーするのはしんどいな」と思うことがなかったといえば嘘になる。でも、自分の心に問いかけてみれば、やっぱり日本代表のユニフォームを背負って活躍したいという答えにいきつく。ただ、10番の重みを本当に理解して、そのプレッシャーに真っ向から向き合って、それに打ち勝つことをモチベーションにできるようになったのは、2018年のロシアW杯を迎えるころだったと思う。

あの時期の自分にはまだ、チームを引っ張ることの本当の意味まではわからなかった。中途半端に気を使っていたところもあったのかもしれない。

過去を美化するつもりもないし、あのころは苦しかった。でも、苦しんだ分だけ、今の自分につながった部分はあったと考えている。

モイーズ政権とは何だったのか

グループのなかからひとりが抜けても、次の日からは何事もなく回っていく。それが組織の理想的なあり方だ。

でも、指揮官の抜けたユナイテッドはそうではなかった。27年間勤め上げたファーガソンが去り、2013－14シーズンからそのあとを継いだのがモイーズだった。モイーズは前のシーズンまで、同じプレミアリーグを戦うエバートンで12年にわたって指揮をとっていた。エバートンは古豪ではあるものの、90年代以降は同じ街を本拠地とするリバプールに後れをとっており、決して資金力に恵まれていたわけではない。それでも、モイーズは12シーズンの間、一度も下部リーグに降格させることなくまとめ上げてきた。さらにファーガソンと同じスコットランドの出身でもある。

それゆえにユナイテッドの首脳陣も、そしてファーガソン自身も、後任にふさわしいと考えたといわれている。彼らの評価の高さは、ユナイテッドが提示した契約期間からも明らかだった。2〜3年に設定されることの多い新監督との契約期間が、異例ともいえる6年契約だったのだから。

しかし、結論から先にいえば、ファーガソンの抜けた穴を埋めることなど、できなかった。

そして、彼がユナイテッドを去ってから7年以上たってもなお、状況は大きくは変わっていない。かの名将が抜けた穴は、今もまだ埋まらずにいる。ファーガソンは誰かにとってかわられるような単なる監督ではなく、ユナイテッドという巨大な組織の心臓だったのだ。

モイーズに率いられたチームは、開幕戦こそ4－1でスウォンジーを下して幸先の良い滑り出しを見せたかに思えたが、そこからが続かなかった。リーグ戦の半分が経過したあたりからは中位が定位置となった。

2月9日に行なわれたフルハム戦でチームとして81本ものクロスを放り込みながら2点しか奪えないこともあった。1試合で81本というのはプレミアリーグの歴史で最多の本数だ。珍記録と呼ぶにふさわしいお粗末な記録だった。

何より、「攻撃的なサッカー」を標榜してきたファーガソンのもとで四半世紀以上を過ごしてきたユナイテッドにかかわる者たちからの評判は悪かった。サポーターからも、選手からも。

当時の守備のリーダーだったファーディナンドなどは、後に出版した自伝のなかで、辛らつな批判を展開している。モイーズの攻撃での指示があいまいだったことに加えて、相手の攻撃をどのように止めるのかの指示ばかり送られたことが問題だった、と。ファーガソンのもとで「攻撃的な」スタイルを標榜してきた選手たちは混乱していた。その過程で、彼がそれまで武器にしてきた自信――勝者のメンタリティーと言い換えてもよいものだが――も失われていった。

結局、混迷を極めたチームは7位でシーズンを終えた。CLはおろか、ヨーロッパリーグの出場権にも届かなかった。リーグの上位チームに与えられる、ヨーロッパを舞台にした大会への出場権を逃すのは、クラブとして実に25年ぶりの失態だった。

そんな状況だったからこそ、6年という長期の契約を与えられていたモイーズの任期は1年ともたず、2014年の4月22日に監督の座を追われることになった。

散々な1年のなかで唯一の光明を見出せるとしたら、CLだった。プレミアリーグでの成績と比較すれば、善戦したといえた。準々決勝のバイエルン戦では、ホームとアウェーの2試合合計のスコアで2－4で敗れたのだが、敵将のグアルディオラが2試合を終えたあとに、いかに苦しめられたかを力説したほどだった。

このエピソードこそが、モイーズがユナイテッドを率いるうえでの限界を象徴していた。

彼がエバートンで磨き上げてきたのは、資金力に恵まれないクラブで格上と上手に戦っていく、弱者のサッカーだった。力の差があるチームとの対戦で、弱者として挑んだときにはそれなりに健闘したというのは、ユナイテッドの監督としては皮肉な状況だった。

では、そのなかで香川はどのような状況に置かれていたのか。プレミアリーグとCLとを比較すると、出場率に明確な差があった。

プレミアリーグ：38試合中14試合スタメン、4試合途中出場。8試合メンバー外
スタメン率　36・8%

出場率　47・4%

CL：10試合中6試合スタメン、2試合途中出場。メンバー外はなし
スタメン率　60%
出場率　80%
前のシーズンのように、怪我で長く離脱した期間はない。にもかかわらず、どうして、こんなに差が生まれたのか。
香川は、こう考えていた。
「その差については、わからないです。どの試合でプレーするプランなのか監督から説明されたわけでもないから。ただ、プレミアのフィジカルコンタクトの激しい戦いには向いていなくて、スペースがあるCLの方が合うと考えていたのかもしれないですよね」
もちろん、その背景にはライバルの存在もあった。シーズン後半戦に入った1月にチェルシーからマタが移籍してきた。彼はこのシーズンはチェルシーの選手としてCLで

プレーしているため、ユナイテッドの選手としてこの大会に出場することはできなかった(*33)。だから、リーグ戦でマタが優先的に起用された側面はあったが、それだけではない。

香川は、攻守が目まぐるしく入れ替わり、パワーを求められるプレミアリーグのサッカーには合わないと見なされていたようだった。そもそも、モイーズが指揮をとるようになってから、香川が中央のポジションで起用される機会は決して多くはなく、おもに左サイドのMFとして起用されていた。サイドならば、チーム内に別の適任者がいた。

一方で、CLでは少し、状況が違う。イングランドほどにフィジカルコンタクトの激しくないドイツのチームや、正確なテクニックを武器にしたスペインのチームと戦うこともある。

実際、CLの試合で、モイーズから絶賛されたことがあった。2013年10月23日のグループステージのレアル・ソシエダ戦に1－0で勝利を収めたあとのことだ。

「シンジの能力についてはこれまでにも聞かされていたが、今日は初めて本物の彼の姿を目にすることができた。我々がボールを持っていないときの彼の努力は素晴らしいものだった」

自分たちではなく、相手がボールを持っているときの動きを評価するあたりがモイーズらしいのだが、指揮官が評価していたのは、香川のクリエイティブな能力というより、クロップ時代に植えつけられた守備での貢献だったり、戦術理解度やスタミナだった。

攻撃ではなく、守備やスタミナを評価されることの意味を考えなくてはいけない。

守備的なポジションの選手であれば、それは勲章になるのかもしれない。

だが、攻撃での貢献を期待されてユナイテッドへやってきた香川にとっては、決して喜べない状況にあった。

もっとも、それはモイーズの目が曇っていたからではなく、攻撃で違いを作れる選手だと監督に認められるほどのパフォーマンスを見せられていなかったからだった。

モイーズが職を追われたあと、このシーズンは選手兼アシスタントコーチを務めていたギグスが残り4試合で暫定監督となった。香川はそのうち3試合に先発して、ユナイテッドでの2度目のシーズンは終わりをつげた。

それでも、自分たちが主導権を握る、攻撃的なサッカーを目指す日本代表では、自分の良さが活きる場面が来るはずだ。そう信じて、ブラジルW杯へ向けた準備を進めていくことになった。

FROM SHINJI

ユナイテッドでの2シーズン目を迎えるにあたって、ファーガソン監督がいなくなるからこそ、大変なシーズンになるだろうという声は僕の耳にも入ってきた。そういう意見が出るのも、わからないことではなかった。

でも、1シーズン目が終わった時点で自分のなかに残ったのは、加入当初と比べて、チームメイトが自分の動きを見てくれるようになったという感覚だった。

例えば、最初のシーズンが終わったあとには、インタビューなどでハットトリックについて聞かれることも多かった。ただ、自分としてはハットトリックを記録したという事実よりも、1試合で3ゴールを決められるくらいに良いパスが出てきたことが嬉しかった。それだけ自分の良さを周りが認めて、パスを出してくれたということだから。

それに「このまま努力を続けていければ活躍できる」というファーガソン監督からのメッセージもあった。だから、周囲の見方とは少し異なって、ユナイテッドでの2シーズン目には良い状態で臨めるとも思っていた。

でも、そうはならなかった。

あそこまで周囲から厳しく批判されるような監督と出会った経験はなかった。特に、それまでに出会ってきた外国人監督は、クルピ、クロップ、ファーガソン、それぞれの立場で成功したといわれるタイプの人たちばかりだった。

あの1年で強く感じたのは、個性が強く、選手のプライドも高いチームでは、まず求められるのはカリスマ性なのかなということ。ビッグクラブに期待を受けて就任しながら、思うような結果を残せない監督がいるのも、そのあたりに問題があるからかもしれない。カリスマ性をどうやって身につけるのか、と聞かれても選手の僕にはまだわからないけど。

実は、当時の僕が感じていたのはある種の寂しさだったのかもしれない。

例えば、プレシーズンでの合流も急かされなかった。あのときはコンフェデレーションズカップに参加したため、他のチームメイトよりも遅いタイミングでオフを迎えた。そして、ユナイテッドが日本で親善試合を2試合やるタイミングでチームに合流したものの、そのあともチームに帯同するのではなく、日本に残って個別でコンディションを上げるトレーニングをやることを許された。当時はその方針をありがたく思ったけど、戦術面でどうしても必要な選手だと見なされていたら、また違う指示を受けていたかもしれない。

あのシーズンは真っ先に批判されたのは監督で、その次に矢面に立たされたのは、長年活躍してきた選手たちだった。自分は賞賛されることもないけど、それほど批判されることもない。蚊帳の外に置かれてしまっていたような感じがあった。

そして、蚊帳の外にいる状況に、あらがおうとする気力が足りなかったと思う。

もうひとつ感じるのは、世界一厳しいスケジュールで試合が組まれるイングランドでは、ひとたび試合に出られない状況に陥ると、挽回するのが難しいということだ。

イングランドでは試合数が多いから、練習量が少ない。試合に出られない状況が続いているときこそグラウンドに残って個人練習をしたいけど、試合数が多いからコーチ陣はそれを良しとしない風潮がある。試合に出られず、特別な練習を満足にすることもできない。試合に出られない状況から負のスパイラルが始まることは、イングランドでは往々にしてあることだ。試合に出ることでの成長は見込めるけれど、練習も含めて、トータルで成長したい若手には厳しいリーグなのかもしれない。

試合に出られない状況があるならば、それを変えるためにどうすればいいのかを見極めて、実行していくだけ。今の自分ならば、そう考えられる。

でも、あのときの僕はまだ、そこまで深く考えられてはいなかった。

＊33　当時は、あるチームでCLのグループステージの試合に出場した選手が、冬の移籍期間で移籍したとして

も、移籍先のチームでCLのノックアウトラウンドでプレーすることは認められていなかった。現在はルールが変わっている。2019－20シーズンでは、グループステージでザルツブルクの選手として出場した南野拓実とハーランは、冬に移籍したため、それぞれリバプールとドルトムントでCLのノックアウトステージでプレーすることができた。

ブラジルW杯での日本代表とは

5月11日、プレミアリーグの最終節、ユナイテッドの一員として、香川はサウサンプトンとのアウェーゲームに臨んだ。

最終戦が終わると、そこでチームは解散する。W杯のような大きな大会を控えたシーズンの締めくくりは、いつもそんな感じだ。

あの試合のあとは、車を走らせ、ロンドンのヒースロー空港から羽田空港行きの飛行機へ乗り込んだ。ブラジルW杯メンバーの発表会見が行なわれたときには、機上の人だった。今のように機内でのWi－Fiサービスも一般的ではなかった時代だ。気を利かせた機長が日本と交信をして、23人のメンバーを調べてくれた。そして、報告を受けたキャビンアテンダントが、メンバーのリストの記された紙を、お祝いのケーキとともに持ってきてくれた。

ザッケローニ監督は選手への信頼をはっきりと示してくれる人だから、メンバーから外れるかもしれないという怖さがあったわけではない。

でも、4年前にメンバー入りの候補と目されながらも選ばれなかった経験があったから、W杯の舞台に立つ権利を手にしてホッとしたというのが、このときの感情だった。

羽田空港に着いて、スマホの電源を入れると、たくさんの祝福のメッセージがあった。目を引いたのは、ある選手からのものだった。

W杯メンバー発表前の最後の親善試合でも一緒にプレーしていた細貝萌（はじめ）からのメッセージだった。

いつも細やかな気配りを見せる細貝とは連絡をとることが多かった。メンバー入りが濃厚と見られながらも落選した彼が、「頑張ってね」とメッセージをくれる。

ハジくんらしいな。自らの悔しさを押し殺してまでくれた一言が、心に響いた。

5月16日から、Jリーグが中断するより前に帰国した海外組の選手たちが集まり、都内で合同の自主トレーニングに臨んだ。その後、Jリーグが中断期間に入るのに合わせて鹿児島の指宿へ向かい、国内での一次合宿を行なった。5月とは思えないような炎天下で、身体に負荷をかける厳しい練習が続く。そこから埼玉に移動して、キプロス代表との壮行試合を行ない、1日のオフを挟んでから、二次合宿のためアメリカへ。時間はあっという間に過ぎていった。

このシーズンは、プロデビューを果たしてから初めて、所属クラブで1ゴールも決められない1年だった。

周囲からは「香川は大丈夫なのか?」という目で見られていたのは確かだ。それでも、最後にはギグス暫定監督のもとでコンスタントに試合にも出られるようになった。大きな不安を抱えていたわけではなかった。だから、当時話していた言葉に嘘はない。

「試合に出ていない期間もあったので、例年ほど疲れを感じているわけでもない。上手く調整できればW杯でピークに持っていけると思っています」

この時期に少しだけ気になったのは、一次合宿の総仕上げとして行なわれたキプロス戦での走行距離が極端に短かったことだった。守備で走らされる時間帯があまりなかったことも理由のひとつだろう。また、走行距離を測定する機械による基準の違いも関係していたのかもしれない。ただ、このデータだけは、心に少し引っかかっていた。

アメリカでは、国内有数のビーチであるクリアウォーターで合宿を張り、親善試合を戦った。6月2日のコスタリカ戦でも、4日後のザンビア戦でも、1ゴールずつ決めた。コスタリカ戦では時差ボケのわりには多くのチャンスに絡めたという手ごたえがあった。ザンビア戦はクロスがそのままゴールに入るという幸運もあったが、身体が少し重いということを除けば、異常なし。そしてこう感じていた。

コンディションは意外と良いんかな。

ザンビア戦を終えると、いよいよW杯の行なわれるブラジルへ。

6月は、ブラジルのある南半球では冬にあたる。ただ、ブラジルの国土は縦に長く、日本の約22・5倍だ。日本でも北海道と沖縄では寒暖の差が大きいが、それ以上の差がブラジルにはあった。日本代表が大会中に拠点としたのは、サンパウロ郊外のイトゥ。寒冷な地域だった。

滞在するのは既存のホテルを改築した施設だった。お風呂につかりたい選手が多いため、この大会に合わせてバスタブが設置されるなど、快適な環境が整えられていた。ホテルから、練習グラウンドまでは徒歩で行くことができた。

治安が良いとはいえないブラジルにあって、身の危険を感じる心配も、ファンやメディアの目を気にして行動する必要もなかった。

6月7日にイトゥについてから、12日まではゆっくりと初戦に向けて調整を続けた。12日のブラジルとクロアチアによる開幕戦も、ホテルのTVで観戦した。

そして、13日の昼の12時45分発の飛行機で、コートジボワール戦の行なわれるレシフェへと向かった。前年に参加したコンフェデレーションズカップでのイタリアとの試合が行なわれたアレーナ・ペルナンブーコが舞台だ。あの試合では3－4で惜敗したものの、香川はゴールも決め、試合のMVPに選ばれている。相性は悪くない。

何より、この時点では攻撃的なサッカーで世界を驚かせられると信じていた。だから、決戦を翌日に控えたなかでメディアに向かってこう語った。

「主導権を握ってゴールに迫っていったり、攻撃から守備へと素早く切り替えて相手にプレスをかけていったり。そういう基本的なことが大事になってくると思います。90分を通して自分たちのサッカーを信じてやれたときは、これまでも良いサッカーができましたから。試合の初めから自分たちのスタイルを貫いていきたいです」

あの夜はコートジボワール相手に、日本代表が躍動している姿を思い浮かべていた。良いイメージだけを抱いて、眠りについたのを覚えている。

ブラジルW杯の初戦も、これまでと同じように左FWでスタートした。前半の16分にはスローインの流れから本田のゴールが決まり、一応は、良い形でスタートした。

ただ、リードをしているのに、攻守ともにチグハグで、上手く戦えていない。そこに不安を覚えながら、1－0でハーフタイムを迎えた。

ロッカールームの自分の席に腰をおろす。

「もっと攻撃的にいかないとダメだ」

そんな声が選手から挙がった。一方、ザッケローニ監督からはこう言われた。

「バランスを大切にして戦うんだ!」

ただ、後半になってからも、戦況が好転する気配はなかった。

守備で走らされてばかりやんか!

そう感じたのは、相手のサイドバックがかなり高い位置をとって、日本が押し込まれたからだ。予想以上に守備に追われたことで、頭は動揺していたし、体力は削られていた。だから、ようやくマイボールになったところで、スムーズに攻撃に移れず、ボールを奪い返されてしまう。

うわぁ、また守備か……。

心のなかで何度つぶやいたかわからない。

後半17分、守備的なMFディエに代わり、コートジボワール代表の歴史のなかで実績も、知名度もナンバーワンのFWドログバが投入された。スターの登場に、スタジアムにいた中立なはずの地元ブラジルのファンもわき上がる。こうなると、ペースは完全に相手のものとなった。

そして、後半19分と21分に立て続けに失点。あっさり逆転を許してしまった。そのあとに岡崎とポジションを入れ替えて、右FWへ。代表ではほとんどプレーしてこなかった右サイドでは違いを作り出すこともできなかった。

今でも香川が忘れられないのは、後半の15分過ぎに足をつっていたことだ。

なぜだったのか。

大会後に批判が挙がったように、大会前の合宿で負荷をかけすぎていたのかもしれない。この試合の舞台となったレシフェは高温多湿の地域なのに、キャンプ地のイトゥは長袖が欠かせないほどに冷えていた。その寒暖差で調子が狂ったというのは、紛れもない事実だ。

守備に回る時間が長かったため、疲労がたまっていたのも間違いない。あるいは、直前のシーズンのユナイテッドでの試合でフル出場する機会が少なかったことも、関係しているのかもしれない。

ともかく、そんな状態でプレーを続け、後半41分に柿谷曜一朗と交代でピッチをあとにした。そして、チームも1－2で敗れた。

試合後には、それまでに膨らんでいた期待を裏切った責任を問うかのような質問がメディアからは投げかけられた。

「攻撃の部分でこの4年間やってきたことにトライできなかったし、しなかったと思います。それが悔しいです。まだ2試合あるわけで、気持ちを切り替えないといけないですが」

ホテルに戻ってから長友と2人で、試合のことを振り返ったのもよく覚えている。十分に眠ることはできなかった。

翌日、睡眠不足で疲れも残る身体で、レシフェを午前11時に発つ飛行機に乗り込んだ。まずは、キャンプ地のイトゥへ戻らないといけない。

大きな意味を持つ初戦(＊34)に敗れただけではなく、本来の力を出せなかったことで香川がダメージを受けている。

それは、ブラジルからは地球のちょうど真裏にある日本にいる者にも伝わってきた。スカウトとして香川をセレッソに誘い、このときはアシスタントコーチを務めていた小菊昭雄は、しばらく目を離していたスマホの画面にいつもとは異なるものを感じた。

「あのときだけは、着信が短い間に2件続けてあったのをよく覚えているんです」

香川がプロの第一歩を踏み出したきっかけを作ってくれただけでなく、ドルトムントへの視察にも同行したような間柄。一時期、香川のＬＩＮＥのアイコンの写真が、香川もかわいがっていた小菊の愛息を写したものだったこともある。そんな関係だからこそ、一度でも着信があれば必ず折り返す。それが2人の間の、暗黙のルールだった。

にもかかわらず、あのときは短い時間に2件続けて着信記録が残っていた。このとき、小菊はＪリーグのトップチームの監督を務める際に必要なＳ級ライセンス取得のため、泊まり込みで行なわれる講習会に参加していた。講習は朝から夜まで続く。食事の最中も、同じ志を持った人たちとサッカー談義をする。ある意味で、普段以上に忙しい。

それでも屋外での実習のメニューが終わったタイミングで、香川の電話を鳴らした。

何か具体的な話を聞かされたというわけでもない。小菊が覚えているのは、こんな言葉くらいだ。

「この前の試合、良くなかったですわ……。でも、また次、頑張ります」

限られた時間では、次のように返すので精一杯だった。

「オマエやったら、大丈夫や！　せっかくつかんだ夢の舞台、思いっきり楽しんでな」

だから、小菊は今でも思い出すことがある。

「真司は当時の代表のエースで、10番。弱い顔も見せられないでしょうし……。せめてシャレた言葉でもかけてあげたかったんですけど、それもできなかった。あのときは、彼がよこしたＳＯＳだったのかなと。あれが一番辛かったんじゃないかな。精神的にギリギリの状態でいるんだなというのを実感しましたから。そして、〝ああいう状況〟になるわけですよね」

次のギリシャ戦までにイトゥで2日間、試合前日にスタジアムでの公式練習が1日、計3日にわたり練習が予定されていた。

香川はこれまで同様に左ＦＷの位置で、左サイドバックの長友らとも話しながら、ギリシャをイメージしながら紅白戦などの練習に取り組んでいた。次も先発が予想される選手として。頭のなかにあったのは、攻撃のことだけではなかった。

「コートジボワール戦は守備も、上手くいっていなかった。攻撃はもちろんだけど、どこからプレスをかけるのかも整理しないと……」

守備について、チームメイトと普段より多く話をするよう心がけていた。

6月19日のギリシャ戦当日、試合前の最後のミーティングがホテルで行なわれた。ザッケローニ監督はほとんどの場合、試合当日のホテルで行なわれるミーティングでその日の先発メンバーを発表していた。

名前がない！

衝撃を受けなかったはずがない。何しろ、4年かけて一緒に戦ってきたザッケローニ監督のもとで、怪我やコンディション不良以外の理由でスタメンから外れたのは、このときが初めてだったのだから。

代わりに、大久保がスタメンだった。香川が務めてきた左FWのポジションには、右FWを任されることが大半だった岡崎が回り、大久保が右FWに入るようにと説明があった。

「コートジボワール戦のパフォーマンスが悪かったからでしょうし、それは受け入れるしかないんですけど……」

心に引っかかるものがなかったといえば嘘になる。

「南アフリカW杯のあとに、代表でベンチからスタートする経験は基本的になかったから。あのときのチーム状況と自分の立場を考えたら、受け入れがたいものでしたよ。チームを勝たせるために自分には何ができるのかと心の底から考えてきたつもりだったから。4年間一緒に戦ってきて、『ここにきて、これか』という気持ちもあった。初戦のあとの練習でも、試合の前にも、監督から何か声をかけられることもなかったですし」

このとき、監督に対して怒りや不満をぶつけたかったわけではない。最終決定権は監督にある。選手はその決断をリスペクトしないといけない。

でも、信頼を寄せ合って戦ってきた自分のパフォーマンスが、そこまでひどいものだったのかと思わずにはいられなかった。

幸いだったのは、スタメン落ちを告げられたのがホテルを出る直前だったということだ。ミーティングが終わると、そのままバスに乗り、会場へと向かう。もしも、スタメン落ちを聞かされてから、一度部屋に戻ってひとりで過ごす時間があったら、と思うとゾッとした。

慌ただしくバスに乗り込み、窓に身体を預けながら、途々に気持ちを切り替えていった。

「これは所属クラブにいるときもそうですけど、スタメンから外れて試合会場へと向かうバスのなかで『なんでベンチなんや！』と感情的になる部分はもちろん、ありますよ。だけど、スタジアムに着いて、ピッチの上でボールに触れたら、嫌でも、切り替えないといけないし、切り替えられる部分はあるから。あのときもスタジアムに着いたころには、落ち着いていました。先発する選手に声もかけたし、自分が途中から出たらどうすればいいのか考えながら試合を見ていましたからね」

そんななかで迎えたギリシャ戦では、前半38分にカツラニスが退場になり、日本は後半開始時からキャプテンの長谷部誠にかわって遠藤が起用されるなど、ボールを回しながらゴールを狙っていった。香川は後半12分に大迫勇也と交代でピッチへ。大久保がセンターフォワードに、岡崎が右ＦＷにポジションを移し、香川はいつもの左ＦＷへ。

しかし、最終的にチームで16本のシュートを放ちながらも、ゴールは奪えず、０－０で終わった。グループリーグ最終戦で相まみえるのがグループ最強のコロンビアだったこともあり、日本にとっては負けに等しい引き分けだった。

試合後、香川を先発から外した理由について、ザッケローニ監督がこう答えていた。

「サイドで攻撃を仕かけることで、相手のＤＦ陣を広げる狙いがあった。香川がサイドアタッカーというのは事実だ。でも、彼は内に、内にと入っていく傾向がある。相手ＤＦ陣を広げられないまま、フィジカルのぶつかり合いを挑んだら、とてもじゃないが勝てない。戦術的なチョイスだった」

翌日にイトゥに戻って軽めのトレーニングに汗を流した。試合の翌々日の練習は、急遽休みになった。あの状況で何かを変えようと考えた監督の判断だった。その日の夜は、ホテルを出て、街中のレストランへ出かけた。日本人にとっての焼肉のような存在であるブラジル名物のシュラスコを出すお店で過ごしたことは気分転換になったのかもしれない。

でも、最終戦の相手コロンビアは気持ちを切り替えただけで勝てるようなチームではなかった。

香川は左ＦＷとして再び先発に名を連ねたが、相手守備陣を慌てさせることはできなかった。後半34分には、長谷部の右足から出されたパスを受けて、エリア内から左足でシュートを放った。ゴールマウスには飛ばず、ゴールの右に外れた。この試合のチーム最多、自身5本目となるシュートの軌道を認めてから、悔しさを紛らわしたくて、右足で空を蹴り上げた。直後に、清武との交代を命じられた。

皮肉にも、その時間帯は、スタジアムがこの日最大級の盛り上がりと温かい空気に包まれていた。

アレーナ・パンタナールの大半を埋め尽くしたコロンビアサポーターの視線を釘づけにしていたのは、香川がベンチに下がったタイミングで交代出場することになったGKモンドラゴンだった。コロンビア代表のレジェンドが、当時のW杯の最年長記録となる43歳と3日で試合出場を果たしたからだ。試合終盤に、怪我以外の理由でGKが交代出場するというのは、日本代表にとっては屈辱的だった。

もちろん、香川にとっても。

ベンチへ戻ると、監督や選手たちが手を出してくる。交代選手へのねぎらいの意味をこめた、ハイタッチのためだ。最後にベンチの左端に座る、遠藤とタッチをした。

その後、ベンチの外に背中から倒れ込んだ。天を仰ぐしかなかった。放心状態というのは、あのような場面での心境のことをいうのかもしれない。

その後も失点した日本は、1－4というスコアとともに、ブラジルW杯での戦いを終えることになった。

「小学4年生のときにフランスW杯を見て、『これがW杯なのか』と初めて知ることになって。4年に一度行なわれるW杯は世界最高の大会だと思いながら育ってきました。それなのに、これで終わりだと思うと、すごく、寂しい」

翌日にキャンプ地のイトゥに戻り、荷物をまとめた。その日の夜には、経由地のドーハ行きの飛行機に乗り、帰路についた。

FROM SHINJI

「ブラジルW杯でグループリーグ敗退に終わったのはなぜですか?」

そう問われたら、初戦で負けたから、と僕は答える。

意気揚々と臨んだW杯の初戦で良いところなく逆転負けを喫した影響は、チームにも、僕自身にも大きな影を落とした。負け方は最悪で、攻撃の質もひどかった。今になって振り返っても、初戦に敗れたダメージは想像以上に大きかったと感じている。

大会後に批判を受けたのも当然のことだし、「世界を驚かせる」とか「W杯で優勝を狙う」というメッセージで世間の期待をあおった責任も感じている。

では、なぜ、あのような空気が生まれたのだろうか。

やはり、2010年の南アフリカW杯では、ハードワークと強固な守備を武器にしたサッカーをしていたという感覚（と少しの悔しさ）が選手たちのなかにあったからだと思う。だから、今度は自分たちが攻撃で主導権を握るサッカーを披露して、世界を驚かせながら、勝ちたいと考えるようになった。もちろん、僕はW杯に出場する権利はなく、サポートメンバーという立場でピッチの外から試合を見守っていただけだった。でも、試合が手に届くところにありながら、決してピッチに立てない状況にいた僕だって、別の意味で強い想いがあった。

ブラジルW杯での1分2敗というチームの結果も、ゴールもアシストも記録できなかった自分のパフォーマンスも、自分たちのサッカーを貫くだけで勝てるほど甘くはないという現実をつきつけてきた。

あのときのコロンビアは別格だったかもしれないが、コートジボワールにしても、ギリシャにしても、僕たちのことをしっかり研究していたのを見落としてはいけない。「自分たちのサッカーはこれだ！」というほどの実力はまだなくて（世界的に見ても、そんなチームはほぼないのだが）、色々な戦い方に順応しつつ、そのときの状況と対戦相手に合わせて戦っていく必要があると思い知らされた。

そして、そのことに大会が終わるまで気づけなかった。

実は、南アフリカW杯からブラジルW杯までの4年間の方が、ブラジルW杯からロシアW杯までの4年間よりも、世界の強豪チームと戦う機会は多かった。2013年のブラジルで行なわれたコンフェデレーションズカップもそうだし、それ以外の親善試合もそうだ。にもかかわらず、現実に目を向けることはできなかった。

例えば、2012年10月にパリ郊外のサンドニで行なわれたフランスとの親善試合もそうだ。試合前には、ある程度はボールを保持できて、フランスゴールに迫るチャンスもたくさん作れると考えていた。

でも、実際にアウェーの雰囲気で行なわれた試合では、まともなチャンスさえ作れなかった。（川島）永嗣さんをはじめとした守備陣の踏ん張りがなければ大量失点をしていてもおかしくなかった。最終的には後半のアディショナルタイムのカウンターから僕がゴールを決め、1－0で勝ったけど、何もわかっていなかった。

その直後に行なわれたブラジル戦ではリスクをかえりみず攻撃に出ていって、0－4で返り討ちにされた。ただ、攻守のバランスを度外視して攻撃を仕かけていたから、少しはチャンスを作れたという声も一部で挙がっていた。

結局、現実に目を向けるチャンスは何度もあったのに、僕らは自分たちの可能性の方ばかりに目を向け続けていた。卑屈になる必要も、相手を過度にリスペクトする必要もないが、現実的な分析はできていなかった。

悔しいけど、日本の実力を考えれば、W杯で待っているのは、格上との試合がほとんどだ。ただ、そういう相手を想定した試合をする機会は簡単にはやってこない。

だから僕らの頭のなかに浮かぶのは、ボールを保持して相手ゴールを目指すアジアでの戦いや、理想のサッカーばかりになってしまう。それも、勘違いする原因のひとつなのかもしれない。

この4年後のロシアW杯では、また少し違った感覚が残ることになるのだが、少なくともブラジルW杯のあとに、僕が感じていたのはそういうことだった。

＊34　日本が参加した過去6回のW杯で決勝トーナメントに勝ち進んだ、02年大会、10年大会、18年大会は全て初戦で勝ち点をつかんでいる。しかし、初戦で敗れた98年大会、06年大会、14年大会はいずれもグループステージで敗退している。

第五章 @DORTMUND

原点に立ち返る

なぜ古巣に戻ることにしたのか

「こんな形で、大事な一戦が終わった。マンチェスターでの生活もここまでということなのかもな」

香川真司は頭に痛みを感じながら、そう考えていた。

2014年の8月26日、マンチェスター・ユナイテッドは、リーグカップで3部リーグのMKドンズと対戦した。香川にとっては、ブラジルW杯後初めての公式戦だった。

しかし、試合開始直後に相手選手と接触した際、頭部を強打してしまう。脳しんとうのため、前半20分には交代せざるをえなかった。

良い形で試合に入れたかなと感じ始めたところでのアクシデントだった。そして、ユナイテッドも3部のチーム相手に0－4という目を疑うようなスコアで敗れてしまった。だから、あの夜は静かに現実と向き合っていた。

チャンスだろうと思って、試合に出て……。オレは絶好の機会を活(い)かせなかった。〝潮時〟かもしれないな。

時計の針を少し巻き戻してみる。

このシーズンからユナイテッドの監督を務めることになったのが、ファン・ハールだった。直前のブラジルW杯では、下馬評の高くなかったオランダ代表を3位に導いた、経験豊富なオランダ人監督である。

彼が来てから、ユナイテッドは7月までに7525万ユーロ（当時のレートでおよそ105億円。以下、金額は全て推定のもの）をかけて、大型補強を敢行した。

前シーズンの終了後に長年チームを牽引(けんいん)してきたファーディナンドが移籍。選手兼コーチだったギグスは選手としての活動にはピリオドを打ち、アシスタントコーチに専念することになった。しかも、前のシーズンは7位に終わっていた。ド派手な補強も当然のことだろうと、香川ですら感じていた。

アメリカで行なわれたプレシーズンツアーでは、新監督と面談する機会があった。監督の部屋に呼ばれ、こう告げられた。

「君が望んでいるようなチャンスはない。移籍した方がいいぞ」

もっとも、この言葉が香川の心を大きく揺さぶったわけではなかった。

「何か適当な理由を言われるよりもむしろ、その時点での評価をはっきり教えてもらった方がいいです。そこでやるか、やらないかは、自分次第なわけで。だから、あのときは、ショックを受けたわけでも、イラッときたわけでもなかったんですよ」

ましてファン・ハールは、これまでも歯に衣着せぬ物言いを続けてきたことで有名な監督でもある。ただし、このとき以上に厳しい言葉をかけ、戦力外のように扱った選手を、後に重用したことも過去にはある。

実力さえ発揮できれば、評価なんてどうにでもなる。

「わかりました」

香川は短く答えて、監督の部屋をあとにした。

プレシーズンのテストマッチでは、半年前にチェルシーからやってきたマタとポジションを争うこともあったが、「カガワは戦力外」という報道とは温度差も感じていた。

「もちろん、ルーニーはチームの象徴だし、前のシーズンではマタの方が自分より良い結果を残していた。ただ、別に大きく負けている感じはしなかった。長いシーズンを戦っていくなかでチャンスはあるだろうなと、あの時点では、思っていました」

だから、リーグ開幕後にファン・ハールが記者会見で発したこんな言葉にショックを受けたわけでもなかった。

「守備的なMFとしてのシンジは私の希望と哲学を実現できなかった」

自らの考えを改める必要があるかもしれない、と感じさせられたのは、その後のクラブの動きを目の当たりにしたからだった。

ユナイテッドの補強は7525万ユーロを投下するだけでは終わらなかった。

8月16日のリーグ開幕戦ではホームで、スウォンジーに1－2で敗戦。翌週のサンダーランド戦でも引き分けと、低空飛行を続けていたのだから。

前のシーズン以上にひどい状況になっているのではないか。

開幕直後の結果への批判は、新監督だけでなく、クラブ首脳陣にも向けられていた。そんな状況だったから、さらに資金が投下されていく。

サンダーランド戦の前には、以前から交渉を続けていたDFロホに2000万ユーロを投じて、移籍が成立した。

そして、8月26日のドンズとの試合が行なわれる日に、ディ・マリアが7500万ユーロの移籍金で加入することが発表された。当時のクラブ史上最高額だった。

新シーズンに向けて7月までに投じられたのが7525万ユーロ。最終的にはそれをはるかに上回る計1億2010万ユーロ（約168億円）を、開幕後に追加で、投じることになった。それほどまでに、名門クラブは追い詰められていた。

そんな危機的状況のなかで、3部リーグの格下ドンズとの試合は行なわれたのだ。スタメンは、前の試合からGKのデ・ヘア以外10人が入れ替わっていた。そこで、香川は脳しんとうで前半早々にピッチを去ることになった。

「開幕戦からチームは勝てていなかったから、『ここで結果を残せたら、何かが変わる』と意気込んで試合に臨みました。それなのに、ああいう形で終わってしまった。そんななかでディ・マリアの加入が決まり、さらにファルカオが来るという報道も出ていたし。そうなってくると、『前のシーズンもコンスタントには試合に出られなかったのに、今シーズンも同じような1年になったら、この先のオレはどうなるんや……』と考えるようになりました」

実際、ドンズ戦の約1週間後には、ユナイテッドがレンタル料の760万ユーロを払う形で、ファルカオの期限付き移籍が決まった。

天下のユナイテッドといえども、そこまでの出費を強いられれば、ある程度の収入が必要となる。

歴史的な大敗を喫したドンズ戦で先発した選手の多くは、9月1日の夏の移籍期限が終わるまでに、放出されることになる。ウェルベックがアーセナルへ、チチャリートがレアル・マドリードへ。チーム刷新にかかった費用回収のためだった。

そして、香川の心も移籍へと向かっていった。

香川にいくつかのクラブが興味を示していたのは事実だ。現地の報道ではアトレティコ・マドリードの名前も挙がっていたし、実際に複数のクラブから打診はあった。

しかし、オファーが書面で届いて初めて、本格的な交渉が始まる。興味があるというだけでは、話は進まない。また、監督が香川と直接話をする機会を作るくらいに獲得に前のめりなチームが多かったわけでもない。

さらに、あのときは時間的な制約もあった。ドンズとの試合が行なわれたのが8月26日で、ヨーロッパ内の主要リーグに移籍するための最終期限は9月1日に設定されていた。それを過ぎれば、次の移籍のチャンスは年明けまで訪れない（*35）。

そのなかで、正式な獲得のオファーを出したのがドルトムントだった。その1年前にも、半年前にも、彼らは香川の復帰の道を探っていた。さらに、この時期には怪我人が続出するというハプニングもあった。

ドルトムントのヴァッケCEOが、極秘裏にマンチェスターへ飛んだと報じられてから交渉は一気に進んだ。

香川の復帰を何度も画策していたドルトムントの熱意と、かつての中心選手たちを放出する必要にかられたユナイテッド。

双方の思惑が一致していたからだ。

このとき、ドルトムントは香川のためにチャーター機を用意していた。通常であればマンチェスター空港からドイツのデュッセルドルフ空港まで飛び、そこからドルトムントまで車で1時間弱はかかる。

脳しんとうのために長時間の移動を避けたいというクラブの配慮は確かにあった。ただ、それだけではない。ドルトムントは、2010年に香川が初めて加入した時期とは比べものにならないほどの規模と予算を持つクラブへと成長していたのだ。

香川復帰のニュースが出た翌日の8月29日には、ドルトムントにある病院の前で香川の到着を待ち構えるサポーターまで現れた(＊36)。

ドンズ戦から4日後の8月30日の夜、ドルトムントとユナイテッドの交渉がまとまった。そして31日、新しい契約書に香川のサインが書き込まれ、晴れてドルトムントへの復帰は実現した。

2年前とは異なり、香川に与えられたのは7番だった。そのユニフォームを香川とともに掲げたツォルクSDは満面の笑みでこう話した。

「ユナイテッドからの移籍の可能性が浮上したのは、ほんの数日前のことだったんだ」

直後にリーグ戦は中断に入った。代表チームの活動が行なわれるためだ。

当初は、香川も日本代表の代表戦のメンバーに選ばれていたが、脳しんとうの影響が考慮され、外れることになった。深刻な問題はなかったが、日本への長時間のフライトは避けた方が良いとドクターが判断した。

こうして、中断期間中もドルトムントに残って、ゆっくりと調整をすることができた。南アフリカW杯以降、代表戦の行なわれる時期に、そんな時間を過ごしたのはこのときが初めてだ。

一方で、この期間にドルトムントの顔であるロイスが負傷した。そのため、中断期間後の9月13日にホームで行なわれたフライブルク戦で、香川はいきなりスタメンに名を連ねることになった。

キックオフのおよそ45分前、ウォーミングアップのために香川がピッチに姿を現した瞬間からサポーターは応援歌を熱唱するなど、歓迎ムードを作り上げていた。

ハイライトは前半41分に訪れた。右サイドに開いたラモスがクロスボールを送る。ゴール前でこのボールに反応したのは、「ミキ」の愛称で知られるムヒタリアンだったのだが、シュートを空振り。ボールは吸い寄せられるように、香川のもとへ。香川は、このボールを難なく蹴り込んだ。ボールがネットに突き刺さるのを見届けると、スタンドに向かって走り出す。そして、飛び上がり、喜びを爆発させた。

「ミキはシュートを打ちにいったと思います（笑）。でも、ボールがこぼれてきたときに反応できるような準備をしていくことが何よりも大事ですから。自分の念が通じたんじゃないかな」

試合後にそう振り返ると、喜びや興奮を抑えるようにこう続けた。

「個人的に結果を出せたことは良かったですけど、チームが勝つことが大事だったので。僕はもっとフィットネスレベルを上げていかないといけないと思います。ただ、まず1試合を終えたことにはホッとしていますね」

香川が帰ってきた喜びを誰よりも派手に表現していたのは、クロップ監督だったのかもしれない。

「シンジは本当によくやってくれた。ゴールを決める感覚を今も兼ね備えていることを示してくれたね。ただ、最も素晴らしい瞬間だったのは、ピッチに入るときに〝カガワ・シンジ〟の応援歌がこだましたときだった。あの歌は久しく聞いていなかったけど、ものすごい音量で、私のジャージは膨らんでしまったんだよ！」

クロップの大げさなアクションと、サービス満点のコメントは、この試合にピッタリのものだった。

ドルトムントへ復帰した最初の試合で、いきなりゴールを決めた。

何も変わっていない。ドルトムントではいつでも、いくらでも輝ける。香川とドルトムントは、運命の赤い糸で結ばれている。このときばかりは、多くの人がそう信じて疑わなかったのだが……。

FROM SHINJI

今振り返ってみると、ブラジルW杯が終わってからのユナイテッドでの戦いでは、身が入っていなかったといえるのかもしれない。

ブラジルW杯のショックがなかったといえば嘘になる。

日本でのオフを挟んだが、気持ちを完全に切り替えられていたわけではなかったということかな。当時は、「新しいチャレンジをしたい」と語っていたけど、心のなかは空っぽだった。

W杯でああいう負け方をして、所属チームでも厳しい立場に置かれていて、正直、弱っていたところはあった。

「ここから巻き返していくんだ」

「もう一度、自分の力を見せつけてやるんだ」

そのような気持ちがわき上がってきたわけではなかったから。

結果的にユナイテッドの選手として最後の試合となったドンズ戦に、大きなチャンスになると思って臨んだのは間違いない。ただ、その一方で、心のどこかに「移籍せなアカンのかな」という気持ちがあったのも事実だ。

あの試合での接触は防ぎようのないものだったけど、そういう心の隙(すき)が脳しんとうにつながったのかもしれない。

ドルトムントに帰ってきて、いきなりゴールを決められたときは、正直、ホッとした。もちろん、サポーターやチームメイト、監督からの歓迎も本当に嬉しかった。

そして、あのフライブルク戦から3日後のCLのアーセナル戦。2-0で勝った試合をベンチから見ることになったけど、オーバメヤンの圧倒的なスピードやムヒタリアンのドリブルなど、ドルトムントの選手のレベルは僕が以前いたときより上がっていることを実感した。

だから、これでまた活躍できそうだなと、当時は感じていたのだが……。

＊35　当時のヨーロッパの主要リーグにおける一般的な移籍期間は、メインとなる夏が7月1日から8月31日ご

ろまで（8月31日が週末にかかると、多少、前後する）。冬の移籍期間は1月1日から1月31日ごろまで。近年のイングランドでは、他の主要リーグへの移籍は8月31日まで認められるが、他のリーグからの移籍はリーグ戦が開幕する8月中旬ごろまでとなっている。この先も、この期間については多少の変更があるかもしれない。

＊36　新しくチームに加わる選手は、怪我や持病などがないかどうかを調べるために、病院で様々な検査を行なうことになっている。「メディカルチェック」と呼ばれるもので、この時点で、異常が見つかり、移籍交渉が破談になるケースもある。このときは、当時24歳だったクリスティアンさんという香川の熱狂的ファンが病院の前からTwitterで発信を続け、話題になっていた。当時、彼はこう話していた。「生まれてからずっとドルトムントのサポーターで、シンジがいたときのプレーに夢中だった。今シーズンの開幕戦もスタジアムで応援したけど、負けちゃったから、シンジの復帰が待ち遠しい。新しいドルトムントのユニフォームにもシンジの名前と背番号をプリントしてもらってサインをもらうつもりだけど、まだ背番号もわからないから、今回はシンジの日本代表のユニフォームにサインをもらうつもりだ。シンジの他に日本で好きなのは、バンドのマキシマム ザ ホルモンだ」

過去と向き合うと決めた夜

香川はまたゴールを量産し出すだろうと多くの人が考えていたのに、そうはならなかった。

フライブルク戦の翌週に行なわれたマインツ戦からドルトムントは失速する。リーグ戦7試合で1分6敗という成績だった。低迷の原因はいくつもあった。

ロイスを筆頭に怪我人が続出していた。クロップ監督が就任7年目を迎えたがゆえの難しさもあった。シーズンごとに選手の入れ替わりはあるものの、クロップの求めるサッカーの根本は変わらない。変わらないからこそ、対戦するチームが、長年の対戦経験を経て、有効な策を打ってくるようになってきた。

また、当時のドルトムントの補強方針にも問題があった。２００８年にクロップ監督が就任してからしばらくの間は将来性のある若手が次々とやってきた。

ところが、ＣＬの常連になり、クラブの収入が大きく伸びたことで、他のチームやリーグである程度の成績を残した選手が集められるようになった。しかも、その大半がパワーかスピードに優れた選手だった。チームとしての戦い方に変化を加えるよりも、変わらない戦い方を強引に押し通すための選手たちが集められていた。

それでは、さすがに苦しくなる。

初対戦するチームも多いCLでは組み合わせにも恵まれ、それなりの結果を残せていたが、肝心のブンデスリーガでは理想とはほど遠い戦いしかできない。チームにかかわる者たちのフラストレーションは日に日に高まっていった。

当時の空気感を象徴する、ちょっとした事件も起きた。

11月3日、ドイツ最大の発行部数を誇るビルト紙のウェブサイトに衝撃（しょうげき）的な記事が掲載された。

「ドルトムントにはこれほどまでのイライラが存在している～危機にあるドルトムント～」

そう題された記事では、クロップ監督が香川の練習着の胸ぐらをつかみ、引っ張っている写真が添えられていた。前日にドルトムントは、優勝を争うバイエルンに敗れている。そんなタイミングで、チーム内の雰囲気が良くないことを同紙は強調していた。

実は、あの写真は、バイエルン戦よりも前に撮影されたものだった。確かに、記事には、あの写真が試合前に撮影されたとは書かれていない。バイエルンに敗れたことでチームに大きな動揺が走っていると示すかのような、ミスリードが行なわれていた。

ビルト紙に限らず、各メディアがあらゆる切り口で、ドルトムントの危機をセンセーショナルに報じていった。

かといって、チームは、外野の声を黙らせるような成績は残せていない。それどころか、一時はリーグ最下位に沈んだ。優勝候補の一角が最下位なんて、前代未聞だ。香川も、大きな期待を受けて復帰した3ヶ月前とは、全く異なる状況に置かれていた。

12月10日、香川は覚悟を持ってCLのアンデルレヒト戦に挑むことになった。すでにグループステージ突破を決めていたため、チームにとっては、消化試合だ。ただ、直前のブンデスリーガの試合で、このシーズン初めて出番のなかった香川にとっては意味が大きく異なっていた。真価が問われる一戦だった。

しかし、ゴールを決められず、試合は1－1で終わった。チームで唯一の得点は、イタリア人のインモービレによるものだった。彼もまた、大きな期待を受けてこのシーズンからやってきていたが、期待通りの活躍は見せられていなかった。練習では控え組の一員として彼とコンビを組むことも多かったから、試合後の香川は抑えていた感情があふれてきた。

「これまではあまり試合に出られていなかったのに、彼は結果を出しました。彼の貪欲さというのをすごく感じた試合です。ミスをしても、恐れずに結果を残していった。そういう部分が自分にも必要だし、この状況は『自分で切り拓く』しかないです」

まるで自分に言い聞かせるように、感じていることを口にしていく。話はそれで終わらない。心の奥にあった歯がゆさやプレッシャーも、明かしていった。

「ドルトムントに来る前からわかっていたことですけど、どうしても昔の自分と比較されます。そうやって比較されることに葛藤もあります。ただ、自分のなかにも昔のイメージが残っている部分はあるから。それを忘れる必要がある」

人は人で、自分は自分。昔のことは昔で、今はまた別の話。そう考えていたから、かつての自分と比較しようとする意見には取り合ってこなかった。

でも、そんな抵抗も、もう終わりだ。

その場にいた記者たちが息をのむ音が聞こえてきそうなくらいの緊張感が漂っていたが、香川は寄せられる質問に対して、煙に巻くこともなく、率直に答えていった。

「色々なことを経験してきた今になって改めて振り返ってみると、ドルトムントでの1、2年目は、全てが上手くいっていたと感じるし、そのリズムに自然に乗れていました。当時はチームとしても勢いがあったし。

ユナイテッドでの2年目でもそうでしたけど、厳しい状況のなかで、どうやったら結果が残せるのか。日々、考えています。メンタルの波があったりして、本当に厳しい状況ですけど、これを乗り越えて自分たちの新たなサッカーを確立したり、個人的にも結果が出始めたときに、『オレは成長した』と言えるのかな」

そして、少し考えてから、こう締めくくった。

「もちろん、こんなに厳しい状況になるとは想像はしていなかった。ただ、自分の価値を試されているということでしょ。『ここで投げ出したら、オレは落ちる一方や』と思っているので、しっかりと結果を残していけるように頑張るだけですよ」

もう逃げてもいられない。

自ら、認めた。現実を直視して、次のステップに進むためでもあった。

FROM SHINJI

ドルトムントに戻ってきてから実感したことがあ

る。

あの試合でゴールを決めたチロ（インモービレ）はイタリア人だったように、以前と比べると、チームや選手のレベルが上がっていただけでなく、ロッカールームにはインターナショナルな空気が色濃くなっていた。

2010年からの2年間では、レバンドフスキなどのポーランド代表の3選手、セルビア代表でもプレーしたネベン（スボティッチ）もいたけど、彼らはドイツ語を流暢に話せた。

あのころと比べると、ロッカールームで英語が話される割合は増えていた。


今になって思うのだが、ドルトムントに復帰してからしばらくの間は、サッカーに身が入っていなかった部分があったのかもしれない。それは心がダメージを受けたせいだけではない。ドルトムントに復帰したら、ただちにゴールを量産できると甘く考えていた。その楽観的すぎる予想がひっくり返され、焦る一方だった。

でも、それではダメなわけで。あのような状況では謙虚にならないといけなかったし、良くないところは認めて、そこから脱するために策を考えるしかなかった。


このシーズンだけはホームゲームの持つ意味が、他のシーズンとは違っていた。あのシーズンも、ドルトムントのサポーターの姿勢は変わらなかった。ブーイングを浴びせてくることはほとんどなくて、いつも背中を押そうと応援してくれていた。でも、あまりに結果が出ないから、ホームの大声援が逆にプレッシャーになることさえあった。そんな経験は初めてだった。

弟との出会い

香川と初めて言葉を交わしたときのことを、丸岡満は今もよく覚えている。

ちょうど香川のユナイテッドへの移籍が決まってまもない2012年の夏。高校2年生のときだった。徳島出身でセレッソユースに所属していた丸岡は、すでに寮に入っていた。寮長の秀島弘が、香川に紹介してくれた。
「こいつ、期待の若手や。よろしく頼むわ」
「はじめまして！　丸岡満といいます。よろしくお願いします。あと、サイン……お願いしてもいいッスか？」
「ええよー。秀じいの言うことをしっかり聞いて、頑張ってな！」
「はいっ!!」

そんな2人の距離は2014年に入ってから一気に縮まることになる。

1月、丸岡はドルトムントのリザーブチームにあたるドルトムントU-23へとレンタル移籍を果たした。ちょうど高校3年の終わりのことだ。

丸岡が移籍するタイミングで、セレッソの関係者から先輩たちの連絡先を教えてもらった。当時ドイツのニュルンベルクでプレーしていた清武弘嗣やマンチェスターに住んでいた香川の電話番号を丸岡は手にした。

清武の住んでいたニュルンベルクとドルトムントはかなり離れていて、特急電車を使っても6時間近くかかる。
「自分は簡単には遊びに行けないけど……」という清武から、内田篤人を紹介してもらった。当時の内田は、ドルトムントから車で、およそ30分のところにあるシャルケでプレーしていた。清武から連絡を受けた内田が、ドルトムントまで車を飛ばし、食事に連れていってくれたこともあった。イギリスにいた香川からは激励のメッセージをもらった。

この年の7月からドルトムントは新しいシーズンに向けて活動を始めたが、ブラジルW杯が行なわれていたため、各国の代表選手がそろうまでには時間がかかる。ドルトムントU-23の選手たちが、トップチームに交じって練習をする機会は例年よりも多かった。そこで丸岡のプレーが当時のクロップ監督から評価された。トップチームに怪我人が続出していたこともあり、レバークーゼンとのリーグ開幕戦でベンチ入りを果たすまでになった。

そんなタイミングで、香川のドルトムントへの復帰が決まった。

2年以上もドルトムントを離れていた香川は、チームの様子を知りたがっていたようだった。香川の新生活の準備を手伝いながら、丸岡が当時のチーム事情や練習や試合の内容を伝えていった。

そんなおり、内田から連絡が入った。
「サプライズで真司の歓迎会をやろうと思う。真司を誘っておいて。ただ、オレたちがいることは、絶対に内緒にしておいてね！」

ドイツに来てから初めて日本食レストランに連れていってくれた内田の言葉は絶対に守らないといけない。唐突な誘いであることを自覚しながら、丸岡はおそるおそる香川に声をかけた。

「もしよかったら、デュッセルドルフにご飯を食べに行きませんか？」

「飯に行くのはいいけど、デュッセルドルフまで行くことはないやろ。ドルトムントで食おうや」

香川がそう返すのも当然だ。

様々な日本食レストランが軒を連ねるデュッセルドルフまでは、車を飛ばしても1時間弱はかかる。香川はなかなか応じてくれない。丸岡はあっさりと、内田との約束を〝破る〟ことにした。

「実は、ウッチーさんが歓迎会の準備をしてくれているんです」

そういうことなら、と香川は快諾してくれた。もちろん、丸岡はこう念を押すのは忘れなかったが。

「ウッチーさんからは『みんなが待っていることは内緒にしておけ』と言われているので……。真司さん、くれぐれも、何も聞いていないフリをしてくださいね！」

内田が予約してくれていた日本食レストランの個室には、当時ヨーロッパでプレーしていた大津祐樹やハーフナー・マイクらが待っていた。

しかし、お店に着いた香川はこう言いながら、個室のふすまに手をかけた。

「ウッチーたち、おるやろ！」

話が違う。当然、内田からツッコミが入る。

「丸岡、内緒にしておけと言っただろー！」

そこに香川の言葉がかぶせられる。

「今日の会のメンバー、コイツはペラペラ話していたで！」

真司さん、なんで、秘密にしておいてくれないんだ……。そう思わないことはなかったが、香川との距離が一気に縮まるきっかけとなった。

親密な関係になってからまもなく、合鍵も託されるようになった。

「ヒマなとき、勝手にうちに来ていいから」

丸岡もプロ選手として、ドルトムントの街中で一人暮らしを始めていたが、香川の家の広さは段違いだ。疲労回復や怪我の回復にも効果があるといわれている酸素カプセルなども置いてある。

お互いにドルトムントとドルトムントのU‐23の試合があり、丸岡の方が先に帰ってくる場合には、家について部屋を暖めておくこともあった。もっとも、香川の自宅はセントラルヒーティングシステムを採用しているので、冬でも常に暖かい。丸岡が暖めるのは、部屋の雰囲気だった。

食事に行くといつも、香川が支払ってくれた。2人はセレッソ出身の先輩と後輩という関係だから、当然かもしれない。

それでも、毎回のようにご馳走になるのは申し訳ない。そう考えた丸岡は、2人でカフェへ行ったときに勇気を振りしぼって、こんな提案をした。

「今日は、僕に払わせてくださいよ〜」

ちょっと冗談ぽく言ってみるのがポイントだった。

「お、えぇの？」

丸岡の目には、香川が嬉しそうな表情を浮かべているように映った。そして、お店を出るときには、「ありがとうな」と頭を下げてくれた。

それからは、20回に1回くらいのペースではあったが、値段の張らないレストランに行くときや、カフェに出かけるときに、丸岡が代金を支払うようになった。

ご馳走されている方だって、気を使う。かといって、相手は大先輩だから、無理にお金を払おうとすれば、メンツをつぶしてしまう。

香川の嬉しそうな表情と「ありがとうな」の一言が、丸岡の気持ちを楽にさせてくれていた。これで、普段は心置きなく、高級料理もご馳走してもらえる、と。

ただ、毎日のように顔を合わせる日々も2015年の12月に終わりを告げた。

セレッソからドルトムントU‐23へのレンタル移籍の契約期間が終わり、丸岡が大阪に戻ることになったからだ。一連の経緯を報告すると、香川からはこう言われた。

「オマエはまだ若いし、一からやってみるのも大切だと思うよ。最近はドルトムントでもあまり試合に出られなくなっていたし、サッカー選手は試合に出て評価してもらわないといけない。良い決断だと思うな。オマエなら絶対、また這い上がれる。オレは信じているよ」

そんな言葉をもらっただけでも、丸岡は胸が熱くなったのだが、後にさらに心を揺さぶられることになった。

香川には伝え足りなかったことがあったのか、面と向かっては言いづらいこともあったからなのか、ブログにも丸岡へのメッセージを記してくれたのだ。それを読んだときの震えを、丸岡は今も忘れていない。

最後に外したからこそ……

日本代表の活動のためにホテルで年を越すのは、香川にとって初めての経験だった。あれは新たな一歩を踏み出すうえで、象徴的な出来事だったのかもしれない。

オーストラリアで1月12日から始まるアジアカップに向けて、アギーレ監督のもとで日本代表は年末から年始にかけて事前合宿を行なった。

アギーレから新しく任されたのが、インサイドハーフというポジションだった。インサイドハーフというのは、トップ下よりも少し後ろで、ボランチと称されることの多い守備的MFよりも少し前のポジションだ。アギーレが採用していたのは［4－3－3］というフォーメーション。それまで香川が務めることの多かったトップ下は置かずに、インサイドハーフに香川と遠藤保仁が並ぶような形だった。

ただ、はじめのうちは好意的に受け止めていたわけではなかった。

「アジアカップの前に、FW、MF、DFの3つのポジションに分かれてやるメニューがありましたが、『攻撃の割合が減って、守備に追われることになるんじゃないか。それなら3トップの左FWの方がいいな』と思っていたくらいでした」

ところが、いざ大会が始まると、インサイドハーフへの違和感は吹き飛んでいった。

「アジアのチームを相手にした大会だったとはいえ、あれだけボールを支配できた。仮にボールを奪われても、『ゲーゲンプレッシング』のようにみんなですぐにボールを奪い返せていました。攻守両面で、あれだけバランスの良いサッカーを日本代表でできたことはそれまでなかった。そして、自分がチームの攻撃に深く関与している手ごたえも感じられたし、今までよりも少し引いたポジションからピッチを見ることで新しい発見もあって。すごくやりがいを感じられたんです」

この大会の香川はアシストの数、パスの成功数、FKやPKをのぞいたシュートの数でも、日本代表で最多を記録した。高校生になってからプロ2年目の途中まで務めていたボランチの経験と感覚が、長い年月を経て、活きてくる部分もあった。

チームの攻撃にそこまで深く関与できるというのは、この上なく、やりがいを覚える時間だった。もちろん、同時に、大きな責任を背負うことになるのだが……。

この時期にサッカーをする喜びを得られた理由をもうひとつあげるとしたら、アギーレ監督のキャラクターと考え方があったからだ。

監督とともに変わるのは、フォーメーションや戦術だけではない。練習の雰囲気も、サッカーの意味合いも変わっていく。

料理にたとえれば、ザッケローニ監督は、自分たちにしか作れない料理に誇りを持つよう求めるタイプだった。ドルトムントのクロップ監督は、最高のレストランで情熱をこめた料理を提供する意義を説いた。アギーレのあとに監督になるハリルホジッチは、旬の食材で料理を作ることにこだわるタイプだ。

素朴さと陽気さを兼ね備えていたアギーレは、誰と一緒に、どんなシチュエーションで食べるかによって、料理の味は変わると考え、調理場から楽しい雰囲気を作ろうとする指揮官だった。

それぞれのスタイルは、優劣をつけられるものではない。ただ、香川だけではなく、多くの代表選手がアギーレの作り出す雰囲気に魅力を覚えていた。

グループリーグを全勝で終えた日本は、準々決勝でUAEと対戦することになった。香川は開幕から4試合続けて、インサイドハーフのポジションで先発した。

前半7分にいきなり先制点を許す展開だったが、遠藤に代わって入った柴崎岳のゴールで同点に。1－1でもつれ込んだ延長戦では長友佑都が負傷するアクシデントもあった。日本はすでに交代枠を使い切っており、そのなかで攻撃に転じるのは難しく、PK戦を迎えることになった。

PK戦は両チームが5人ずつ蹴って、勝負を決める。それでも勝負がつかなかったときにだけ、6人目以降のキッカーの存在がクローズアップされる。

PK戦を前に選手が集められ、アギーレ監督が5人のキッカーを指名していった。

「ホンダ、ハセベ！」

最初の2人はすぐに決まったようだった。2010年W杯以来このチームで最も多くのPKを決めてきた本田圭佑と、キャプテンの長谷部誠だ。PKはハートで決めるもの。指揮官のなかに迷いはなかったのだろう。

「3人目は……」

アギーレはここでアシスタントコーチに確認をとってから、こう続けた。

「シバサキ、トヨダ……」

ともに途中出場で、他の選手よりも疲れていない。柴崎はゴールも決めているし、北京五輪で日本唯一のゴールを決めていた豊田陽平はストライカーだ。順当に決まったように見えた。

そこからアギーレはしばらく、考え込んでいた。香川はアギーレの目をじっと見つめる。監督がその視線に気づいていないはずはない。でも――。

「モリシゲ！　絶対にオマエら5人で勝負を決めてこい！」

5人目に森重真人を指名したアギーレの言葉が通訳によって伝えられ、みんながピッチへ戻っていく。

香川はGKの川島永嗣の肩を叩いてエールを送った。

落胆した様子も、じっと視線を送っていたことにも、アギーレ監督は気づいていたのだろう。ここで、ようやく声をかけられた。

そこからハーフウェイライン付近に整列して、PK戦の行方を見守ることになった。

日本の最初のキッカーである本田がPKをクロスバーの上に外したが、UAEの3人目のキッカーであるH・イスマイールも外した。結局、5人が蹴っても決着はつかなかった。そこからはサドンデス方式に突入する。先攻の日本にとって6人目のキッカーに指名されたのが、香川だった。

ボールを置いた香川は、左足でピッチを軽くつついた。シュートを打つ際の軸足を置く芝生が滑らないようにするためだ。きわめて冷静だった。

ボールとゴールを視界に入れながら、左足から後方へ下がっていく。足を止める。軽く息を吐き、小刻みにステップを踏んだ。動きを止めないように、勢いを持って助走をとる。右足で思い切りボールを蹴った。

しかし、ボールは、左のポストに跳ね返されてしまった。

思わず、両ひざをつく。呆然として固まっていた時間、およそ3秒。頭のなかは空っぽになった。だが、いつまでも座り込んでいるわけにはいかない。ハーフウェイラインのみんながいるもとへゆっくり足を進めていった。キャプテンの長谷部が迎えに来て、左手で頭をぽんぽんと叩いてくれた。

後攻のUAEの6人目のキッカー、アハメドのシュートが決まれば、日本の負けが決まる。アハメドのシュートはゴール左隅へ。川島が必死で手を伸ばした先に、ボールは飛んでいき、ネットに突き刺さった。王者として臨んだ日本のアジアカップはこうして終わりを告げた。PK戦を右隣で見ていた吉田麻也が「仕方がないよ」と短く声をかけてくれた。両チームが6人ずつ蹴っても決着がつかなければ、次に蹴ることになっていたのが吉田だった。

試合終了を告げるホイッスルが鳴ってから間もなくして、UAEのエースで、アフロがトレードマークのO・アブドゥッラフマーンと健闘をたたえるためのハグをかわした。そこから、ゴール裏につめかけたサポーターへと挨拶をしにいかないといけなかった。気が進まずにゆっくり歩みを進めていくとき、寄り添ってくれていたのは長友だった。ゴール前まで行って挨拶をしたはずだが、そのときのことを香川はほとんど覚えていない。

サッカーが楽しかった。自分がチームを動かしているという手ごたえがあった。だから、連覇を成し遂げられずに終わった責任がのしかかった。「PK戦は時の運だ」といわれるが、そんな言葉はなぐさめにもならない。

試合後は頭のなかを整理できずに、記者たちからいくつかの質問を受けて、スタジアムをあとにした。

翌日、シドニー国際空港は保安検査場を抜けると閑散としていた。香川は、免税店エリアの入口で、隣国ニュージーランドのクラブのユースチームの子どもたちに写真撮影をせがまれたくらいで、他に声をかけられることもなかった。

アジアカップを戦うなかで感じていた注目や緊張感とは切り離された静かな時間が流れている。人影はほとんど見当たらない。搭乗前に利用するVIPラウンジに入るまでという筆者との約束で始まった取材をさえぎるものはない。長いコンコースにある水平型エスカレータのゆっくりとしたスピードとリンクするかのような口調で、大会を振り返っていった。

「『手ごたえがすごくあった』というのは、負けて言えることじゃないですけど……おそらく、今までの代表の活動のなかで、個人的には一番楽しかった。UAE戦ではチームでシュートを35本も打って、あの結果だから『いつも通りじゃないか』と言われるかもしれない。だけど、今までで最も、手ごたえがあったんですよ」

手ごたえを覚えた理由は、2つあった。

1つ目が、これまでとは全く違う感覚で戦えていたから。

「今回は個人的なアピールを考えるのではなくて、日本代表のために、チームが勝つために、どうしたらいいのかを第一に考えてやってこられたから」

　チームの攻撃のほとんどが、自分を経由していた。もちろんプレッシャーはある。ただ、そんな立場になると、自分の勝ちたい気持ちと勝利を目指すチームの狙いとが見事に合致する。そんな役割を託された喜びがあった。

　２つ目が、サッカーに取り組む姿勢を変え、その効果を感じられたからだった。

「試合の一つひとつのプレーに対して、しっかりと自問自答できていたんです。そして、良いプレーをするために何をすればいいかが明確になっていた。一言で表すなら、サッカーに集中できていた。単純に聞こえるかもしれないけど、それはすごく大事なことで」

　でも、それらも、今はなぐさめにはならない。

　大会を振り返るときに浮かんでくるのはベスト４にさえ入れずにオーストラリアを去らなければいけない現実と、５人までのキッカーに選ばれなかったこと。そして、ＰＫを外した悔しさだった。

「５人のキッカーに選ばれなかったのは悔しかったですよ。でも、それは監督が決めることだから。それに実際、自分は外しているしね。まだまだ、『メンタル面』で足りないところがあるということでしょう。ただ、最後に自分のＰＫで終わったことは……不思議に感じるけど、何らかの意味があると思っているから」

　ＰＫ戦で勝てば、ＧＫがクローズアップされる。負ければいつも、最後にシュートを外した選手に注目が集まる。ＵＡＥ戦では本田と香川の２人が外したが、人々の記憶に残るのは最後に外した香川のシュートである。

　批判の対象になるのが嬉しかったとドヤ顔で言うほどのポジティブさは持ち合わせていない。

　それでも、ＰＫを外した日本代表の10番として、批判の矢面に立たされた経験を、「自分には意味のあるものだった」と言える日が来るまで戦わないといけない。

　失意のブラジルＷ杯があった。

　ユナイテッドからは、ひっそりと去ることになった。

　大きな期待とともに復帰したドルトムントでも苦境に立たされた。

　そして、アジアカップではＰＫを外して、早々に大会を去ることになった。

　これらはわずか半年強の出来事だ。

「Ｗ杯からアジアカップまで、たくさんの悔しさを、こんなにも短期間で、味わいたくなかったですよ。ヨーロッパに移籍してから良い感じで来ていたけど、この1、2年はすごく悔しい思いがある。だけど、必ず意味があるから。そこから逃げたくないし。もっと、もっと、戦いますよ」

FROM SHINJI

試合翌日には意外と冷静に振り返っている感じがするかもしれないけど、ものすごく悔しかった。「優勝を期待されているのに、PKの一つも決められない。ブラジルW杯に続いて、オレは何をしているんだ?」

試合のあとでホテルに帰ってから、そんなことを考えては、悔しさをつのらせていた。あのときに連絡をとった親しい人たちからは、「ものすごいショックを受けていたね」と後に言われた。

逆に、「よく心が折れないであのあとも頑張れたね」と温かい声をかけてもらうこともあった。ただ、僕が不屈の精神を持っているというわけではない。

アギーレさんのサッカーの楽しさ、個人的なトレーニングを始めたことで得られた手ごたえが、心の支えになった。

UAE戦のことは悔しかったし、みじめではあったけど、ようやく自分のなかに芽生え始めていた感覚をなくしたくない、この感覚を失ってしまうのはあまりにもったいない、と感じていた。

それだけに、大会が終わってドイツに戻ってから、アギーレさんとの契約が解除されることになったのを聞いたときは寂しかった(*37)。あの状況ではどうしようもないし、その決定に口を挟むつもりも一切ない。

日本代表という国民から大きな期待を寄せてもらえる立場で、期待を裏切る結果になれば、批判されるのは当然だ。ただ、ベスト8という結果に終わったことで、アギーレさんの手腕が正当に評価されなくなるのは、申し訳なく思った。

素晴らしい監督だったし、プロになってからサッカーをする楽しさを最も感じさせてくれた監督のひとりだ。あの情熱的な指導も大好きだった。長くサッカーをやっていれば、またどこかで接点を持つこともあるかもしれない。

ちなみに、サラゴサで僕が住んだ家は、かつてアギーレさんがサラゴサの監督を務めていたときに住んでいた家のすぐ近くだ。自宅に帰るときにいつも彼の昔の家を目にしていた。

＊37　アギーレがスペインで監督を務めていた時代の試合に関する八百長疑惑により、現地の検察の告発が裁判所に受理された。それに伴い、その後の代表強化のスケジュールに支障をきたす可能性が生まれたために、日本サッカー協会とアギーレの契約が解除されることに。なお、２０１９年12月、アギーレには無罪判決が下された。

個人トレーニングから「考え方」を学ぶ

ユナイテッド時代には何が足りなかったのか。ドルトムントに復帰するときには簡単に活躍できると考えていたのに、苦しんだのはなぜだったのか。

いずれの問題も、チームが抱えていた課題とも関係してくる。

もちろん、チームの問題は、ひとりのサッカー選手がコントロールできるものではない。

では、自分にコントロールできるものは何なのか。周囲の意見にも耳を傾けながら、香川は考えていった。

そこで行き着いたのが、個人トレーニングだ。チームから課される練習以外の時間に、自分が成長するためのトレーニングができるのではないかと考えるようになった。

奇しくも、２０１５年の初頭にはまだドルトムントのチームメイトだったギュンドアンも、この年の7月にシティに移籍してからパーソナルトレーナーと契約している。この時期からヨーロッパのサッカー選手の間でも、トレーナーと契約して練習に取り組むのは常識となりつつあった。

２０１５年の1月からパーソナルトレーナーと契約をかわし、試合や練習から見えてきた課題を克服するために必要なものを考えていくことになった。

アジアカップ中もそうしたメニューを取り入れていた。例えば、あの大会では、夕方にチームの練習が組まれることが多かった。そこで午前中にはホテルに併設されているジムや部屋で身体を動かすことにした。疲労がたまっていると感じたときにはトレーナーに習ったストレッチに時間を割いたし、疲れを感じていなければ、身体を「起こす」ようなメニューを組んでいった。

ベッドから出れば、意識は起きている。でも、身体はそうではない。自分の思い通りに身体が動かせる状態になるように、ストレッチなどを通して身体を「起こす」必要がある。

成果は2つあった。

ひとつは、肉体的な変化だ。

試合のなかでドリブルを仕かければ、相手チームの選手はそれを防ごうとしたり、ボールを奪おうと、フルパワーで向かってくる。一発でかわせればよいが、相手が来るのは前方からだけではない。背後や横から来たりもする。そんなときには腕などを使って、相手をブロックしないといけない。

「腕の使い方については、イニエスタやE・アザールなどが上手いですよね。身体の厚さやもともとの筋肉の量が違うとはいえ、彼らも世界的に見れば身体の小さい選手。身体を寄せてくる相手選手をプロテクトしながら、ドリブルでボールを運ぶ彼らのような動きが自分にも必要だと思っていました。そこで肩甲骨を有効に使うためのメニューを一緒になって考えて、実際に取り組む。それはあくまで一例ですけど、地道にやっていくしかないんです」

もっとも、身体の変化には時間を要する。ダイエットとはわけが違う。効果が出るのは、ずいぶん先になる。

アジアカップで実感したのはむしろ、もうひとつの成果だった。

意識の変化である。

チームで行なう練習以外に、自分の身体を鍛えるために必要なトレーニングを取り入れようとすれば、普段の生活の習慣、リズム、サイクルも見直していくことになる。

あの大会では、自分の課題や欠点を克服しようとすることで、チームの練習にも明確な目的を持って取り組めるようになった。

アジアカップが終わり、拠点となるドルトムントに戻ると、日々の生活にトレーニングを取り入れる作業が本格化していった。

「結局、自分のようにずば抜けた身体能力のない選手がヨーロッパで戦うためには、チームメイトと一緒にやるトレーニング以外の部分で、身体能力の差をつめていくしかない。その差に絶望したり、驚いたりするのではなくて、向き合っていけるようになりましたね」

成長するために個人的なトレーニングをしようと決心したとする。

まずは、その時点で自分にできること／できないことに分けるか、自分がしなければいけないこと／する必要がないことに分けて考えなければならない。

そのうえで、自分にできることのレベルを上げ、自分がしなければいけないことに取り組んでいく必要がある。

プロならば、そうするのが当然だと思われるかもしれない。

しかし、プロになったからといって、そんなことを手取り足取り教えてもらえるわけではない。適切な努力をするための思考法を教えてくれる人なんてほとんどいない。ましてやサッカーは集団競技だから、深く考えず、チームから与えられるメニューだけに取り組んで現役を終える選手もいる。

そもそも、香川は入念にプランを立てて、サッカーに取り組んできたタイプではない。

あるときは本能のままに、あるときはガムシャラにサッカーをしてきた。そして、プロ2年目の途中、18歳のころから、試合に出て学べることを吸収していった。

でも、ユナイテッドでの2年目で大きく出番が減り、ドルトムントに復帰してからも思うようなプレーが見せられなくなった。

このままではダメだ。何かを変えないといけない。

そう感じていたから、パーソナルトレーニングを始めた。

当初の目的は、活躍するための身体作りだった。

しかし、その過程で得られたのは、香川に決定的に欠けていたものだった。現状を分析して、取り組むべきことを明確にする術を身につけられたことは、キャリアを重ねるにつれて、より大きな意味を帯びてくるのかもしれない。

このシーズン終了後のオフでのこと。FCみやぎ時代のチームメイトと一緒に、毎年恒例となっている旅行に出かけたときに、こんなことを言われた。

「真司ってさ、『考えすぎるタイプ』とよくマスコミなどに書かれているけど、実は考えることが苦手だよね」

そのときはピンとこなかった。でも、その言葉が頭に残った。

旅行が終わり、頭に残っている友の言葉の意味を考えるようになった。しばらくして、ハッと気がついた。

それまでの自分は考えているようでいて、深く考えてはいなかった。むしろ、悩んでいただけだったんだ。

パーソナルトレーニングは、そんな事実に気がつかせてくれた。

重いバーベルを持ち上げ、それまで着ていた服がパンパンになるくらいの筋肉がつけば、わかりやすいのかもしれない。この時期に香川が気づいたのは、筋力トレーニングと比べれば、はるかに〝わかりづらい〟ことである。

しかし、そこにこそ意味がある。

この経験が、長く現役でプレーしていくうえで、かけがえのない財産になる。

香川は、そう確信した。

FROM SHINJI

W杯に負けて、ユナイテッドをあのような形で去ることになって、ドルトムントでも上手くいかなかった。当初は「なんでこんなことになるんや」と嘆くだけだった。ただ、あのころの自分に声をかけられるのなら、「ドルトムントに復帰してから、日々の生活の全てをサッカーのために捧げていたのか?」と問いただしたい。当時の僕はそう問われたら、何も答えられないはずだ。

ドルトムントに復帰してから、何とかしないといけないと感じながらも、ポカーンとしたままで無駄な時間を過ごしていた気がする。状況を変えるために、どう考えて、何をすればよいのかわからなかった。それに、ブラジルW杯以降のショックを引きずっていたところもあったから……。そうした傷も時間とともに少しずつ癒えていき、個人的なトレーニングをしようと考えるようになった。

その過程で、自分が間違っていたことにも気づくことができた。

例えば、ユナイテッドにいたときには、試合が昼過ぎから行なわれる場合には、朝から試合直前まで自由に過ごせた。当時の僕は疲れをためないようにと、ベッドに横になっているだけのことも多かった。でも、そこで身体を起こすような作業をすべきだったのだ。

あのころのユナイテッドは経験豊富な大人の集団だったから、そういうことをわざわざチームで行なわなくとも、それぞれの選手が、それぞれのやり方で取り組んでいたのだと思う。

今になれば、当時のことが悔やまれるが、そうした一つひとつの行動の「意味」を教えてもらえるような機会はほとんどない。だから、自発的に色々なことを学ばないといけないということなのだろう。

もっとも、そうやって学ぶことの意義は誰かに指摘されるだけでは気づけない。その必要性を自分の頭で理解して初めて、行動に移せるものだ。

僕の場合は、25歳から26歳になるタイミングで、ようやく気がつけた。それがこれから先、大きな意味を持ってくると思う。だから、もしもこの本を当時の僕より若い人が読んでくれていて、何かのヒントになったら嬉しい。エラそうに感じるかもしれないけど、僕はそう願っている。

一度、負けを認めてみる

誰かに言わされたわけではなく、自らの意志で語る。それは次のステージへと上り始めていることを意味していた。

2015年8月13日。新シーズンの開幕を直後に控えて、香川はドルトムントのフェニックス・ゼーにいた(＊38)。ドイツ語で「不死鳥の湖」を意味するこの場所は、郊外に人工的に作られた湖だ。ドルトムントの試合のあとや週末の夜には空になったビール瓶であふれている繁華街の喧騒(けんそう)からは想像すらできないような、静かで、穏やかな時間が湖の周りには流れている。お気に入りの場所でもあった。

新たなシーズンを前に、香川は話し始めた。

「これまで思うような結果が出ない経験もしましたけど、その『原因』もなんとなくわかった気がします」

「原因」とは何なのか。その答えを口にするのには少しためらいがある。沈黙が、生まれる。

そして、覚悟を決め、語り出した。

「これまでは心のなかで、『まぁ、これくらいでいいや』と満足してしまっていましたよね。ユナイテッドには、もともと持っている能力やポテンシャルだけを見たら、自分がかなわない選手がいたかもしれない。でも、あのときの自分には、そういう選手を押しのけてでも勝ち上がっていくメンタリティーがなかった。サッカー選手として、自分にしっかり向き合えていなかったということですよ」

ユナイテッドでプレーしていたときには、周囲から厳しい指摘を受けたたときに、「状況を最もわかっているのはオレですから」と強がったこともある。ドルトムントに復帰したシーズンには、2010年からの2年間にいた時期と比較され、批判を受けたときに、反射的に反発してしまうこともあった。

でも、このときは違った。

ある意味で、負けを認めたのだ。

それは筆者らを驚かせた。反省を口にするように求めたわけでもなく、香川の過去を批判したわけでもない。自分から、足りないものを口にしたのだから。

苦しい時期を過ごしていた原因を、外部に求めるのは簡単だ。

監督が悪い、チームメイトと感覚が合わない、クラブの方針がブレている、運がなかった……。

しかし、それでは努力しようという気などわいてこない。だから、成長もない。

望むような結果を残せなかった理由を、自分のなかに見出して、そこから這い上がっていく。そんな覚悟ができたのだ。

香川の考えていることに目を向けてこなかった人たちは、移籍したタイミングや、タイトルを手にしたタイミングにターニングポイントを見出すかもしれない。

でも、人生がそんな単純であるはずがない。パッと見ただけではわかりづらいようなところにこそ、真実はある。

香川は力をこめてこう宣言した。


「ユナイテッドのときもそうでしたけど、上のレベルに行けばすごい選手がたくさんいる。今になって考えると、彼らは本当に貪欲だったなと感じます。ただ、これでオレの人生が終わるわけではないから。そういう選手たちにどうやって立ち向かっていくかといったら、トレーニングの質を上げていき、普段の生活の全てをサッカーのために捧げる。要は、努力の質と量で勝負していく。そういうところで、彼らに負けないものを作っていくしかない。そう思っています」


腹をくくった効果は確かにあった。

8月16日のブンデスリーガ開幕戦のボルシアMG戦の直前までスタメンになれるかどうかははっきりせず、前日の夜にはかなりのプレッシャーもあった。それでも、インサイドハーフのポジションで先発して、アシストを記録。チームも4－0で最高の滑り出しを見せた。

ブンデスリーガの前半戦では17試合で、4ゴール、7アシストを記録した。およそ3試合に2試合のペースでゴールに直接絡むなど、順調なスタートを切った。

この年の1月のアジアカップでアギーレ監督のもとで任されたポジションを、トゥヘル新監督に任されたことで、香川自身も手ごたえを感じていた。それまでのトップ下よりもひとつポジションを下げたものの、セカンドアシスト（ゴールの起点となるもので、アシストのひとつ前のパス）は最終的に、このシーズンのリーグ最多を記録することになる。実に12本を数えた。

言葉だけではなく、自らのプレーでも、次の階段を上り始めたのを証明することになった。

FROM SHINJI

このシーズンの開幕前からは毎日、毎日、どうしたらサッカー選手として成長できるのか、サッカーが上手くなるかを考えるようになった。その効果は試合のピッチに立ったときに実感した。それまでとは確実に違う、根拠のある自信を持って、試合に入っていけるようになった。

前シーズンの苦しい状況から脱していくために何をしないといけないのか。そのヒントを得られたわけだから、この時期に考えたこと、気づいたことは自分にとって大きな意味があった。

＊38　人工の湖であるフェニックス・ゼーを整備するための工事が始まったのは、香川が初めてドルトムントにやってきてまもない、２０１０年の10月だった。街の中心部から少し離れたこの場所に湖ができて、その周囲にレストランなどが建てられるという再開発プロジェクトだった。今では周囲にレストランが並び、多くの人でにぎわっている。ドルトムントの選手の行きつけの店も多く、選手たちのサインが大量に飾られているレストランもある。

監督のもとを訪ねる意味とは

活躍の場を手にするために汗を流してきたのに、ふとしたきっかけで、そのポジションをあっさり失ってしまうことがある。

それが、この世界の難しさである。

トゥヘル新監督のもとでスタートした２０１５－16シーズン、開幕からしばらくは順調そのものだった。レギュラーとして試合に出て、たくさんのゴールに絡んでいった。

歯車が狂うきっかけは、ドルトムントの外にあった。

11月に行なわれた日本代表の東南アジア遠征だ。シンガポールとカンボジアで、アウェーゲームが続いた。この年の11月、ヨーロッパは例年より寒さが厳しかった。本格的な冬の訪れを前にして、マイナス5℃を下回る日も少なくなかった。そこから30℃を超える東南アジアへと移動して試合を行なうのだ。その温度差は40℃近い。心身ともに大きな負担となる。明らかに格下の2チームとの対戦は難なく2連勝したのだが……。

結局、この遠征では多くの選手がダメージを負うことになった。

ドイツの隣国オーストリアでプレーしていた南野拓実は、所属するザルツブルクで絶好調だったが、この合宿以降に調子を崩すと、ロシアW杯が終わるまで代表に選ばれることはなかった。当時はドイツのハノーファーでプレーしていた清武は、カンボジアでの合宿中に右足の第五中足骨を骨折してしまった。同じくハノーファーに所属していた酒井宏樹はドイツへ戻ってから、風邪を引き、コンディション不良で計3試合を欠場することになった。ヨーロッパで戦うどの選手にとっても、過酷な環境だった。そんななか、最も厳しい日程が組まれていたのが、香川だった。

火曜日の夜にカンボジアで試合があり、翌日の朝に現地を出て、半日以上かけて、ドルトムントへ戻った。それが水曜日の夜のこと。木曜日の午前中にチームで練習を行なった後、午後には特急で3時間かけてハンブルクへと移動。金曜日の夜にはハンブルクでの試合が待ち受けていた。

カンボジア戦のあと、自宅のベッドで休めたのは水曜日の夜だけ。長距離の移動がなかったのは試合当日だけ。そんな状況で迎えたハンブルク戦では、トゥヘル監督が就任してから初めて、ハーフタイムで交代を命じられた。その2試合後からはスタメンから外れるようになり、少し嫌な流れのなかでウインターブレイクを迎えることになった。

その期間に、トゥヘル監督はチームの戦い方を変えていくと宣言した。

「我々は再生するんだ！」

それが合言葉だった。

この前のシーズンのドルトムントが得点力不足に苦しんでいたこともあり、シーズンの前半戦では攻撃の改善に着手していた。香川のポジションがそれまでのトップ下からインサイドハーフへと変わったのもその一環だった。

確かに、その効果はあった。実際に、前半戦が終わった時点で得点数ではバイエルンを1点上回っていたのだから。

ただ、そのバイエルンとの直接対決では守備が崩壊して、1－5と大敗していた。前半戦が終わった時点で2位につけていたドルトムントの明らかな弱点は、守備のもろさに変わっていた。17試合を終えた時点で、23失点。これは最下位でシーズンを折り返したホッフェンハイムと2点しか違わないもので、8失点の首位バイエルンと比べると、なんと15点も多かった。

そこで、トゥヘル監督は守備の整備に手をかけることにした。

目につきやすい変化を挙げるなら、ドルトムントが攻撃を仕かける際に後方に残っている人数がひとり増えた。相手のカウンターに備え、守備への意識を高めることが目的だった。

ただ、選手からは不評だった。得点力不足は改善されていたし、ゴールがたくさん決まる試合には誰だって喜びや楽しさを見出せるからだ。

確かに、チームの戦い方を変えた効果はあった。リーグ戦の1試合あたりの平均失点は大幅に減り、前半戦の1・35点から、後半戦の0・64点へと、半分以下になった。ただし、得点数も減ってしまい、バイエルンに勝ち点で8点も及ばず、最終的にはリーグ2位に終わることになる。

前半戦の香川に与えられたインサイドハーフのポジションは、戦い方の変化とともになくなった。フォーメーションも変わっていったからだった。

求められるものの変化に、香川は戸惑っていた。

そして、2月6日に行なわれたヘルタとのアウェーゲームでは、ベンチ入りメンバーからも外されてしまう。シーズン後半戦の3試合目のことだ。

2010年7月にドルトムントに加入して以来、怪我でもコンディション不良でもないのにベンチ入りメンバーから外れたのはこのときが初めてだった。

だからヘルタ戦の試合直前、香川がベンチに入らなかった理由を中継カメラの前で問われたトゥヘル監督のコメントが大きなニュースになった。

「GKをのぞけばアウェーゲームに連れていけるのは16人しかいない(＊39)。今回、シンジはそのなかには入れなかったが、怪我をしたわけではない」

香川がベンチメンバーからも外れたことはその後も話題に挙がり、トゥヘルは後日、記者会見でもコメントを求められていた。

「今回の決定の理由を繰り返し聞かれたし、その反響もわかる。ただ、単なる気まぐれで彼をベンチから外したわけではない。シンジには話をしたし、彼との間で何か問題があったわけではない。今の彼が持っているものを100％出せる状態にないと判断しただけだ。もちろん、彼にとって厳しい判断だということは理解している」

　その言葉の通りに4日後のシュトゥットガルトとのドイツ杯ではベンチ入りして、試合終了間際から香川は途中出場を果たすことになったのだが……。

　その少しあと、香川はある行動に出た。試合に出るために何が足りないのかを聞きに行くことにしたのだ。プロになってから、自らの意思で監督室を訪れるのは初めてだった。もっとも、こうした対話は、ヨーロッパではよくあることだ。

　その席で、トゥヘル監督から言われた。

「シーズンの前半戦と比べると、イージーなミスが見られるし、私はシンジのプレーの質に物足りなさを感じる」

　もちろん、それで全てが解決するものではない。

　だが、ヨーロッパでは沈黙は悪である。黙っていたら、何を考えているのかは理解し合えない。そうやって話をすることで、監督が気分を害することもない。ならばアクションを起こすべきだ。

　何より、ひとりでウジウジ悩む香川はもういなかった。成長するために何が必要なのかを考え、行動するようになっていた。

　ささいな出来事に映るかもしれないが、そうではない。このアクションは、香川がヨーロッパで戦う一人前のフットボーラーになったことを意味していた。

　その甲斐（かい）もあって、そこからは少しずつ出場時間を延ばしていった。

　ようやく、この苦しい状況を抜けたと思えたのは、4月21日のドイツ杯の準決勝、ヘルタ戦だった。ヘルタが本拠地として使用しているベルリンのオリンピア・シュタディオンでのアウェーゲームだった。

　ドルトムントは、前の週に行なわれたヨーロッパリーグの準々決勝でリバプールに敗れ、敗退が決まっていた。ブンデスリーガでも、首位バイエルンと勝ち点差が大きく開き、シーズンの残り1ヶ月の時点で優勝もほぼ絶望的になっていた。

だからこそ、優勝の可能性が残っていたドイツ杯は、チームにとって大きな意味を持っていた。そんな試合で先発した香川は、エースのロイスへのアシストを含めて、3ゴール全てに絡んで、決勝進出を決めた。

試合のあと、シャワーを浴びてスッキリした表情の香川はこう切り出した。

「長いシーズンのなかでは苦しむ時期もあるかなと思っていましたけど、予想以上に長く感じましたね。もちろん、フラストレーションがたまる時間もたくさんありましたよ。でも、今は『自分がやるんだ』という強い気持ちを持ってやれています。そういうメンタリティーはすごく大事なんだなということに改めて、気づきましたね」

およそ1ヶ月後。同じくベルリンで行なわれたバイエルンとのドイツ杯の決勝はPK戦にもつれ込んだ。1人目のキッカーを務めたのは香川だった。ゴールの前に構えるのはドイツ代表でも活躍するGKのノイアーだ。アゴを引いて助走をとった香川は、ノイアーのプレッシャーにも動じることなく、ゴール正面に思い切り良くボールを蹴り込んで、ゴールネットを揺らした。あのアジアカップ以来のPKだった。

PK戦の結果は3－4でバイエルンに敗れてしまったから、晴れやかな気持ちとはならない。でも、苦しんだ時期を経て、成長を感じながらシーズンを終えられたことは確かだった。

FROM SHINJI

シーズン前半戦はチームとしても、個人としても、攻撃面で手ごたえがあった。それだけに、後半戦に入って戦い方が変わってからは、なかなか意識を切り替えられないでいた。むしろ、チームメイトも戸惑っていることを知って、安心したことを覚えている。

ただ、全てを決める権利が監督にはある。言われた通りに動くロボットになる必要はないが、求められているプレーができることを選手はしっかり示さないといけない。

今になったから話せることだけど、ベンチにさえ入れてもらえなかった時期には、練習で監督から厳しく指摘を受けたときや叱られたときに、面白くなさそうな態度をとっていたことはあったと思う。トゥヘル監督はかなり厳しく指導するタイプなので、そういう態度が出てしまったことはあった。

ただ、監督と話をしに行ってからはそういう態度は改めた。監督と一度、話しただけで、思うように試合に出られない状況がいきなり解決することはないし、胸のなかのモヤモヤが一気に晴れることなんてありえない。

それでも、監督が何を求めているのかを知ることで、普段のトレーニングで心がけることが変わってくる。膝をつき合わせて話すなかで、自分の考えていることや思っていることを伝えて、スッキリする面もある。

選手から見れば、監督はひとりしかいない。でも、監督から見れば、選手はチームにいる25人から30人のなかのひとりだ。一人ひとりの細かい変化に気づくよう求めるのは無理がある。自分のことを自らの口で伝えて、ようやく、気がついてもらえることだってあるのだ。

それに、きちんと話をした以上は、自分の言葉に責任が生まれる。口だけではなく、実際のプレーで監督を見返るようなものを見せなければいけなくなる。

あのときの僕もまさにそうで、監督との対話を通して、気が引き締まった。それがシーズン最終盤でのプレーにもつながったと思う。

＊39　通常の試合でメンバー入りするGKは2人だから、それ以外のフィールドプレーヤーが16人という意味。ただ、当時のブンデスリーガでスタメンとベンチを含めて18人だった試合登録メンバーの上限は、2019－20シーズンから20人へ変更になった。

経験の意味をはき違えたら終わり

前向きな気持ちで、トゥヘル監督のもとでの2シーズン目を迎えたつもりだった。

リーグ開幕の4日前に行なわれたドイツ杯のトリーア戦では、2ゴールを決めた。この試合の2点目は、ドルトムントでの公式戦で決めた50ゴール目となるメモリアルゴールだった。

コンディションも良く、大きな期待の持てるシーズンになりそうな気配があった。

しかし、そう簡単にはいかなかった。

このシーズンのドルトムントは、転換期を迎え、積極的な補強に乗り出していた。より正確に記すならば、補強に打って出ざるをえなかったという方が正しい。

というのも、前のシーズンが終わったあとに、長年チームを支えてきたフンメルス、ムヒタリアン、ギュンドアンという3人の中心選手が移籍したからだ。彼らはいずれも中堅からベテランにさしかかろうとするタイミングで、さらなるステップアップを選んだ。その背景には、前のシーズンのトゥヘル監督のもとでの戦いに限界を感じた部分もあったとされる。

彼らの代わりにやってきたのが、サイドのポジションでスピードやドリブルを武器にした選手たちだった。翌年にはバルセロナに1億500万ユーロ（当時のレートで約135億5000万円）の移籍金で引き抜かれることになる、当時19歳のデンベレはその筆頭だった。しかも、新加入選手は全て、当時27歳の香川よりも若い選手たちだった。

開幕にあたって、香川はこう話した。

「新しい顔ぶれを見ると、サイドアタッカーが多い。スピードや、ドリブルはすさまじいクオリティがある。自分は上手くボールを受けながら、コンビネーションで相手の守備を崩すことができる。彼らの良さを活かすことを基本にしてやっていきたいです」

一人ひとりの仲間の特長を的確にとらえていた。ある意味で、その見立ては正しいといえるのかもしれない。

しかし、大切なことを忘れていた。

攻撃的なポジションは守備的なポジションとは違う。チームのバランスをとろうと思ったり、他の選手を活かそうとするばかりでは、試合に出るチャンスさえ得られない。

それなのに、あのころは「僕はベテランという年齢ではないですけど（笑）」と断りつつも、こんなことを話していた。

「サイドのポジションの若い選手たちは、とにかく速いから（笑）。そして、勢いもある。ポテンシャルが高いので、彼らに自信を持たせたら、本当にすごいパワーを発揮すると思います。ここから10年、15年と活躍を続けるのは大変ですが、彼らがこれからどうなっていくのか楽しみです」

さりげなく口にしたことではあったが、〝らしからぬ〟発言だった。

「『アイツは上手いよね』とか、『アイツは天才だから、かなわないよね』と言うのは好きじゃない。そんなことは絶対に口にしなかった」

そう言うのが本来の香川だったはずなのに……。

若い選手が増えて、チームのなかでも中堅より上の立場になった。年齢を気にして、大人ぶっていた。その結果、小さくまとまってしまった。

ある程度の経験を積んだからといって、上手くバランスをとろうだなんて、甘すぎる。

経験はサッカー選手の力になるものだが、それに甘えてはいけない。色々なところに目を向けられるようになったからこそ、自ら野心に火をつけて戦っていかないといけない。

今の香川なら、そう断言できる。

でも、当時は経験の意味をはき違えてしまっていた。そんな心の隙が、パフォーマンスに影響しないわけがなかった。

シーズン序盤の山場となった、9月28日のCLのレアル・マドリード戦では、ベンチ入りメンバーからも外れた。シーズン前半戦のもうひとつの山場である11月19日のブンデスリーガのバイエルン戦でも、ベンチ入りしたものの、出番は与えられなかった。

何より、自分のパフォーマンスではなく、周囲のパフォーマンスを活かすことに意識を向けたせいで、明らかな変調をきたしていた。

このレベルでプレーしている選手にはありえないようなミスをするようになってしまった。

12月21日のアウクスブルク戦のこと。左サイドからのクロスに合わせてシュートを打とうとしたら、豪快に空振りしてしまった。他の場面でも後方からのパスを受ける瞬間に素早くターンして前を向こうとしたら、トラップしようとした右足ではなく、身体を支える左足にボールが当たってしまったこともあった。

小さいころからボールを扱う技術に自信を持っていた香川の特長を考えれば、信じられないようなミスが続いた。

試合に出られない時期なら、経験したことがある。

しかし、信じられないようなミスがここまで続くようなことはなかった。そんな状態で、ウインターブレイクを迎えることになった。

FROM SHINJI

あのころを振り返ってみると、練習に身が入らなかったわけではない。でも、いざ試合に出るチャンスが巡ってきたときに、自分の持っている力を発揮できなかった。

なぜだろうか。

まず、チームが試合に勝てればいいだろうと安易に考えてしまっていた自分がいた。チーム全体のことを見回して、バランスばかりを気にしていた。

自分を表現することや、自分の良さを出すことでチームの勝利につなげていこうとする意欲をなくしていた。

「チームが良い結果を残せるように頑張ります」

そんな優等生のような心がまえだけでは、この世界でのし上がってはいけない。

もちろん、究極の目標はチームが勝つことだ。でも、攻撃的なポジションの選手は、相手の反撃を受けるリスクも、チームにかかわる人たちの人生も背負い、それでも仕かけていかないといけない。それくらいの覚悟がなければ、良いプレーなどできないのだ。

不思議なもので、チームメイトを活かすことや、チームの勝敗だけを考えてサッカーをしていると、ミスを恐れるようになる。ミスを恐れているから、試合のなかで、信じられないようなミスを犯してしまう。禅問答のようだけど、ミスをなくすには、ミスを恐れない大胆な気持ちが必要なのだ。

悔しいことだったけど、そんな状態が続いていたから、当時は日本代表でも出番は減っていった。あのままで良いはずがなかった。

原点とともに、もう一度……

苦しかった2016年の終わりを、香川は神戸の実家で迎えた。

セレッソでプロになってからは、友人やチームメイトらと新年を迎えて、初詣に行くことが多かった。2010年にドルトムントに移籍してからは、短いウインターブレイク中に友人や恩師と会うなど年末年始はせわしなく動いていた。2012年と13年の年末は、休みなく試合が組まれているイングランドでプレーしていたので、マンチェスターの自宅で新年を迎えた。

実家で年末年始をゆっくり過ごすのが何年ぶりのことな

のかすら、覚えていなかった。

頭と心をリセットするための時間であったし、新しい自分を見せるためのパワーをためる時間でもあった。家族以外の誰かと会うでもなく、静かに過ごしたのにはもちろん、理由があった。

ある人たちからのメッセージを思い返しつつ、2017年からの新しい取り組みについて考えていたからだ。そのメッセージが経験したことのない苦境を打開するためのヒントとなった。

前年の11月の終わりごろだったと香川は記憶している。FCみやぎ時代の関係者から、愛のこもったメッセージを受け取ることになった。

香川らしいプレーが失われていたことを、彼らも感じ取っていたということだろう。彼らの言葉は一見すると、辛らつなものだった。

「土のグラウンドで、先輩に挑んでいたころの泥臭さはどこへいった?」

「日本代表や選抜とも無縁だった若いころのガツガツした姿勢は、もうないのか?」

「メディアやファンに作り上げられた香川真司像をキレイに演じようとしているんじゃないか?」

「代表では10番になった。日本人選手のなかで最もUEFAのランキングの高いクラブでプレーするようになった。日本人で最も高い給料をもらうようになった。それで、満足してしまったのか?」

「真司は、天才プレーヤーにでもなったつもりなのか?」

厳しい意見の数々が、むしろ嬉しかった。

日本代表に定着して、ヨーロッパで活躍するようになったことで、「〝あの〟香川真司さんですよね」と低姿勢で接してくる人は増えていった。気がつけば、自分のことをやたらと持ち上げてきたり、うわべだけのほめ言葉をかけてくる人ばかりになっていた。

一方で、厳しい意見をくれる人は減っていく。日本のクラブでプレーしていれば、自分の変化を見逃さず、ときに厳しく、ときに優しく声をかけてくれるコーチや先輩がいるのかもしれないが、海外では、良くも悪くも、放っておかれる。

名もない中学生だったころの香川を知っている人たちには、そんな配慮なんてない。あのころと同じように、厳しい意見をぶつけてくる。

そして、忘れかけていたことを思い出させてくれた。

「組織力を活かしたサッカーが主流のなかで、『ドリブルができる選手が、タイミングをはかってパスを出すことはできる。でも、パスしか出せないヤツにはドリブルなんてできないぞ！』と鍛えられたわけです。だから、どんな状況でも必死にゴールへ向かっていったし、ドリブルを仕かけていた。そういう姿勢をなくしたら、つまらないサッカー選手になるだけだし、自分のキャリアも終わりだと自分に言い聞かせるようになりました」

　自分のキャリアは雑草そのもの。むしろ、お腹が空けば雑草を食いちぎってパワーにして、またボールを蹴っているくらいハングリーな少年だったはずだ。辛らつなメッセージは、そんな自分のルーツを思い出させてくれた。

「やはり、ＦＣみやぎ時代を知る人たちの指摘は的確で、自分の胸にスッと入ってきた。子どものころに描いていた夢を一つひとつ実現してこられたのは、仙台で築いた土台があったから。あそこで培ったものは、絶対に忘れてはいけないと改めて気づかせてくれた。本当に大きな出来事でした」

　ユナイテッド時代には、チームメイトたちを上回るような野心が足りなかった。

　チームに若い選手たちが増えたこの時期は、小さくまとまってしまった。

「香川は、つまずいてばかりだ」と言う人がいるかもしれない。

　でも、失敗だと言われたら、そんな評価をひっくり返していく。それが土にまみれた雑草として生きてきたオレの生き方だ。

　改めて、そう考えられるようになった。

　だから、１月２日、人もまばらな羽田空港で香川はこう語った。

「僕が戦っているのは、簡単に結果が出るほど甘い世界ではないです。昨年は悔しい思いをたくさん味わいながら、そう実感しました。僕が結果を貪欲に求めていける選手であるかどうかは、自分自身のこれからにかかっていると思います。才能あるヤツらがドルトムントにはいます。彼らに打ち勝つには、彼ら以上の強い気持ちを持って戦っていかないといけない」

　香川真司とは、どんな選手なのか？

「これから、それを証明していきたいなと思っています」

　プロサッカー選手としての、２度目のスタートだった。

香川はここから、再生することになる。

FROM SHINJI

あのメッセージは胸に響いた。もらったメッセージは、今もスマホに保存してある。

練習前に気分が乗らないとき、試合で思うようなプレーができなかったとき、悩んだときに見直す。自分を奮い立たせるために。

長所を伸ばすトレーニングへ

サッカー選手としての原点を見つめ直したことで、次の一歩が定まった。

自分の強みを磨いていくために、新たなパーソナルトレーナーとして神田泰裕を迎え入れることにしたのだ。

神田はFCみやぎジュニアユースのチームメイトで、ともに戦った仲間である。高校からは別々の道を歩むことになったが、大学を卒業したあとにフィジカルトレーナーになっていた。高校や大学、あるいはJ3の下にあるJFLのチームでもフィジカルコーチを務めてきた。

彼に声をかけたのには、理由がある。

「あの2年間でそれまでの身体のバランスの悪いところなどは克服できたけど、そこに意識を向けすぎた結果として、本来の自分が得意としていたトラップやターンをしようとするとき、身体が上手くついてこなくなる部分がありました」

課題の克服に目を向けすぎたせいで、自分の得意なプレーを繰り出す意欲が薄れてしまった。本来は香川の武器であるはずのテクニックのミスが前年の末に続いてしまった原因も、そこにあるように感じた。「これをやる」と決めたら、とことん突きつめたくなる性格が、災いしたといえるのかもしれない。

自分の原点に目を向けたことで、長所を武器に戦っていこうという覚悟ができた。そして、そのためには、新しいパーソナルトレーナーが必要だった。

しかも、神田はFCみやぎでともにボールを蹴った同志である。そこで香川はサッカー選手としての礎を築いた。わざわざ言葉に表さなくても、共有できる感覚がある。

2人で相談しながら、メニューを考えていくことになった。香川が妥協することはないし、神田にも遠慮はなかった。
当然のことながら、新たなトレーナーと一緒に練習を始めたからといって、すぐに身体に変化が表れるわけではない。その効果は、半年や1年という長いスパンでしか測れないものだ。すぐに成果が出るのなら、誰だってスーパースターになれる。大切なことは、継続していくことや、練習を重ねるなかでその質や強度を改善していくことである。

ただ、身体以外の変化、つまり、意識が変わったことによるポジティブな効果はさっそく表れていった。

例えば、2月18日のヴォルフスブルク戦のあと、知人からは「守備のときに激しく競り合っていたね」と言われた。もちろん、守備力を鍛えるためのトレーニングなどしていない。

心がけていたのは、自分の強みを意識すること。そうすることで、強気になれた。一つひとつのプレーには、気持ちが反映される。だから、そんな風に映ったのかもしれない。

あるいは、翌月のレバークーゼンとの試合では、香川自身も実感することがあった。

「守備から攻撃に切り替わったときの、最初の一歩をすんなり踏み出せるようになった気がする。それまでは変な力が入っていたのかもしれない」

この時期から出場時間が延びていくのだが、3月に入るとトゥヘル監督から、こう声をかけられた。

「最近のシンジは調子が良さそうだな。この状態を続けていけよ！」

普通であれば喜びそうな言葉だが、このときばかりは、悔しさを覚えた。

というのも、自分のなかでは、この年の頭から意識は明らかに変わっていたし、それがプレーにも反映されているという手ごたえがあったからだ。「3月になって初めて気づいたのですか？」と内心で思わないでもなかった。

でも、監督がどう考えるかは、自分で決めることはできない。

もしも監督がそう感じたのだったら、今度は「調子が良さそう」ではなく、「成長したな」とか、「一皮むけたな」と感じさせるだけだ。そんなところでも強気に考えられるようになっていた。

他にも、この年からは自宅のリビングルームに大きなホワイトボードを設置した。そこに試合やチーム練習のスケジュールを書き込む。そのうえでパーソナルトレーニングのテーマやメニュー、時間なども書き加えて、それらを常に目に触れられるようにした。何気なく過ごす時間のなかでも、サッカーのことを常に意識できている気がして、このスタイルが気にいった。

新たに映像分析をするためのスタッフと契約したのもこの年からだ。トレーニングに役立てるために、試合中には気がつかなかったことを発見するために、映像やデータを用意してもらうことにした。現在では試合のあとにシャワーをあび、取材を受けてからスタジアムを出る時点で、少なくともその試合の前半を振り返ることができるように、映像を作ってもらっている。

全ては、自分の長所を発揮して、ライバルたちを超えるため。反撃のための体制は、着々と作られていった。

FROM SHINJI

自分の欠点や課題ばかりに目を向けてしまったという反省を差し引いても、2015年から始めた最初の2年間のパーソナルトレーニングには意味があったと思う。サッカーを中心にした生活を送れるようになり、成長していくために何が必要なのかを自らの頭で考えていけるようになったのだから。

だから、FCみやぎ時代の恩師たちからアドバイスをもらったときに、「自分に欠けていたものはこれだ!」とすぐに気がつき、意識を大きく変えていけたのだと思う。それ以前の僕だったら、あのアドバイスの意味に瞬時に気がつくのは難しかったかもしれない。

もしも若い選手から「パーソナルトレーニングを始めようかと思っているんですけど……」と相談されたら「まずは、やってみたらいいよ」と答える。

もちろん、「パーソナルトレーニングをすることに効果があるのかな?」と悩んで、一歩を踏み出せない気持ちはわかる。トレーニングを始めるときに、1年後の答えはわからないし、もしかしたら成長するにつれて、自分に合わない部分も出てくるかもしれない。でも、それだって、トレーニングを始めなければ気がつかない。

どんなトレーナーの人に頼もうかと考え始めたときから、自分と向き合い、考える作業は始まる。もちろん、お金も時間も投資することになるから、自然と真剣に考えるようになる。その時点でもう、成長は始まっている。

必然に思えた恩師との再会

前に進むために意識を変え、トレーニングの方針も変えた。そんなタイミングで恩師と再会したのは、偶然ではなかったのかもしれない。

2月中旬、岡田武史が、ドルトムントを訪れた。

前年に行なわれた「EXILE CUP 2016」というフットサル大会で優勝したチームには、ドルトムントのU−12と試合をするチャンスが与えられた。岡田はこの大会のアドバイザーとして、彼らとともにドイツにやってきた。試合の合間に、ドルトムントの試合をスタジアムで観戦する機会も設けられていた。

この大会のアンバサダーを務めていた香川は、ドルトムントのU−12との試合を観戦していた。グラウンドで、岡田は香川と顔を合わせ、話す機会があった。

にもかかわらず、香川は夜にも、岡田の泊まっているホテルを訪れた。遠征は2泊4日の強行スケジュールだったのだが、2日ともホテルにやってきた。話をする時間は十分すぎるほどあった。

「オレが代表に呼ぼうと考えたときの真司は、もっと自由にプレーしていたぞ。色々な制約があるのはわかるが、オマエの良いところは、自由にプレーできているときにこそ、出てくるんじゃないか」

そんなアドバイスに始まり、話題は岡田が香川のプレーを初めてスタンドから観戦したときのことにも及んだ。2008年3月のU−23日本代表のアンゴラ戦だ。

「普通の選手ならば、まずはミスしないことを心がける。でも、あのときのオマエはファーストタッチで前を向いてドリブルを仕かけていたよな。あれは衝撃的だったよ」

さらに、踏み込んで、こう伝えた。

「オレがどうして、当時19歳の真司を日本代表に呼んだのか、わかるか？　アフリカのチーム相手にもひるまず、ファーストタッチで前を向くという、あの歳の選手では考えられないような姿勢があったからだよ」

岡田はドルトムントで過ごした夜のことを、こんな風に記憶している。

「真司とは昼にも顔を合わせていたのに、2日続けて、夜にホテルまで会いに来てくれて、ありがたいなと思っていたくらいだった。真司に何かのメッセージを伝えようと思ってドルトムントに行ったわけではないし、そのときに思っていたことを話したにすぎない。そこで真司が何かを感じてくれていたなら、もちろん嬉しいけど……」

積極的に意見を求めてくる香川を見ながら、岡田は数年前のことを思い出した。

香川がまだユナイテッドでプレーしていた時期に、マンチェスターを訪れる機会があった。奇しくも、ユナイテッドの2シーズン目で、香川があまり試合に出られていない時期のことだ。

ひょっとしたら悩みを抱えているかもしれないと考えたから、香川と連絡をとることにした。

「タイミングが合うなら、少し会わないか?」

「いいッスよー」

香川からの答えはこうだった。

当時を思い出すと、岡田も苦笑いを浮かべざるをえない。

「あのときは、『いや、オレはそこまでして会いたいというわけではないぞ』と内心は思っていたね（笑）。あの受け答えは、ある意味で真司らしくもあるけど。マンチェスターで会ったときには、『悩んでばかりいても仕方がないぞ』というようなことを伝えたけど、真司から返ってきたのは、『大丈夫ッスよ』とか、その程度の反応だったから」

ただ、過去のそういうやり取りがあったからこそ、香川の成長を感じ取っていた。

「真司は、サッカーが上手くなるためにと、ある本を薦め（すす）られたとしても、『そんなものより、オレはボールをたくさん蹴って上手くなるんだ』というようなタイプだから。ボールがあれば、それをずっと蹴っているような『サッカー小僧』。もちろん、それは真司の良いところだけど、マンチェスターにいたときは、まだ『小僧』の側面だけが強い感じがあった。

でも、ドルトムントで久しぶりに会ったら、言動から重みが感じられた。僕がどんなに良いことを言ったとしても、本人が聞く耳を持っていないと何を言ってもダメ。真司は苦労して、成長もして、周囲の意見に聞く耳を持つようになった、ということなのかもしれないね」

FROM SHINJI

19歳のころの自分のどのようなところを評価して

もらっていたのかは、なんとなく知っていた。ただ、あのときに改めて岡田さんの口から聞かされた話は、貴重なものだった。

初めて代表に呼んでもらった時期は、誰が相手でもチャレンジしていく姿勢があったなぁ……。

そんなことを思い出した。

19歳のころより厳しい環境に身を置いて、経験も積んだ。そこでチャレンジしていくのか、大人の振りをして小さくまとまるのか。答えはひとつだ、迷っているヒマなんてないだろう、と思い直した。

当時と比べて、色々なものに目を向けられるようになったからこそ、脇目も振らず、ガムシャラにチャレンジしていくことが成長につながると考えるようになった。

前年の終わりごろから考え、この年に入ってから行動に移してきたことがあった。そして、最後に岡田さんから背中を押してもらえた。

あとはもう、上がっていくだけだ。

あの夜を経て、そう思えるようになった。

岡田さんは僕を最初に日本代表に選んでくれた監督だ。自分に日本代表のユニフォームを初めて着させてくれた監督のことは一生忘れることがない。日本代表の選手になるのは僕の夢のひとつだったから。すごく感謝している。

少し話は変わるが、ドルトムントに遠征した子たちは、ドルトムントU-12との試合では8-1という大差をつけて勝っていた。日本はおそらく、U-15の年代くらいまでは世界を見わたしても、かなり強い部類に入ると思う。

でも、問題はそこから先。日本の子たちはそこから成長のスピードがゆるやかになってしまうけど、ドイツの子たちは、そこから一気に成長していく感じがある。岡田さんとも、その理由について色々と話をさせてもらった。色々な要因があるとは思うけど、そういう現状は少し歯がゆい。

「香川選手はサッカースクールを開校しないのですか?」

最近は、よく聞かれる。

でも今はまだ自分が成長することだけにフォーカスすべきだと思う自分がいる。

もちろん、自分が教えてもらったことや感じてきたことを、若い子たちに伝えられる日が来ればいいなと思っている。そのタイミングがいつになるかは、今はまだわからないけど。

テロにあって、考えたこと

2017年4月11日、CLのモナコ戦の当日に、ドルトムントの選手たちを乗せたバスが襲われた。スタジアムへ向かうためにホテルを出て、すぐのところにしかけられた爆弾によるものだった。犯人はホテルに宿泊して、ホテル付近に爆弾を設置。部屋から遠隔操作していたとされる。

当時の情勢から大規模なテロリストの関与が疑われた。しかし、10日後につかまった犯人はドルトムントの株価が下がったところで、株を販売して利益を得ようとしていた個人投資家だった。

この爆発により、バルトラが右手首を骨折するなどの怪我を負い、多くの選手たちが精神的なショックを受けていた。そのため、安全が確認されるまでは試合を延期するよう求める声も多く聞かれたが、試合は襲撃の翌日には開催。2－3でドルトムントが敗れたが、香川は1ゴール、1アシストを記録した。

FROM SHINJI

マルク（バルトラ）が叫んでいた様子は今でも脳裏に焼きついている。爆発した直後には、彼が怪我をしたことまでは気づかなかったけど、それまでの人生で、見たことのないような表情だったのは覚えている。真っ青のようでもあり、真っ白のようでもあった。映画やドラマとは違う、死の恐怖が迫っている険しいものだった。

だから、事件があった翌日に試合が行なわれることになると聞いたときには、みんなが強く反対していた。僕らはヨーロッパのプロサッカー選手という恵まれた立場にあるけれど、あのときばかりは、自分たちに与えられた幸せなどは感じられなかった。

試合には負けてしまったけど、ゴールとアシストを記録できたのは、ドルトムントのサポーターが作り上げてくれた雰囲気のおかげだと思っている。あとで映像を見返して気づいたのは、ゴールを決めたあとにゴール裏のサポーターに向かって、ものすごく派手なガッツポーズを自分が見せていたこと。無心でやったことだが、それだけ彼らのサポートが心強かったのだと思う。ドルトムントのサポーターは世界一のサポーターだと改めて思った。

試合はどうにか無事に終わったものの、それからが大変だった。

テロが起きてから、犯人がつかまるまでの10日間、不安は常につきまとっていたから。練習に行こうとして、自宅の地下のガレージに停めてある車のエンジンをかけるときでさえ、「爆発するんじゃないか」という不安が頭をよぎる。車に乗ることさえ怖かった。

試合翌日の夜には、爆発して窓ガラスが割れる夢を見て、目が覚めた。あの記憶がフラッシュバックしたというか……。

実はあの事件の起きる前から、寝つきが悪くなっていた。その少し前からチームで置かれた立場を変えようとして、色々なことを考えられるようになったという良い部分もあったけど、考えすぎてしまって目がさえてしまうことも多くなっていた。

そんな状況で、テロが起きると、もう、寝られない。徹夜しているような状態が1週間近く続くことになった。

最終的には、試合の10日後に犯人がつかまって、予想されていたようなテロ組織ではなかったので安心した面もあったけど(*40)、なんでそんなことをしたのかと怒りを覚えた。チームメイトの何人かの選手はその後も裁判に出ないといけなくて、その度に、あの事件を思い出すのだから大変だったと思う。

ただ、あのような事件にあって、自分に何ができるのかは考えさせられた。いたずらに危機感をあおる必要はないのかもしれない。でも、世界のなかにはテロの恐怖におびえて生きている子どもたちがいる。それはわかっているのに、彼らのために何ができるのかはわからなかった。

その数ヶ月後のことだ。ユナイテッド時代のチームメイトである、スペイン人のマタから連絡が来た。自分の給料の数パーセントを寄付する「コモン・ゴール」というプロジェクトに参加しないかという誘いだった。寄付をした財団を通じて、世界中の様々な社会問題の解決に役立てていくものだ。かつてドルトムントで一緒にプレーしていたマッツ（フンメルス）からも参加することを聞かされていて、個人的に興味を抱いていたので、喜んで加わることにした。

日本では欧米ほどに寄付やチャリティーが浸透していないので、慈善活動をする人たちが、「売名行為だ」とか、「偽善だ」と言われることもある。それでも僕は、困っている人たちの助けになれることがあるならばと思って、この活動を続けている。

＊40　あの事件の犯人は、ドルトムントの運営会社の株価が下がると、多くの分配金を得られる金融商品を買った当時28歳の男性だった。試合の日にドルトムントの一行が宿泊したホテルの最上階に泊まっており、そこから遠隔操作で爆弾を作動させたそうだ。最大で5億円近い資金が彼の懐に転がり込む可能性があったという。

プロフェッショナルな兄と出会う

プロとは何かを考え、努力している者同士だから、通じ合うものがあった。出会ってから距離が縮まるまでの時間の短さも、そこから途切れることなく続く関係の深さも、普通では考えられないものだった。

２人が初めて言葉をかわしたのは、２０１２年の6月のことだった。

日本代表の活動が終わり、香川が日本でのつかの間のオフを過ごしている時期だった。すでにユナイテッドへの移籍は決まっており、労働証明書の発給の手続きが進められていた。それが手元に届けば、新天地での戦いが始まる。移籍してからしばらくの間は、メディアへの露出も制限される。

そんな時期に舞い込んだのが、『とんねるずのみなさんのおかげでした』というTV番組の名物コーナー「新・食わず嫌い王決定戦」への出演のオファーだった。

ゲスト２人がそれぞれ4品を食べるのだが、そのうちの1品だけ、苦手なものが入っている。全てを食べ終えたあとに、相手が苦手としている料理を当てるコーナーだ。このときの相手が俳優の小栗旬だった。

勝負の結果は、香川の負け。「うにの軍艦巻き」が苦手であることを、あっさり見破られてしまった。最後に〝罰ゲーム〟の一環として、女優の長澤まさみへの公開告白を香川がするなど、収録はなごやかなムードのまま終わった。

カメラが止まり、小栗が声をかけた。

「香川くんも、このあと一緒にどうかな？」


小栗が当時を振り返る。

「僕はとんねるずさんの番組に出させてもらうときには必ず、収録が終わったあとに木梨憲武さんに食事に連れていってもらいます。あのときは収録も盛り上がったし、せっかくだからということで彼を誘わせてもらいました。そして、食事の席で連絡先も交換したんです」

プロのアスリートが世間に対してどう振る舞うべきなのかを真剣に考えてきた香川には、「芸能人はみんなチャラチャラしてそう」という思い込みによる、〝食わず嫌い〟があった。

そんなイメージをくつがえしたのが、小栗だった。

香川よりも6つ年上なのだが、2人の間には通じるものがあった。だから、最初に食事をともにしたときに仲良くなったし、そこから定期的に連絡をとり合うようになった。

関東で日本代表の試合が行なわれるときには、小栗はできる限り観戦に行った。自宅でも、香川の所属クラブの試合をよく見るようになった。ときおり、試合の感想やゴールのお祝いをかねて、メッセージを送る。

そして、香川が日本に帰ってくる際には一緒に食事に出かける。イングランドのプレミアリーグに所属するユナイテッドでプレーしていたときには、ウインターブレイクがなかったため、顔を合わせるのはシーズンオフのときだけ。ドルトムントに復帰して以降は、ウインターブレイクと夏のシーズンオフには食事に出かける。後に、その食事会には小栗のひとつ年下の松本潤（嵐）も加わることになる。

香川は日本にいる間には、公私ともにスケジュールがつまっているから、小栗と会える時間帯や日にちも限られている。小栗がそのスケジュールに合わせると、香川からは「忙しいのに、時間を作ってくれてすみません」と言われることが多い。

しかし、小栗には無理やりスケジュールを合わせているという感覚はない。

「彼に会うと自分もパワーがもらえるからこそ、会っているわけですから」

知り合った当初は、香川にとって年に1回しかないシーズンオフに顔を合わせるということもあって、多少は羽目を外すこともあった。

しかし、そんな会のかもし出す雰囲気と意味合いが、2015年くらいから変わってきたと小栗は感じている。

「真司が一気に大人になったなと感じるようになった時期がありました。それ以前は陽気に酒を飲みながら、話をするのが楽しいと感じていたのですが……。最近は酔っぱらうよりも、真面目な話をすることが多くなりましたね。そもそも、酔っぱらったせいで話した内容を忘れてしまうのは嫌だなと感じていたので」

香川の様子が変わってから、小栗がたずねたことがある。

「真司にとっては、日本にいられる貴重な時間だろ？　オレたちと食事するのではなく、他のところに顔を出してみたら？」

その言葉は一蹴された。

「いや、いや、そんなの興味ないです。オレにとっては、この時間がすごく大切なんですよ！」

その席では小栗と松本が、演技についての意見をかわすこともある。悩みを打ち明けたり、夢を語ったり、話には熱がこもる。香川はうらやましそうにその話を聞いて、ときおり口を挟む。

「うらやましいわぁ……。オレにだって仲が良い選手はいるし、チームについての話はするけど、それぞれの選手が何を考えて、どんなことに取り組んでいるのかは、深く聞けないところがあるんですよ。チームメイトであると同時に、限られたポジションを争うライバル同士だったりするから、ある部分は企業秘密のようなところもあって……。ところで、2人にはライバルとかいますか？」

そんな風に香川から質問を投げかけられたときには、小栗はこう答えた。

「サッカーではやはり、目に見える結果が出るだろう？　ポジションを勝ち取ることに意味があるし、そのポジションで試合に出て、ゴールすればそれがチームの結果につながる。でも、オレたちの仕事は、どこに結果を求めるのかがわかりづらい職業なんだ。例えば、日本の置かれている現状でいえば、お客さんをたくさん呼べる俳優が勝ちみたいなところはあるけど、それは面白い作品を作り出せているることを意味しているわけではないからなぁ……」

「サッカーとは、また全然違う話を聞けるのが面白いッスわ！」と香川から言われたこともあるし、プロフェッショナルについて考える勉強会のような側面もあるのかもしれない。異業種交流会といったら、大げさだろうか。

日本を代表する俳優であるにもかかわらず、小栗は謙虚に、こう語る。

「幸いにして僕は意外と人を呼べる方ではあると思うのですが、果たして、役者として優れてるのかと言われたら、必ずしもそうではなくて。『大した才能がないけど、自分に求められたポジションがあるから、そこでどう生きていくかを考えているんだ』という話を真司にもしたことがあるくらいなのです。だから、僕からすると、本当に才能を持ち、そこから努力して戦ってきた彼なんかは憧れの存在なんですよ」

2017年の6月、小栗が主演を務める『髑髏城の七人～Season 花』という舞台を、香川が観劇する機会があった。ちょうど日本でオフを過ごしているタイミングだったことも幸いした。

「オレ、今日初めて舞台を見たのですが、すごく面白かったし、刺激になりました!」

終演後、楽屋に顔を出した香川は興奮している様子だった。

このときは、香川から質問攻めにされた。

「旬くん、アスリートみたいですね。どんなトレーニングをしているのですか?」

プロのアスリートから、そんなことを聞かれたのが、小栗は嬉しかった。

「実は、僕はあの舞台に向けて、下半身を強化するためのトレーニングを続けていました。その6年前に同じ演目で共演した森山未來からは『背の高い人が腰を落とした状態で、あれだけ長い時間立っている姿を見て、この6年間で相当な努力をしてきたことがわかった』と言われたことがあったんです。同じ俳優仲間に自分なりの努力を気づいてもらえたこともすごく嬉しかったのですが、真司みたいに舞台をほとんど見たことがないアスリートから、そういう身体的な部分で僕が重ねてきた努力に気づいてもらえたというのは……。日本で過ごせる限られた時間に見に来てくれただけでも嬉しいのに、そんなところまで見てくれて、ものすごく嬉しかったですし、『この仕事、やっていて良かったな』と思いましたね」

小栗にしても、香川にしても、多くの人に顔と名前と職業を知られている。そういう存在だという理由だけで近づいてくる人はいるし、うわべだけをなぞった賛辞を贈られることもある。

兄貴と慕う、俳優小栗旬と。

でも、2人の間にはそんなものは存在しない。互いにリスペクトしているからこその意見交換があり、刺激がある。

小栗は言う。

「プロフェッショナルな世界に行くと、ある部分では、努力だけではどうにもならないことも、たくさんあるじゃないですか？　僕だって、そういうことに直面して不満を抱えることもあります。ただ、真司と話をしていると、そういう場面で文句を言う前に、別の方法があるのではないかなと思えたりもして。年齢では僕の方が先輩ですけど、話をしていて『カッコイイな』と思えるところが彼にはあるんです」

香川との思い出は数え切れないほどあるのだが、あるとき香川の口から出た何気ない一言を小栗は気に入っている。

「旬くん、オレがサッカー選手として衰えていったら、きっと連絡もくれなくなるんでしょう？」

満面の笑みで、それとわかるように、小栗は答えた。

「うん、一切しなくなるだろうなぁ（笑）」

あの一言を聞いた小栗が嬉しいと感じたのは、香川の胸の内にある小さな不安みたいなものをのぞかせてくれた気がするからだ。

「真司くらいの選手になっても、そういうことを気にするんだと思ったから嬉しかったのでしょうね。もちろん、そのあとには、『それで連絡しなくなったら、最低だろ。そんなわけがないよ』と返しておきましたけど」

FROM SHINJI

僕はプロサッカー選手だ。

プロになって、日本代表に選ばれて、世界で活躍するサッカー選手になるんだ。

そんな想いを武器にのし上がってきたという自負もあるし、プロのサッカー選手としての振る舞いについても考えてきた。サッカー以外の素の一面を見せるときには、特に気を使っていた。オレがプロサッカー選手の価値を落としてしまったら、将来サッカー選手になろうとしている子どもたちに申し訳ないと思うからだ。

そういう感覚があったからスポーツ番組やニュース番組へは出演してきたものの、バラエティー番組への出演は避けてきた。後にも先にも、そうした番組に出たのは、あのときくらいだ。出演を決めたのは、日本を代表する俳優と〝対決〟するという刺激的なオファーだったからだ。

それがきっかけで、そこから長く付き合わせてもらうようになるのだから、人生は何があるかわからない。

「小栗旬」の名前を聞けば、誰もが「あの俳優さんだ」と思い浮かべられると思う。そんな旬くんが何かを発信すると、それはすぐにニュースにもなるし、みんなに届く。僕だってプロサッカー選手として、日本代表の選手として、恥ずかしくないようにと頑張ってきた。でも、旬くんのように、若い人たちへの影響力がある人にはちょっぴり憧れる。そんな人が僕の試合を見てくれたり、興味を持ってくれるのは率直に、嬉しい。

ここでは語れないような思い出もあるけど（笑）、今でも旬くんたちと一緒に過ごす時間は、貴重な時間となっている。その考え方がカッコ良いだけではなくて、勉強になるから。旬くんたちと会った日はいつも、「あぁ、時間が足りないよ！」と思いながら、帰ることになる。ただ、それくらい楽しい時間だから、ヨーロッパに帰ったらまたサッカーに全力を注ごう、という気持ちになれる。

きっと、旬くんからはプロフェッショナルとはどうあるべきかを学んでいるのだと思う。

旬くんが忙しいなかで代表の試合に応援に来てくれたり、僕と会うための時間を作ってくれているのも嬉しい。ただ、ヨーロッパでの試合を見に来てくださいと伝えているのに、なかなか実現しない

（笑）。家族もいて、仕事も忙しい旬くんにとって、それが簡単ではないのはわかっているけど、いつか見に来てもらえるチャンスがあったら嬉しい。そのときにきちんと活躍している姿を見せるというのも、僕のモチベーションになっている。

僕は姉を含めた4人家族のなかで育てられたから、男の兄弟はいない。ただ、旬くんと会っていると、「自分に兄貴がいたら、こんな感じなのかなぁ」と考えることがよくある。

僕がゴールを決めたときや試合に勝ったときだけではなくて、思うような結果を残せない時期にも、心配して連絡をくれる。優しさを兼ね備えた、尊敬できる兄のような存在だ。

香川の担当マネージャー証言

小栗さんの公演が終わったあと、楽屋へ挨拶をさせてもらいに行ったときに、ハッとさせられることがありました。

「会場にいる人たちの心を一瞬にしてつかんでましたね。すごかったです」

香川がそう伝えると、小栗さんは、すぐさま答えました。

「いや、オレたちが演じるのはせいぜい数千人の前でだよ。でも、真司は8万人の観客をひとつのプレーで熱狂させているじゃないか！」

あとになって気づいたのですが、普段から自分の仕事のことも、香川のことも、しっかりと考えているからこそ、そういう言葉がすぐに出てきたのではないでしょうか。

楽屋での挨拶が終わり、帰ろうとするときに小栗さんが立ち上がりました。

「真司は僕の弟なので、しっかりサポートしてあげてくださいね。よろしくお願いします」

そう言って、私に頭を下げてくださいました。

後にも先にも、そのようなことをされたことはありません。

その振る舞いには、小栗さんと香川の関係の深さだけではなく、小栗さんの人柄や、この世界で成功されている秘密がつまっているような気がしました。

与えられたタイトルよ、さようなら

サッカー選手なら誰だって、試合に勝ちたい。ひとつのチームにしか与えられないトロフィーや優勝カップを掲げるのはいつだって、最高の気分だ。

香川にとって、2017年に掲げることになる優勝カップは、それまでとは比較にならないほどの重みを持っていた。

2017年1月25日に発売された「スポーツビルト」誌のスクープ記事をきっかけに、トゥヘル監督と周囲の関係が悪化していることが白日のもとにさらされた。

ただ、違和感を覚えていたのは首脳陣だけではなく、選手たちも同じだった。トゥヘルが以前指揮していたマインツには一旗揚げようとしている若手も多かったが、ドルトムントにいる選手の大半は、他のクラブでの活躍を評価されてやってきている。彼らにはプライドもあったのに、そんなものなど存在しないかのように厳しく指導するトゥヘルのスタイルは、反発を招いた。そして、それまで試合に出ていた選手をいきなりベンチ入りメンバーから外すのもいとわない、非情な起用法についても。

前任のクロップ監督が人の心をつかむ達人だったことも、トゥヘルへの不信感が増す要因となり、もはや不満の声を押しとどめておくのは不可能な状況になっていた。

限界を超えたのは、シーズンの最後の試合となったドイツ杯の決勝だった。

試合前日の紅白戦までスタメン組と見られるチームでプレーしていたシャヒンが、スタメンはおろか、ベンチ入りメンバーからも外されたからだ。経験豊富なシャヒンは、ドルトムントのユース出身で、リーダー的な存在だった。だから、決勝のあとに、当時キャプテンを務めていたシュメルツァーがメディアを通して注文をつけた。

「あの決定にはショックを受けた。簡単には理解できないね。どうしてシャヒンにプレーするチャンスが与えられなかったのか、監督は説明する必要がある」

結局、決勝戦の3日後に、トゥヘルはドルトムントを追われることになった。

「練習や試合でミスをすると、監督から怒鳴られて、それが続けばスタメンからも外される。かといって、無難なプレーを心がけていたら、ベンチ入りメンバー外になったこともありました。ミスにつながるリスクのあるプレーに、どのタイミングで、トライするのか。その判断をしながら、練習に取り組むようになっていました。緊張の連続ではありましたけど……」

そう振り返る香川だって、不満を感じたことがなかったわけではない。ミスを厳しく指摘する監督の言葉がきつすぎると感じて、イライラしたこともある。

しかし、不満をため込んでいた他の選手たちとは、温度差があった。このシーズンの終盤には、監督の指導法や起用法について、あれこれ思いを巡らせることもなくなっていたからだ。

いかにして、最高のパフォーマンスを発揮するのか。

そのことだけにフォーカスして、考えられるようになっていた。

「これを言うと、本末転倒みたいですけど、僕は試合翌日の三対三のミニゲームを特に、大切にするようになっていきました」

試合翌日のグラウンドには、さみしい光景が広がっている。

前日の試合に出場した選手は、身体の疲れや筋肉の張りをやわらげるために、簡単にランニングをしたり、自転車を漕ぐだけで練習を終えることが多い。試合翌日にグラウンドに出てボールを蹴る人数は、普段よりも少ない。

かといって、彼らのスタミナが落ちてしまったり、強度の高いプレーが続く公式戦のような感覚から離れてしまうことがあれば、いざ試合に出るときに良いパフォーマンスが出せなくなる。そのため、試合翌日の練習の締めくくりとして三対三のミニゲームが組まれていた。

「『そこで必死になって何の意味があるの？』と思われるかもしれないですけど、同じチームになった3人で、そのゲームに勝ち切ることに強くこだわるようになりました。最初は試合に出られない悔しさをぶつけていた感じでしたが、次第に、『絶対にオレがこのチームを勝たせるんだ』と心のなかで言い聞かせてからミニゲームを始めるようになっていきました」

ミニゲームに勝てば、喜びを爆発させた。そして、その姿を相手チームの3人に見せつけた。

何を熱くなっているのか、と周囲に思われる行動だろうか。でも、香川はそうは考えていなかった。

「それをリーダーシップというのかどうかはわからないですが、若い選手も多いなかで、そうやって自分の『誇り』を表現していくようになりました。それを続けていくと、内側から自信があふれるような感覚が出てきたんですよ」

サッカー選手のプライドは大切に育むものでも、誰かから守るものでもない。プレーを通して見せていくものだ。

這い上がっていく過程で、香川の支えになったものは何だったのか。

ひとつが、FCみやぎの経験だった。仙台では、監督やコーチがあえて、理不尽ともいえるような厳しい言葉と態度で指導してくれた。

ドルトムントのチームメイトが「監督のあの態度はありえない！」と怒る気持ちは理解できたが、香川には厳しい指導を力に変える免疫があった。むしろ、この時期は厳しく指導されたときに、「今こそFCみやぎ時代を思い出せ」と自分に言い聞かせたりもした。

もうひとつが、香川の天性の性格である。

どんな嫌なことがあっても、ボールを蹴っている間は、他のことは忘れてサッカーだけに夢中になれた。

「昔のことを覚えていなすぎだよ」と友人から指摘されることの多い香川でも、小学校のときの、あの数字だけは覚えている。

793回。

「あれだけは絶対に、忘れないですよね」


少年時代の香川のリフティングの最高記録である。日が暮れるまでボールを蹴って、一度も地面に落とさず、793回もリフティングを続けられた。それが嬉しくて、当時の神戸NKサッカークラブの監督やコーチ、チームメイトだけではなく、父、母、姉にまで、自慢してまわった。

かつての日本代表監督である岡田が香川について「サッカー小僧」と評するのも、そんな性格ゆえからだ。

恵まれた身体能力はない。天性のサッカーセンスがあるわけでもない。そう自認する香川の唯一の才能は、サッカーをこよなく愛せることだ。その性格を、やるべきことにフォーカスするためのパワーへと変えていった。

一心不乱にボールを蹴る姿勢は、トゥヘル監督にも響いた。はじめのうちは「最近は調子が良いな」と言われるくらいだったが、出場時間は延びていき、3月以降はレギュラーに返り咲いた。

監督のどなり声にビクビクしていたころのようなミスは見られない。レベルが高く、与えられるスペースの限られた試合でも、スピードに乗ったなかでボールを正確にコントロールしてゴールを決めた。

こうして、最高の状態で、シーズンを締めくくるドイツ杯の決勝を迎えた。相手はフランクフルトだった。

確かに、試合前にはシャヒンの一件をめぐってチーム内に動揺が走っていたが、試合が始まってからは良いプレーをすることに意識を向けられた。攻撃的なMFとして先発し、フル出場。2－1でフランクフルトを下して、ドイツ杯を掲げた。

ドルトムントがタイトルを獲得したのは、5年ぶり。ファーガソンが香川の視察に訪れたあのとき以来のことだった。

なお、試合の翌々日には選手たちに監督との契約が解除されることが伝えられたのだが、そのあとに声をかけてきたチームメイトがいる。

パク・チュホだ(＊41)。韓国代表としても活躍した、サイドバックの選手である。2013年夏にトゥヘルが監督を務めていたマインツに加入し、2015年夏にトゥヘルがドルトムントの監督に就任した直後に、あとを追うように移籍してきた選手だ。

トゥヘルのことをよく知るパクからは、こんな言葉をかけられた。

「トゥヘルがここで監督をやめるのは、むしろ、シンジにとっては痛手かもしれないよ。監督が来シーズンも残っていたら、絶対的な中心プレーヤーとして起用されていただろうね。それくらい高く評価していたもん」

個人的にはユナイテッドでの1シーズン目以来4年ぶりに、手にしたタイトル。格別の重みがあった。

決勝戦のあとに行なわれた首都ベルリンでの夜のパーティーも、翌日にドルトムントに帰ってから行なわれた優勝パレードと祝勝会でも、泉のようにわき上がる喜びを感じていた。

「あんなに嬉しそうな香川選手、初めて見ました！」

多くの人からそう言われたほどだ。

どうして、心の底から喜べたのだろうか？

世の中にはコントロールできるものと、コントロールできないものがある。

他人を変えることはできない。

変えられるのは、自分の姿勢と考え方だけだ。

良いパフォーマンスを見せるためにはどんな工夫をすべきか。その一点だけにフォーカスして、自分の頭で考え、行動に移していくことができた。

いつしか、トゥヘルからのゲキに萎縮することもなくなった。ミスを恐れず、大胆にプレーできるようになった。

そして、チームを優勝に導けた。

だから、嬉しかった。

なんとなく試合に出て、与えられたタイトルではない。戦って、戦って、勝ち取ったタイトルだ。この経験はきっと、未来につながる。

「あの優勝は、それまでの人生のなかで最も嬉しかったものです」

FROM SHINJI

試合で思うようなパフォーマンスを出せず、ミスを恐れていた時期もあったけど、それを乗り越えての優勝は本当に嬉しかった。

ただ、あの時期でさえ、試合でミスをしなかったわけではない。そもそも、僕が求められるのは、ゴール前や、アタッキングサードと呼ばれる相手ゴールに近い位置で効果的なプレーをすることだ。相手チームが身体を張って、必死になって守るエリアでもある。そこでプレッシャーを受けながら、足でボールを扱うのだから、当然、ミスは起きる。

ただ、そのミスが起きた直後が大切だった。ミスを引きずらないように、自分の頭のなかをリセットする。一瞬のことだけど、スッと息を吐いたり、心のなかで「ミスなんて気にするな。次に最高のプレーをするだけだぞ!」と言い聞かせるようになった。

それを試合だけではなく、練習のミニゲームからも続けていった。いつも緊張感を保ち続けるのはしんどい部分もあるが、その積み重ねが試合に活きてくる。


「トゥヘル監督とは合わないのではないか?」と言われたことはあるけど、僕の頭のなかには、その質問自体がナンセンスだった。

監督と合うかどうかを考えるのは二の次で、よいパフォーマンスを見せるにはどうするかを第一に考えていた。

あのときの練習を見てくれた人はわかるかもしれないが、監督から自分のプレーをほめられることが増えていった。不思議なものだけど、トゥヘル監督がチームを去った翌シーズン、身体があの厳しい練習を欲しているときがあった。シンドイと感じるときもあったが、厳しさは成長につながるのだ。

実は、この時期に、とある本のことを思い出していた。ユナイテッドに移籍が決まってから読んだパク・チソンさんの自伝だ。

パクさんはユナイテッドでプレーしていたとき、朝起きると「今日もこの偉大なチームで1日を戦うのだ」と自分に言い聞かせていたらしい。

初めて読んだころは、「気持ちを武器に戦うタイプなのかな」と感じた程度だった。でも、この時期になってようやく「あの本に書いてあったのは、こういうことだったのか」とわかった気がした。それくらいの覚悟と、決意がないと、プレッシャーをはねのけて良いプレーをすることなどできないとパクさんは伝えたかったのだろう。

＊41 韓国には兵役義務があり、30歳になる前にスポーツの大会で結果を残さなければ、兵役に応じないといけない。2013年夏の時点で当時26歳になっていたパクだったが、そうした事情を知りながら、トゥヘルは獲得にGOサインを出した（最終的には2014年のアジア大会で韓国代表の一員として優勝を果たして、兵役が免除された）。そうした経緯もあり、トゥヘルの求めるサッカーの理解者として、2015年にはトゥからドルトムントに引き抜かれた。しかし、かつての愛弟子であっても、監督の期待するパフォーマンスに届かなければ試合では起用しないというトゥヘルの方針ははっきりしていた。大きな期待を受けてやってきたパクだったが、結果的にはドルトムントで冷や飯を食わされた選手でもある。彼はJリーグでプレーしていたこともあり、日本語が堪能であるため、香川とプライベートの時間をともにする機会も多かった。

ロシアW杯ドキュメント

第六章　@RUSSIA

都内にある老舗のそば屋の店内。その奥には個室が設けられていた。

掘りごたつ式の席に座った香川真司が注文したのは、「うどん」だった。うどんとセットになった天ぷらがそろうと、宣言した。

「ホンマに、相当な覚悟が必要だよ。このままではロシアW杯で、オレはベンチに座っているだけの可能性も十分にある。でも、個人としても、チームとしても、最後には『良かったな』と思えるW杯にしたいんだ！」

2017年の9月2日の昼過ぎ、日本代表が6大会連続となるW杯出場を決めた2日後のことだった。

勝つための誓い

日本代表は9月1日の午前中にさいたま市内で練習をしたあと、深夜に、W杯予選の最終戦となるアウェーでのサウジアラビア戦へチャーター機で向かっていた。

香川はこの飛行機には乗っていない。1日の練習のあと、ホテルに戻ってから、ハリルホジッチ監督のもとを訪ねていた。

「監督も知っての通り、90分間不安なくプレーできる状態にありません。チームのためになりたくても、やれることは限られています。だから、ここで一度、チームを離れさせてほしいです。また来月以降、チームを助けられるように最善の準備をしたいから」

このころは、機内で眠るときにも、6月に脱臼した左肩が身体に押しつぶされないように気を使っている状態だった。サウジアラビアまでの長距離フライトを経て、試合が終わってからドイツまで再び長距離フライト。短期間に2回の長時間の移動にはリスクもある。

自ら離脱を申し出てしまえば、監督からの心証が悪くなるのではないか。周囲からは心配する声があった。

香川も、その〝リスク〟についてはもちろん考えていた。

一方で、監督が肩の怪我の状態を気にかけてくれていることが合宿中から強く感じられたから、自分の話に聞く耳を持ってくれるような気がしていた。

それに、W杯出場が決まり、サウジアラビア戦はチームの未来に影響を及ぼすような試合でもなかった。

監督の腹の内はわからなかったが、チームを離れることは意外なほどあっさり許された。日本に残って診察を受けたうえで、ドルトムントの練習が再開する前日にあたる9月4日に戻ることになった。

およそ3ヶ月前の左肩の負傷から復帰までのプロセスは以下のようなものだ。

6月7日。日本代表の一員として臨んだシリア代表戦で、キックオフから6分もたたないところで左肩を脱臼して、ピッチをあとにすることになった。すぐに手術する必要はなかったものの、短期間でもう一度、同じ箇所を痛めた場合には、手術は避けられないとドクターからは伝えられた。

ドルトムントではこのシーズンから新たにボス監督が就任していた。監督が代われば、レギュラーとなる選手の基準も変わる。新監督のもとでスタートダッシュを切りたいと考えたくなるところだが、このときは違った。宮崎での自主トレーニングキャンプを皮切りに新たな1年の準備をするなかで意識していたのは「決して焦らない」ことだった。

理由のひとつはもちろん、再び左肩を痛めるのを避けるため。

もうひとつの理由が、シーズンの終了後にロシアW杯が控えていたことだ。

「開幕も、シーズン前半戦も大事。でも、シーズンの終盤以降で息切れしたら何の意味もないからな……」

トレーナーともそんな話をしながら、自主トレ期間を過ごしていた。

結局、プレシーズン期間中の練習試合には一度も出場することがなかった。初めての実戦の舞台は、ブンデスリーガの開幕1週間前のドイツ杯だった。そこからの出場記録は以下のようになる。

8月12日、ドイツ杯リラジンゲン戦、29分間の出場。

8月19日、第1節ヴォルフスブルク戦、4分間の出場。

8月27日、第2節ヘルタ戦、27分間の出場。

ドイツ杯の出場時間が最も長いのは、アマチュアチームも参加する大会で、相手が6部リーグのチームだったから。すでに3－0となり、試合の行方が決まっている状態からの出場だったため、怪我のリスクも低かった。

とにかく、ブンデスリーガの舞台では1試合あたり30分弱しかプレーしていない状態で、代表戦を迎えることになった。通常はプレシーズンで1ヶ月以上かけて、90分間走り切れるだけのコンディションを整えていくのだが、このときはその半分程度の期間しか経過していない状態だった。

だから、W杯出場権をかけたオーストラリア戦で出場機会が与えられるとしても、最長で45分程度だろうと香川は予想していた。

8月28日の月曜日。チームに合流すると、さっそく、ハリルホジッチ監督に呼ばれた。

「ドルトムントでも30分以上プレーしていないのだから、今度の試合では途中から出場するのが君の役割だ」

驚くことも、不満を覚えることもない。「自分の出番があるとしたら、相手にリードを許しているときか、後半の途中になっても同点のままだった場合だろう」とイメージしながら、準備をしていた。

試合は前半41分に浅野拓磨のゴールで先制する。さらに、後半37分に井手口陽介のゴールで2－0となり、勝負は決した。

試合中に同時にウォーミングアップできる選手は3人だけだ。香川は出番こそなかったが、そのひとりとして身体を動かす時間もあった。

試合を見ながら、「このチームの課題はどこにあるだろう？」と考えを巡らせていた。

6大会連続でW杯出場を決めたとはいえ、心のなかに残ったのは違和感だった。

オーストラリアはフィジカルを武器にした戦いから、丁寧にパスをつないでいくサッカーへの転換をはかり、試行錯誤をしている最中だった。彼らがオセアニアのサッカー連盟からアジアサッカー連盟へと所属を変えてから、これが3度目のW杯のアジア地区予選。日本は彼らと3回連続で同じグループに入ったわけだが、過去3回のなかで最も対戦しやすかったのがこのときのオーストラリアだったことに異を唱える人はいないだろう（日本から見た成績は、南アフリカW杯予選では1分1敗、ブラジルW杯予選は2分、ロシアW杯予選が1勝1分）。

しかも、この日のオーストラリアは怪我やコンディション不良により、主力を数人欠いており、ベストにはほど遠い状態だった。そんな相手に対して守備を固め、ミスを粘り強く待ちながら、カウンターからゴールを目指したのが日本だった。

試合が終わってホテルに戻ると、ささやかな祝勝会が開かれた。

もっとも、5日後には試合が控えていたために、深い時間に突入することなく、会はお開きになった。

本来ならば、ホッと胸をなでおろして眠りについても不思議ではない状況だった。

というのも、実質的な最終ラウンドにあたるロシアW杯のアジア地区3次予選では、ホームでUAEに敗れる波乱からのスタートだったからだ。そこから巻き返して首位に立ったものの、オーストラリア戦を含めた最後の2試合の結果によっては、グループBの3位に転落して、予選グループA組の3位になったチームとのアジア4次予選（プレーオフ）に回る危険性も十分にあった。

しかし、自分にとっての「集大成」と位置づけたW杯への出場を正式に決めても、香川の心の曇りは消えなかった。

本当にこのままでいいんだろうか。
自分にできることは何だろうか。
W杯の出場権獲得はノルマであって、目標ではないことを忘れているのではないか。
代表チームに対するオレの責任とは何なのか。

頭はさえていた。ベッドの上で目を閉じても、眠気はいつまでたってもやってこない。結局、そのまま朝を迎え、午前11時からの練習の準備を始めることになってしまった。

前述の通り、9月1日の練習のあとにチームを離れた。日本で左肩のケアを受ける必要はあったが、ドイツ行きの飛行機に乗る4日までは少し時間があった。

だからこそ、オーストラリア戦で感じたことを言葉にしながら、頭のなかを整理したかった。言葉にすることで、責任も生まれる。

そんな事情から、9月2日の決意表明に至ったのだ。

「どのような戦いをするのかを決めるのは、監督だよ。その仕事内容についてはリスペクトすべきもの。ただ、W杯の戦いは日本サッカーの未来にもつながる。だからこそ、相手のミスやほころびを待つだけではなくて、自分たちが勇気を持って戦う時間帯も作らないといけない。監督の頭のなかにもそういう考えはあるかもしれないけど、今はまだ出てきていないからね。じゃあ、オレは何をすべきだと思う？」

質問の答えが返ってくる前に、香川はもう一度、口を開いた。

「日本のサッカーの可能性を言葉で伝え、ピッチの上でそれを証明することでしょ！　『香川がボールを持てば、チームの攻撃も意識も、変わる』。そんな風に思わせるだけのプレーをしないといけない。来月の合宿では監督にも、それをきちんと伝えてみるよ。波風立てず、優等生のフリをして、W杯のメンバーに選ばれて、本大会で『あれ、これで良かったんだろうか？』と後悔するなんて最悪でしょ。

チームが良い成績を残せば、結果的にはそこの中心選手は必ず評価される。目指すところはひとつだよ」

FROM SHINJI

オーストラリア戦の夜は、祝勝会の流れのなかでなぜか（川島）永嗣さんとハセさん（長谷部誠）とゆっくり話をすることになった。あのときのメンバーのなかでは最年長が当時34歳の永嗣さんで、2番目が33歳のハセさんだったのだが、そこに年齢は10番目（全23人）で、当時28歳の僕がいた。

語り合ったテーマは、プロサッカー選手としてのキャリアをいかにして締めくくるべきかについて。もちろん、この時点で誰かが明確な引退時期を想定していたというわけではない。ただ、どんなサッカー選手にも引退の日は訪れる。決して避けて通れないテーマだから、話は盛り上がった。

自分の故郷にあるクラブ、自分がプロとして第一歩を踏み出した日本のクラブ、あるいはヨーロッパのクラブ……。どんなクラブでスパイクを脱ぐのがベストなのか。議論は白熱した。それぞれの選択に、それぞれの良さがあるから。

途中からは話が広がり、引退後のプランについても話した。イングランドではサッカー解説者の地位が高いだけではなく、公共放送の専属解説者になると選手顔負けのサラリーがもらえるというような話題から、日本と海外の指導者ライセンスの違いなど、話はつきなかった。

ただ、選手としてのキャリアの幕の閉じ方は大切だなという考えは、みんな同じように持っていた。

そんな会がお開きになる直前、ふと冷静に戻った様子の永嗣さんにこう言われた。

「真司はまだ28歳だろ？　現役引退のことなんて考える必要は全くない年齢だわ（笑）」

“初めての”落選

9月28日、ロシアW杯出場権を手にしてから初めての試合のメンバーを発表する記者会見でハリルホジッチ監督は以下のように述べた。

「ロシアに確実に行ける選手はひとりもいない。45人から

50人の代表候補選手たちの競争をうながしたい」

メンバー表には、岡崎慎司と本田圭佑の名前がなかった。日本代表の歴史のなかで、W杯で2大会以上連続してゴールを決めたことがあるのは彼らだけなのだが。

岡崎が落選した理由については「今回、岡崎はリストに入っておらず、（同じポジションの）杉本（健勇）と武藤（嘉紀）にチャンスを与えたいと思った」と、本田については「彼も怪我をしていた。しっかりコンディションを取り戻して、クラブで、より長い時間（試合に）出てほしい。コンディションを取り戻したら、またメンバーに入ってくるかどうかは考えたいと思う」と監督は話した。10月に予定されている試合では、これまであまりチャンスを与えていなかった選手に、プレーする機会を与えたいと監督は考えていたようだった。香川はこれまでと同様にメンバーに選ばれた。

普段よりも若い選手が多くメンバーに入っていたからなのかもしれない。香川のひとつ年上の槙野智章は、リラックスルームで香川と言葉を交わす回数がそれまでの代表合宿のときよりも多いなと感じていた。偶然にも手倉森誠アシスタントコーチと香川と3人になったタイミングで打ち明けられた。

「オレ、監督のところに行って、話をしてくるわ。チームが良くなるために、選手はどう感じているのか伝えないといけないから」

「そっか。良い話ができるといいね」

そう答えたものの、槙野は内心で香川の成長を感じずにはいられなかった。香川のことは、当時のU-19日本代表の一員として、17歳で初めて日の丸のユニフォームに袖を通したころから知っている。だから、感慨深かった。

翌日、香川と顔を合わせた槙野は、さりげなく声をかけた。

「監督とは、ゆっくり話せた？」

「1時間近く、話したわ」

「え！　そんなに長く⁉」

「チームが良くなるために、選手からしたら『こうしたらやりやすい』という考えについては伝えたから。全てが受け入れてもらえるとも思わないけど、とりあえず今日からまた、納得してやっていくわ」

ピッチの上でサッカーをしているときは別として、それ以外の場面で、香川がチームのためを思って、ここまで積極的な行動に出ることはあっただろうか。

「真司を10代のころから知っている自分ほど、この変化の意味をわかるヤツはいないだろうな」

槙野はそう感じた。

結局、6日に香川が先発したニュージーランド戦は2－1で勝利を飾ったが、試合内容は良くなかった。10日のハイチ戦で後半14分から途中出場した香川は後半のアディショナルタイムにゴールを決めたが、3－3の引き分けに終わった。ハイチ戦のあと、こう総括した。

「今日の〔4－3－3〕というポジションのインサイドハーフはドルトムントでも長くやっているポジションで、色々と感じるものがあります。今回の合宿でも監督とは話をしましたし、コミュニケーションのやり方を一つとってもすごく手ごたえを感じたというか……。選手個人が感じたこと、チームとして感じたことをもっと突き詰めていかないと。なぁなぁのままにしてしまうと大変になると思うので、危機感を持ってやっていきたいと思います」

そのうえで、翌月のヨーロッパ遠征で予定されているブラジル戦とベルギー戦の重要性を説いた。

「次は、自分たちの現状がわかる、大事な2試合になると思います」

10月31日、記者会見が開かれた。そこで11月のヨーロッパ遠征に挑むメンバーを発表された。

香川の名前は、なかった。

怪我やコンディション不良以外の理由でメンバーから外れたのは、セレッソ大阪でプレーしていた2010年3月3日のバーレーン戦以来のこと。端的にいえば、ヨーロッパに来てから初めて、〝代表メンバーからの落選〟を経験したことになる（E－1サッカー選手権のようにインターナショナルマッチデー以外に行なわれる試合はのぞく）。

当然ながら、香川が落選した理由を問う質問が記者から投げかけられた。ハリルホジッチの答えはこうだった。

「他の選手をテストするために選んだということだ。他の選手は今、パフォーマンスが良い。他の選手よりも良いパフォーマンスを見せてくれたらここにいるだろう。それぞれとディスカッションをしたし、説明もした。これを競争と呼ぶのだろう」

前月の岡崎と本田に続き、香川までメンバーに入らなかったことは当然メディアにとって大きなニュースとなった。一部の週刊誌には、10月の合宿中に部屋の外まで聞こえるほどの大きな声で、監督と香川が〝口論〟をしていたという悪意のある記事まで掲載されるほどだった。

「こんなこと、あるんやな？」

10月の代表戦での自らのパフォーマンスがあまり良くなかったこと。本田や岡崎などの実力と実績のある選手が、10月の時点でメンバーから外れていたこと。そして、所属しているドルトムントが極度の成績不振（10月の代表戦後から発表会見までの公式戦では1勝2分2敗で、その1勝もドイツ杯で3部リーグのチームからあげたもの）にあえいでいたこと。

香川の頭のなかに不安要素がないわけではなかった。でも、W杯の本大会を見すえたときに最も重要な活動になると考えていたヨーロッパ遠征のタイミングで、自らが外れるとは……。

ロシアW杯は自分のキャリアの集大成になると思っていたのに、このまま可能性は閉ざされてしまうのだろうか。

不安や怒りや情けなさが混じり合った複雑な感情は抑え込めない。ジッとしているには、このときの代表戦の2試合にかけていた想いが強すぎた。だから……。

「スタジアムに、行こう」

香川は所属するマネージメント事務所のスタッフにそう伝えた。

代表戦に伴うリーグ戦の中断期間では普段とは異なり、連休が与えられる。フランスのリールで行なわれるブラジル戦はちょうどドルトムントの練習が休みのタイミングだったから、パリのホテルを予約した。「華の都」パリは、ヨーロッパで活躍するフットボーラーが短期間のオフに足を延ばす定番スポットでもある。リールまでのアクセスも良い。

ベルギーはドイツの西側と隣接している。試合会場のブルージュまでは、ドイツ西部のドルトムントからは車で行ける。複数のスタッフと交代で運転しながら、ドライブのつもりで、ドルトムントの練習が終わってから向かうことにした。

11月10日、1－3でブラジルに敗れた試合を最後まで見届けると、香川は関係者用通路からロッカールームへ降りていった。チケットを手配してくれた代表のスタッフからチーム関係者に挨拶していく機会をもらえたからだ。

ハリルホジッチ監督からは「ホテルに来て、みんなと一緒に夕食を食べていくか？」と聞かれた。しかし、それは固辞した。競争を勝ち抜いて、選ばれた他の選手たちに失礼な気がしたからだ。

その4日後に対戦したベルギーには0－1で敗れた。ブルージュのヤン・ブレイデル・スタディオンでこの試合を見届けると、スタジアム付近が渋滞に巻き込まれる前に離れた。

帰りの車のなかで試合を振り返ってみたが、心のモヤモヤは晴れなかった。ブラジル戦のあとの3日間の練習を経て守備が安定したのは収穫かもしれない。でも、攻撃が改善された様子はあまり見られない。

「この試合、どう、とらえるのがいいんやろ……」

12月1日に行なわれた抽選会で、W杯の対戦相手が決まった。このときの日本はFIFAランキングで55位につけていたのだが、対戦相手とそのときの順位は以下の通りだ。

6月19日　コロンビア（13位）
6月24日　セネガル（23位）
6月28日　ポーランド（7位）

12月22日。リーグ戦中断による休暇を日本で過ごすために羽田空港の到着ロビーを出ると、かなりの数のカメラを向けられた。年末で混み合っているロビーで、複数の警備員の先導を受けながら、取材のために設けられたエリアへ移動した。

報道陣が殺到したのには理由がある。ドルトムントの監督がシュテーガーに代わってから、中断前までの3試合でチームが決めた5ゴールのうち、香川は1ゴール、3アシストで計4ゴールに直接絡んでいたこと。日本代表のハリルホジッチ監督への批判が高まっていたこと。前の月に香川がヨーロッパに渡ってから怪我以外の理由で初めて代表メンバーから外れていたこと。メディアの興味を引くようなトピックが多かった。

ただ、聞かれる質問の多くが、ドルトムントでの直近3試合でのパフォーマンスが、11月に代表から落選した香川の意地や怒りが表れたという解釈に基づいたものだった。意地や怒りによってパフォーマンスが一気に上がるほど単純な世界ではない。

結果がついてきたのは、2017年に入ってから本格的に取り組み始めたことが、この年の暮れになったころから、少しずつ成果となって表れたからだ。

だから、「悔しい」とか「頭に来た」という答えを予想していたであろうメディアからの「今年はどんな1年でしたか？」という質問にはこう返した。

「1年を振り返ると、すごく、良い年だったと思います」

12月に入ってからの〝好調〟の理由を問われると、翌年に向けての抱負をまじえ、こう答えた。

「いや、この1年でやってきたことが結果となって表れてきているだけなので。やるべきことを継続していければ、チームとしても、個人としてもさらに上を目指していけるという手ごたえを感じました。2018年も、目に見える結果を残していけたらいいかなと思います」

FROM SHINJI

ハリルホジッチ監督のもとを訪れたのは、もちろん、チームに対する責任感からだ。ただ、前提がある。

ヨーロッパの価値観のなかでは、監督と選手が対話するのは、普通のことなのだ。むしろ、意思表示をしないとチームへの責任感がないと思われることもある。それにハリルさん自身が、『わからないことや伝えたいことがあれば、いつでも私の部屋を訪ねてくれ』とよく話していた。だから、クレームをつけに行ったわけでもない。一部の報道にあったように、口論になったわけでもない。

10月の合宿で僕が強調して伝えたのは、チームとしての攻撃の形とコンセプトについてだった。

当時、監督が採用するフォーメーションは〔4－3－3〕と表記されるものが多かったが、それはトップ下を置く〔4－2－3－1〕のようなものと、中盤の底にアンカーを置く〔4－1－4－1〕の2種類があった。ハリルさんの練習のメニューや強度を踏まえたうえで、選手がどのように感じているのかを伝えた。

具体的には、トップ下を置く〔4－2－3－1〕のような形を多く採用したいのであれば、後方からボールをつないでいくときにはどうしたらいいのか、2列目から前の4選手がどのように動くのか、パスコースを作るためにどのような角度をつけるべきなのか、などをみんなが理解するような練習メニューを増やしてほしいと選手の立場からは感じているということだ。

逆に、トップ下を置く戦い方を改良するような練習メニューを取り入れるつもりがなく、当時の練習メニューやミーティングの内容を続けるのであれば、

〔4－1－4－1〕のような形で戦った方が、各選手が持ち味を発揮しやすいはずだとも伝えた。

監督にはコンセプトや好みがある。そして、もちろん、決定権は監督にある。だから、その決定に異議を唱えるつもりはないということを話したうえで、それぞれのフォーメーションを採用するうえで選手が違和感を覚えるところはどこか、どういう風にしたらより前向きに取り組めるのかを伝えたつもりだ。感情論で不満などをぶつけたわけではない。

10月の2試合目のハイチ戦では〔4－1－4－1〕のようなフォーメーションで臨んでいた。監督も選手の意見に耳を傾けてくれた部分はあったのかもしれない。今となっては、僕の意図がどこまで伝わったのかわからないが……。

ともかく、すでにW杯の出場権を手にしていた以上、ブラジルとベルギーという、本大会で対戦するような相手との試合は本当に大きな意味があると思っていた。自分たちの何が通用して、どこに課題があるのか。強豪国と対戦して見えてくるものがある。だからこそ、僕はあのタイミングで監督のもとを訪ねたのだ。

10月の2試合での自分のパフォーマンスは良くなかったから、嫌な予感がしないわけではなかった。ただ、「外れる可能性も10％くらいあるかな」というイメージでいた。

怪我でも、コンディション不良でもなく、代表に選ばれないとわかったときはやはりショックだった。

なかには、こんなことを言う人がいる。

「メンバーに選ばれなかったときのことを考えて、大人しくしていた方が良い」

そんなことはない、と僕は思っている。

いつだって代表の一員としてプレーしたいし、日本代表に勝利と笑顔をもたらしたいから、常にそこに自分が入るイメージで行動している。それが責任感だと思うし、そうしなければ何かを成し遂げるなんて無理だ。

だから、このショックな出来事はあったものの、自分の意志だけは貫き通そうと気を引き締めた。

サッカー選手の幸せと怪我の関係

「風邪のせいでコンディションが100%じゃないから、オレは試合に出るのはやめておく。シンジも無理しない方がいいんじゃないか?」

ギリシャ出身のチームメイトであるソクラティス・パパスタソプーロスにそう声をかけられた。登録名は「ソクラティス」ながら、「パパ」の相性で知られる彼とは、2014年の夏に再びドルトムントでプレーするようになってから、よく話す間柄だった。ドイツ語よりも英語の方が得意だというところも、お互いの共通点だ。

「大丈夫、オレはやるよ! 次もゴール、決めてくるわ。パパがすぐに良くなることを祈ってるね」

そう答えたのだが、実はあのとき、香川も少しだけ違和感を覚えていた。

ちょっと身体がダルいなぁ。

この週の頭から2日間は練習を休んで、家で寝込んでいた。チームの練習に参加できたのは、試合の2日前から。監督にも、体調をたずねられた。

でも、「やれます」と答えた。あとになって考えれば、無理をしていたとはっきり認めることができるのだが……。

不安を抱えながら試合に臨むなんて問題外だ。試合に出ると決めた以上は、不安に目を向けてはいられない。香川は自分に言い聞かせた。

「大丈夫だ。オレはやれるぞ」

2月10日、HSVとの試合でも先発した。0‐0のまま迎えたハーフタイム。ロッカールームに戻ってきたときも、体調は思ったよりも気にならなかった。ちょっと安心して、「オレなら、絶対に大丈夫だ」ともう一度、自分に言い聞かせた。

そして、後半13分のあの場面を迎える。

ドルトムントから見て左サイドの高い位置でシュールレが後方に戻したボールを、トルヤンとHSVの酒井高徳が拾いに行く。どちらもボールをおさめることができず、ボールは中央方向へ転がる。

そのボールを自分のものにしようと、香川とHSVのサリホビッチが競り合いにいった。香川が右足を伸ばしてボールを確保しようとしたところで、サリホビッチが左半身を押し出し、はばもうとする。ボールを巡るフェアな争いで、ファールになるようなプレーでもない。

でも、その瞬間だった。軸足として地面についていた左足首に痛みを覚えた。

直後に、ドルトムントにスローインが与えられたのだが、香川はボールを受けに行っていない。痛みがあったから、動くのを無意識のうちに避けたのかもしれない。でも、その痛みがどれほどのものかはまだ、わからなかった。この時点で2－0とリードを奪っていたから、ドルトムントはボールをじっくり回しながら、相手の守備にほころびが出るのを待っている状況だった。

後半14分、香川はバチュアイへパスを出した直後に、気がついた。

「あぁ、痛いっ！」

痛すぎて、このときは思わず、飛び上がってしまった。

その飛び上がる様子を中継カメラがとらえていて、数分後にスロー映像とともに放送された。だから、この試合で怪我をしたあと、友人や知人から、「あの瞬間に痛めたの？」と後日、聞かれることになった。

違う。あれは、痛みに気がついた瞬間だった。痛めたのはその前の場面だった。

これ以上、まともなプレーはできない。

そう確信して、交代を申し出た。なかなかプレーが途切れず、後半15分に相手のファールがとられると、自らサイドラインの外に出て、座り込んだ。苦痛の表情を浮かべているのを目の当たりにしたコーチ陣が、交代要員としてダフードを呼ぶのが見えた――。

結果論にはなるが、パパスタソプーロスが試合のメンバーから外してほしいと監督に伝えに行ったように、香川も欠場を申し出れば良かったのかもしれない。

なぜ、無理をしてまで試合に出ようと思ったのか。明確な答えがある。

それだけの手ごたえと、責任があったからだ。

前年の12月10日、成績不振を理由にボス監督の解任がドルトムントから発表された。そして、翌日からシーズンが終わるまでのおよそ半年間の条件付きで、シュテーガーが監督に就任することになった（＊42）。

彼が就任してからHSV戦の前まで、ドイツ杯のバイエルン戦を含めて公式戦が7試合あった。そこで香川は3ゴール、3アシストを記録した。全試合に先発していただけではなく、フルタイム出場を続けていた。

日本メディアの多くはこれを「好調」だととらえていたようだが、香川は、「好調」ではなく「成長」だと確信していた。

２０１６年の秋以降に構想を練り、２０１７年に入ってから取り組んできたトレーニングの数々が実を結び始めてきたという手ごたえがあった。

だから、チームメイトに心配されようが、少しくらいのダルさを感じようが、試合を休みたくなかった。

だが、サッカー選手としての幸せを追い求める気持ちが、痛すぎる結末を招いてしまった。

FROM SHINJI

あの試合の前のパパとのやり取りは鮮明に記憶している。ものすごく高い熱が出ていればあきらめたのかもしれないけれど、ちょっと無理をすれば試合に出られた状態だったから、試合に出たいと考えた。

怪我をしたあとに思い浮かべたのは、２０１１年のアジアカップの準決勝の前のことだった。風邪の症状が出て、喉の痛みが引かずに点滴を打った。

直前の準々決勝であの大会の初得点を含む2ゴールを決めて、ようやくギアを上げていけると考えていたタイミングだった。負けたら終わりという決勝トーナメントでの試合だったたし、「無理をしない」という選択肢はあのときの僕は持ち合わせていなかった。そして、怪我をして、手術をすることになった。

2度の苦い経験を通して、試合で活躍できる自信があるときこそ、状態が良いときこそ、はやる気持ちを抑えることも大切だと学んだ。

ただ――。

ある選手が試合を休み、代わりに起用された選手がその試合での活躍を足がかりに飛躍して、最終的には欠場した選手がチームを追われてしまう、ということはよくある。

強いチームに行けば行くほど、競争は激しく、若い選手が次々と出てくる。もし、僕と若い選手が、その時点で同じ能力だったら、監督は若い選手を起用するだろう。若い選手の方が、伸びしろが大きいからだ。起用し続けることで成長して、さらに多くのものをチームにもたらしてくれる可能性がある。僕が監督であっても、同じ決断を下すと思う。

また、海外でプレーしているからこその常識もある。その国出身の選手と、他の国出身の選手の実力が同じであるならば、その国出身の選手が使われる。地域や都市、あるいは国を代表するのがクラブの存在である。外国籍選手はあくまでも助っ人。だから、外国人としてプレーする道を選ぶならば、その国出身の選手以上の何かをもたらさなければならない。

休むことはライバルにチャンスを与えることになるのだから、簡単には休まないというのも、ひとつの正解なのだ。

では、もし、僕があの試合の前に戻れるならば、どうするだろうか？

結果を知っているから、休んだ方がいいと思われるだろうけど……わからない。試合に出るのを〝大人しく〟やめてしまうようになれば、自分のなかにある大切な何か――挑戦する気持ちとか成長への欲とか――をなくしてしまうような気がする。

無理はすべきではない。でも、簡単に休むようではダメ。

やはり、この問いに正解はない。両方の考えを頭に入れたうえで、その状況に応じて、自分がベストだと思った道に進むしかないのかもしれない。

＊42　奇しくもシュテーガーは、12月3日に、同じブンデスリーガを戦うケルンの監督の座を解かれていたばかりだった。こちらも、成績不振が理由だった。ケルンを追われてから1週間もたたない状況で、シュテーガーはドルトムントからの突然のオファーに驚いたそうだが、12月10日に監督に就任した。

ゴールが遠ざかっていったリハビリ

「早ければ3週間で練習に復帰して、4週間で試合に出られるようになるというのが一般的なケースだよ」

池田浩は、香川にそう話した。実際に診察をしたドルトムントのドクターから、左足首の内側靭帯の損傷という診断結果を聞かされたあとのことだ。

順天堂大学の教授である池田は、2010年の南アフリカW杯のあとに日本代表のチームドクターとして、代表チームの活動に帯同するようになった。2014年のブラジルW杯を経て、10月に行なわれたシンガポール遠征をもって、一度はその座を離れた。ただ、2017年のヨーロッパ遠征から再びチームドクターに戻り、2018年のロシアW杯まで勤め上げることになる。香川との出会いは20

10年だが、その後は代表チームの選手とチームドクターという関係にとどまらず、ひとりの患者と「かかりつけ医」に近い関係で接してきた。

日本にルーツを持つ選手と、ドイツなどのヨーロッパにルーツを持つ選手とでは、骨格をはじめとした身体の作りが異なるから、リハビリに要する期間にも差が出てくる。同じ箇所を負傷したとしても、復帰までに要する時間が大きく異なるようなケースもある。また、身体を使うことを生業(なりわい)とするサッカー選手の繊細な感覚を、母国語以外の言語でドクターに伝えるのは難しい。一般的に流暢な外国語を話すと評される選手であっても、治療の際には辞書や通訳を必要とするケースも少なくない。

そうした現状があるから、香川とドルトムントとの契約のなかには、怪我をして復帰までのプランを立てるうえで「セカンドオピニオン」(*43)として池田の診察や意見を参考にして良いという条項が盛り込まれていた。

だから、怪我をしてからは、ドルトムントのチームドクターと池田は頻繁に連絡をとっていた。血管の状態などを撮影したMRI画像も共有しており、患部に直接触れて得られる以外のあらゆる情報が届いていた。それらを踏まえたうえで、「セカンドオピニオン」として一般的な回復の目安を池田は伝えたにすぎない。

あとになって香川は反省することになるのだが、当時は、風邪を引いたとしても試合に出て活躍できるという自信に満ちあふれていた。だから、復帰までの目安が「3週間」と聞いて、こう考えた。

「今のオレならば、2週間……いや、10日くらいでチームの練習に復帰できるやろ」

だから怪我をした翌週の後半には、屋外に出て、ハイペースでランニングをした。でも、患部に痛みを感じて、クラブハウス内でのリハビリに戻らざるをえなかった。翌日にも「今日こそは」と思い、また屋外に出た。しかし、10分もしないうちに、ランニングを切り上げることになった。

「これは……無理や」

そこからしばらくは屋外を走ろうという気は起きなかった。治療を受け、リハビリに取り組むものの、痛みは引かない。そんな日々が続いていた。

怪我をした時点で、復帰の目標としていたのが3月に組まれていた日本代表のベルギー遠征だ。23日にマリ代表と、27日にはウクライナ代表とのテストマッチが、いずれもドイツとの国境に近い都市リエージュで行なわれる予定になっていた。

だが、あの試合から2週間が過ぎ、2月の終わりにさしかかっても、痛みは消えなかった。

痛みをやわらげるために、患部の炎症を抑えるために、できることはないのか。ドルトムントのドクターだけではなく、池田にも相談をした。特殊な治療法も取り入れたが、効果が現れるまでには時間が必要だ。

「足首の靭帯を痛めた場合、外側の靭帯よりも、内側の方が完治するまでには時間がかかる。焦らずに、辛抱強くリハビリに取り組むしかないよ」

池田からそう言われたものの、なぐさめにはならなかった。

結局、3月に入ってから再びMRI検査を受けると、復帰までにはさらに2~3週間はかかるだろうと診断された。この時点で、覚悟するしかなかった。

3月の代表戦のピッチに立つのは無理だろうな。

ただ、そういうときに限って、監督からの好意的な評価についての情報が入ってきたりするものだ。

まず、ハリルホジッチが3月の代表戦のために、香川の招集のためのレター(*44)を用意しようとしていることが伝わってきていた。

さらに、3月22日のマリ戦前日の記者会見での発言も伝え聞いた。

「(ロシアW杯の)大会期間中に怪我人が出るという最悪なことも予想しないといけない。今回は(吉田)麻也、(酒井)宏樹、(香川)真司にいてほしかった。彼らは様々なものを、もたらしてくれるからだ」

吉田と酒井は、ハリルホジッチ監督の初陣であるチュニジア戦のスターティングイレブンに名を連ね、監督の在任中に怪我と出場停止以外の理由でメンバーから外れたことがない。その2人と同様に香川も、怪我がなければ招集する意向だったことを暗に示していた。

日本の一部報道では「香川はハリルホジッチ監督からメンバー失格とみなされた」と伝えるものもあったが、当の監督自身がその説を暗に否定するような発言をしたのだった。

こうして代表のユニフォームを着ることはかなわなくなったにもかかわらず、前回のヨーロッパ遠征と同じように香川は2試合ともスタジアムに出向いて観戦することにした。前回と違うのは、現地を訪れる目的だった。

前回は日本代表がどんなサッカーをするのかを見て、次に自分が代表に呼ばれたときに何ができるのかを考えるために現地に向かった。

今回も日本代表の戦いぶりをしっかり見ようとは考えていたが、代表チームに帯同している池田に直接、診てもらうことが大きな目的となっていた。

ドルトムントでのリハビリの記録やMRI画像などのデータは池田にも共有してもらっていたが、唯一かなわなかったのが、患部をじかに見ながら診察してもらうことだった。代表の泊まっているホテルへ行き、そこで診察を受けさせてもらえるように協会に交渉して、許可をもらった。リエージュまではドルトムントの自宅からは車を使えば2時間ほどで到着するのも好都合だった。香川からしたら、現地を訪ねない理由を探す方が難しかった。

診察を終えた池田からは、こう言われた。

「怪我をした当初と比べても、症状はだいぶ落ち着いてるね。まだ痛みがあるから不安になるかもしれないけど、このままいけば来月には復帰できるし、W杯のある6月には十分に間に合う。だから、痛みがある間に患部に負担をかけるのだけは避けて、とにかく、焦らないようにね！」

なお、マリ戦の日に続き、ウクライナ戦の日にも診察を受けている。その間は3日しかない。その3日間のリハビリでトラブルが起きたわけではない。

「3日で状態が変わることはほとんどないよ」

池田からは苦笑気味に言われた。

「でも、せっかく試合を見に行くわけだから……」

そう言って、池田のもとを訪れ、リハビリの方法についてのアドバイスも受けた。ドルトムントで行なっているリハビリの様子を撮影していたから、その動画を見せながら、ドクターとしての意見を池田に求めた。W杯のメンバー発表の前に、池田と直接、顔を合わせるのはこれが最後になるだろう。できることはしないと、気が済まなかった。

一方で、このときの日本代表のピッチの上には課題が山積していた。マリにはかろうじて引き分け、ウクライナとの試合では良いところなく負けていた。W杯の予備登録メンバー発表前の最後の実戦の機会だったから、みんなが危機感を覚えていたようだった。ただ、そういう状況だからこそ、復帰したときに起爆剤になろうと、自分に期待していた。

＊43　セカンドオピニオンというのは、ひとりのドクターだけではなく、他のドクターの診察を受けたり、意見

をもらうこと。診察や治療方針に納得するために意味を持つ。最近では香川にならって同様の条項を契約に盛り込む選手が増えてきているが、以前は海外のクラブの基準で治療を受けたり、リハビリ期間を設定されたことで苦労する日本人選手も少なくなかった。

＊44　日本代表に招集する可能性がある選手には、日本サッカー協会からその選手の所属クラブへと、招集の可能性がある旨を記したレターが送られる。それに伴って怪我をしている選手などについて、復帰までのプランなどの問い合わせが入ることもある。ただ、最終的にメンバーに選ばれるかどうかは、監督が正式にメンバーを決めるまではわからない。

痛すぎた新監督との面会

世間の人からは青天の霹靂（へきれき）と受け止められた決定だった。インターネット、ＴＶ、新聞、雑誌、ラジオが、驚きのニュースとして一斉に報じていた。

そこにかかわる者たちのなかでは必ずしもそうだったわけではないかもしれない。ただ、日本代表チームを取り巻く環境が大きく変わるということだけは明らかだった。

４月９日、日本サッカー協会が、それまで監督を任せていたハリルホジッチ氏との契約を解除すると発表した。同時に技術委員長を務めていた西野朗が、急遽監督を務めることになった。

ひとりの監督がＷ杯までの４年間をかけてチームを強化して臨むことは多い。なかには６年や８年かけてチームを作るケースもある。西野に与えられた時間が極端に短いのは明らかだった。

何よりやっかいだったのは、Ｗ杯の予備登録メンバーに関するルールとその期限だった。Ｗ杯の日本の初戦までのスケジュールとともにまとめると、以下のようになる。

５月14日　予備登録メンバーの35人のリストの提出期限
６月４日　予備登録メンバーのなかからＷ杯に挑む最終23人のリストの提出期限（＊45）
６月14日　ロシアＷ杯開幕
６月19日　日本の初戦（vs.コロンビア）

日本にとっての最大のネックは、西野が監督に就任してから５月14日までの間に、ＦＩＦＡの定めるインターナシヨナルマッチデーがなかったことだ。

つまり、西野は代表監督として、選手たちを実戦で一度も試す機会がないまま、予備登録の35人を選ばなければならなかった。それまでは技術委員長として帯同しており、選手たちの練習でのパフォーマンスや態度にいたるまで把握していたとはいえ、とても困難なミッションだった。

そうした事情も踏まえて、代表候補となる選手の所属クラブでの試合や練習を見るために、4月27日から西野がヨーロッパでプレーする候補選手たちのもとを訪ねていくことになった。

そのころ香川は……。

4月19日にはチームの練習に合流できるまでになっていた。2月10日以来の復帰も秒読み段階だった。

もちろん、そんな香川のもとにも日本サッカー協会から西野が視察にやってくるという連絡が入った。協会スタッフとのやり取りを通じて、以下のようなことを西野は考えているのだと香川は理解した。

試合で活躍する姿を見られるのにこしたことはないが、リハビリを焦って、再び痛めている箇所に問題が起きてしまっては元も子もない。試合に出られなくても、練習している姿が見られれば十分である。

西野や協会が復帰を焦らないように気を使ってくれているように感じられて、感謝したくらいだった。

そのうえで、香川は2つの期待を抱いた。

1つ目は、新監督に自らの回復具合をアピールすること。これは自分に期待していた、と言い換えられる。

2つ目は、新監督から信頼や評価を伝えてもらうこと。これは相手（西野）に期待していたということになる。

さらに、西野の来訪を前に、明るい話題を用意できることになった。負傷した2月以来、初めてベンチ入りのメンバーに名を連ねたのだ。4月30日のブレーメン戦のことだった。この試合でピッチに立つことはなかったが、ベンチに座る7人のうちのひとりに選ばれたという事実は、シュテーガー監督が怪我からの回復具合に太鼓判を押したことを意味する。

それなのに……。

翌週の練習から、痛みが再び出てきた。

はっきりとした原因はわからなかった。ブレーメン戦に向けて練習をしていくなかで、運動量も負荷も増したせいかもしれない。

そして、5月2日を迎える。西野が練習の視察に訪れる日だ。

朝起きても、痛みは引かない。いてもたってもいられず、練習の前に病院へ行き、ＭＲＩ検査を受けることにした。

「え！　このタイミングで、撮りに行ったの？」

池田は思わず、聞き返してしまった。５月２日のドイツ時間の午前中。西野が来る前に香川から電話越しに、こうお願いされたからだ。

「先生、さっき撮ったＭＲＩ画像をチェックしてほしいんですけど……」

実は、池田のもとには、毎日のように、香川がスマホで患部を撮影した写真が送られてきていた。診察と呼べるほどのものではないのだが、万が一、患部に重大な問題が発生したときには、その写真を通してでも一目で異変がわかる。もちろん、ドルトムントの医療チームからはリハビリの過程も、彼らが触診して得られた情報もこまめに伝えられていた。

負傷から２ヶ月以上かかったとはいえ、痛めた箇所の修復は順調に進んでいる。日によって多少の痛みが出るのはありえることだ。

仮にこのタイミングでＭＲＩ画像を撮ってみたところで、新たな問題が見つかる可能性や、劇的な改善の跡が見られる可能性は限りなく低いことが池田にはわかっていた。

だから、病院に撮影に行ったと聞いて、驚いたのだ。

もし、事前に撮影すべきかどうかを問われれば、「ドクターとして止めることはしないけれど、その必要性はないと思う」と答えていただろう。それくらい誤解を生む行動だと考えたからだ。

「痛みが出て、ＭＲＩ画像を撮影しに病院へ行った」という報告を受けた監督が、どのように考えるのか予測できた。２０１０年から代表チームのドクターを任され、チームから離れていた時期はあったものの、計４人の代表監督と接してきた経験があった。

それらの経験を総合すると、少なくとも、その時点では、西野は「香川の怪我の状態は良くないのだな」と感じるだろう。

仮に、この時点で、西野から意見を求められたのであれば、「順調に回復しています。日によって多少の痛みが出るのは想定の範囲内です」と答えたはずだ。

ただ、池田の仕事は、あくまでも日本代表のチームドクターである。香川のためを想って、西野へ特別に進言することなどできない。

こうした状況を踏まえると、少なくとも、この日の香川と西野の会話はそれほど前向きなものにはならないだろうなと予想できた。

時間通りに西野は、ドルトムントの練習場にやってきた。しかし、予定とは異なり、香川はボールを蹴る姿を見せることができなかった。

代表監督と候補選手という関係になって初めて西野と顔を合わせたあの日のやり取りを、香川はこんな風に記憶している。

「今日の練習に参加するのは無理になっちゃいました。足首が、ちょっと痛くて。ただ、今日もＭＲＩ検査をしたら、そこでは問題はなかったんです」

「そうか……」

状況を聞かされた西野の表情が沈み込んだように、香川の目には映った。

その表情は何を意味しているのか？　自らの実力に期待してくれていたからこその落胆なのか、その状況を聞いて本大会メンバー入りは厳しいと感じたからなのか……。

西野の腹の内が、香川には読めなかった。

「実戦から離れて３ヶ月になるなぁ。コンディションとしては難しい部分もあるか？」

「今日は練習でプレーしている雰囲気だけ確認できればと思っていたんだが」

そんな風に、質問と感想を交互にぶつけられたと香川は記憶している。新監督とゆっくり話ができるせっかくのチャンスだというのに、沈黙する時間の方が長かった。

別れ際にこんな言葉をかけられたことは、鮮明に覚えている。

「真司の状態はよくわかった。ただ、サッカー人生は長い。大事なＷ杯が控えているからといって、無理をしすぎないようにな」

これには反応した。

「いや、いや、いや、サッカー生命にかかわるほどの大怪我ではないですよ！」

一気にまくしたててから、こう続けた。

「たとえ、この先のサッカー選手としての生命が短くなったとしても、オレはこのＷ杯を戦いたいんです！」

西野がこちらの目を見て、真剣に耳を傾けてくれているのが伝わってきたから、もう一度、強調した。

「とにかく、今日はまだ痛みはありますけど、足首の怪我は問題ないですから」

最後には、こう言われた。

「気持ちはしっかり伝わった。まずはシーズンの最終戦まで頑張ってくれ」

怪我さえ治ればメンバーに加える意向をにおわせるような〝メッセージ〟を、香川は期待していた。例えば、こんな言葉を。

「オマエの力はわかっている。怪我さえ治れば、チームの力になってくれると確信しているから」

しかし、そんな言葉は聞かれなかった。

最後の段階で、W杯へかける想いはどうにか伝えられた気はしたが、それが西野の胸にどれくらい響くものだったのかは、全くわからなかった。

香川は、日本時間の朝になるのを待って、池田にまた電話をかけた。不安を静めるためにも、なんらかの意見を聞きたい。

「不安なのはわかる。ただ、日本の選手のことでも、ドイツやイングランドの選手のことでもいい。少し思い出してほしいんだ。これまでのキャリアのなかで、チームメイトがいわゆる足首の捻挫で、リハビリをするようなケースはたくさん見てきたよね？　今回の真司よりひどい状態の選手もいたと思うけど、復帰まで3ヶ月以上かかった選手はいたかい？」

そう言われれば、確かに、捻挫で3ヶ月以上も復帰できない選手を見た記憶はない。

「怪我したのが2月10日だから、その3ヶ月後には必ず良くなっているはず。今までのチームメイトのことを思い出せば理解できるでしょう？」

消えない痛み。そして、練習している姿を西野に見せられなかった悔しさ。

ベッドに身を横たえたところで、とうてい眠れそうになかったが、池田の言葉を聞いて、少しだけ気がまぎれた。何も考えないように意識しながら、目を閉じることにした。

5月3日。前日とは異なり、それほど痛みがなかった。だから、この日は練習メニューの大半はチームメイトとともにこなせた。胸をなでおろした。

そして、5月4日を迎える。翌日に控えたホームでのシーズン最終戦であるマインツとの試合に臨むメンバーが発表される日だ。

しかし、リストのなかに自分の名前はなかった。

つきつけられた現実に、全身が震える。

1週間前のブレーメン戦でベンチ入りを果たして復帰まで秒読みであることをアピールできたのに、また逆戻りだ。池田などを除き、大半の人は、復帰までの道のりで一歩後退したと感じるだろう。

そう考えると、寒気がした。

練習を休んだ日があったとはいえ、自分を高く評価してくれるシュテーガーならば、最低でもベンチ入りメンバーには選んでくれるだろうと考えていた。

にもかかわらず、メンバーから外れたと知り、一瞬、頭が真っ白になった。

しかし、納得できないことがあれば、監督に理由をたずねに行ったり、自らの考えを伝えに行ったりすることは、この国では普通のことだ。逆に、黙っていたら、監督の決断を甘んじて受け入れたとみなされるかもしれない。だから、監督のもとを訪ねた。

「どうしてオレをメンバーに入れてくれないんですか⁉　確かに練習は少し休んだけど、怪我も問題ないし、準備できていますよ！」

返ってきた答えはシンプルだった。

「今週の練習のパフォーマンスが良くなかったからだ」

日本人の感覚からすれば、かなりストレートな表現だ。シンプルすぎて、なんて返したらいいか、反論はすぐに思い浮かばなかった。監督は、矢継ぎ早にこう続けた。

「来週の練習で、もう1回、持っている力を見せてくれ。今週の試合のメンバーはもう決めた。変えるつもりはない」

もちろん、抗議したところで、監督が一度決めたことを覆せる可能性がない、というのは香川もわかっていた。

ただ、それだけの想いを抱いているという事実は、監督の頭のなかに必ず残るはずだ。それに、監督に対してそこまで言ったからには、翌週からの練習で良いプレーを見せないといけない。プロとしては当然だ。

もしかしたら、一連の行動は、ゆるぎのない決意を固めるために大切な作業だったのかもしれない。

自宅に戻ると、神田泰裕トレーナーに声をかけた。

「神田ー！　あと1週間だ、プラン立てるぞ」

落ち込んでいるヒマはなかった。

復帰へのラストスパートはこうして始まった。

この時期の生活リズムはこんな感じだった。

普段よりも早めに起きる。入念にストレッチとマッサージをする。場合によっては、足首をお湯につけて温める日もあった。

ベランダに人工芝を敷いていたので、そこで神田トレーナーと一緒に可動域を広げるためのメニューに取り組む。香川が住む前には、チームメイトのシャヒンが家族とともに住んでいた家なので、複数の子どもたちが十分に遊べるだけの広さのあるベランダだ。

午後になれば、チームの練習に行き、全力を尽くす。

練習から帰ってきたら、足首のケアをして、またベランダに出る。足首に負荷がかかりすぎないように気を使いながら、身体を動かす。そして、また足首のケアをする。

患部に負荷がかかるのは避けながらも、3ヶ月近く実戦から離れたことで一時的に衰えた他の箇所の筋力や機能性を高める必要があった。

その成果は確実にあった、と香川は考えている。

もっとも、フィジカルの状態が、短期間で劇的に良くなるケースはそれほど多くない。短期間で劇的な成果が得られるのは、メンタル面である。

グラウンドの外にいる1分、1秒たりとも無駄にしてはならないという意識が、芽生えていた。

だから、チームで課された練習にも、集中して取り組める。普段よりも小さいピッチで行なう5対5のミニゲームでも、紅白戦でも、ゴールやアシストを積み重ねていった。

怪我をする直前のような感覚が戻ってきたのではないかとさえ感じるほどだった。

「これは次の試合はスタメンの可能性もあるんやないか？」

「いやいや、さすがにスタメンは無理やろ」

頭のなかでボケと、ツッコミを交互に繰り出せるくらいの心の余裕も生まれていた。

そして、5月12日を迎えた。このシーズンの最後の試合となるホッフェンハイム戦を翌日に控え、監督が試合に臨む18人のメンバーを発表する日だ。

「Kagawa」の文字がホワイドボードに確認できた。

怪我には勝てない。でも、怪我がなければ自分にはメンバーに入る権利がある。

この時点で、香川の目には5月14日の35人のメンバーにまで入る道筋がはっきりと見えた気がした。

FROM SHINJI

日本代表を引っ張るにふさわしい力を備えているという自信はあったし、ドルトムントで厳しい競争を勝ち抜いてきたという自負もあった。

だから、「西野さんからは信頼を感じさせてくれるような言葉をかけてもらいたいな」とあのときは考えていた。

でも、今になって振り返ると、相当大きな期待を寄せていたことがわかる（笑）。急遽監督を任され、短期間でチーム作りのプランとW杯までのスケジュールを立て、なおかつ選手選考にもとりかかる西野さんが、そんな甘い言葉をかけてくれるはずもなかった。


最終節のホッフェンハイム戦のメンバーに選ばれるに足る選手だという自信も、ロシアW杯のメンバーに入るに値する選手だという自負も、本大会でチームの力になれるという確信も持っていた。ただ、絶対に勝てないものがあった。それはライバルの存在でも、自分の心でもなくて、怪我の痛みだ。

僕はドクターでも魔法使いでもないから、痛みを抑えるために最善の努力はできても、痛みを取り除く特別な力や手段を持っているわけではない。

西野さんがドルトムントに来てくれた日を上回るような痛みが一度も出なかったのは、幸いだった。

それともちろん、トレーナーの神田や当時よく連絡をとっていた日本代表の池田先生のサポートのおかげでもあった。

＊45　日本代表は期限の4日前の5月31日にはこの23人のメンバーを発表した。また、6月4日が期限となっていた最終メンバーのリストを提出したあとでも、負傷者が出た場合のみ、初戦の24時間前までメンバーの入れ替えが可能だった。なお、その場合には最初の35人に入っていない選手も登録できるという特例があった。日本の場合は、浅野拓磨がサポートメンバーとして、最終メンバーの発表後にもチームに帯同しており、不測の事態に備えていた。提出期限となる初戦の24時間前の時点で、日本代表はすでに試合の行なわれるサランスク入りしていたこともあり、浅野は初戦となるコロンビア戦までチームに帯同。コロンビア戦の翌日となる20日に、代表チームを離れた。

知られずにすんだアクシデントと……

ドルトムントにとってのシーズン最終戦は、自分にとっては、怪我からの新たな一歩を踏み出す試合となる。世紀の決戦に挑むかのような覚悟を持って、香川はホッフェンハイムとのアウェーゲームに臨んだ。

すでにバイエルンの優勝は決まっていたが、4位の座を巡る争いが白熱していた。4位以上に入れば、翌シーズンのCLの出場権を得られる。世界最高峰のCLは出場するだけでおよそ4000万ユーロ（当時のレートで約52億円）ともいわれるほどの莫大な収入をクラブにもたらすし、選手にとっても、やりがいとキャリアアップのチャンスがつまった大会である。だから、各チームが目の色を変えて出場権を狙いに行く。最終節を前にした順位表は以下の通りだった。

3位　ドルトムント　勝ち点55　得失点差　+19
4位　ホッフェンハイム　勝ち点52　得失点差　+16
5位　レバークーゼン　勝ち点52　得失点差　+13

3位から5位までの勝ち点が3点差で、順位が入れ替わる可能性があった。しかも、最終節で3位と4位が直接、対決する状況だった。

そんな白熱した争いが、あのときの〝秘密〟を守るために大きな影響を及ぼすことになろうとは、試合前の香川には知るよしもなかった。

香川はベンチで前半を過ごし、0－1のビハインドでドルトムントは後半を迎えた。

後半25分が過ぎたころだ。ウォーミングアップをしている香川に、声がかかった。この試合で最初の交代選手となる。監督はやっぱり、オレのこと信頼してくれていたんや。胸の高鳴りを抑えながら、ゴール脇のウォーミングアップエリアを離れ、ベンチ前へ。セットプレーのときの配置や相手がボールを持っているときの守備の動きなどについて、アシスタントコーチから丁寧な説明を受けた。この時点でスコアは1－2で、リードを許していた。

後半28分にはタッチライン沿いに立ち、交代の準備は整った。しかし、相手にFKが与えられたため、それが終わるまで待つように言われた。相手選手へのマークがズレるのを防ぐためだ。

ところが、そのFKからこぼれたボールを、ホッフェンハイムのカデジャーベクに押し込まれてしまう。これでスコアは1－3だ。2点差になってしまった。

このゴールが後に、大きな意味を持つことになる。

後半29分、香川はトップ下を務めていたシュールレと交代でサイドラインを越え、ピッチに入った。

3ヶ月ぶりにピッチに立ったことに意味があるのではない。自分がW杯のメンバーにふさわしい選手だと証明するためにオレはここにいるのだ。

そう考えた香川は内からわき上がるものを感じていた。ちょうど後半30分になるころ、ゲレーロのパスを左サイドの高い位置で受けた。ボールを勢い良く前に押し出し、ゴールライン手前でクロスを上げにいく。これを防ごうと、ホッフェンハイムのアミリも思い切り体を寄せてくる。体勢を崩しながらどうにかクロスを上げたあとに、アミリの肩で香川の身体が弾かれた。すでにバランスを失っていたから、後ろ向きに倒れ、頭からピッチに叩(たた)きつけられることになった。

ドーン。

頭に衝撃(しょうげき)が走った。ほどなくして立ち上がったのだが、すぐに違和感に気がついた。軽度の、脳しんとうだった。

試合に出て、すぐにこれかよ！　しかも、こんなにも大事な試合で……。

視界が狭まっているのを感じながら、香川は、味方がパスを回すのを必死に目で追おうとしていた。

交代は絶対に避けなアカン。でも、どうしよ、まともにパスも受けられんわ。

そんなことを考えてみたが、軽い脳しんとうの状況で答えなど出てこない。そうこうしている間にも、時間は過ぎていく。

交代でピッチに立ってから5分ほどたったころだろうか。ベンチから選手たちに指示が送られていることに、香川はようやく気がついた。

「無理して攻撃に出ていくな」というメッセージだった。

ドルトムントが2点のビハインドを負っているにもかかわらず、そんな指示が送られたのは、香川の出場直前のあの失点があったからだ。

他会場で同時刻に行なわれていた試合で、レバークーゼンは3－0でリードしていた。この時点でホッフェンハイムとドルトムントの状況を整理すると以下のようになる。

ホッフェンハイムは、レバークーゼン戦の結果にかかわらず、このまま試合が終われば4位以上が確定する。

ドルトムントは、レバークーゼンがこれ以上点差を広げないままタイムアップを迎え、自分たちがさらに失点を許さなければ、4位に入れる。

だから、「無理して攻撃に出ていくな」というメッセージがドルトムントの選手たちに送られた。そのメッセージはドルトムントの選手だけではなく、ホッフェンハイムの選手たちにも見えていたから、そこから先は、両チームともパスを回すばかりで、相手陣内に攻め込むような場面はなくなった。

軽い脳しんとうに見舞われていた香川は、後半37分にパスを受けたが、きちんとトラップすることすらできなかった。

ただ、はたから見る限りでは、それが脳しんとうの影響だとはわからなかったはずだ。ミスをしたか、集中力が欠けていたと感じるくらいだ。結局、頭を打ってから試合終了までの約16分の間に、ボールに触れたのはわずか6回だけだった。

最終的には、そのあとに他会場のレバークーゼンが2失点して、ドルトムントとの得失点差は3点に広がった。ドルトムントの、CL出場獲得が確実になった。

こうして、1－3というスコアで敗れながらも、ドルトムントはCL出場権を手にして終わることになった。

自宅に着くと、食事もそこそこに、ソファーに身体を沈めた。一応、トレーナーにうながされて、左足首のアイシングなど、最低限のケアはした。

それ以上は、何もする気が起きなかった。

あの試合は、どんな意味を持つのだろう?

香川は試合展開に救われた、と考えることはできる。

もしも普通のペースで試合が続いていたら、頭を打ったせいで、ミスを連発していたはずだ。脳しんとうであることは気づかれていなかっただろうから、あの試合を見た人は、左足首の状態が相当悪いのだと〝推測〟するか、3ヶ月のブランクの影響の大きさに〝驚く〟か、大一番でミスを連発する選手なのかと〝あきれる〟か、どれかだろう。いずれにせよ、見た人の印象は最悪のものとなっていた可能性が大きかった。だから、助かったといえるのかもしれない。

一方で、自らの能力をアピールする絶好の機会が失われてしまった、と考えることもできる。

あの20分間で証明したのは、実戦のピッチに立てる程度に回復したということだけだ。

事実として残ったのは、「香川真司はW杯で日本代表としてプレーするにふさわしい選手だ」と納得させるほどの圧倒的なパフォーマンスは見せられなかったということだ。

メンバー入りは厳しいかもしれないな……。

心のなかでそう思ったことだけは、鮮明に覚えている。放心状態だったから、その他のことは覚えていない。

翌朝を迎えたとき、頭を打った影響は全くといっていいほど感じられなかった。これまで試合を途中退場せざるをえない脳しんとうを2回経験している香川にとって、それだけが前向きなニュースだった。

FROM SHINJI

はじめに断っておくと、自分のように試合中に頭を打ったときは、やはりきちんと診察を受けるべきだ。最近はあらゆるスポーツで脳しんとうに対する考え方も変わってきていて、頭を打った直後に身体を動かす危険性も指摘されている。もしも、この本を手にする人が、同じような状況になったら、決して自分のマネはしないでほしい。

ただ、あのときの自分は、頭を打ったことを隠そうとするくらいに、必死だった。西野さんが僕をメンバーから外す理由になりそうな要素を、少しでも減らそうと考えていた。

試合のあとに家に帰ってから思い出していたのは、ユナイテッドを離れようと決断するきっかけとなったドンズとの試合のことだった。あのときも、試合に意気込んで臨んだのに、頭を強打した。ダメージに違いはあったが、シチュエーションが当時と重なった。

あのときに「ユナイテッドでの戦いはこれで終わりだな」と感じたように、この日は「オレのロシアW杯出場のチャンスもなくなったな」と考えていた。

最終戦に間に合ったこと以外、何一つ、良いことはないやん。

そんなことを考えては、沈んでいったのがあの夜だった。

ロシア入り直前でのどんでん返し

ホッフェンハイム戦の翌日、ドイツ時間の5月13日に、日本行きの飛行機に乗った。日本に到着するのは5月14日の朝になる。35人のW杯予備登録メンバー提出の期限日だ。

14日、羽田空港の到着ゲートを抜けると、メディア関係者だけではなく、たくさんのファンも待っていた。喧騒(けんそう)のなかを足早に抜けて、事務所スタッフの用意してくれた車に飛び乗った。

「池田先生のところへ行くぞ!」

スタッフからそう言われて、驚いた。

日本代表の池田ドクターのもとで診察を受けるようにと、協会からスタッフに連絡が入っていたという。池田ドクターのもとを訪れる理由についての特別な説明があったわけではない。ただ、そのような連絡があったというのは、少なくともこの時点で、香川のメンバー入りの可能性が消滅していないことを意味していた。西野監督はもう一度、怪我の状態を見たうえで判断を下そうと考えているのかもしれない。

左足首を診てもらいながら、香川は池田に伝えた。

「患部は少し腫(は)れているかもしれませんけど、西野さんが来た日と比べて、痛みはグッとやわらぎました」

池田の見立てはこうだった。

「右足首と比べれば左足首の方が少し腫れているけど、リスクとなりそうなサインは見当たらない。6月からのW杯でプレーするときにはなんの支障もないはずだよ」

なお、このあとに行なわれる西野をはじめとした代表チームのコーチ陣と、池田ら医療チームとのミーティングの席で、怪我をしている候補選手一人ひとりについての所見が池田から報告されている。香川の状況については、香川本人に話したのとほぼ同じ内容が西野に伝えられた。

その際の根拠となったのは、5月14日の診断、さらには2月からたびたび撮ってきたMRI画像から読み取れる回復具合、3月のベルギー遠征のホテルでの2度の診察をしたときとの比較など。池田が診断に私情をはさむことがないのは既述の通りだが、判断材料の多さは、〝あきらめの悪い〟香川の性格から生まれた副産物だったのかもしれない。

このときの診断がどのように影響したのかについて聞かされることはなかったが、35人のメンバーに入ったという連絡が協会から届いた。

そこからは故郷の神戸へと移動して、自主トレを行なった。途中で痛みが増して、予定していた練習を取りやめた日もあったが、プレーを続けられないほどひどくならずにすんだ。

5月18日の13時から行なわれた記者会見で27人の日本代表メンバーが発表された。香川の名前もそのなかにあり、選出の理由については西野からこんな説明があった。

「香川については、本当にデリケートに考えないといけない。彼の選手生命というか……3ヶ月もトップステージでやれていないなかで招集しました。彼の状態を確認しながら、このキャンプで最終的に確認したいということです」

しかし、この発表会見を香川は見ていない。西野の話した内容もあとになって知ることになった。会見が行なわれたとき、グラウンドで汗を流していたからだ。

この日の練習は12時からに設定していた。香川の目標はあくまで、W杯本大会でチームを勝利に導くことにあったからだ。メンバーに選ばれる保証など何もなかったが、選ばれるかどうかで一喜一憂するのではなく、本当の目標に向かって全力を注ごうと考えていた。

だから、練習を終えて代表メンバー入りを知らされたあと、大挙して取材に来たメディアにはこう話した。

「もちろん、この状況なので監督が悩むのは当たり前です。僕はやれることをやるだけなので。そこだけを言い聞かせてやってきました。初戦のコロンビア戦を逆算しながら、試合に出られない3月、4月もやってきたと思っているので。それは、今も変わりはないです」

それが、香川の偽らざる本心だった。

香川の発言に対して、批判的な意見もSNSなどを通じて届いた。なかには、「はじめからメンバーに選ばれるのがわかっていたのだろう」という事実無根の意見まであった。わかっていたら、怪我してからの3ヶ月であそこまで心が揺れることはない。

W杯が、良くも悪くも、大きな関心を集めることは4年前にも経験している。だから、批判が降りかかってきても、心が乱されることはなかった。

何より、この4年間で積み上げてきたものの大きさは、他の選手に決して負けないという自信があった。

5月21日からロシアW杯に向けた合宿がスタートした。初日の練習が終わってから、翌朝を迎えるまで、香川のなかに多少の恐怖があった。足首が腫れたり、痛みが増したりする可能性は否定できなかったからだ。

ただ、合宿の2日目の朝に目を覚ましたとき、心配していたような痛みや腫れはなかった。ホッと胸をなでおろした。これで良いパフォーマンスを出すことに集中できる。

もちろん、記者会見の言葉にあったように、西野が怪我の状態を気にかけていたことは香川も理解していた。だから、5月30日のガーナとの親善試合で、いきなりスタメンで起用される可能性が低いことも薄々感じ取っていた。ガーナとの試合では、0－1となった後半開始時から宇佐美貴史と交代でピッチに立つことになった。そこから2シャドーの一角として、45分間プレーした。

この試合ではハリルホジッチ前監督のもとでは基本的に採用していなかった3バックで挑んだが、攻守ともにチグハグなプレーが多かった。香川自身も後半の45分間で、他の選手との違いを感じさせるようなプレーができたわけではなかった。

翌日の夕方、最終の23人の名前が発表された。ガーナ戦では目立ったパフォーマンスを見せられなかった香川だったが、無事に選ばれた。

6月2日、成田空港を発つチャーター機で、まずはドイツ南部のミュンヘンへ。そこからトレーニングキャンプを行なう隣国オーストリアのゼーフェルトへとバスで移動することになっていた。

6月8日、スイスのルガーノでスイス代表との試合が行なわれた。西野が監督になってから2度目の試合では、選手たちも慣れ親しんでいた4バックで挑んだ。近年は国際大会の常連となっているスイスを相手に手も足も出なかったわけではなかった。かといって、効果的な攻撃は見せられないまま。堅守速攻を貫くスイスの方が、効率の良い戦いを見せていたのは間違いない。

この試合でも香川はベンチからのスタートだった。チャンスが与えられたのは、0－1で迎えた後半31分のこと。ガーナ戦よりも時間は短い。しかも、交代出場して間もない後半37分にカウンターからスイスに2点目を許して、試合の行方は決まってしまった。その後もめぼしいチャンスは作ることができないまま、0－2で試合は終わった。

2試合続けて0－2というスコアで敗れただけではなく、試合内容も乏しい。W杯前に組まれている親善試合は1試合を残すのみだったが、希望は見えない。チームを取り巻くムードは重々しいものとなっていた。

W杯前最後の親善試合としてパラグアイ戦が12日に予定されていた。

その前日、会場となるインスブルックのチボリ・シュタディオンで最後の練習が行われた。それに先立って行なわれた記者会見で、西野がこう発言している。

「あらかじめ伝えている通り、（それまで）起用の少なかった選手を明日、使いたい」

西野が監督に就任してから本大会までに組まれていたテストマッチは、わずか3試合しかなかった。

これほどまで実戦の機会が少ないと、メンバーを固定して、連携やチームとしての戦い方を固めていくのが正攻法にも見える。ただ、本大会ギリギリまで選手の能力を見極めるというのもひとつの方法だし、3試合でほぼ全ての選手に一定時間プレーさせ、モチベーションやコンディションを高く維持する方法もある。

西野はスイス戦とパラグアイ戦の2試合を通してほぼ全てのメンバーを試合で一定時間起用することを決めていたようで、それはオーストリアでのキャンプの時点で選手たちには伝えられていた。

試合前日の練習で、スタメンが大幅に変わることがわかった。自分も先発で送り出されると予想できた香川は、同じような立場の乾貴士や岡崎に声をかけた。

「これはオレらにとって大きなチャンスだよ！　ミスしてもいいから、とにかくトライし続けようぜ」

結局、このときはスイス戦から実に10人もスタメンを入れ替えて、挑むことになった。ドラスティックなメンバー変更は、チームのなかに漂っていた空気をリセットするような効果があったのかもしれない。

試合が始まると、1トップに入った岡崎とトップ下の香川が相手の守備陣にプレスをかけていく。左MFに入った乾もそれに呼応していくと、それにつられるように他の選手も前に出てきた。良い形でボールを奪えれば、良い攻撃が生まれる。前半32分に先制点を奪われてしまったが、最後のチャンスにかける選手たちの心が折れることはなかった。後半6分の乾のゴールを皮切りに、日本の攻撃が勢いを増していく。そのなかで、相手のオウンゴールも生まれた。

香川には再三にわたり決定的なチャンスが巡ってきていたが、決められないまま試合が進んでいき、後半のアディショナルタイムへ。そのまま終わるかと思われたが、ここで香川がようやくゴールを決め、最終的には4－2で勝ち切った。

パラグアイはロシアW杯の出場権を逃しており、若手も多かった。彼らがポテンシャルをどこまで発揮できたのかはわからない。それでも、この試合に出た選手たちが、それまでの重苦しいムードを吹き飛ばしたのは確かだった。最終的にはこの試合で新たにスタメンに抜擢された10人のうち4人が、ロシアW杯の初戦でも先発することになる。

パラグアイとの試合を終えると、四重とも五重ともいえる人の輪を作った報道陣を前に、香川は語った。

「前半に0－1にしてしまったのは、もちろん避けておきたいシチュエーションでした。ただ、そういうことは十分考えられるもので。チームの全員が、前の試合の反省を活かして、やるべきことをやり続けられました。だから、後半にも良い守備ができて、それがチームに自信をもたらして、良い攻撃につながっていきました。メンタル的なところが、今日はひとつの勝因かなと。みんながチャレンジし続けた結果が現れたと感じます」

試合終了間際に決めたゴールについて問われると、素直にこう答えた。

「最後にああいう形で決められたのは良かったです。何よりああいうところで、しっかり冷静にGKの動きを見極められたのは必ず、次につながるので。そこは非常に良かったと思っています」

翌日の午後に、チャーター機はインスブルックを離れ、ロシアへ。大会期間中の拠点となるカザンで、ロシアW杯へ向けた準備は最終局面を迎えることになる。

カザンに着いてからは、もう何の心配もなかった。

「オレがスタメンで出て、チームを勝利に導く」

そうイメージしていた。

もちろん、この時期にスイス戦でトップ下のポジションで先発した本田が西野のもとを訪れて、パラグアイ戦で先発した選手の何人かを起用するつもりならば、その考えに賛成すると伝えていたことなど、知らない。

ただ、カザンについてからの練習でのメンバー構成、自分のなかのプレーの感覚、フィジカルコンディション、自然とわき上がってきた自信……。

何が、そう思わせたのか。その答えをひとつに特定することなどできないが、「自分はこのW杯でスタメンで起用される」と確信していた。だから、どのようにしたら勝つ確率を上げられるのかにフォーカスしながら、練習を重ねていくことになった。

FROM SHINJI

オーストリアに入るころには足の痛みもほとんど気にならなくなっていたから、チャンスさえ与えられれば、十分にやれるという自信はあった。でも、そのチャンスがどのくらいの時間になるのかは、パラグアイ戦までわからなかった。

あそこで10人もスタメンを入れ替えたのは、さすがに驚いた。ただ、相手がボールを持ってプレスをかけるときも、自分たちがボールを持っているときにも、チームが連動していると感じられた。守備で助けてほしいとき、攻撃でサポートしてほしいとき、いずれの場合でも良い距離感にチームメイトがいた。

パラグアイ戦に先発したメンバーの多くが、試合前には「このままいったら、自分はW杯ではサブからのスタートになる可能性が高いかも」と感じていたと思う。

だからこそ、大胆にプレーが見せられた気がする。西野さんの策は見事にはまったということになる。

とりわけ大きかったのは、あの試合でどのような形で守備をしていくのかについてのイメージをみんなが共有できたこと。本大会でスタメンになったのは、パラグアイ戦の攻撃的なポジションで先発した選手のなかでは僕と乾だけだけど、岡ちゃん（岡崎）や武藤と一緒に僕たちが見せた形が、あの試合に出なかった選手たちにもヒントを与えられたのではないかなと思っている。

1本のPKにこめられた真実
―ロシアW杯その1―

W杯の難しさは、試合以外の部分にある。

香川はそう考えている。

もちろん、W杯の試合では大きなプレッシャーがかかる。ただ、所属するチームで戦うリーグ戦や、世界最高峰のレベルにあるCLでもプレッシャーを感じながら戦っているのだから、免疫（めんえき）がないわけではない。

やっかいだと感じるのは、W杯のメンバーが決まってから、初戦が始まるまでの期間の長さだ。この間にプレッシャーと緊張を感じ続ける。これがけっこう大変だ。

所属するクラブでは、ひとつの試合に向けて長い時間をかけて準備をすることはない。次から次へと試合が組まれる。確かに、プレシーズン期間は1ヶ月から1ヶ月半くらいあるが、その間ずっとプレッシャーを感じることはない。開幕の1週間くらい前になって、周囲が騒がしくなり、緊張も高まってくる。

では、W杯の準備期間の長さはどれくらいか。

ロシア大会の場合、27人の候補選手が発表されたのが5月18日だった。6月19日に組まれていたコロンビアとの初戦までは、1ヶ月以上あった。この期間はW杯までの4年間のなかでメディアから最も注目されるし、基本的にはずっとホテルで過ごすことになる。自宅にいるときのようにくつろぐことはできない。もちろん、気分転換のために自由に出かけるわけにもいかない。

ロシアでの拠点であるカザンに到着したのが6月13日。ロシア入りしてからも、試合までは6日もあった。緊張を保ち続けているわけにもいかない。かといって、気持ちをゆるめすぎるのもよくない。

初戦が始まってくれれば、あとは普段の所属クラブのようなリズムで過ごせるのになぁ。

そう考えながら、独特の緊張感と向き合っていた。


そんななかで、この大会から日本サッカー協会により取り入れられたちょっとした工夫は、試合前のゆったりした時間を与えてくれることになった。

ロシアの国土は日本の約45倍になる。移動に伴う疲労が課題としてあがった4年前の開催地ブラジルも広かったが、それでも日本の約22・5倍だった。4年前の反省を踏まえて、日本はベースキャンプ地から試合の行なわれる都市への移動日を変えた。4年前は試合前日に現地へと移動していたが、この大会では試合の2日前になった。

W杯のような国際大会では、試合会場での公式練習や記者会見、取材対応の時間も試合前日に設けられる。そうしたアクティビティーと移動が重なると、思いの外忙しくなる。そこで、試合の行なわれる都市に着いてからゆっくりできるようなスケジュールが組まれるようになったのだ。


コロンビアとの初戦が行なわれる都市サランスクのホテルでのゆったりとした時間のなかで香川は、いわゆる「モチベーションビデオ」を見ることにした。

大切な試合に向けて気持ちを盛り上げてくれるもので、サッカーの世界でも監督が映像を用意して、チーム全員で見ることはよくある。今回は、所属する事務所のスタッフが制作してくれた。

映像は、こんな一コマから始まっていた。

日本代表のユニフォームを着たカズと城彰二の2人が、キックオフ直前にボールに手をあてて願いをこめる。日本がW杯初出場をかけて戦った、1997年のフランスW杯最終予選の初戦。そのキックオフ直前の有名なシーンだ。

5分38秒にわたる映像には、これまでお世話になった人たちからのメッセージや、香川がプロになってからの良いパフォーマンスだけを集めた映像がテンポ良く流れていた。さらに、日本代表やドルトムントのサポーターの応援する姿から、2009年に行なわれた野球のWBCで日本が世界一になった試合でヒットを放ったイチローの映像や、ダルビッシュ有が三振を奪うシーンも入っていた。

そのなかには香川が憧れるカズが、日本代表のユニフォームを着て、PKを決めるシーンもあった。あとになって思えば、そんなシーンも無意識のうちに香川の脳にすり込まれていたのかもしれない。

6月19日、ついにロシアW杯の初戦を迎えた。

サランスクにあるモルドビア・アリーナで試合前のアップをしていると、コロンビアのチームカラーである黄色が圧倒的多数をしめるスタンドが視界に入ってきた。それを見ながら、香川は心のなかでこう感じていた。

今日、PKを蹴ることあるかもしれんなぁ……。

現地時間の午後3時の少し前、試合開始まで数分となったところで、両チームのキャプテンがスロベニア人の主審スコミナ氏のもとを訪れていた。コイントスに応じるためだ。

コイントスに勝ったのは、コロンビアのキャプテンであるファルカオだった。彼らがコイントスに勝ったことで、日本ボールから試合が始まることになった。

コイントスの勝者は、前半にどちら側のゴールに向かって攻めるのかを決めることができる。コロンビア代表のキャプテンは、あらかじめ設定されていたのとは逆の陣地を選んだ。つまり、TV放送のカメラの設置されているメインスタンドから見て、左から右へ攻めるはずだったコロンビアは、ファルカオの決断により、右から左へと攻めることになったのだ。この決断が、後に生まれるドラマを生むきっかけになった。

ただ、ファルカオの意思は、主審にも、両チームの選手にもしっかりと伝わっていなかった。そのため、それぞれのチームが円陣を組んで気合いを入れたあと、キックオフの直前になって、攻撃の方向を入れ替えるため、両チームが互いに反対側のピッチへと移動することになった。

通常であれば、キックオフ直前の時間帯に選手たちは集中を高めていく。

それなのに、この試合では両チームの選手は移動したあと、せわしなくキックオフに備えないといけなかった。この慌ただしさが試合の立ち上がり数分間の流れに影響を与えたとしても、不思議ではない状況だった。

そんななか、香川のキックオフによって、日本代表のロシアでの戦いの幕が開いた。

およそ2分30秒が過ぎたころだった。相手の左サイドからのクロスを、ディフェンスラインにいた昌子源（しょうじげん）が頭でクリアした。香川はこのボールに反応すると、ダイレクトで最前線へ送った。

ボールが通常よりも大きくバウンドした。モルドビア・アリーナのピッチは、ロシアW杯の他のスタジアムよりも硬かった。その分だけ大きく跳ねた。

もし、コイントスに勝ったファルカオが攻める方向を変えていなかったなら、香川が蹴ったボールがこの地点に飛ぶことはなかったし、立ち上がりのフワフワした時間帯にここまで大きなバウンドをめぐって争う場面は生まれなかったかもしれない。

大きくバウンドしたボールが落ちてくるのに合わせて大迫勇也が素早く、ボールに足を伸ばした。このボールをクリアしようとしていたＤ・サンチェスがボールに触れるのを許さず、大迫が反転して、前に出る。そこからボールを運んだ大迫が、ペナルティーエリアに入ったところでシュートを放った。

これは相手のＧＫにブロックされたが、こぼれたボールは猛スピードで相手ゴールに向かっていた香川のもとへ。迷うことなく左足を振り抜くと、ＭＦのＣ・サンチェスが右腕を使ってブロックした。主審がＰＫを宣告すると同時に、右手でレッドカードを掲げたのが見えた。

ここまで確認すると、香川はすぐに、ペナルティーエリアの外へ飛んだボールを拾いに行った。ゴール裏のボールボーイがすぐにボールを投げてよこしてくれた。

意思表示のため、だった。

試合中に得たＰＫを誰が蹴るのか。そのルールはチームによって異なる。ＰＫを獲得した選手が蹴ると決まっているケースもあれば、監督があらかじめキッカーを指名することもある。

西野からは、明確にはキッカーを決められていなかった。複数の候補選手だけが決められ、あとは状況に応じて、そのなかの誰かが蹴ればよいというルールだった。しかも、この時点では8年前の南アフリカW杯以降に代表で多くのPKを決めてきた本田もベンチにいた。

オレが蹴る。

香川の示した態度に異をとなえる者はいなかった。

チームが敗れていたから、それほど注目されていなかったが、香川には、この試合の約2年1ヶ月前のドイツ杯の決勝バイエルン戦での成功体験があった。延長戦でも決着がつかずにPK戦を迎えたあの試合では、キッカーを務めたいと名乗り出る選手が意外にも少なかった。カップ戦の決勝戦で、相手ゴールを守るのが、名手ノイアーだったからだ。チームメイトが臆するのも理解できないわけではなかった。

そんな彼らを尻目に、PK戦にもつれ込むとわかってすぐのタイミングで、香川はトゥヘル監督に志願し、1人目のキッカーを任された。

志願したのには理由がある。その約1年半前のアジアカップではPKを外したこと以外に、もうひとつの悔しさを覚えていた。それが、PK戦の最初の5人のキッカーに選ばれなかったことだ。その原因のひとつは、当時のアギーレ監督に目で合図を送っただけで、堂々と志願しなかったことだろう。その姿勢が監督の目には、キッカーを任せるには物足りないと映っていたかもしれなかった。その反省を踏まえ、ドイツ杯決勝ではすぐに名乗り出た。そして、そのPKを決めた。

「〝あの〟ノイアーを相手にPKを決めたというのは、とてつもない自信になりましたよね。しかも、自分から蹴りますと宣言したのも、あとになって思うと良かった」

そして、もうひとつ、ドイツ杯のPKからは技術的な教訓も得ていた。PKでは、あらかじめどの方向に蹴るのかを決めるパターンや、ボールに届く直前まで相手のGKの動きを見たうえで蹴るパターンなど、いくつかのコツが存在するのだが……。

「実は、あのときはゴールの右側を目がけて思い切り蹴ろうと考えて、助走をとっていたんです。でも、蹴る直前になって、その方向にノイアーの身体が少しだけ動くのが見えた。だから、とっさの判断で、ゴールの真ん中を目がけて蹴った。それで決めることができた。あとになって、あの場面を振り返ったときに、極限まで集中していたからこそ、蹴る瞬間にコースを変えられたのだなと感じました。『自分だけの世界』に入れたということなのだと思います。だからW杯の前のシーズンもその感覚を持ちながらPKの練習をしていたんですよね」

W杯の直前のシーズン、ドルトムントではチーム全体で取り組む練習が終わったあと、オーバメヤンとともに居残りでPKの練習をするのが香川の日課になっていた。オーバメヤンはPKのキッカーを任せられていたこともあり、日常的にPKの練習をしていたのだが、香川もトレーニングの延長として取り組むようになった。いつ、チャンスが来てもいいように。

その経験があったからこそ、コロンビア戦ではPKを蹴るまで、冷静でいられた。

キャプテンのファルカオを中心とした抗議が予想以上に長引いたから、水を飲みに行き、そのあとに相手のGKオスピナと言葉をかわす余裕もあった。

ボールをセットして、いざボールを蹴ろうとしたタイミングで、セットしたボールがペナルティースポットからはみ出ていると指摘を受けたときも、集中を切らすことなく、ボールの位置を微調整しに行った。

そして、ボールを蹴る直前、GKが自身から見て左側にわずかに動いた様子も冷静に見極めることができた。

だから、右足のインサイドを使って、ゴールの正面やや右側にボールを丁寧に転がすだけでよかった。ボールがゴールラインを割る前の時点で、香川はすでにゴールを確信して、メインスタンドの方へ向かって走り出した。

「先制点はすごく大事だから。やっぱり喜びの感情は爆発しちゃいましたよね。もう少し落ち着いた方が良かったと思いますけど（笑）」

このあと、一時はコロンビアに同点に追いつかれてしまった。それでも、そして後半28分に大迫がヘディングで勝ち越しゴールを決め、2－1で逃げ切った。

香川は後半25分に本田と交代でベンチに下がっており、2大会ぶりとなる日本の勝利をつげる主審のホイッスルはピッチの外で聞いた。W杯前の最後の実戦となったパラグアイとの親善試合で90分間にわたりピッチに立っていたとはいえ、あのホッフェンハイム戦をのぞけば、公式戦の舞台は2月以来のこと。この試合でも後半の20分ごろからは運動量が落ちていた感覚があったから、交代は仕方のないものだったと、試合後には素直に受け止めることもできた。

しかし、W杯直前のシーズンにドルトムントでPKの練習をしていたのはなぜだったのだろうか。

明確な答えの存在する数学のように、理由を断言することなどできない。

２０１５年のアジアカップの苦い経験に加えて、このシーズンからブンデスリーガなどでＶＡＲが導入されていたことも関係しているのかもしれない。それに伴って、ＰＫがクローズアップされることが多かった……。

また、この試合の３日前には、その日行なわれた4試合で計５本ものＰＫが生まれたことがニュースになっていた(*46)。それらの試合の一部は目にしていたから、準備はしておこうと心にとめた記憶はある。

あるいは、試合前に4年間で積み上げてきたものを思い出して、自分を奮い立たせていたから、ＰＫでの苦い経験と、その後の練習の記憶が、そういう直感につながったのかもしれない。

「色々な要因があるにしても、あそこで自分がＰＫを決めたのは必然だったのかな。アジアカップ以降、地道に頑張ってきて良かったなと素直に思えました」

後に、この試合で香川が着用したユニフォームは、感謝の気持ちを込めてプレゼントすることにした。

贈った相手は、この試合の前に見たモチベーションビデオでＰＫを決めていた選手だ。日本代表の歴史のなかで最多９本のＰＫを成功させてきた実績があり、香川にもＰＫを蹴るよう以前から勧めてくれていた人物でもある。ＦＩＦＡから公式に招待され、現地のスタンドから日本代表の戦いを見守っていたあの人。

カズだった。

FROM SHINJI

「4年前も初戦が終わった夜に語り合ったよな(笑)」

コロンビア戦を終えて、キャンプ地のカザンに戻ってから宿舎のプールで談笑した相手は、(長友)佑都だった。

僕らは代表ではいつも一緒だった。Ａ代表にデビューしたのは同じタイミングで、２００８年5月24日のコートジボワール戦だ。代表でのキャリアのほとんど全てを共有してきたといってもよい。僕はベタベタした付き合いが好きではなくて、むしろ、海外のクラブでのチームメイトとの距離感の方が性(しょう)に合っていると感じるくらいだ。でも、佑都とはチームメイトというだけではなくて、友人のような感覚もある。

2014年ブラジルW杯の初戦では、僕らのデビュー戦の相手でもあったコートジボワールに敗れて、失望感のなかで佑都と話をしていた。あのときは大会前から、〝妙に〟自信にあふれていて、怖いものはなく、天下をとるくらいのノリだった。

「ヤヤ・トゥーレ？　こわくねぇよ！　ドログバ？　こわくねぇ!!」

相手チームのキーマンの名前にも恐れず、そんなことを口走っていた気もする。

それなのに、初戦で逆転負け。僕は次の試合ではスタメン落ち。そして、チームもグループリーグ敗退。失望は大きかった。

コロンビア戦のあとには、当時の苦しい経験についても話したりした。

「4年前はどん底に突き落とされたけど、それでもオレらはここに帰ってきたんだよ。W杯で勝つって、こんなにも嬉しいものなんだな。頑張ってきて、良かったよなぁ……」

妙にしんみりしながら、プールサイドで1時間近く話した。

酸いも甘いも経験して、4年前にはW杯のような舞台で勝つことがどれだけ難しいのか、現実をつきつけられて。そこからはW杯で勝つために、全てを捧げてやってきたわけで。

それが結果として表れて、格別な想いがあったし、幸せな夜だった。

ただ、プールを出て、部屋に戻るときには、僕らは真剣な顔で、こう言い合っていた。

「まだ、1試合勝っただけだからな。気を引き締めてやらないと。明日からはまた、しっかり、やろう！」

長谷部さんが出版した『心を整える。』がベストセラーになったあと、誰かが真面目な一面を見せると、「長谷部か！」とか「真面目か！」とツッコミを入れるのが代表で流行っていた。率先してそういうツッコミを入れていたのは、僕と佑都だった。

それなのに、僕らも根っこでは「真面目か！」とツッコまれたとしても何も言えないような、ド真面目な性格だったりもする。そして、そんな一面があるからこそ佑都をリスペクトしているし、同志だと感じるのだと思う。

＊46　ロシアW杯のグループリーグのPKの総数は、前回大会に与えられた13本の倍近い、24本を数えた。大会を通じてPKから22ゴールが生まれており、これもW杯史上最多である。

途中交代が引き出した、重い言葉 ―ロシアW杯その2―

W杯に出るためではなく、W杯で活躍するために何ができるのかを考えて、ロシアにやってきたのが香川だった。ロシアW杯でスタメンの座をつかんだのだから満足する、なんてことは決してなかった。

むしろ、かすかに覚えた違和感が、心のなかで少しずつ広がっていくことになる。

6月24日、エカテリンブルクで行なわれたセネガル戦でも、香川は先発の一員としてピッチを踏んだ。前半11分に先制を許すが、乾が前半34分に同点ゴールを決めた。しかし、後半26分にワゲに勝ち越しゴールを許してしまう。

そして、その1分後に、前の試合と同じように本田との交代を命じられた。

チームは、後半33分に本田のゴールで同点に追いつき、2－2の引き分けに終わった。日本がW杯の舞台で、1試合のなかで2度にわたってビハインドを追いついたのは初めてだった。

自分のパフォーマンスは悪くはなかったと香川は感じていたし、前半が終わった時点で走行距離も2番目に長かった。ただ、シュートは1本も打てずに終わっていた。

だから、試合のあと、次々と質問を投げかけていた記者たちの輪がとけたあと、筆者にこう語った。

「怪我から復帰して、先発するのはこれでもう、3試合目でしょう？　コロンビア戦以上に、良い調整ができていた感じがあったし、運動量についても不安はなくて。あの時間に2点目を奪われたのは良くなかったけど、相手の運動量も落ちて、スペースが空いてくる気はしていたから、もっと長くプレーしたかった。まぁシュートを打てていなかったし、監督が交代しようという判断をしたのは仕方ないのかもしれないけど」

同時に、本音を吐露せずにはいられなかった。

「コロンビア戦に続いて、後半25分が過ぎたところでベンチに下がる。そのプランが試合前から決められているような気がして、交代の仕方については正直、悔しい……」

そして、6月28日にボルゴグラードでポーランドとのグループ最終戦を迎える。

スタメンで出場していなかった選手たちのモチベーションを高めるためにも、決勝トーナメントの1回戦で最大の力を発揮するコンディションを整えるためにも、それまでの2試合に出場した選手の一部は休ませる。それが西野監督の考えだったようで、スタメン11人のうち6人が入れ替えられた。香川もスタメンから外れ、ベンチで90分を過ごすことになった。

予選リーグ突破はこの時点で決まっていないのに、すでにトーナメント1回戦について意識を向けるのは、危険ではないのか。チームのなかにそう考える選手もいたが、監督の決意は固いようだった。

後半14分にポーランドに先制を許したが、日本がそこから攻勢を強めることはなかった。同じ時刻に行なわれていたコロンビアとセネガルの途中経過を踏まえて、それ以上失点するリスクを避けるために、攻めに出ていかないように西野から指示が送られたからだ。

この大会から、勝ち点が並んだうえで、当該チーム間の対戦成績、得失点差、総得点なども並んだ場合には、グループリーグの3試合で主審から提示されたイエローカードやレッドカードの枚数で順位を決めるという、「フェアプレー・ポイント」制度が導入されていたからだ。

後半29分にコロンビアが1－0としてセネガルからリードを奪ったため、両会場の試合がそのままのスコアで終わった場合には、日本がそれ以上カードをもらわなければ、勝ちぬけが決まる状況だった。

もちろん、セネガルが同点に追いつくようなことがあれば、そのプランは水の泡と化す。

およそ1ヶ月前、香川はドルトムントの一員として、ホッフェンハイム戦で似たようなシチュエーションを経験している。だから、西野のとった策が受け入れられなかったわけではない。

ただ、ベンチから試合を見守っていた香川にとって、ピッチに立たないまま自身2度目のW杯が終わってしまう怖さはものすごく大きかった。

最終的には、他会場でコロンビアが逃げ切ったことで、どうにかグループ2位での予選突破が決まった。

「オレはこれで代表から引退するよ。決勝トーナメントも頑張ってくれ!」

試合後に声をかけてきたのは、ドルトムントのチームメイトで、ポーランド代表のピスチェクだった。33歳になっていた彼がそう考えるのは、不思議ではない。W杯を代表のキャリアの集大成として考える選手が多いという現実を改めて意識させられた。

ポーランド戦の翌日、目を覚ましてからスマホを手に取ると、日本で議論が巻き起こっているというニュースや、SNS上の意見が嫌でも目に入ってきた。他会場の結果を待つという、いわば他力での勝ちぬけを目指した西野の選択について、賛否両論が巻き起こっていたようだ。

この日、選手だけではなく、日本代表にかかわる全てのスタッフが一堂に会して、ミーティングが開かれた。消極的な策をとったことについて西野監督が謝罪すると、選手たちからは西野の決断を支持する声があがった。選んだ作戦は消極的だったとしても、その目的は決勝トーナメントで結果を残すためという、前向きで、強気なものだったという意見でチームはまとまった。動揺する空気は見られない。

肝を冷やした香川も、ポーランド戦はピッチの外で90分を過ごしたのだから、肉体的な疲労やダメージもなかった。フレッシュな状態で、決勝トーナメント1回戦のベルギーとの試合に意識を向けることができた。

ただ、ベルギー戦への準備にとりかかるとき、頭のなかに、浮かんでは消えない、2つの疑念があった。

6月30日、ベルギー戦の2日前に、チームは試合の行なわれるロストフへ到着した。この大会から2日前に現地入りするスケジュールへと協会が変更してくれたことは、香川にとって、ここで大きな意味を持った。

ロストフのホテルで、監督の部屋を訪れる時間があったからだ。

コロンビア戦では後半25分に、セネガル戦では後半27分に、交代を命じられている。疲労のたまっている選手の起用を避けたポーランド戦では、出番は与えられなかった。

自分の体力が持つのは前半の45分と合わせて、計70分くらいだと監督は考えているのではないか、というのが1つ目の疑念だった。

2つ目は、監督は試合中の自分のパフォーマンスを、しっかり見てくれていないのではないかというものだった。

自分のプレー内容に目を向けたうえで交代の判断を下しているのではなく、試合前から70分程度でベンチに下げようとあらかじめ決めているのではないか。そんな疑念がぬぐえなくなっていた。

どのようなメンバーと戦術で試合に臨み、どんな采配を振るのか。最終的な決定権は監督にある。それは尊重されるべき聖域だ。ただ、疑問が生じたときに、監督のもとを訪れて、疑問を直接投げかけることはやましいことでも、恥ずかしいことでもない。

そもそも、新たに監督に就任した西野のもとでサッカーをするようになってから1ヶ月と少ししかたっていない。監督とのコミュニケーションの絶対量が不足していた。

決勝トーナメントは負けたら終わりや。このタイミングで西野監督と一対一で話をしなければ、あとで絶対に後悔するはずだぞ。

そう思わずにはいられなかった。

だから、西野の部屋をノックした。

「1試合目も、2試合目も、僕は同じような時間で交代したけど、試合前からベンチに下げる時間を決めていたのですか？」

「試合に出る度に、僕のコンディションが良くなっていることに、気づいてくれていますか？」

「攻撃のポジションでは、最初の2試合に先発したうえで、ポーランド戦でも起用された選手がいます。一方で、僕はポーランド戦で出番を与えられなかった。最初の2試合のパフォーマンスが、監督の目には物足りないものに映ったからですか？　それとも怪我のことをまだ心配してるんですか？」

「最初の2試合で、僕と交代で残り20分くらいから試合に出た（本田）圭佑くんが、スーパーサブとしてしっかり結果を残しているのはわかります。ただ、試合の最後の20分というのは最もスペースが空く時間帯です。そういうときに僕と圭佑くんが一緒にプレーすれば、僕らの強みをチームのために活かせるのではないですか？」

単なる不満を覚えていたわけではないから、口調や伝え方には注意したつもりだ。ただ、監督と顔を合わせると、聞きたいことが、次から次へと出てきた。それだけ、代表への想いが強かったからだ。

「いや、70分を目安に、真司をベンチに下げようとは考えていないよ」

西野からはそんな答えが返ってきた。

また、試合の流れのなかから消えている時間帯があると西野が感じたことも、ベンチに下げた理由だとも伝えられた。そのうえで、もっとチームの攻撃に絡んでほしいと監督が期待してくれていたこともわかった。

第三者から見れば、そんなことを一つひとつ監督に確認してどうするのだ、と思われるかもしれない。

でも、そうやって対話をすることが大切なのだ。全ては雑念を取り払い、試合や練習に最高の集中力で臨むためだった。

あのタイミングで監督のもとを訪れることができて良かったと香川は考えた。西野の指摘の多くは、すんなりと受け入れられるものだった。

余計な不安は消えた。これでまた、試合に集中して臨めるはずだ。時間を作ってもらったことへのお礼を述べ、部屋から出ようと考えたタイミングで、こんな言葉をかけられた。

「以前と比べると、真司は試合中にドリブルをする機会が減ったよな」

ドキッとした。

そんな言葉をかけられるなんて、想像もしていなかった。

西野は自分のプレーをあまり見てくれていないのではないかという印象があったが、そのイメージは真逆だったことに気づいた。

「そうっすかねぇ……」

そう返すのが精一杯だった。

西野の短くも的確な一言が、香川の胸の奥に突き刺さっていたからだ。自分の部屋へと戻ってからも、西野の指摘が頭から離れなかった。

FROM SHINJI

5月上旬にドルトムントまで視察に来たときもそうだったけれど、西野さんは決してペラペラと話すわけではないし、リップサービスをするタイプでもないと思う。ただ、口数が多くない分だけ、その言葉にハッとさせられることがあった。

「ドリブルをする機会が減ったよな」

あの一言は、いろいろなことを考えさせてくれた。ユナイテッドでも、ドルトムントでも、自分を犠牲にすることで競争を生き残っていくことは可能だ。そういう選択自体が間違いだとは思わない。ただ、自分を犠牲にするというのは、攻撃の選手にとっては個性を伸ばすのをあきらめることを意味する。

オレは個性を伸ばすことをあきらめても良いのか？　自分の長所や自分が培（つちか）ってきたものは何だったのか？

改めて考えさせられた。

ロシアW杯前の数年間、試合のなかで自分がリスクを負って、強引にでもゴールをこじ開けようとした試合がどれだけあっただろうか。

チームには、ロイス、ムヒタリアン、デンベレ、オーバメヤンなど、攻撃で飛びぬけて高い能力を発揮できる選手が多かった。彼らは、失敗すれば批判を受けるリスクと引き替えに、ドリブルなどで勝負を仕かけて、チームとファンに勝利をもたらしていた。

そのなかにいた自分は、知らず知らずのうちに、自分の良さをどう活かすかよりも、味方をどうやって活かすのかを考えてしまうことが多かった。

もちろん、当時の状況や自分に与えられたポジションを考えれば、彼らを活かせなければ試合に出られなかったのも事実だけれど……。

ロシアW杯は集大成だと位置づけてきたように、サッカー選手としてのキャリアの後半になって迎える大会だった。そしてこの大会が終われば、僕のサッカー人生は最終章を迎えることになるはずだ（もちろん、最終章だからといって、数年で終わるつもりはない）。

その最終章でバランスをとれる選手を目指すのか？　それとも周囲に「シンジ・カガワはやはり、違いを作れる選手だな」と言われるような選手を目指すべきなのか？

あのときの話は、W杯だけにとどまらず、その先の未来の身の振り方について考える機会となった。

西野さんと話した翌日、つまりベルギー戦の前日にあたるのだが、取材を受けたときの僕の様子を見た記者から「香川は何か吹っ切れたのかなと感じた」と聞かされた。

それは、ポーランド戦の直後まで頭にあった疑念が、監督と話したことで、すっかり晴れていたからかもしれない。

悔やまれるのは最後の場面ではなく……
―ロシアW杯その3―

「日本の歴史上初めてのベスト8へ」

決勝トーナメント1回戦のベルギー戦を前にして、チームは同じ目標に向かっていた。8年前の南アフリカ大会で決勝トーナメント1回戦突破が目前にせまりながら、PK戦で涙をのんだ選手もチームには多くいたから、「新たな歴史を作ろう」とする空気は日に日に高まっていた。

2002年と2010年のW杯で決勝トーナメントに進出した日本が、そこから先、つまりベスト8へ進出できなかった原因のひとつとして挙げられていたのが、グループリーグを突破することに全精力を使い切ってしまったこと。そのせいで、トーナメント初戦で良いパフォーマンスが出せなかったという教訓が残っていた。ポーランド戦でスタメンが大幅に入れ替えられた大きな理由のひとつもそこにあった。

結果的に、ポーランド戦に出場しなかった香川は、これまで以上に自信を持って、ベルギーとの試合に挑めそうな感覚があった。

まず、心の準備がそうだ。監督と膝をつき合わせて話したことで、疑念は解消された。それどころか、自分の武器はどこにあり、チームのために何をすべきなのかについても整理されていた。不安は少しもなかった。

身体の軽さも、実感していた。W杯直前のパラグアイ戦を含めた3試合で70分以上プレーしたことで、怪我のブランクも克服し、コンディションやキレが良くなってきているという実感があった。また、ポーランド戦で試合に使われなかったことで、疲れもほとんど感じていなかった。

その感覚には科学的な裏づけもあった。

5月21日に、27人でスタートしたW杯の最終メンバー発表前の千葉での代表合宿初日に、代表チームはヨーヨーテストを行なっている。これは一定の運動と心拍数の関係を調べるものだ。簡単にいうと、スタミナや激しい運動に心肺が耐えられるかどうかを測るものだ。ここで一定基準をクリアできなかった者、つまり、激しい運動で息が上がってしまう状態の選手が数人いた。香川もそのひとりだった。怪我で試合からしばらく離れていたことで、体力が落ちていたわけだ。

もっとも、この基準をクリアしなかったことが、すぐに大きな問題になるわけではない。長く戦列を離れていた選手のなかから数値をクリアできない者が出てくることはメディカルスタッフの想定の範囲内で、香川の残した数値が病気などを疑われる異常な値だったわけでもない。ただ、そこで一定値をクリアしなかった選手は、そのあとも乳酸の値をチェックされ、経過を調べられることになった。だから、千葉でのキャンプ、オーストリアに舞台を移しての事前キャンプ、W杯初戦の4日前にも、ヨーヨーテストに臨んだ。とりわけ最後のテストで香川は非常に良い数値を残していた。

「体力面での問題は全くないし、この面で我々としては自信を持ってW杯のピッチに送り出せるよ」

ドクターからも、そう声をかけられていた。初戦のコロンビア戦で香川は後半25分に退いたが、前半終了時点でFIFAが発表したデータではチームで最も長い距離を走っていた。

7月2日、ロストフ・アリーナでのベルギー戦はそんな状態で迎えることになった。

序盤は、勢いに乗って攻撃を仕かけてきた相手に押されてしまう。それでも、時間がたつにつれて、日本はベルギーの攻撃に少しずつ慣れてきたし、ベルギーの勢いも落ちていた。0－0でハーフタイムを迎えたが、ネガティブな空気は少しもなかったと香川は記憶している。

そして、後半が始まって3分に原口元気のゴールが、後半7分には乾のゴールが決まり、2点のリードを広げた。さすがに2点のリードを奪うイメージを持っていた選手はほとんどいなかったようだが。

2点目のゴールからしばらくの間、ベルギーの選手たちは明らかに浮足立っていた。信じられないようなミスも犯していた。日本の選手にとってこの展開が望外のものだったとしたら、ベルギーの選手たちからすれば悪夢でも見ているかのような展開だったはずだ。

あと1点決めれば、確実に試合の行方は決まる。

香川もそう感じていた。

そんな空気が一変するのは、後半24分、フェルトンゲンのゴールからだった。統計の残っている1966年のW杯以降で、ゴールから最も遠い位置から決まったヘディングシュートとなった。歴史的な距離からのゴールになったのは、シュートを意図したのではなく、クロスのつもりでヘディングをしたからだろう。

ともあれ、これで1点差だ。ベルギーは息を吹き返して、日本のゴールに突進してきた。

自分が日本の攻撃を引っ張るという覚悟でこの大会に臨んでいた香川にとって、悔やまれるシーンがやってくるのは、その少しあとだった。

はたから見れば何気ないシーンで、世間でもほとんど触れられていない。ミスと断罪されるプレーでもない。それが後半27分の場面だった。

このとき、日本は左サイドからのCKを得た。柴崎岳がキッカーだ。5分前の左サイドからのCKの際には乾がキッカーを務めていたのだが、そのときと同じように香川はコーナー付近まで寄っていき、パスを受けようとしていた。俗にいう、「ショートコーナー」だ。ベルギーと比べて体格で明らかに劣る日本が、単純にゴール前にボールを放り込んでも得点につなげるのは難しい。だから、工夫が必要だと香川は考えていた。

香川は、ゴールに背を向けた状態でキッカーの柴崎の方へ走り出した。背後からデ・ブライネがついてくる。ペナルティーエリアの少し外で、身体を反時計回りに回転させながら、パスを受けた。デ・ブライネと正対する。軽くボールを足でこねる。ゴール前の様子をうかがう。素早くCKを始めたので、ギリギリまで相手のカウンター対策について確認していた日本の選手がゴール前に飛び込む準備も十分ではなかった。

ここで無理することもないかな。

そう判断して、ボールを柴崎へと戻した。

あの試合で香川がやり直したいシーンを挙げるとしたら、ここになる。

攻撃の中心を担う選手として、あの場面で〝ドリブルでの勝負をしなかった〟自身の判断が悔やまれた。柴崎へパスを戻した瞬間に、デ・ブライネの気のゆるみを香川は感じ取っていたからだ。

あっ！　あそこで仕かけていたら、抜けたな。

感覚的なものだったが、確かにそう感じた。デ・ブライネは油断していた。ドリブルで縦に持っていけば、ペナルティーエリア内にフリーで進入できたのではないかという思いが頭に浮かぶ。このあと、もう一度、自分を責めた。

アイツは、守備で手を抜いていたんだぞ。なんで、オレは、縦に仕かけなかったんや！

ドルトムントではあのシーンと同じような場面でショートコーナーのパスを受けて、多くのゴールを演出してきた経験もあった。

「あそこで仕かけていたら……」という考えが頭の奥に張りついていた。

その直後に日本はボールを奪われ、ベルギーの攻撃へ。その攻撃でベルギーはCKを得て、そのあとの流れから後半29分にフェライニのヘディングゴールが生まれ、試合は振り出しに戻ってしまった。

後半36分、柴崎岳と原口に代わり、山口蛍と本田が入ってきた。

グループリーグのときのように本田と交代でベンチに下げられたわけではない。今までとは異なる、監督からの評価と期待は確かに感じ取っていた。

そして、後半のアディショナルタイムへ。日本が、左サイドからのCKを得た。このときのキッカーを務めることになったのは、途中から出てきた本田だった。

あの場面では無理に勝ち越しゴールを狙いに行かずに、同点のままで延長戦を目指すべきだったという指摘がある。その一方で、ベルギーの圧力を日本選手が想像以上に受けていたから、勝ち越しゴールを狙いに行かざるをえなかったという証言もある。

あのときの香川についても、カウンターに備えて低い位置にいるべきだったとか、あるいは、ゴール付近にいるべきだったという意見もあるわけだが、本人はこう考えていた。

圭佑くんの近くに行って、ショートコーナーをする準備をしなきゃ。

そう考えて、コーナーフラッグの方へ向かった理由は2つある。

ひとつが、先に挙げたデ・ブライネと正対したシーンが頭に残っていて、「今度こそは仕かけなければ」と考えたから。

もうひとつが、本田とのプレーの記憶からだ。このW杯までの1、2年は本田と一緒にプレーする機会は少なくなったものの、2010年から6年近くは本田からの短いパスを受けて、ショートコーナーから攻撃を何度も仕かけてきた。だから、あの場面でもパスが来るだろうと考えていた。

ただ、本田は初戦のコロンビアとの試合で、CKをゴール前に直接蹴り込んで大迫のゴールをアシストしていたから自らのキックに自信を持っていたのかもしれない。

しかも、ロシアW杯の最初の3試合で本田と香川が同時にプレーした時間は一秒もなかった。

そして、本田がゴール前に直接ボールを蹴るために、思い切り踏み込んだのが見えた――。

試合が終わってから香川は、あの場面をこう振り返ることになる。

「意思疎通が十分ではなかった部分があったとか、あとになれば全ては結果論になる。悔やもうと思えば、いくらでも悔やむことができる。あそこは誰かのミスといえるものではないと思うんですよ」

本田のCKからのボールが、ベルギーのGKクルトワにキャッチされてから、カウンターが始まった。パスを受けてドリブルを始めていたデ・ブライネは香川の前を走っていた。

一向に距離の縮まらない彼らの背中を、香川は今も覚えている。ボールと一番遠いサイドからゴール前に走り込んでいったシャドリのゴールが決まるまで、一連のシーンはスローモーションのように映った。

ただひとつ、あの逆転ゴールがロシアでの戦いの終わりを告げたことだけはわかった。

そこまで理解すると、ピッチに倒れこんだ。

この試合で、チームのなかで最も長い距離を走ったことによる疲れを感じたからではない。

失望が大きすぎて、受け止めきれなかったからだ。

しばらくの間、立ち上がれないでいると、E・アザールが近づいて何か言葉をかけてくれた。

英語でかけられた言葉がどんなものだったのかも覚えていない。

何かを考えられるような状態でもなかった。

翌日、拠点となっていたカザンの宿舎でロシアW杯の日本代表として最後に取材を受けることになった。記者からは、代表を退くつもりなのか聞かれた。

ベテランの域に入っても自ら代表を退く気はないと宣言する選手がいる一方で、長谷部や本田のように代表引退を明言した選手、代表引退という表現は使わず、「次のW杯は目指さない」と語った酒井高徳のような選手もいた。

香川はこの時点で29歳。次の大会は33歳で迎えることになる。だからこそ、メディアから去就についての質問が寄せられたのだろう。もっとも、そこで的確に答えられたわけではない。

「4年前のブラジルW杯のときは、心のどこかで『仮に負けたとしても、次のロシア大会があるだろう』と考えてしまう部分はあったと思います。だから、この大会を迎えるにあたって、そういう甘さをなくすために、4年後のことは考えないでやってきました。『これが自分にとって最後のW杯なんだ』と、それくらいの覚悟でやってきた。そういう気持ちで戦ってきたなかで、昨日、ああいう結末を迎えて。今すぐにその答えはわからないです。休養が必要で。

まずはしっかりと気持ちも、身体も休めて、整理していきたいなというのが本音としてはあります」

とりわけ、2月に怪我してからは、ロシアW杯のあとのことに目を向けている余裕など1ミリもなかった。聞く側にとってはスッキリしない答えになっていたはずだが、それがあのときの香川の偽らざる本心だった。

ベルギー戦の2日後、7月4日にカザンを離れた。この大会の健闘を受けてスポンサーが用意してくれたチャーター便が日本についたのは、5日のことだった。

6日の夜にはお世話になった人たちを招いて、行きつけのもんじゃ焼き屋さんで打ち上げとお礼を伝える会を開いた。そのあと、都内のホテルに戻ることもなく、羽田空港を発つ深夜便で南国へと飛び立った。全てをリセットして、何も考えずに過ごす時間が必要だった。

頭も心も、からっぽだった。

FROM SHINJI

W杯の初戦を迎えるまでは時間がたつのがあんなにもゆっくり感じられたのに、始まってしまえばあっという間だった。あの感覚をもっと長く味わっていたかった。

怪我をしてから3ヶ月ほど試合に出られなかったので、大会前にわずかな不安はあった。それでも、コンディションの調整などは上手くできた。走行距離などのデータに表れている部分もそうだし、自分のなかの感覚としても、調子が上がっているという確かな手ごたえがあった。

だから、7月2日を迎えたとき、不安なんて一切なかった。

ベルギー戦でも前半からフィーリングは良かったし、ボールを受ける回数も増えて、攻守両方で個人的に良いリズムでやれていたと思う。

ただ……。

W杯を通じて、僕は『バイタルエリア』と呼ばれる相手のゴールを狙える位置で、どれだけ効果的に味方からのパスを受けられていただろうか。

相手の脅威となるような攻撃をどれだけ仕かけていけたか。

あとになって振り返ってみれば、その部分では課題が残った。

例えば、乾が大会を通して2ゴールを決めたのは、彼が自分の得意な形からのゴールにこだわって、ブレずに、シュートを狙い続けていたからだと思う。

それに対して、自分はどうだったか。

この数年の僕は、自分の良さを活かすことより、チームメイトの良さを上手く活かすようなプレーが増えてしまっていた。自分を押し殺してまで周囲の良さを引き出そうと考えていたつもりはない。

でも、知らず知らずのうちにそういうプレーが増えてしまったのだと思う。その代わりに、ドリブルで仕かけていく回数も、かつて岡田（武史）さんなどが評価してくれた相手が嫌がるような攻撃的なファーストタッチも、失われつつあった。

その結果、僕はミスの少ない選手にはなれたのかもしれない。ひょっとしたら、その方が監督にとっては、使い勝手は良いのかもしれない。守備的なポジションの選手であれば、それも成熟といえるだろう。

でも、攻撃的なポジションの選手の場合は、それを成熟とは呼ばない。

乾だけではない。ベルギー代表に目を向ければ、デ・ブライネもE・アザールも、所属チームにいるときと同じように、彼らにしかできないゴールに迫るプレーを見せ続けていた。あの試合でE・アザールはゴールを決めたわけでもないのに、マン・オブ・ザ・マッチに選ばれた。それくらいインパクトを残した彼のプレーを見て、改めて「すごいな」と思った。日本のゴールに近いところでボールを持てば、とにかく、仕かけていこうとする姿勢があった。

日本にE・アザールはいない。でも、攻撃の中心選手ならば、ベルギー代表における彼のように、苦しいときにチームを引っ張らないといけない。僕はそういうプレーをしないといけない立場だったし、何より、ああいう風にチームを引っ張りたかった。

そのためにはどうしたらいいか。そういうプレーを無意識に繰り出せるくらいに、普段から仕かけていくしかない。もっとリスクを背負ってでも、勝負しないといけない。

それを気づかせてくれたのが、自分にとって集大成として臨んだロシアW杯だった。

第七章　@ISTANBUL

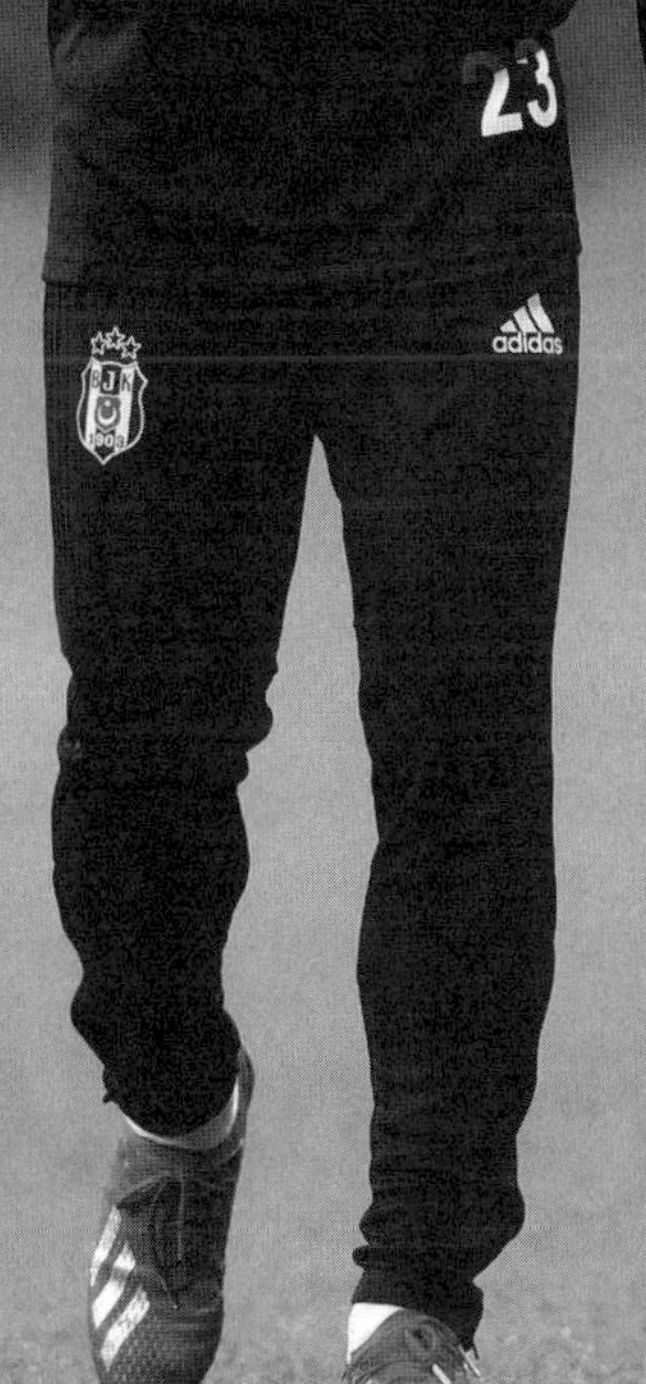

測りきれなかった、
想いの強さ

測りきれなかった、想いの強さ

後悔という言葉より、別の表現の方がふさわしいのかもしれない。

「甘かったです。『移籍したい！』と直感的に思えるようなオファーがなかったということではあるけど……」

目標なのか？

夢なのか？

それとも、数ある願望のひとつにすぎないのか？

あのころはまだ、自分の胸に秘めたスペインでプレーしたいという想いが、どれほど大きいものなのかを測りかねていた。

絶対にスペインのクラブへ移籍するぞ！

自分としては、そう考えているつもりでいた。でも、周囲の人たちの目には、「いつか、スペインでプレーしたいな」と考えているように映ったのかもしれない。

とらえ方にそこまでの差が生まれるのは、香川真司が自分の気持ちを整理し切れていなかったからでもあるし、その気持ちを周囲に理解してもらえるように表現できていなかったからでもある。

その〝反省〟が、２０１８年のロシアW杯以降の移籍に向けた動きにつながっていく。

ロシアW杯後の香川の周囲に起こったことを理解するためには、W杯の前年、つまり２０１７年の夏のことから振り返らないといけない――。

２０１７年に入ると、香川は親しい友人や家族に声をかけていった。

「ドルトムントまで試合を見に来てよ！」

１試合平均で世界一の観客数を誇るサッカーリーグのなかで、最も多くの観客が来場するジグナル・イドゥナ・パークへ招く理由については、こう説明していた。

「ドルトムントでの最後のシーズンになるかもしれないから」

当時のドルトムントとの契約は、２０１７－18シーズンまで。契約期間が残り1年になると、去就の判断を迫られるのが中心選手の宿命である（＊28〜30を参照）。

香川の移籍については、２０１４年8月にユナイテッドを離れる際に、ドルトムントが、推定８００万ユーロ（当時のレートで約10億円）の移籍金を支払っている。ドルトムントとしては、香川が他のクラブへと移籍していく際には、〝２０１４年の投資をある程度は回収したい〟という考えがあった。契約満了となり、移籍金なしで他のクラブへ移籍するのだけは避けたい。それが彼らの思惑だった。そのため、契約が残り1年となる２０１６－17シーズン

ドイツを訪れた父と母。

終了時に、態度を明確にするようにクラブから迫られていた。

移籍したいのか？　契約を延長するのか？

当時は「シーズン終了後に移籍したい」と考えていた。だから、知人や友人を招いたわけだ。

シーズンオフに入ると、スペインの1部の複数のクラブからは、正式なオファーの前の段階ではあったが、具体的な興味を伝えられた。

移籍に向けた正規の手続きは、選手を新たに獲得しようとしているクラブから、その時点で所属しているクラブへと、オファーの内容が書面で通達されて始まる。

しかし、このときの交渉は、正式な手続きにまでは発展しなかった。先方の事情もあったが、香川自身が乗り気ではなかったことも大きかった。

いくつかのオファーに対して、前向きになれなかったのには理由がある。

まず、興味を示してくれたのが強豪クラブではなかった。２０１２年にユナイテッドへ移籍するときにも、２０１４年にドルトムントへ戻ってくるときにも、香川はスペインのクラブからオファーを受けている。それらのオファー

と比べて、このとき興味を抱いてくれたクラブの「格」は落ちた。

そして、『想い』が感じられなかった。

かつてクロップ監督が感じさせてくれた情熱や、タキシードを着て起用法を説明してくれたファーガソン監督の言葉の重みを知っているからこそ、「このチームは、この監督は、オレのことを本当に必要としてくれているんや!」というような『想い』が感じられないと、心が震えなかった。

そんな状況で、ドルトムントから契約を延長したいというオファーを受けた。

前のシーズンの中盤から終盤にかけての活躍を高く評価していることも伝わってきたし、給料を含めて、以前よりも良い待遇を用意するという提案で彼らなりの熱意を表現してくれていた。

ただ、ドルトムントは誠意と引き替えに、契約書へ早くサインをするよう迫ってきた。前のシーズンのドイツ杯優勝の立役者のひとりがいなくなれば、その後釜となる選手を獲得しないといけない。決断を急かしてくるのも、当然のことだ。

ドルトムントからのプレッシャーをかわしながら、他のクラブからのオファーを待っていたが、良いオファーは届かず、時間は過ぎていく。2017-18シーズンの準備に取りかからないといけない時期も迫っていた。

自分がしっかり力を証明していければ、いつかまた、オファーは届くやろ。

そう考えた。27歳から28歳になる過程で過ごした2016-17シーズンに自身の成長を実感したことも、将来への見通しを楽観的なものにしてくれた。だから、契約を2年延長することにした。

ちょうどドルトムントがアジアツアーの最中に日本に滞在していた2017年7月14日、埼玉スタジアム2〇〇2で行なわれた記者会見の席で、契約延長が大々的に発表されることになった。あのときは、不安のようなものは一切なかった。

ただ、後にスペインへ渡ることを考えると、当時は気づけなかった2つの課題が浮き上がってくる。

1つ目が、リスクを避けてしまったことへの後悔だ。「ロシアW杯は自身のキャリアの集大成だ」と意気込んでいたから、その1年前の移籍をためらう気持ちがあった。信頼関係を築き上げてきたクラブを離れて、そうしたものを一から作り上げる作業は、ときに苦難を伴う。どのクラブへ行ったとしても〝最終的には〟レギュラー争いをして、レギュラーポジションを勝ち取れる自信は持っていた。それでも……。

今、日本代表から遠ざかる時期が出たらヤバいな。

そんな不安が頭をよぎった。

例えば、2016－17シーズンの前半戦の日本代表の戦いでは、同じポジションの清武弘嗣に後れをとっていた。清武と一緒に起用されれば、良好なコンビネーションからチャンスを築いていく自信はあったが、監督は2人を共存させるプランを持ち合わせていなそうだった。

このシーズンの後半戦には代表のレギュラーに返り咲いていたが、清武と立場が短期間で大きく入れ替わったのは当時のハリルホジッチ監督の方針と深い関係があった。選手のコンディションや調子の良さを重視して、起用するという明確な方針を監督は持っていた。所属クラブで出場機会を得られない時期が続けば、代表でのレギュラー争いはおろか、23人程度で構成される代表メンバーからも外される危険性もあった。

しかも、2017年6月の日本代表の試合で左肩を脱臼して、復帰まで2ヶ月以上要する状態だった。もし、あのタイミングで移籍したら新天地でのレギュラー争いで大きく出遅れることが〝確定〟していた。W杯まで1年を切ったタイミングで、その選択をするのは……。

様々なリスクとロシアW杯への想いを天秤(てんびん)にかけると、移籍には慎重にならざるをえなかった。

攻撃の選手は大きくリスクを冒して、それでもチャレンジしていくべきなんだ。

今ではそう考えられるが、あの時点で、リスクとリターンと、この世界の真理とを見極めて進路を決めるのは難しかった。

2つ目が、代理人とのコミュニケーションにおける課題だった。

あとになって考えると、細かいニュアンスを含めて、自分の意志を当時は正確に伝え切れていなかった。そこに、大きな問題があった。

そもそも、「正確に伝える」とは、どういうことだろうか。例えば、「スペインのクラブに移籍したい」と話したとしても、そのニュアンスには幅がある。

「自分のことを高く評価してくれていると一目でわかるようなオファーがあれば移籍したい」という意味なのか。

「自分の夢の実現のためにどうしても移籍したい」という意味なのか。

聞く者によって、受け取り方は異なる。

だから、選手は自らの意志が誤解されることのないように、そう考えるにいたった背景や理由も含めて、しっかりと伝えないといけない。

まして、香川のように外国人の代理人に交渉を依頼する場合には、さらなる注意が必要だ。日本人と欧米人とでは、コミュニケーションのとり方が大きく異なる。表現方法や言外のニュアンスの重要性に、決定的な違いがある。

日本人同士であれば、会話以外の部分からも、相手の気持ちを察しようとしてくれる。

一方で、外国人の場合は、言外のニュアンスを感じ取ってくれることはほとんどない。

そのかわり、「どうしてもスペインに移籍したいから、なんとしてでも移籍できるクラブを探してきてくれ」というような、日本人同士であれば直接的すぎて、敬遠されそうな伝え方が有効だ。それで、彼らとの関係が気まずくなることはない。むしろ、そこまでストレートに意志を伝えると、その想いに応えるくらいにタフな交渉をして、移籍をまとめてくれることもある。

当時の状況であれば、2016－17シーズンの間に、「このシーズンが終わったら移籍したいと考えている」と周囲の友人や家族には伝えていたわけだから、あの時点で代理人には「是が非でも移籍したい」と伝えておくべきだったのだろう。

そこまで意識が回らないところに、甘さがあった――。

2017年の夏を振り返るときに、香川はそう総括する。

だから、2018年の夏、ロシアW杯が終わったタイミングでこう考えた。

同じことを繰り返してはいけない。

'18夏、移籍が成立しなかった背景

2018年7月、日本での休暇を終えた香川は、ドイツへ戻った。

ドルトムントの一員として新たなシーズンに向けた準備に取り組みつつ、移籍を望む自らの意思はクラブに伝えた。それを受けて、ドルトムント首脳陣が移籍を容認するコメントを出したので大きなニュースとなって広がっていった。

ただ、このタイミングでの移籍が簡単ではないということもまた、香川は理解していた。

というのも、W杯が終わってから、移籍に向けて本格的に動き始めることになったからだ。移籍を画策するタイミングとしては、遅い。理想は、W杯の開幕よりもはるかに前、前のシーズンの終盤だ。

遅くなった理由は2つある。

ひとつが、前のシーズンの終盤で左足を痛めていたから。29歳の選手が怪我を抱えている状態で移籍先を探しても、移籍先候補からの心証は良くない。中途半端な状態で売り込むのが得策とは思えなかった。

もうひとつが、W杯の準備に集中するために、移籍の交渉については、一度頭の外に置きたかったからだ。

ロシアW杯で活躍するためのリハビリと、移籍の準備を両立するのは難しいと感じていた。

いずれにせよ、移籍に向けた動き出しの遅さはひとつの〝ハンデ〟となる。

しかし、この〝ハンデ〟は世間ではあまり理解されていない。むしろ、W杯で活躍すればW杯後に移籍しやすくなる、と一般の人には勘違いされている気配がある。

例えば、２０１４年のブラジルW杯のときに大活躍したコロンビア代表のJ・ロドリゲスは、大会後にレアル・マドリードへと移籍をした。〝栄転〟である。こうしたケースは実は少ないのだが、華やかな分だけ、多くの人の印象に残る。

実際には、W杯前の時点で、移籍についての交渉がある程度進んでいるか、すでに移籍が成立しているケースが大半なのだ(＊47)。

それでも8月31日の移籍期限まで、いくつものクラブから関心を寄せられていた。ドイツ内外のメディアの報道から香川がそれを知ることもあったし、代理人を通して伝えられることもあった。

しかし、本格的な交渉に発展するようなオファーは届かないまま。気がつけば、ドイツの夏の終わりが近づき、ブンデスリーガも開幕を迎えていた。

8月26日。ファブレ新監督のもとで、ヴィッツェルなどの多くの新加入選手を迎えたドルトムントは、開幕戦で強豪のライプツィヒに大勝し、幸先の良いスタートを切っていた。

翌日、試合に出場しなかった選手たちが中心の練習で、短距離を全速力で繰り返し走るメニューがあった。その映像を見た知人に、後に香川はこう聞かれている。

「あの状況で、先頭に立って黙々と走り続けるなんて、ハートが強いね！　意地になって取り組んでいた部分もあったの？」

香川の答えはこうだ。

「いや、いや、そんな大げさに受け止めないで（笑）。あの時点で移籍する可能性は残っていたから、新天地ですぐに活躍する姿をイメージして練習していただけで……」

しかし、移籍に関する交渉が実を結ぶことがないまま、8月31日の夜を迎えた。次に移籍が認められるのは1月1日から1月31日までの期間だ。少なくともそれまではドルトムントの一員としてプレーしないといけない。

望んでいた状況ではなかったが、ハンデがあることは理解していたため、失意のどん底に落とされた感覚はなかった。移籍するチャンスが再び訪れる冬まで、淡々と練習を続けていこうと考えた。

ただ、このタイミングで、ある決断を下した。

これまで代理人を任せていたクロートとの関係を解消することにしたのだ。２０１０年にセレッソ大阪を離れてドルトムントへ移籍したときから、タッグを組んできた。恩人のひとりでもある。ケンカ別れをしたわけではない。だから、契約を終える際に香川は自らの口からきちんと感謝を伝えた。

新たにタッグを組むことにしたのが、カナレス。スペイン人の代理人だ。バルセロナで活躍してきたピケやラキティッチ、かつてバルセロナの中心選手として君臨（くんりん）し、将来の監督候補と目されるシャビを筆頭に、スペイン人の有力選手やスペインのビッグクラブとの交渉をしてきた実績がある。

クロートが多くの日本人選手のドイツのクラブへの移籍を直接ないしは間接的に、実現させてきたのは周知の事実である。それはクロートがドイツで築き上げてきた信頼とネットワークがあるからだ。だから、香川も頼ってきた。

ドイツのクラブへ移籍しようとする選手がクロートの力に頼るように、どうしてもスペインのクラブへ移籍したいから、スペインで顔の利くカナレスとタッグを組むことにした。それが真相だった。

FROM SHINJI

W杯が終わったあとの交渉は思うようには進まなかった。ある程度、予想できたことだったたから、イライラしたり、落胆したわけではない。

　移籍をするのであれば新シーズンの開幕が近づいたり、移籍期限の間際でねばるのではなく、早いうちから交渉をするのがベストだということは、改めて実感することになった。あのときはそれができない特殊な事情があったわけだけど。

　トーマス（クロート）には、まだ日本にいた2009年ごろから、本当に長い間お世話になった。ドルトムントからユナイテッドへ移籍するときもそうだし、ユナイテッドからドルトムントに復帰するときにも、親身になって動いてくれた。何より、日本からヨーロッパへ出ていく道を作ってくれた彼には本当に感謝している。セレッソ時代にドルトムントのスタッフが視察に来て、僕の獲得を決めたそうだけど、そこにいたるまでのトーマスの力は大きかった。

　ただ、あのタイミングではスペインでプレーするという僕の夢を実現するための確率を、0・1%でも上げるためにカナレスに任せることにした。

＊47　W杯前にかなりの移籍が決まっているという事実は、過去の日本代表選手の移籍からも明らかだ。2010年の南アフリカW杯のタイミングでは、香川は「大会前」にドルトムントへ、内田篤人は「大会開幕直後」（交渉はずいぶん前から始まっている）にシャルケへの移籍が成立した。2014年のブラジルW杯のタイミングでは、長谷部誠のフランクフルトへの移籍も、大迫勇也のケルンへの移籍も、「大会前」に成立した。2018年のロシアW杯のタイミングでも、大迫のブレーメンへの移籍も、乾貴士のベティスへの移籍も、原口元気のハノーファーへの移籍も、「大会前」に成立した。

たった一度のあやまち

夏の移籍期限ギリギリまで移籍を目指していたから、開幕から3試合はベンチ入りメンバーからも外れていた。当然だ。ただ、移籍期限が終われば、事情も変わる。

　だから、周囲にはこう伝えていた。

「監督とのフィーリングは悪くないからね。普通にやっていれば、チャンスはつかめるよ」

　開幕前の練習試合でもしっかりチャンスを与えられていたし、ベンチ入りメンバーから漏れた理由もパフォーマンスの質とは無関係だと感じていたからだ。

チャンスはすぐにやってきた。夏の残留が正式に決まってから3週間もかからなかった。

9月18日、CLのクラブ・ブルージュ戦である。後半17分にゲッツェと交代でトップ下のポジションに入った。およそ30分間で見せたプレーは監督から一定の評価をされたようだった。

4日後の9月22日のホッフェンハイム戦、今度はシーズン初めての先発で、後半25分までプレーした。

続く、9月26日のニュルンベルク戦では後半17分にロイスと代わって出場したが、この試合の途中に足首を痛めてしまった。回復に約1ヶ月を要する怪我だった。

これが、ターニングポイントとなった。

怪我をしたことではなく、この試合でチームを引っ張ったロイスのパフォーマンスが、決定打となった。

この試合でロイスがトップ下で先発すると、面白いように攻撃が機能した。次から次へとゴールを重ねて、7－0。野球の試合かと見間違えるようなスコアでの大勝だった。そこからロイスのトップ下は絶対領域となっていった。香川にトップ下のポジションを奪い取られた形になったゲッツェも一時、怪我で戦列を離れていたが、復帰してから与えられたのは本来とは別のポジション。センターフォワードの役割だった。

もっとも、トップ下にロイスが君臨するようになった理由は、ニュルンベルク戦の大勝だけにあるわけではない。あの試合はターニングポイントではあるが、もっと深い理由があった。「スポーツビルト」誌などのドイツのメディアが、ロイスと恩師であるファブレ監督の間でかわされた約束の存在をこの少しあとに明かしている。その背景を含めてまとめると、以下のようになる。

２０１２年夏にボルシアＭＧからドルトムントへと移籍してきたロイスは、ボルシアＭＧ時代にファブレ監督のもとで大きく成長した選手だ。２人は強い絆で結ばれている。さらに移籍したタイミングで、ドルトムントのユニフォームスポンサーはロイスが個人的に契約しているプーマ社に変わっていた。ドイツ代表の主力としても活躍を続けてきたこともあり、ロイスはクラブの顔となった。

そして、およそ6年のときを経て、２人はドルトムントで再会した。ロイスは、ドルトムントにやってきてからサイドやＦＷの位置でプレーすることが多かったが、実はトップ下でプレーしたいと考えていた。そこで、ファブレ監督のもとでスタートした2018－19シーズンの開幕前の最後の練習試合が終わったあとに、2人は話し合いの機会を設けた。ロイスが自身の希望を伝えた。ファブレ監督はすぐにトップ下のポジションを与える約束はできないが、しっかりと検討して、トップ下で起用するチャンスがあれば、実行すると伝えた。

その約束がニュルンベルク戦で果たされ、大勝した。結果もついてきたから、ロイスがトップ下を務めることに首をかしげる人は誰もいなかったし、最終的には、2011－12シーズン以来の優勝まであと一歩と迫るシーズンとなった。

かつて自らが任されていたポジションで、チームの象徴であるロイスが圧倒的な存在感を放っていく。怪我からの復帰を目指していた香川が目の当たりにしていたのは、そんな光景だった。

ただ、ファブレ監督にすぐに見限られたわけでもなかった。およそ1ヶ月の離脱期間を経て、復帰したあとにはチャンスが与えられた。当時は2部リーグに属していた格下ウニオン・ベルリンとの試合だった。10月31日のカップ戦、ドイツ杯の2回戦である。

トップ下で先発した香川は、前半40分にアシストを記録した。それでも大幅にメンバーを入れ替えたドルトムントが見せたのは、攻守ともにチグハグな戦いぶりだった。延長戦の末に3－2で勝利をおさめたが、香川のアピールは上手くいかず。後半33分にロイスと交代でベンチに下がることになった。

結果的に、これがドルトムントの一員として臨んだ最後の公式戦となった。

別れを決定づける出来事はいつも、突然訪れる。

11月、ある試合を翌日に控えた日のことだった。先のカップ戦でアピールできなかった悔しさはあったが、香川も悲観していたわけではない。

ここで焦っても良いことなどない。練習から最高のプレーを見せる。それだけ考えていればいいんや。

自分にそう言い聞かせてから、この日の練習に臨んでいた。試合前日だから、練習時間は長くない。ウォーミングアップと簡単なパス回しが終われば、実戦を想定して11人対11人で行なわれる紅白戦の時間だ。

紅白戦が始まる前、イサクやトルヤンとともに、香川はファブレ監督に呼ばれた。

「今日の紅白戦は集中してやりたい。選手交代も考えていない。君たちは、ここから別メニューだ。U‐23チームへ行って練習してくれ」

震えた。

監督が選手に対して戦力外であると伝えるための処置だった。ヨーロッパでそうした指示が送られることは確かにあるのだが……。

U‐23というのは、ドルトムントの2軍にあたるチームで、基本は23歳以下の選手で構成されるが、それより年上の選手がプレーすることもある。23歳よりも上の選手がU‐23チームでプレーするケースは、長い期間怪我をしていて、トップチームでの実戦復帰の前段階として利用されるときか、戦力外とみなされて送り込まれたときがほとんどだ。

U‐23のチームに合流したあとにも、給水時間になれば隣のグラウンドからトップチームの選手たちが発する声とボールを蹴る音がはっきり聞こえてきた。

この屈辱、どこにぶつければええねん！

やる気のない態度を見せたとか、監督にたてついたとか、そういう事情があるならわかる。直前の試合で良いプレーを見せられなかったから、紅白戦で最初の22人に入れないのも理解できる。

だが、自分がそのような仕打ちを受ける日が来ることなど、想像していなかった。

ピッチの上では散々な状況だったが、ピッチの外では夢に向かって、動き出していた。

9月末からおよそ1ヶ月、香川が怪我で戦列を離れている間でさえ、冬の移籍に向けての動きはあった。スペイン人代理人のネットワークの強さを実感していくことになる。

初秋の時点で興味を示しているスペインのクラブがあると情報が入った。いくつかのハードルはあるものの、1月の移籍期間中に獲得したいとのことだった。あのクラブの幹部は香川のどこを評価しているのかなどの説明はもちろん、お金がないかわり、住居や車などの手配に全力を尽くすことなど、腹を割ってリアルな話をしてくれた。

ただ、そうした意向があっても、契約書にサインする瞬間までは実現するかどうかわからないのが移籍市場の常識だ。

だから、代理人のカナレスからは、冬の移籍市場が開くまでの間に、スペインでプレーしたいと強く望んでいることをアピールするべきだと提案された。

その第一弾が、スペインメディアへの露出だった。10月24日、スペインのアトレティコ・マドリードとCLで対戦するタイミングに合わせて、スペインの大手「マルカ」紙にインタビューが掲載された。イニエスタとユニフォームを交換した話など、その一部は日本でも翻訳されてニュースとなった。

この翌月に、「構想外」だとはっきりわかるような監督からのあの指示があった。それがクラブのフロント陣からも明らかにされたことで、香川の情報発信の方法も変わってきた。

それまでは、ドルトムントに最大限の配慮をしながら発言してきたが、このタイミングからはそれも変えた。余計な配慮はせずにスペインのクラブへ移籍を望んでいることを語るようになった。11月27日に日本の日刊スポーツの1面に掲載されたインタビューもそうで、移籍を希望していると明言した。翻訳されてドイツでも大々的に報じられたが、そうなることも織り込み済みだった。

そうやって、移籍に向けて周囲が騒がしくなってきたなかで、CLのグループステージ最終戦を迎えることになった。12月11日、モナコとのアウェーゲームだった。

チームはすでに決勝ラウンド進出を決めていたため、監督は大幅なメンバー変更を計画していた。CLでは主力に休みを与え、ウインターブレイクまで残り3試合となったブンデスリーガでの戦いに集中してもらうという狙いだった。これまで構想外として扱っていた選手も、この試合で起用する意向だという。

試合前日のモナコへの移動の前に、香川はファブレ監督から呼び出された。

「君を遠征メンバーに入れようと考えているのだが、どうだろう?」

香川は即答した。

「モナコに行くつもりはありません。オレはチームメイトのことも、監督の采配もリスペクトしています。だから、チームの練習から外れたときに、文句は言わずに受け入れてきました。それに監督はオレをトップチームの戦力としては見ていませんよね？

主力選手の多くを休ませたいからという理由だけで、試合に出てくれというのは、僕へのリスペクトを著しく、欠いた行為だと思います」

監督からは短くこう返ってきた。

「わかった。その考えは私も尊重する」

このときのやり取りについて代理人やマネージメント事務所のスタッフに報告したら、色々と言われた。

「おい、シンジ、そりゃ、クレイジーだぜ……」

「えー、せっかく久しぶりに試合に出られそうだったのに、どうして断っちゃったの⁉」

彼らがそう言いたくなる気持ちは、香川にもよく理解できた。

でも、あのときの監督の判断は、あまりにも都合が良いものに映って、受け入れがたかったのだ。

FROM SHINJI

香川はいきなり何を言い出すのだと思うかもしれないが……。

良い子はこのときの僕のマネだけはしないでほしい。試合出場を拒否するのはダメだ！

僕は聞き分けの良い方だと思うし、監督に面と向かって反抗するようなことはこれまで一度もなかった。

２０１４－15シーズンのプレシーズン期間に当時のファン・ハール監督から戦力として考えていないと言われたときでさえ、チームメイトと一緒に練習することはできた。

でも、このときは練習すら一緒にやらせてもらえなかった。

確かに、開幕前などの時期に、クラブが放出を望んでいる選手だけ隔離して練習をさせることはある。ただ、シーズンの最中に、自分がそのような処遇を受けるとは想像していなかった。いわゆる「構想外」というメッセージを監督は伝えたかったのだろう。

では、もしも、また同じ状況になったらどうするか？

やはり、モナコ戦の出場は断る。

確かに、あのＣＬのモナコ戦に出場すべきだと周囲の人たちが主張したのはよくわかる。

でも、あの提案を断ったのには理由がある。

11月に屈辱的な扱いを受けたときでも、僕は歯を食いしばって淡々と練習をしてきた。「ここで文句をぶちまけたとしても、何のメリットもないぞ」と言い聞かせていた。そこで不満を爆発させるのを、他のクラブの関係者が見たらどうなるか。将来の移籍に向けて、マイナスにしかならなかったはずだ。

何より、そこまでプロとしての誇りを胸に、辛い仕打ちを我慢してきたのにもかかわらず、ＣＬの１試合に出場するチャンスに食いつくのは、自分の心を売るようで、みっともないと僕は考えた。だから、あのモナコ戦に出る気にはなれなかった。

当時を振り返ってみると、結果的にはマルコ（ロイス）がトップ下に君臨したからこそ、自分のポジションがなくなったことになる。でも、彼へのうらみなんて全くない。あるのは、リスペクトする気持ちだけ。ドルトムントにおけるマルコは、バルセロナにおけるメッシみたいな存在だ。ボルシアＭＧでプレーしていた時期があるとはいえ、マルコはドルトムントの下部組織出身だから。

彼とは一緒に夜遊びに出かけるような間柄だったわけではない。

ただ、嫌みなところは一切ないし、ドイツ人の選手でありながら、僕のような外国から来た選手にも本当にフェアな態度で接してくれた。単純な仲の良さというのでは語れないような信頼関係が僕らの間にはあったと思う。

２０１９年1月にトルコへレンタル移籍する際にはWhatsAppというメッセンジャーアプリのドルトムントの選手たちのグループに、僕は感謝とお別れのメッセージを送った。

２０１９年夏に一度、ドルトムントに戻ったあと、8月にスペインへ完全移籍が決まったときには、再びグループトークにメッセージを送ったりはしなかった。ドルトムントで長年プレーしたことへの感謝は、1月の時点で伝えたから、再び送るのはくどいような気がしたからだ。

ただ、マルコにだけは、このときにも個別に連絡した。ドルトムントと彼の明るい未来を祈り、一緒に戦ったなかで彼が僕に示してくれたリスペクトへの感謝を伝えた。僕にとって、マルコはそういう存在だった。

想像していなかった新天地

ほどなくして、香川の周りがまた騒がしくなってきた。

2019年に入り、移籍市場が再び開いたからだ。ドルトムントからも、「一定額の移籍金を支払うクラブへの移籍であれば」という条件のもとで、ある程度は自由に交渉することも認められていた。

早速、あるクラブから、こんな申し出があった。GMが出向くので、香川と直接、話をしたいという。

興奮する気持ちを抑えながら、面会した。

「うちの街の魅力は……」

GMの話を聞いて、すぐに、「これは本気だな」と香川は熱意を感じ取った。監督や戦術など、サッカーと直接関係のある話はもちろん、ホームタウンについても説明してくれる。単に自分を獲得したいだけではなく、サッカーに集中できる環境のなかで活躍することまでイメージしてくれていると伝わってきたからだ。

ほどなくして、そのクラブからドルトムントあてに、半年間のレンタル移籍を求める正式な文書が送られた。

このタイミングで香川は、ドルトムントの選手編成の責任者であるツォルクSDにこう伝えた。

「僕にとって、本当に大切なのはお金やメンツなどではないです。ツォルキーなら、その気持ちはわかりますよね？　たとえ給料が下がったとしても、自分の夢のために移籍したい。だから、クラブとしても前向きに対応してほしいです」

「ツォルキー」というのはツォルクのニックネームで、彼はドルトムントがCLを制してヨーロッパ王者になったときの中心選手で、クラブのレジェンドである。現役時代はドルトムント一筋で、引退後に現在の職に就いた。物腰も柔らかく、それまでの香川の貢献についてもきちんと評価してくれていた。一連の交渉のなかでも、香川の話にきちんと耳を傾けてくれる存在だった。

レンタル期間中の給料をどちらが負担するかなどについて、両クラブが最初に出した条件に開きがあったのは事実だ。ただ、移籍の交渉は大金の絡むビジネス。ある程度の時間がかかるのは普通のことだ。

だから、香川が焦ることはなくて、いざ移籍が決まったら、直前の4ヶ月でたまったものを爆発させようと燃えていた。

一時的に日本に滞在していた、身の回りのケアを任せている事務所のスタッフ、パーソナルトレーナー、食事を作ってくれる管理栄養士などにはこう伝えておいた。

「決まったら、すぐに日本を出られるように準備だけはしておいてね」

しかし、数日後に、先方のGMから代理人のカナレスあてに連絡が届いたという。

「監督と相談したうえで、別の選手を獲得することになったので、オファーは取り下げさせてもらう」

数日前まであれだけ乗り気だったのに……。

別のクラブで移籍を希望する選手が出てきて、そのクラブとの関係性や金銭面の条件などが考慮されたからだろう、というのがカナレスの見立てだった。香川サイドのコントロールが及ばない部分である。受け入れるしかなかった。

成立も時間の問題だと思っていた移籍が破談になり、交渉はまたゼロからのスタートとなる。

その過程で、別のクラブから「○○という選手を放出できれば、外国人枠があくから、カガワを獲得したい」という連絡があった。この種の申し出はさらにもう2つ、計3クラブからあった。

「期待しすぎは良くないけど……どれかひとつくらいは、実現するやろ」

そんな軽口を叩いたこともあったが、連絡がとだえるクラブがひとつ、またひとつと増えていった。笑えない。時間だけが過ぎていった。

もちろん、スペイン以外にもフランスをはじめとしたいくつかの国のクラブからオファーは届いた。メディアでも、数日おきに、異なるクラブの名前が移籍先の候補として報じられた。そのなかには実際にオファーを出してきたクラブも、そうでないクラブもあった。

なかには、「冗談だろ?」と思えるようなビッグクラブからも問い合わせがあった。

「真司、これはチャンスじゃないの?」

交渉にかかわるスタッフの一部は色めき立っていたが、香川がその種のオファーにひかれることはなかった。

その国で評価をあげて、勝ち取っていくことこそがビッグクラブでプレーする権利だから、という考えがあったからだ。

仮に巡り合わせや運だけで、ビッグクラブの門を叩けたとしても、使い捨てにされる可能性も高い。ポッと湧いたようなオファーで獲得した選手に愛着を持つ監督やGMはいないだろう。だから、香川は冷静だった。

結局、夏に続いて、この冬の移籍市場で痛感したのは、日本人選手がスペインのラ・リーガへ移籍しようとするときに立ちはだかる「外国人枠」という壁の高さだった。

スペインでは、ヨーロッパ以外の出身の選手は1チームにつき、3人までしか登録できないというルールがある(＊48)。だから、この貴重な3つの枠に入ることのできるのは、いわゆる〝即戦力〟といわれる優秀な選手だ。この枠を、数年後の活躍が期待されるような選手に適用することはない。若手の成長をうながすことに積極的なクラブであっても、「外国人枠」に含まれる日本人が成長を気長に待ってもらえる可能性は限りなく低い。

そこが、ドイツ人が一定以上チームにいることをルールで定める代わりに、外国人枠は設けないブンデスリーガとは、決定的に異なる(＊49)。

つまり、ドイツで日本人がプレーしようとするときには、その国の国籍（ドイツ国籍）を有していないというハンデだけですむ。ドイツ以外のヨーロッパの国の出身者と同じ立場で競争ができる。

一方で、スペインで日本人がプレーしようとすると、その国の国籍（スペイン国籍）を有していないというハンデだけではなく、EU圏外の選手であるというハンデも背負わないといけない。しかも、ネックとなるのは、これが移籍するときのハードルになるだけではなく、移籍後もついて回るということだ(＊50)。

だから、日本人にとって活躍し続けることが難しいリーグであるし、そこで活躍する日本人はもっと、評価されてしかるべきなのだ。

とはいえ、1月31日の移籍期限が近づくにつれて、選択肢は減ってきた。香川サイドから断りを入れたオファーもあったし、先方が狙いを他の選手に切り替えたと見られるケースもあった。

そのなかで、異質な動きを見せていたのが、トルコのベシクタシュだった。

当時、香川は西ヨーロッパのいわゆる「5大リーグ」と呼ばれる、イングランド、スペイン、ドイツ、イタリア、フランス以外でプレーするつもりがないということは、先方に対してうっすらと伝えていた。

それでも彼らはオファーを取り下げず、興味を示し続けてくれていた。どうしても自分を獲得したいのだなと感じるには十分だった。しかも、冬の移籍期限の終わりが見えており、選択肢もほとんど残ってはいなかった。この段階に及んでようやく、ベシクタシュへのレンタル移籍について検討し始めた。

　しかし、1点だけ、歩み寄れない部分があった。「買い取りオプション」についてだ。これは、レンタル期間終了後に、移籍先のクラブ側が望んだ場合に、一定金額を支払えば、そのまま完全移籍へと切り替えられるという条項を指す。

　それぞれの思惑を端的に表すと、こうなる。

　ベシクタシュは、彼らだけの意思で完全移籍へと踏み切れる「買い取りオプション」をつけたかった（＊51）。

　香川の最終目標はあくまでも、スペイン移籍だ。ベシクタシュに移籍してみて、考えが変わる可能性がゼロだとはいえないが、ベシクタシュ側の意思だけで完全移籍に切り替えられる「買い取りオプション」付きのレンタル移籍に応じるつもりは一切なかった。

　その溝は大きかったから、移籍期限まで数日を切っても、交渉がまとまる気配がなかった。

　そして、デッドラインとなる1月31日を迎えた。

　交渉が一気に動き出すきっかけは、意外なところから生まれた。ドルトムントが、同じブンデスリーガを戦うハノーファーからのオファーに「合意」したというのだ（＊52）。

ハノーファーは、このシーズンの終了時まで香川をレンタル移籍で獲得することを望んでいた。そこには「買い取りオプション」はついていない。当時ハノーファーでGMを務めていたヘルトが、ドルトムントとの間の交渉が一足先に「合意」に至ったとTVカメラの前で認めたため、このニュースがヨーロッパ中をかけめぐった。

　これは何を意味するのか。

　一般的に、移籍が「成立」するには、移籍元と移籍先のクラブの間での「合意」、移籍先クラブと選手の間での「合意」、この両方が必要となる。つまり、あとは香川とハノーファーの間で「合意」すれば、いつでも移籍が「成立」する状況となった。

　その一方で、ベシクタシュへのレンタル移籍については、ベシクタシュと香川サイドだけではなく、ベシクタシュとドルトムントの間でもまだ〝交渉〟が行なわれていた。いずれも「合意」には至っていない。

　ハノーファーがその事実をあえて公表することで、他のクラブに香川獲得から手を引かせようと考えた、と見られていた（＊53）。

　これにはベシクタシュも焦ったようだった。彼らはトルコの強豪クラブとして常に優勝を求められるのに、この時点で6位に甘んじていた。シーズン後半戦での巻き返しのためには補強がどうしても必要だった。

移籍期限となるこの日に、他の選手の獲得に切り替えるのは現実的ではない。だからだろう。彼らは「買い取りオプション」の条項を削り、半年間のレンタルという条件のみのオファーへと切り替えた。つまり、譲歩してきたのだ。

これは香川にとって、受け入れられる条件だった。

「オプション」なしで、半年間のレンタル移籍——。

ドルトムントも、香川の意思を尊重する意向を見せてくれていた。当時のファブレ監督が試合で起用するつもりがなかったこと、長年にわたってクラブに貢献してきたことを踏まえて、柔軟に対応する方針だったからだ。

香川とベシクタシュの間でも、ドルトムントとベシクタシュの間でも、「合意」に達したために、半年間限定の移籍が「成立」した。期限ギリギリのことだった。

31日の午後、香川一行は、ドルトムントからトルコのイスタンブールへと向かうプライベートジェットに乗り込んだ。そのときの香川の写真が、どういうわけか流出した。トルコメディアがそれを伝えたこともあり、空港に着くなり熱狂的な歓迎を受けた。

トルコサポーターの熱はドイツサポーターのそれとは異なる。熱くなりすぎて、UEFA（欧州サッカー連盟）などから、処分を受けたことも一度や二度ではない。

空港のビルを出て、迎えの車に乗り込むわずかな間にも無数のサポーターの歓声とスマホが向けられる。香川は、英雄にでもなった気分だった。

その後、2日間だけチーム練習に参加すると、2月3日のアンタルヤスポルとのアウェーゲームのメンバーに入った。

後半36分から交代出場を果たすと、いきなりの2ゴール。直接FKからのゴールはプロになってから2点目で、2010年にセレッソの最後の試合で決めて以来だった。

もちろん、相手GKのお粗末な守備にも助けられたが、滑り出しとしては悪くない。だから、香川はあの試合のあとにこう話した。

「僕が出場した時点で4対1。相手チームの気持ちは切れていたし、そういう状況を含めて、サッカーの神様からの少しばかりのプレゼントだったのかなと思いますよ。ピッチに立って16秒でゴールを決めることも、FKからのゴールも滅多にないことだし。ただ、トルコのリーグがそんなに簡単に結果を残せるほどのレベルにあるわけではないということは、肝に銘じないといけない。もちろん、ファンのみんなが期待してくれるのは自由だけど、オレは冷静でいないとね」

ちなみにこの試合で香川は生まれて初めて、相手チームのサポーターからスタンディングオベーションで祝福された。

順風満帆なスタートを切ったと誰もが思うようなトルコでのデビュー戦だった。

FROM SHINJI

ハノーファーからのオファーが届いていると聞かされたときには、正直、驚いた。ドイツ国内で移籍先を探してほしいとお願いしていたわけではなかったからだ。もちろん、そうやって他のクラブの関係者が評価してくれるのは光栄なことだったけど。

ただ、オファーの存在を聞かされたときに、直感的に頭に浮かんだことが2つあった。

ひとつが、直前まで自分を温かくサポートしてくれたドルトムントのファンの存在だ。あの時点ですでにドルトムントとハノーファーの2回の対戦は終わっていたから、シーズンの間に僕がハノーファーのユニフォームを着てドルトムントと戦う可能性はなかったのだが、彼らのことを思うと、少し複雑だった。

もうひとつが、（浅野）拓磨のことだ。当時のハノーファーには（原口）元気と拓磨という2人の日本人が所属していた。ハノーファーの戦い方を考えると、元気と同じポジションを争う可能性はかなり低かったが、拓磨とはポジションが重なってしまいそうな気配があった。

日本代表のなかでポジションが重なってしまうのは仕方がない。代表チームは自由に選ぶことも、代えることもできないから。

でも、クラブチームで、僕のことをすごくリスペクトしてくれる拓磨とレギュラー争いをするのは少し嫌だなと思った。どちらかがチャンスを得れば、どちらかがチャンスを失う。プロは弱肉強食の世界ではあるけれど、代表とは異なり、ある程度は自由に所属先を選べるクラブチームでの戦いで、それをやるのは……。

ただ、最終的にはハノーファーとベシクタシュ、両方が提示してくれた条件やチーム状況などを見比べて、あのときの僕に合っているのはベシクタシュだと判断した。

　イスタンブールの空港に着いたときもそうだったけど、トルコのファンは熱すぎる（笑）。彼らの熱量に驚かされることは多かった。

　それから、こんなことがあった。僕が移籍したのは2019年1月だったけれど、ベシクタシュが獲得を考えているという報道が初めて出たのは2018年夏のこと。すると、8月には少なくない数のベシクタシュのファンが、俳優の香川照之さんのTwitterアカウントに次々とメッセージを送ることに。もちろん、〝香川違い〟だ（笑）。香川照之さんにはご迷惑をおかけしました。

　こうして、いくつもの縁が重なったことで、サッカー選手としても、ひとりの男としても節目ととらえられる30歳の誕生日を僕はトルコで迎えることになった。

＊48　ラ・リーガでは、以下の選手たちの登録に制限はない。スペインを含むEU加盟国（ヨーロッパの27ヶ国）、EFTA加盟国（アイスランド、ノルウェー、スイス、リヒテンシュタイン）、トルコ、コトヌー協定締結国（アフリカ、カリブ海、太平洋地域の一部の国々）。つまり、中南米、オセアニア、アジアの大半の国の選手たちが外国人枠の適用対象となる。なお、スペインの2部リーグの場合はこの枠がわずか2つになる。

＊49　ドイツには外国人枠は存在しない。クラブの登録選手のうちでドイツ国籍を有する選手が12人以上いれば、その他の選手の国籍は問わないというルールになっている。つまり、ドイツでプレーする場合には、ドイツ国籍を持っていることのメリットはあるが、それ以外の国籍の人は全て均等に「外国籍の選手」として扱われる。

＊50　スペインと似たような外国人枠が存在するリーグとしてはイタリアのセリエAがある。セリエAで定められているのは、おおまかにいうと、ヨーロッパ（一部例外あり）以外の国の選手を新たに獲得するのは最大で3人までという制限だ。ただ、外国人選手がイタリア国内のクラブ間を移籍する際には、この制限には引っかからない。要するに、外国人がセリエAに移籍してチームに加入するときには、外国人枠の高いハードルが立ちはだかるが、一度、入ってしまえば、イタリア国内に限って

はそのハードルは低くなる。これと比較しても、ラ・リーガでプレーする際のハードルの高さがわかる。

＊51　ベシクタシュが望んだのは、長期間にわたりチームの顔となる候補選手として香川を獲得すること。ただ、完全移籍に踏み切るには、それなりの移籍金がかかる。その額を投資する際のリスクを減らしたいと考えていたようだ。どんな選手でもリーグやクラブのスタイルに合わない可能性はある。だからはじめの半年間はレンタル移籍で〝お試し期間〟として考え、そこで活躍が見込めると判断すればドルトムントに移籍金を支払って完全移籍に切り替える。仮に、香川がトルコの水に合わなかった場合、完全移籍に踏み切らなければ、ベシクタシュが失うものは少ない。

＊52　移籍のきっかけは複数パターンが存在する。
1、選手と移籍先のクラブがはじめに合意して、移籍先のクラブと所属元のクラブが交渉するパターン。
2、所属元のクラブと移籍先のクラブが先に合意して、移籍先のクラブが選手と交渉をするパターン。
香川サイドはドルトムントから、他のクラブと交渉することを認められていたから、「1」のパターンでの移籍を目指していた。一方、「2」のパターンとなったのが、このときのハノーファーとドルトムントの交渉だった。

＊53　全ての交渉がまとまる前に、そこにかかわる当事者が手の内を全て明かすことはそれほど多くはない。移籍の交渉のために当事者がホテルで密会するイメージを抱く人も多いが、そうやって秘密裏に進められることが多い。ただ、この日は移籍期限の最終日。当時のハノーファーは、残留争いに巻き込まれていて、2部降格を避けるためにあらゆる手段に出ていた。あのときヘルトがメディアに交渉の過程を明かしたのは、他のクラブが香川の獲得に動くのを牽制する狙いがあったのだと、ドイツメディアなどから見られていた。

最後まで背を向けた、あの言葉

多くの人にとって、香川のトルコでの戦いはデビュー戦の2ゴールがハイライトで、そこから先は混迷のなかにあったように映っているのかもしれない。

でも、そうではないのだ。

デビュー戦の2日前に、嫌な予感が頭をよぎっていた。ベシクタシュでの初めての練習で、強いショックを受けていた。

2月1日。コーチの号令のもとで、練習がスタートした。選手たちはフェンスに足をかけてストレッチをしていく。雑談をしながら取り組む選手が多いのが気になったが、とりあえず、様子を見ていた。

まぁ国によって、カルチャーがあるから……。

その後、2人1組でのパス交換をする練習へと移った。ただ、ウォーミングアップが予想よりもかなり短い時間で終わり、パス練習へ移行した事実が香川の頭には引っかかった。

ウォーミングアップの長短は、練習時間の長さと相関関係にある。ウォーミングアップの時間が長ければ、その日は練習をしっかりやることを暗に示すし、逆に短ければ、かなり軽めの練習で終わるというサインだ。

トルコでは試合の2日前はかなり練習量を減らすのが普通なのかもしれない、と予想したのだが、それはあとでくつがえされることになる。

次はセットプレーの練習だ。

試合を想定して、入念なセットプレー対策を講じるのは現代サッカーでは当然のことだ。ただ、試合が迫っている緊張感はあまりなく、淡々とこなす選手が大半だった。

セットプレーのメニューが終わり、この日の練習も終わりだろうと考えたそのとき、コーチが紅白戦のメンバーを発表していった。

え、ゲーム形式の練習までやるの⁉

さすがに、ここで香川も驚いた。

ウォーミングアップが短い時間で終わったときには、想像もしていない展開だった。

とはいえ、ゲーム形式の練習は嘘をつかない。そのチームの本当のレベルも見えてくる。頭を切り換えて、ゲーム形式の練習に入った。

選手の走るスピード、ボールを蹴る技術、身体の強さ……これらは、イングランドやドイツのトップクラブには劣るとしても、それなりのレベルにあった。

驚いたのは、ポジショニングを重要視しない雰囲気と、攻守の切り替えの遅さだった。

例えば、相手陣内の低い位置で、相手ボールのスローインになったとする。そのときには、最終ラインを上げる。ボールと逆サイドのポジションの選手は、ボールのあるサイドに大きく位置をずらす。相手のスローインの行なわれるエリアにチーム全体が寄っていくことで、相手からボールを奪いやすくするためだ。今では、トップレベルのリーグやチームだけではなく、年代別の代表チームでも普通にやっているようなことだ。

しかし、そうした基本的なルールを徹底する様子もあまり見られない。選手たちの気が乗れば、たまにそういう動きをするくらい。

「気が乗れば」というのは、トルコのサッカーを語るキーワードであるように香川は感じていた。この練習の2日後のデビュー戦となったアンタルヤスポルとの試合が6－2というスコアだったことからもわかるように、試合中にどちらかのチームの緊張の糸がプツンと切れてしまい、一方的なゲームになってしまうことが多かった。


香川は、トルコリーグやベシクタシュをバカにしたり、見下していたわけではない。実際、トルコに来たからこそ味わえるものも少なくなかった。

「うわー、何この景色⁉」

家族や親しい友人などの、そんなセリフを香川は何度聞いたかわからない。ヨーロッパ大陸とアジア大陸の境にあるボスポラス海峡に面した都市がイスタンブールであり、香川が滞在していた部屋からはボスポラス海峡が一望できた。その景色を見た人は思わず、感嘆の声をあげる。美しい景色だけではない。トルコの熱狂的なサポーターは有名で、ベシクタシュへの移籍が決まってから1週間もたたないうちに香川のInstagramのフォロワー数はおよそ30万人（！）も増えた。食事も美味しい。トルコ料理は、中華料理、フランス料理と並んで世界三大料理に数えられる。

何より、サッカー選手のステータスが圧倒的に高かった。多くのクラブが、豪華なクラブハウスを持っている。そして、クラブハウスには練習の合間に昼寝などができるように個室も用意されている。クラブハウスに選手だけが使えるホテルが併設されているようなイメージだ。食堂に行けばシェフやウェイターが常駐しており、食べたいものや飲みたいものを、すぐに用意してくれる。

「選手ファースト」とも呼べる環境をセールスポイントにして、輝かしいキャリアを積んできた選手や名声を築いた選手を呼んでこられるのがトルコの「シュペル・リグ」の強みだった。かつてスペインやイングランドのトップクラブで活躍していたような往年の名選手がトルコのクラブに在籍しているケースは非常に多い（＊54）。

ただ、選手として成長したいからこそ、香川はスペインへの移籍を希望していたのだ。

その意味で、トルコは自分の目的や理想とはかけ離れているのかもしれない。そんな現実をつきつけてきたのが、初日の練習だった。この練習をグラウンドの外で観察していたパーソナルトレーナーの神田泰裕からはこう言われた。

「今までの感覚のままで練習に入ると怪我をしてしまうかもしれないから、色々と工夫していこう」

まずは、チームの練習が始まる前に取り組むことのできるストレッチや身体のケアについて、話し合うことにした。

ただ、事情はどうであれ、逆転優勝を望むチームのために戦わないといけない。

2月25日の月曜日。この日は宿敵との対戦だった。

ベシクタシュ、ガラタサライ、フェネルバフチェ、この3チームはシュペル・リグの3強としてリーグ優勝回数でトップ3を占めており、いずれもイスタンブールに本拠地を置いている。そんなフェネルバフチェとのダービーマッチで、香川は初めて先発した。試合は前半にベシクタシュが3点のリードを奪ったものの、後半に3点を返されて引き分け。選手のモチベーションや集中力によって、ゲームの流れが大きく変わるトルコサッカーを象徴するような試合展開だった。

その次は3月2日の土曜日、アウェーでのカイゼリスポル戦が予定されていた。

多くの国で、リーグ戦は土曜日を中心に試合が組まれる。土曜日の試合が2週続けば、前の試合から6日間空くことになる。この「中6日」で試合が行なわれるスケジュールが一般的だ。

ただ、あのフェネルバフチェ戦は、月曜日に開催される変則的な日程だったため、次の土曜日の試合までは「中4日」しかなかった。

ドルトムントやユナイテッドでも「中2日」で試合が行なわれることもあったので、短期間で疲労をとるために何をすべきかは理解していた。

ただ、試合間隔に応じて設定される「練習の時間と強度」に関するこれまでの常識が、トルコではあてはまらなかった。これがネックになった。

通常通りに「中6日」で試合が行なわれるとき、ほとんどの場合は試合の2日後にオフが与えられ、選手はそこで身体を休める。そのリズムが疲労回復や怪我の予防にも、一定程度の効果があると考えられているからだ。

しかし、フェネルバフチェ戦の2日後の練習は、それまでの常識からすれば、試合の2日後のものとしては、時間の長さも、求められる強度も、異例ともいえるレベルだった。

　練習には試合で活躍するための、種がまかれている。異例の強度と量に驚いたものの、「やるからには全力で」と心がけた。

　しかし、その練習で鋭い痛みが走った。脚のつけ根の小さな筋肉の損傷、いわゆる肉離れだった。

　肉離れはきちんと身体のケアをして、食事などに気をつけるなどのプロとしての自覚を持った生活を心がけていれば、かなりの確率で防ぐことのできる怪我だといわれる。

「節制して、ストレッチもきちんとしていたのに……」

　これは、香川が人生で初めて経験した肉離れだった。

　サッカーでは、激しい接触を伴うから、打撲や捻挫は避けようと思っても避けられないことがある。でも、肉離れは……。ショックだった。

　原因は、次の試合まで中4日の状況でも、試合から2日後にはかなりの強度で練習をやることを知らなかったことにあった。事前に知っていれば、ストレッチなどの対策をとれたのだが……。

　イスタンブールは、3月の中旬まで気温が低かった。そのために地盤がゆるみ、筋肉の硬直による怪我のリスクが高まる状況だった。そこで、たまにしか組まれない月曜日の試合を、トルコに来てから初めて経験するというタイミングの悪さだった。

　翌週にはどうにか復帰したものの、痛みを感じながら、また同じ箇所を痛めるのではないかという不安を抱えながら、残りのシーズンを戦うことになった。3月末の日本代表の活動も、5月まで続いたベシクタシュでのシーズン終盤戦も。

　だから、ベシクタシュのパフォーマンスについて、「加入当初は良かったものの、途中からは本領を発揮できていない」という厳しい声が一部であったのもわかっていたし、その声を否定する気にもならなかった。

　4月末、残り4試合となった時点で、首位バシャクシェヒルと勝ち点3差、2位ガラタサライと勝ち点1差まで追い上げたベシクタシュだったが、5月5日のガラタサライとの直接対決で敗れて、優勝争いから脱落。3位に終わった。

　香川にとって、ベシクタシュでの約4ヶ月はどんな意味を持っていたのか。

　リーグ戦では14試合に出場、スタメンは4試合で、4ゴール、2アシスト。これがトルコで残した結果である。情熱的な応援をしてくれたファンやサポーターには今も感謝している。ベシクタシュにも気の合うチームメイトは見つかった。

ただ、サッカー選手として生きる香川にとって、最後までどうしても受け入れられない言葉があった。

ロッカールームや練習グラウンドで、よく聞かれたものだ。

「おいおい、ここはトルコだぜ」

そう言って、肩をすくめるジェスチャーまでが一連の流れだった。

夢を持ってのし上がっていくのではなく、「頑張りすぎずに、まったりやろう」というニュアンスがこめられている。やさぐれることをカッコいいと思う、斜に構えた高校生が言いそうなセリフだった。

FROM SHINJI

食事は美味しくて、クラブハウスやスタジアムなどの環境も整っていて、ファンは熱狂的にサポートしてくれる。

でも、すでに何かを成し遂げた人たちの集まるリーグという感覚が強かった。みんなのことはリスペクトしていたつもりだけど、自分の求めているものとの決定的な溝があった。

本当はスペインでプレーしたいのに、それが叶わず、「半年間だけだから」という意識が僕の心の奥底に絡みついていて、ピッチの上での最後の一歩のところで強く踏み出せないような感覚はあったのかもしれない。そこは反省点として残っている。

「これからの3ヶ月ちょっとの期間は、余計な考えは捨てて戦っていきます」

ベシクタシュに来たばかりのころ、そう話した。

ただ、自分も例外なく、環境に左右されやすい人間なのだなと感じた。あの「おい、おい、ここはトルコだぜ」というセリフには背を向け続けてきたけど、サッカー選手としてキャリアアップを目指すことが主流ではないという空気にひとりで立ち向かうのは簡単ではなかったのかもしれない。

「肉離れ」はショックだった。筋肉系の怪我を負うのは人生で初めてだったから。

幸いにして、1週間ほど離脱をすれば、〝どうにか〟プレーできる程度のものだった。ただ、今思うと、直後の代表戦での活動期間中も無理せずに休養にあてるべきだったのかもしれない。そこから6月の代表戦までは、万全ではない状態でプレーすることになったのだから。

代表との絡みでいうと、もしも自分が攻撃的なポジションの選手として日本代表で活躍するのをあきらめるのであれば、シュペル・リグでプレーを続けるのも悪くはないと思う。サッカー選手への待遇は良いわけだから。

あるいは、守備的なポジションの選手としては、良いトレーニングになる。相手チームの選手の「気が乗れば」ものすごい勢いで攻撃を仕かけてきて、味方の攻撃的なポジションの選手の「気が乗らなければ」防戦一方になるリーグだからよい経験が積めるだろう。

攻撃的なポジションというのは、若さから来る勢いや、若いからこそ物怖じしないメンタリティーが武器になる。別に僕だけではなく、歴代の日本代表を思い浮かべてもらっても良いが、攻撃的なポジションの選手は下の世代からのつき上げと、レギュラーを奪われるリスクが最も大きいのだ。

僕も代表でそういう若い選手たちと競争しないといけない立場になったからこそ、歳を重ねても成長できる環境が、さらに、大切になってくる。

実際にプレーしたのは4ヶ月だけだから、シュペル・リグについて知ったかぶりで語ることはできないけれど、自分の体験から感じたのはそのようなことだった。

*54　ヨーロッパのトップクラブやトップリーグに在籍した経験を持つ選手が多くいるため、ヨーロッパの東のはずれにあるというハンデがありながらも、2019-20シーズン終了時点で、UEFAが算定する国内リーグ別のランキングで11位をキープしている。

「97」

ロシアW杯が終わると、西野朗監督の退任が発表され、すでに東京オリンピックに出場するチームの監督を務めていた森保一がA代表の監督も兼任することが決まった。

「森保さんは、オレの考えをある程度は理解してくれているだろう」と香川は感じていた。

というのも2007年にカナダで行なわれたU-20W杯で選手とアシスタントコーチという立場で初めて接した2人は、2018年のロシアW杯を目指す日本代表の選手とこの年の4月に就任したアシスタントコーチという立場で再会。最後のベルギー戦まで、一緒に戦ってきたからだ。

同時に、それまで香川が目にしてきた森保の性格や言動からすれば、彼が招集したいと思うほどのパフォーマンスを披露すれば、お呼びがかかるだろうと考えていた。サッカー選手と代表チームにとって、健全でまっとうな関係である。

W杯後のおよそ半年間はドルトムントでほとんど試合に出ていなかったから、声がかからないのも当然だと感じていた。

ただ、2019年1月31日にベシクタシュへのレンタル移籍が成立してからは状況が変わった。

コンスタントに試合に出るようになり、3月の代表ウィークを迎えた。ここで、ロシアW杯以来となる代表復帰を果たした。

ただ、所属クラブでの状態以外にも、このときは少し特殊な状況があった。


ロシアW杯とアジアカップUAE大会の両方を戦った選手の多くは、休みを与えられていた。疲労の蓄積や怪我の予防、クラブでの立場などが複合的に考慮されたからだ。また、森保監督の人柄が垣間見られるような方針とも無関係ではなかった。

彼は、ロシアW杯を戦ったメンバーのなかで代表からの引退を表明した選手以外は、少なくとも一度は招集することを明言していた。だから、香川が呼ばれない道理はなかった、ともいえる。なお、この3月には香川だけではなく、宇佐美貴史や昌子源らのロシアW杯の登録メンバーも森保体制で初めて代表に呼ばれた(＊55)。

試合に先立って3月14日に開かれたメンバー発表の記者会見の席で、香川たちが復帰した理由について森保監督がこう語っている。

「彼らが力を持っていることは私もロシアのW杯にスタッフのひとりとして帯同させてもらってわかっているところなので。今回また一緒のチームで仕事をすることができて嬉しく思います」

このときのメンバーは23人。同じく23人だったアジアカップの最終メンバーと比較すると、半数以上にあたる13人が入れ替わっていた。

香川と同じ学年の選手は乾だけ。年上の選手はGKの東口順昭(まさあき)と、DFの西大伍の2人。残る19人は、すべて年下だった。もちろん、そのなかには面識のある選手もいたが……。

浦島太郎にでもなった気分だった。

3月16日の土曜日にベシクタシュでの試合を終えた香川は、自らの30回目の誕生日である3月17日を、トルコを訪れていた家族とともに迎えた。そして、17日の日曜日の午前2時過ぎにイスタンブールを発(た)つ飛行機に乗り込んだ。

初日の練習を終えるとたくさんの記者が、待ち構えていた。

「ロシアW杯まではあの大会で良いパフォーマンスを出すことしか考えていなかったので、今はそれを切り替えて……。カタールW杯に向けて、自分の持っているものを代表に還元しながら、みんなと戦っていければと思います」

幾重もの人垣を作った記者たちから、質問が続く。

「これまでは代表では〝追われる〟立場だったわけですが、今は若い選手たちが定位置をつかみつつあります。若い選手たちを〝追いかける〟立場になった心境は?」

落ち着いて、答えた。

「そういうことは所属チームでもあることですから、お互いに高いレベルで競争し合えればいいかなと。もちろん、この体制になってから積み上げてきたものが少なからずあるわけで、そこで結果を残している選手たちがリスペクトされるべきだと思います。

僕は今の体制になってから初めて参加したので、このチームで一から結果を残していけるようにやっていきたいです」

ただ、ピッチ上の戦い以外の部分で気をもむことがあった。

「ねぇ、どんなことを考えながら若いヤツらと接しているの?」

この合宿の初日に、イギリスとの時差を考えたうえで、香川は電話をかけた。相手は、ロシアW杯が終わってから、長谷部にかわって主にキャプテンマークを巻いてきた吉田麻也だった。

自分が代表に入ったころと比べて、若い年齢でヨーロッパに渡る選手が増えた。ヨーロッパでは、後輩が先輩に遠慮する文化などない。だから、ピッチの上での競争については心配していない。

気がかりだったのは、ピッチの外でのコミュニケーション方法についてだった。

かつての代表合宿では、いつも気を使ってくれる先輩がいた。チームのなかで年長の選手は、どこまで意識して行動するべきなのか。ピッチの外での円滑なコミュニケーションは、ピッチで戦うときに活きてくるのは間違いない。

「オレが変わるべきなのかな？　それとも、若い選手たちの勢いや元気が出やすいような環境を作るべく努力した方がいいのかな？」

そう問いかけた問題の答えを吉田が知っていたわけでもなかった。正解があるような問題でもないから。電話を切ったあとも、こう感じていた。

若いころにはわからなかったことも、歳を取ってみればわかるんやなぁ。

例えば、２０１１年に行なわれたカタールでのアジアカップ。当時のキャプテンである長谷部は、試合前にゆるんでいるように見えたチームの雰囲気に違和感を覚えていたが、若手選手たちの元気や勢いを削ぐようなことはしたくないとも考えていたという。当時のチームでベテランといわれる立場にあった遠藤保仁、松井大輔、岩政大樹らと、若い選手たちと腰をすえて話をする機会を設けるかどうかについて、話し合っている。彼らは若い選手の勢いを活かすことと、チームの規律を守ることとのバランスにそれほどまで気を割いていた。当時21歳だった香川は、長谷部らの気づかいや配慮には、思いも至らなかった。

でも、当時のベテラン選手たちが考えていたようなことを、30歳になった自分は考えている。

「人って、変わるんやな。これも成長といえるんやろか？」

そんなことを考えながら、代表合宿を過ごしていった。

3月22日、横浜で行なわれたコロンビア戦では、森保監督が就任してから先のアジアカップ決勝までの12試合で結果を残してきた選手たちが、スタメンに名を連ねた。香川は1点をリードされた直後の後半20分から出場したが、大きなインパクトを残せず、試合も０－１で敗れた。

試合翌日の練習を終えると26日のボリビア戦が予定されている神戸へ向かった。

ボリビアとの試合は元号が平成の間に行なわれる最後の代表戦だ。平成生まれとして初めて代表戦に出場した香川は、メディアからの注目を一手に集めた。香川の生まれた神戸での試合というのも、過剰な報道に拍手をかけた。

「次は平成最後の代表戦となりますが、意気込みは？」

試合の2日前にはそんな質問が飛んだ。

「うーん……それはもう、書き手のみなさんに任せますよ。もしも結果が出たら、平成最後のゴールって、上手くまとめてくれればいいので（笑）」

5〜6年前までだったら、繰り返し同じような質問を投げかけられると、ナーバスになっていた。

でも、そんな質問に対しても、笑って返せるようになった。キャリアを積み、年齢を重ねることで、得られる余裕もある。ただ、その代わりに、今は若い選手たちとの付き合い方について気をもむようになった。


そして、3月26日を迎えた。

ノエビアスタジアム神戸のロッカールームに入ったとき、自分の席に赤いキャプテンマークが置いてあったのを見つけた。この試合でキャプテンを任されることについて、事前に詳細な説明が監督やスタッフからあったわけでもない。ただ、驚きはしなかった。

キックオフ直前の円陣では、キャプテンとして、若さの見えるチームメイトにこう伝えた。

「これだけメンバーが入れ替わっているんだから、上手くいかないこともあると思う。まずは、辛抱強くやろう！　そして、勇気を持って、前に出ていこう！」

試合が始まってからしばらくの間は、良い戦いができたわけではなかった。乾の単独突破が目立ったものの、個人の力で打開する以外に、なかなか活路を見出せなかった。初めて一緒にプレーする選手が多く、探りながらボールを回していた。それが相手を疲れさせた部分はあるかもしれない。

ボリビアは長旅の疲れもあり、後半の途中以降は足が止まってくることも予想された。「辛抱強く」と試合前に呼びかけたのも、そういう状況になるのを予想できていたからだ。

香川は後半23分に、南野拓実と交代でベンチに下がった。後半16分から途中出場を果たしていた中島翔哉や堂安律らとともに、若い選手たちはスピードと積極性を持って、足が止まり始めていたボリビア陣内に襲いかかっていた。そんななかで後半31分に中島の決めたゴールによって、日本はかろうじて1－0で平成最後の代表戦に花を添えた。

試合後にキャプテンとしてコメントを求められた香川は、こう話した。

「相手も予想以上に、ブロックをしっかり引いていたので、前半はスペースを見つけられなかったですけど、自分たちのやるべきことをやり続けた結果、後半にスペースが空き出したと思うので。サッカーは90分のスポーツ。そういう意味では途中から出た選手がしっかりとやってくれたなと思います」

トルコでのシーズンが終わった直後、6月に予定されていたキリンチャレンジカップの2試合のメンバーにも、香川は選ばれた。しかし、この合宿中に足のつけ根を負傷した。2月末にトルコで負傷した箇所が完治し切らないまま、プレーしてきたが、そこを再び痛めてしまったのだ。6月9日のエルサルバドル戦は、第二の故郷である宮城県仙台市の郊外に位置する利府町のひとめぼれスタジアム宮城で開催されたのだが、出場することができなかった。

だから、2019年3月26日のボリビア戦が、2021年2月の時点では、最後に出場した日本代表の試合となっている。

香川がこれまで出場した試合は、97試合だ。これは歴代11位の記録になるが、100試合を目前にして、その数字は今、止まっている。なお、歴代出場ランキングで香川のすぐ前を走るのは、98試合に出場している2人のレフティー、中村俊輔と本田圭佑である。

まずは、そこに追いつかねばならない。

FROM SHINJI

以前は、代表戦の1試合や2試合のために、ヨーロッパから長時間にわたって飛行機に乗る過酷な移動を強いられることにグチをこぼしたこともある。

もちろん、どんな試合でも代表選手としての誇りや責任を持ってプレーしないといけないのはわかっている。でも、CLの熱戦のあとに2～3日しか空けずに次の国内のリーグ戦を戦い、その直後に12時間近く飛行機に乗って日本に帰り、FIFAランキングで100位近くも劣る相手との試合にモチベーションを見出すのは正直、厳しかった。肉体的な疲労もそうなのだが、精神的にも消耗した。

だから、ロシアW杯が終わったときには、ヨーロッパでプレーする他の選手たちと同じように、こんなことを日本サッカー協会のスタッフにはもらしていた。

「代表に対する忠誠は誓うけれども、ヨーロッパから遠く離れた日本までの移動を選手たちが繰り返すことのリスクを考えてほしいです」

カズさんを筆頭に、先輩の代表選手たちが、日本代表の価値と待遇を向上させるために、様々な働きかけをしてきたのは有名な話だ。だから、僕の感じたことを伝えることが、将来の代表選手たちのためになれば良いなと真剣に思っていたからだ。

ただ、この点については、森保さんが代表監督に就任してから、柔軟に対応してくれるようになったと感じている。

もちろん、代表のユニフォームの重みと、それを着る責任は大切にしていかないといけない。でも、そのうえで選手たちの身体や心を痛めつけないように色々な工夫がされることを、代表に長年かかわらせてもらった立場からも願っている。

では、僕は代表から遠ざかっていた間に、何を感じていたか。

２０１８年の9月はクラブでの練習も普段より強度や量が落ちる、いわゆる代表ウィークの時間をゆったり過ごしていた。

「休息って、大事やな」

そんな感じで、ちょっと喜んでいた気もする。でも、翌10月には少し違和感を覚えて、続く11月には、はっきりと物足りなさを覚えるようになった。そして、「3ヶ月連続のAマッチデーの休暇なんて、いらないわ！」と周囲に話すようになっていた。

中学1年生で仙台に渡ったときから、ずっとプレッシャーをかけられ、周囲との競争をあおられてきた。それに、もともと、僕自身は負けず嫌いだ。

やはり、競争がないとダメだ。刺激がなければ、プレッシャーがなければ、サッカー選手としての人生からは張り合いがなくなるんだなと感じるようになっていた。

２０１９年3月に代表に合流する前に気になっていたのは、ロシアW杯までチームに存在していた緊張感はどうなったのか、ということだった。

誰かに指摘されなくても、自然と緊張感につつまれることがある。それが日本代表の強みのひとつだったと思う。

「ここに（川島）永嗣さん、ハセさん（長谷部）、（本田）圭佑くんがいたら、自然とチームの雰囲気は引き締まるのになぁ。これまでチームに緊張感をもたらしてくれた人がいなくて、日本代表は大丈夫なんかな?」

若い選手と経験ある選手のバランスが上手くとれている組織は強い。ただ、代表チームに占める若い選手たちの割合が一気に増えたこの時期には、なかなか、そういう相乗効果は見られなかった気がする。

では、僕は2019年の3月の代表戦のときに何をしたのだろうか?

年齢が上から4番目の選手らしい振る舞いが十分にできたとは思わない。

上手くバランスをとりつつ、引き締めるべきところは引き締めるような役割が期待されているのだろうなと感じていたけど……。

キャプテンを任されたボリビア戦を終えた夜は、「オレは本当に今の代表に必要なのか?」と少しネガティブになる自分もいた。ただ、はじめは、そういうものだ。新たな役割や立場を作っていかないといけない。

最後に、イスタンブールに戻ってから頭をよぎった2つのことを紹介する。

1つ目が、もしも、あそこに（浅野）拓磨がいたら、違った空気になっていただろうなということだ。

どういうことかを説明する前に、まず、僕と拓磨の関係を説明しないといけないだろう。

実は、彼とはW杯で似たような経験をしている。

僕は2010年の南アフリカW杯のときに、試合に出る権利のない「サポートメンバー」として代表チームと一緒に行動していた。拓磨は2018年のロシアW杯のときに、サポートメンバーになった。だから、声をかけずにはいられなかった。

「この経験、忘れるなよ!　絶対に、今後につながるはずだから」

彼はあの言葉を気に入ってくれ、色々なところでその話をしてくれているそうだ。それを聞いて、僕も嬉しく思った。

彼は7人兄妹の三男という大家族のなかで育ったからか、先輩と後輩の垣根をヒョイと越えてくる。そんな拓磨がいたら、やりやすかったかもなとは感じた。

そして、2つ目。これは大きかった。

実はピッチの上では若い選手たちと一緒にボールを蹴ることで危機感を覚えていた。

みんな、ギラギラしていたからだ。成長することに、そして成功することに、飢えていた。

すでに三十路に突入し、ヨーロッパに渡ってから10年が過ぎた僕も、まだまだ、満足してはいけないなと改めて思えた。そして、「このシーズンが終わったら、何が何でもスペインに挑戦しないといけないな」という想いを強くした。

若い選手たちには失うものも、守るべきものもない。だから、前だけを見て、進んでいける。

オレも大きなチャレンジをしないと、若いヤツらに食われるぞ！　それでいいのか⁉

心からそう思えたのだから、やっぱり、あの代表合宿には参加できてよかったと今は考えている。

＊55　長谷部、本田という代表からの引退を明言した2人と、「次のW杯は目指さない」という表現で代表活動から距離を置くことを表明していた酒井高徳の計3人をのぞく20人のロシアW杯登録メンバーが、２０１９年6月までの間に、最低一度は、森保が監督になった代表チームでピッチに立っている。

第八章 @ZARAGOZA ↓ @THESSALONIKI

信念を貫く

祝福ムードが一転して……

ヨーロッパの東の端にあるトルコから、日本とは真逆の方向へ。行き先はスペインだ。トルコでのシーズンを終えて、秘密裏に別の国に足を踏み入れた。そんなことをするのは2012年のマンチェスター訪問以来だった。

現地では、あるクラブの選手編成をとりまとめるGMと面談した。先方からはこう言われた。

「○○選手を来シーズンの開幕前までには放出する。彼が移籍すれば、外国人枠がひとつ空く。そこで君を獲得したいと考えている」

香川もそのクラブと契約したいという希望を伝えた。移籍市場が閉まる間際ではなく、シーズンが終わって市場が開いたばかりのタイミングだった。1年前とは比べものにならないほど、早いタイミングからアクションを起こしていった。

2019年、夏。つかの間のオフをはさんで、日本を発(た)つ日はすぐにやってきた。ベシクタシュへのレンタル期間は終わっているため、ドルトムントに戻って練習をしながら、オファーを待つことになる。もちろん、契約が残り1年となったドルトムントと香川の間には、この夏に完全移籍を目指すことでコンセンサスがとれていた。

ただし、ドイツへ戻る直前に、クラブからの連絡ではなく、報道を通して知ったひとつの事実があった。

2019－20シーズンから、新加入のT・アザールが23番を背負うことになるというニュースだった。

香川の夏の移籍がほぼ確実であるため、ずっと背負ってきた23番は期待の新加入選手に送られたわけだ。ただ、そのあとに香川がチームに合流してからも、T・アザールたちから「23番をもらったよ」という話があったわけではない。移籍が絡むと、色々なことがドライに進んでいくが、その点だけは違和感を覚えた。

プレシーズン序盤には、香川もドルトムントのトップチームの選手たちと一緒に練習試合でプレーすることもあった。代表で活動した選手が遅れて合流したり、怪我人が出ていたりしていたからだ。

やがて、トップチームの選手たちが続々とチームに戻ってきたため、それもなくなった。このタイミングでクラブ側からは、トップチームの一員として練習するか、2軍にあたるU－23で練習するのか好きな方を選んでよいと言われた。前年の11月のようにいきなりトップチームの練習から離れるように言われたわけではない。ただし、トップチームとともに練習したとしても、紅白戦などに出場する機会は基本的には与えられないと説明を受けた。一方のU-23はドイツ4部リーグを戦うチームだから、レベルは落ちる。ただ、移籍が決まったときに、すぐに試合でプレーできるよう準備をするためには、レベルが落ちたとしても紅白戦を含めて全てのメニューに取り組める方が良い。だから、U-23と一緒に練習したいと伝えた。

いつまでたっても、前のシーズン終了後に握手をかわしたGMのいるクラブからの明るいニュースは届かなかったが、スペイン1部の別のクラブから、ついに正式なオファーが届いた。書面がドルトムントに届いたことも確認できて、クラブ間で交渉が進んでいるという。

香川は、マネージャーや代理人のカナレスらとともにドルトムントで行きつけにしていたイタリアンにも足を延ばした。いつも笑顔で対応してくれる店員たちに別れを告げるためだった。

ドルトムントの関係者もよく利用するお店だったから、この日はヴァツケCEOの姿があった。クラブにはラウバル会長がいるが、その仕事は名誉職に近い。最高経営責任者を意味するCEOのヴァツケが実際のボスである。

「話は聞いているよ。ついに決まりそうだな」

挨拶をした際にそう声をかけてくれたCEOは、ほどなくしてレストランの外に出ていった。10分以上は優に過ぎただろうか。それまで通話に使っていたであろうスマホを片手に、再び近づいてきた。

「シンジの長年にわたっての貢献に感謝しているから、きちんと対応するよう伝えておいた。明日、クラブ間の契約書を仕上げて、先方に送ることになった。シンジ、おめでとう！」

「ありがとう」や「お疲れさま」ではなく、「おめでとう」。引退や移籍でクラブを去るときに、そう伝えるのがドイツのスタンダードだ。ヴァツケによる祝福の言葉は、それゆえだった。

レストランを出ると、カナレスをホテルに送り届けた。ヨーロッパの夏は陽が長い。まだ少し時間があるから「もう一軒だけ」と行きつけのカフェにも顔を出すことにした。車を走らせていると、マネージャーの電話にカナレスからの着信があった。

「×××××」

通話ボタンを押すなり、カナレスがものすごいスピードのスペイン語でまくし立てているのが聞こえてきた。少ししてから日本語とスペイン語の通訳が加わり、グループ通話が始まった。

「良いか、シンジ。落ち着いて聞いてくれ」

まさか——。

「クラブから今、連絡があった。『話し合いの結果、補強したいポジションが変わった。カガワとは別のタイプの選手の獲得に動く』と」

「えっマジ？　何それ！　そんなことあるの⁉」

もっとも、代理人に怒りをぶつけて解決する問題でもない。

二度あることは三度ある、ということわざがあるように、同じようなケースは何度も経験してきたつもりだ。

でも——。

「明日の練習、どんな顔して行けっていうんだよ……」

この日の練習後には周囲の選手たちとは別れを告げていた。ただ、ドルトムントとの契約が残っている以上は、翌日も練習でボールを蹴らないといけなかった。

また、振り出しだ。

弱音ひとつ吐かなかった、といえば嘘になる。

移籍目前だったから、故障した冷蔵庫は修理を頼まず、壊れたままだった。部屋には家具以外のものはほとんど何もなくなり、リビングの一角にだけ荷物の詰まったスーツケースが複数並べられていた。

毎日のように練習があるから、スーツケースに詰めていた洋服やスパイクをその度に取り出す。移籍が破談になってから、日を追うごとにスーツケースが軽くなっていった。

1月の苦い記憶が何度も、頭をよぎった。成立すると見られていた移籍が破談になり、最終的にスペイン行きの扉が閉ざされたあの記憶だ。

だから、この10年で最もナーバスになっていた。周りのスタッフとも、何気ないことから口論になってしまうこともあった。

スタメンやベンチ入りメンバーから外れたというような、サッカーの試合と関係することなら、どうやって向き合えばいいのかは知っている。

しかし、移籍に向けてこの時期の香川にできることなどほとんどない。代理人でも、クラブの選手編成の責任者でもないのだから……。

「カガワ、新天地は決まっているのか？　行くところがないのだろう？　それなら、我がクラブへ……」

かすかな笑みを浮かべて話しかけてきたのは、アブジュだった。香川と入れ替わるように、2019‐20シーズンからベシクタシュの監督に就任していた人物だ。

ドルトムントの練習が終わってホテルへと引き上げてくるのを待ち構えていたかのように、アブジュ監督が香川に声をかけてきた。そして、アブジュ監督の背後に大きな文字が躍る。

「COME TO BESIKTAS」

ベシクタシュの世界戦略で用いられるキャッチコピーだ。


………。


夢、だった。

この夢を見た夜、香川は冷や汗とともに目を覚ました。スペインへの移籍が実現しない苛立(いらだ)ちと焦りを見透かされているような気がして、ゾッとした。他にも、ロンドンにある赤を基調としたユニフォームでお馴染(なじ)みのクラブからオファーを受ける夢も見ている。どこかで見た気のするものだった。

情熱を燃やすための選択

全てのオファーが途絶えたというわけではなかった。

香川のもとに届いていたのは大きく分けて、イタリア、イングランド、ロシアからのオファーだった。なかにはCLへ出場するクラブからのものもあった。

でも、スペインからのものがなかった。

CLに出られるクラブからのオファーは魅力的なものだと考えられがちだが、主力のバックアップを獲得したいというのが彼らの考えで、「必ずしもオレを必要としているのではないのだな」と香川は感じた(＊56)。

ロシアのクラブへ行けば給料はむしろ増えるくらいだったし、トップ下の1番手の選手として考えているという監督からのメッセージも含めて、契約内容も香川にとって有利なものを提示してくれていた。ヨーロッパでの常識を知る代理人からは「最も〝高く〟評価してくれるクラブへ行くべきじゃないか？」とも言われた。

でも、心は震えなかった。

香川が移籍を決断するにあたって大切にしているポイントは、大きく分けて以下の2つだった。
・心から挑戦したいと思えるような環境があること

・そのクラブが自分のことを本当に必要としてくれていること

クラブの熱意というのは、自分ではコントロールできないものである。コントロール不能の要素を条件に挙げることに疑問を抱く人もいるかもしれない。そこにピントを合わせるのはおかしい、と。

でも、香川はもう30歳になっていた。

21歳でセレッソからドルトムントへやってきたときの9年間と比べれば、30歳からの9年間で得られるチャンスはその3分の1にも満たないだろう。それが移籍市場の常識だ。だからこそ、このタイミングでの移籍では妥協したくなかった。

納得のいくクラブからのオファーが来るまで苛立つ気持ちと焦りにも、耐えていた。

「悪くないオファーじゃないか!」

2018年のロシアW杯が終わってからの1年間で、いくつかのオファーを、周囲は勧めてきた。でも、香川が首を縦に振ることはなかった。

「ヨーロッパであと1、2年プレーするだけであれば、『良いオファーだね』と言えるかもしれない。でも、将来のことを考えたら、今、挑戦しないといけないんだよ! ヨーロッパのなかでも一番シビアな舞台でやるべきでしょ」

シビアな舞台というのは、もちろん、スペインである。

EU圏外のパスポートを持つ選手は3人しかチームにいることができず、UEFAのランキングでも1位に君臨(くんりん)するリーグである。

それでも納得のいかなそうな顔をしている人に対しては、こう答えた。それを聞けば、たいていの人が理解してくれた。

「情熱が燃やせる場所じゃなきゃ、もう嫌なんだ」

＊56 香川のCLの出場試合数は33試合で、日本人歴代トップの記録。2位は内田篤人の31試合で、3位の長友佑都が21試合に出場。

なぜ、サラゴサだったのか

実は、心のなかでは、ひそかにこう考えていた。

「オレにはヨーロッパの第一線で、曲がりなりにも築いてきた実績がある。だから1部のクラブからもオファーが来るやろ」

自らのキャリアにあぐらをかこうとする気など少しもなかったが、ライバルとのレギュラー競争を戦い抜いてきた自信はあった。スペインや日本のメディアにも移籍への想いを丁寧に語るなど、移籍のための種もまいてきた自負もあった。

でも、オファーは届かない。またも移籍の期限は迫ってくる。

「移籍の話が立て続けになくなるなんて、おかしくない？ちゃんと仕事してくれてる？」

そんな風に周囲のスタッフにイライラをぶつけてしまったことはなかった、といえば嘘になる。

ただ、渡航前日に移籍が破談になってからは、少しずつ、柔軟に考えられるようになっていった。

その過程で、無謀ともいえるようなオファーと情熱を送り続けてきたクラブがあった。

「カガワの移籍はまだ決まっていないのか？　うちに来てくれないか？」

アランテギSDを筆頭に前のめりの姿勢を隠そうともしなかったレアル・サラゴサの関係者たちである。

香川が普段から連絡をとる代理人のカナレスが所属するのが「ACタレント」という代理人業務をする会社である。ピケをはじめとして、ウムティティーやラキティッチなどの有名選手から、FCバルセロナの将来の監督候補と目されているシャビまで多くの交渉を担当しているから、複数の代理人がいる。

同じ代理人に連日のように電話をかけても、うっとうしいと思われるのが関の山だ。サラゴサ関係者は、「ACタレント」にいる複数の代理人たちに代わるがわる電話をかけていた。

香川が移籍先を決める際に重視した2つのポイントのひとつが、自分のことを本当に必要としているかどうかだった。

このときのサラゴサに対しては、その熱意を確認する必要はなかった。連日の電話攻勢から、それは伝わっていた。もちろん、カナレスを通して、フェルナンデス監督の起用方針やプランも伝え聞いていた。

あとは、サラゴサというクラブに心から挑戦したいと思えるようなものを、香川自身が見つけられるか次第だ。

時間をかけて、少しずつ香川は考えを変えていった。

いや、決意を固めていった、という表現こそが正しいのかもしれない。

他力本願ともいえる姿勢でオファーを待ってストレスをため込む自分とはもう、さよならだ。現実を受け入れて、挑戦していくしかない。腹をくくった。

「2部のクラブならば熱心に欲しがるというのが今のオレのスペインでの評価ならば、その評価を上げていくだけ。シンプルな話でしょ。オレはサラゴサで戦うよ」

FROM SHINJI

自分の生きている世界に、完璧な現状維持といった考えなど存在しない。完璧なサッカーが存在しないように。この世界で現状維持を目指そうとしたら、その時点から退化が始まる。

この決断にたどり着くまでの背景には、僕のポジションも関係していると思う。守備的なポジションの選手と攻撃的なポジションの選手とでは異なる。

例えば、守備の場合には、自分たちが意図して相手を一定の方向に動くようにしむけたり、相手の特徴を見極めたうえで対策を立てる。だから、選手が経験を積み、洞察力や対応力が向上すると、以前よりも良い守備ができるようになることがある。

でも、攻撃では自ら仕かけていく必要がある。このポジションの選手は経験を積み重ねるよりも、新しいものを身につけること、ゴールを獲るために失敗を恐れることなくトライすることが求められる。そうしなければ、ドリブルする能力もシュートを打つ能力も、相手の裏をかくようなプレーをする能力もさびついていく。

攻撃の選手にとって経験が足かせとなる理由は他にもある。自らリスクを冒してトライした結果として、失敗したとする。そのときの失敗はトラウマに似た〝経験〟となって、後の挑戦の邪魔をすることすらある。

無謀といわれる挑戦を決めた理由が、実はもう2つある。

ひとつが、2014年にユナイテッドからドルトムントへ復帰する際に、スペインのクラブからのオファーを避けた後悔だ。当時は挑戦しようと思えるだけの自信はなくて、心も弱っていた。

もうひとつが、幼いころから胸のなかにあったスペインへの憧れである。僕が初めてリアルタイムで見たW杯は1998年のフランス大会だったのだが、その時期に初めて目にしたヨーロッパサッカーがスペインのリーガ・エスパニョーラだった（最近では「ラ・リーガ」という呼称が定着しているけど、当時はみんなが「リーガ・エスパニョーラ」と呼んでいた）。神戸の自宅ではスカパー！やＷＯＷＯＷの視聴環境が当時はまだなかったのだが、あのころはＮＨＫのＢＳチャンネルで放送していたから、僕も見ることができた。カズさんが僕にとって練習や試合でのお手本だったが、リーガの選手たちは僕にとっては憧れだった。良い条件ではないとはいえ、そんな憧れの舞台に挑戦できるチャンスがあるのであれば、挑戦しない手はないだろうとも感じた。

「いやいや、香川はもう将来有望な若手じゃないんだから（笑）」

「香川って、落ち目じゃないか？」

一部でそう言われているのも知っている。

「無茶」なことをしている選手だと受け止められてしまうのは仕方がないのかもしれない。前例がないから。これまでもキャリアの終盤にさしかかるタイミングで戦うリーグやレベルを落としてきた選手たちはたくさんいる。

でも、僕のように一般的なプロサッカー選手としてのキャリアの折り返し地点を超えてなお、戦うリーグのレベルを上げようと目論んでいた人はいない。僕が下げたのは給料だけだ。だけど、活躍して評価が上がれば、そんなものはあとからついてくる。

そもそも、僕は無謀な道の真ん中を歩いて、ここまでやってきたのだ。

中学生になった段階で、サッカーの強豪校でもなければ、Ｊリーグのクラブのユース（ジュニアユース）でもないところへ、サッカー留学した。無難な生き方をする人なら、通らない道だ。

僕には無謀な挑戦への免疫（めんえき）がある。だから、サラゴサで全力を尽くすだけだと考えたのだ。

期待される幸せ

８月13日。この日行なわれたのはサッカーの試合ではない。自分の入団をお披露目するためのセレモニーだった。そこに７０００人を超えるサポーターが集まって、声援と拍手を送ってくれた。これからヨーロッパでの10年目のシ

ーズンを迎える香川にとって、初めての経験だった。
あの盛り上がりは、サラゴサというチームが勝つために、ファンが自分に期待してくれていることの表れだった。

期待と希望を持って、スペインへ。


だから、嬉しかった。

期待の大きさを感じて、背筋がピンと伸びる気がした。

もちろん、期待が大きい分だけ、活躍できなかったときの批判も大きくなる。でも、やはり、期待してもらうことはプロサッカー選手の特権なのだ。


サラゴサでの初めての練習では、そのレベルに驚いた。

サラゴサのグラウンドには、ミスをせずにパスをつないでいく確かな「技術」と、プレッシャーをどうやって回避すればいいのかを考える「判断力」があった。

衝撃を受けたのは、サッカーのレベルにそこまで期待していなかったからだ。

この移籍はあくまでも、スペインの舞台で自分の力を証明し、リスクを背負ってでも攻撃を仕かけるプレーを自分の頭と身体に再び植えつけるためだった。

だから、「スペインの2部だから……」という甘い考えは捨てなければならないと思い知らされた。

攻守の切り替えの速さ、パスをつなごうとする姿勢……。

「あぁ、きちんとしたサッカーをしようという意識が高いんやな」

香川は練習の合間にそう感じることが増えていった。

攻撃と守備は別のものではなくて、ひとつにつながっているもの。ボールを大切に扱うのも、自分たちで主導権を握ったサッカーをしようという志の高さから来ている。

「この感覚、久しぶりやなぁ」

香川はそう感じていた。

思い出すのはドルトムントでのトゥヘル監督が指揮していた時代のこと。ミスをしたときに選手を糾弾する姿勢などは、相当に厳しかった。香川も内心は穏やかにプレーできないときもあった。

ただ、彼の練習に明確な意図があったのは確かだった。

「相手の守備が◯◯だから、サイドバックは××なように、インサイドハーフは△△を意識しながら、動くんだ」

練習グラウンドでは、いつも、細かい指示が飛んでいた。対戦相手の特徴や戦術によって、FW、サイドバック、インサイドハーフ……それぞれのポジションの選手に役割が与えられ、練習で取り組んでいく。

トゥヘル時代の練習に戻りたいとは香川は思わない。でも、トルコでの4ヶ月間を経て、しっかりとした意図や狙いが組み込まれた練習に飢えていたのも事実だった。

サラゴサを率いるのは、かつて日本代表監督に就任する噂もあったフェルナンデス監督だ。

開幕戦を控えた週のこと。練習が終わったタイミングで、監督に呼ばれた。

「スタメンでいける状態にあるか？」

実は、試合に臨む際のフィジカルコンディションには不安があった。

最後に公式戦でプレーしたのは、前のシーズンのベシクタシュでの最終戦、5月24日だった。新シーズンに向けての活動のなかでも、ドルトムントのキャンプ序盤の7月12日に、ドイツの10部リーグのチームとの練習試合に30分出場したくらいだった。

普通は、プレシーズン中の練習試合で少しずつ出場時間を延ばしていき、公式戦に入る。ところが、このときはそうした準備が決定的に欠けていた。

仮に「チームに加わったばかりだから、まずはベンチからのスタートだ」と言われたとしても、おそらく、悔しいと思う気持ちはほとんどなかったはずだ。

だが、あのときは、瞬時に答えた。

「準備はできていますよ！」

8月17日、ホームのラ・ロマレダでテネリフェとの開幕戦を迎えた。香川はトップ下の位置に入った。

最大の変化は、それまでは基本的にトップ下を置かないチーム〔4－1－4－1〕のフォーメーションを採用していたチームが、トップ下を置く布陣を採用したことにある。採用したのはいわば、「香川システム」だった。

とはいえ、急造のチームがいきなり上手く機能するほど甘い世界ではない。そもそも、サラゴサの先発した中盤から前の6人のうちで5人が新加入だった。ボール支配率も、シュート数も、CKの数もテネリフェに負けていた。

それでも、香川が退く後半35分までに1点をリードしていたサラゴサは、その後にもう1点を追加して、2－0で逃げ切った。

「内容的にはけっこうやられていた部分はあったし、ラッキーな形はたくさんありました。でも、内容が良くても勝てないと意味がないし、内容が悪くても、勝ち続けて得られる自信は必要だなと思っているので。そのなかでサッカーの内容を上げていく。その両方にトライしながら、もっともっと成長していきたいなと思います」

香川は試合後にそう語った。

正しいプロセスを通して、良い結果を残すというのが正攻法である。しかし、勝負の世界では運や勢いに助けられたとしても、良い結果を残すことで自信をつけて、その自信がさらに良い結果を招いてくれることがあると知っているからだ。

新しく知り合ったチームメイトたちと連携を深めて、チームのプレーの質を向上する。

同時に、勝ったという事実を、いかにして自信につなげていけばいいのか。

その両方に目を向けていた。だから、試合後には自らを囲んだ取材陣にはこう言い残した。

「全ての攻撃が、常に僕を経由して始まるべきだという意識でプレーし続ければ、確実に、自分のチームになってくると思います。やり続けていれば信頼は得られるし、結果は必ずついてくると思っています」

あの試合で後半35分までプレーしたのだが、最後は足がつりそうだった。実戦から長い期間離れていたのだから、当然のことだった。

予想外だったのは、靴擦れのために、出血がひどかったこと。原因は、スペインの地面の硬さだった。ドイツやイングランドとは大きく異なる土質がそこにあったのだ。これが後に頭を悩ませることになるとはこのときはまだ、想像もしていなかった。

FROM SHINJI

スペインに着いてからお披露目（？）することになった、あの髪型については、色々な人たちからツッこまれた。一応、僕と美容師さんの間では、ベリーショートの一種だということになっている。

みなさんには、「気合いの坊主」とか「原点回帰」と散々言われたけれど、僕は人生で一度も坊主頭にしたことがなかった。だから、昔に〝帰った〟わけでもないし、そこまで深い意味もない。

あの入団セレモニーは、さすがにビックリしたけど、素直に嬉しかった。

後に、関係者がそのときの写真を大きく引き伸ばして、プレゼントしてくれた。

自分のもらってきたメダルやトロフィーなどを飾るのは好きじゃない。ただ、あの写真はサラゴサの自宅のリビングルームに飾ることにした。

その理由を教えてくれ、と聞かれても困るけど……。スペインの2部リーグを新たな戦いの場所に選んだことに多くの人が懐疑的な目を向けてきた。そのなかで、この写真を送ってくれた人たちは、僕の新しい挑戦を祝福してくれていたから、その心意気に打たれたということなのかもしれない。

スペインで苦しんだこと

「少なくとも35歳になるまではヨーロッパのクラブでプレーしたいです」

メディアの前でも、親しい友人の前でも、香川はずっと言い続けてきた。そう考える理由は、日本が嫌いだからでも、Jリーグのレベルを見下しているからでもない。

「日本、最高やろ！」

シーズンオフに日本で誰かと会う度にそう語っていた20代前半のころほどではないが、今でも短いオフを日本で過ごすときに幸せを感じることはよくある。

それでも、ヨーロッパにこだわる理由は2つある。

ひとつは、甘えが出てしまうから。

ヨーロッパにいるときに比べて、日本には、はるかに多くの誘惑がある。例えば、試合や練習以外の時間がそうだ。日本に住んでいたら、ヨーロッパにいるときの何十倍ものペースで、食事に誘われる。特にチームメイト以外の人たちから。食事を楽しむことも、そこで色々な人と会うことも、その先の人生を実りあるものにしてくれる可能性はある。

でも、サッカー以外のことに気をとられる要素が増えれば、それが雑念を生み、練習や試合に集中するのが難しくなると香川は考えている。最近では睡眠時間やその質と怪我の関係を指摘する識者もいるから、サッカー以外に気をとられることと怪我の関連性もいつの日か明らかになるかもしれない。

良くいえば「昔気質」、悪くいえば「不器用」。サッカー選手としての自分をそんな風に認識している。

もうひとつが、環境の違いだ。

「ヨーロッパから日本のクラブへと復帰すると、怪我で苦しむことが多いよ」

そんな話を香川はよく耳にしてきた。

実際に怪我で欠場していなくても、痛み止めやテーピングとともに試合に出ている人も多い。

最大の原因とされるのが、地面の硬さの違いだった。

端的に違いを表現すると、日本のピッチは硬く、ヨーロッパは柔らかい。

その差は大きい。

しかも、アスリートである以上、30歳を超えると「勤続疲労」とも向き合わないといけない。アスリートは一定の動きを繰り返すので、身体の様々な箇所の骨や腱や筋肉が削れていく。ある靴を長く履けば履くほど、スニーカーであればゴムのソールが、ハイヒールであればかかとの部分がすり減っていくが、それに近いかもしれない。

しかも、香川はドルトムントへと移籍した2010－11シーズンから2018－19シーズンまでの9年連続で、国内リーグと並行して、CLやELなどのヨーロッパ全土を舞台にした大会を戦ってきた(＊57)。現時点で、日本人トップの記録だ。「勤続疲労」という点では、基本的にリーグ戦と国内カップ戦だけを戦うチームとは比べものにならないほどの負荷がかかる。

そうやってダメージが身体に蓄積されている状態で、ヨーロッパから日本に戦いの場を移すとする。それは、トランポリンのような柔らかい地面から、フローリングの床を飛び跳ねる毎日へと変わるようなものだ。身体が悲鳴を上げても、何ら不思議ではない。

そうした事情から、35歳まではヨーロッパでと香川は言い続けてきたわけだ。

しかし、実際には「ヨーロッパ」というくくりはかなり大雑把なものだった。それに気がつくのはスペインへ移籍してからだった。

「ドイツよりボールが跳ねるなぁ、ピッチが硬いからかな。気をつけんとアカンな」

サラゴサでの初練習を終えた香川は、パーソナルトレーナーにそう話した。

もっとも、このときに地面の硬さに言及したのは、ボールをいかに上手くコントロールするかについて考えを巡らせていたから。身体への負担についてはそれほど考えていなかった。

視点が変わったのは、サラゴサでのデビュー戦の夜だった。

「なんや、これ!?」

試合後に驚いたのは、先端が真っ赤に染まったスパイクを見たときだった。いわゆる靴擦れに近い状態になっているのはわかっていた。ただ、試合中にはアドレナリンも出ているから、そこまでの出血があるとは予想していなかった。

その後の試合でも、似た状況は見られた。靴のなかが熱くなる。蒸れる。スパイクのなかで足がズレる。足にマメができる。それが破れて、また、出血する。20年以上サッカーをやってきて、初めての経験だった。

もちろん、スパイクに問題があったわけでもない。むしろ、契約するアディダス社は、スパイクと足の裏の接地する面に敷く中敷きの改良をはじめとして、細かなニーズに応えてくれた。香川は感謝しているくらいなのだ。

靴擦れの原因は、地面の硬さの違いが症状として現れたもの。そして、その症状はその後に生まれてくる問題の始まりを告げる合図のようなものだった。


アスリートは、いうまでもなく、一般人よりも繊細な身体感覚を持ち合わせている。まるで、身体中に高性能センサーを張り巡らしているかのように。

ドイツでプレーしていたときには、試合後に、お尻の張りなどによって疲労が表れることが多かった。地面がゆるいため、方向転換をしたり、踏ん張ったりするときに、身体全体を使おうとするからだろう。しかし、スペインに来てからは、膝から下にダメージがたまることが多くなった。それでも、移籍した当初はこう考えていた。

「しばらく実戦から離れていたし、プレシーズン期間中の調整も例年のようにはできなかったことが原因だろう」

しかし、試合を重ねていくにつれて、調整不足や実戦経験の不足のせいではないことがはっきりした。

スペインはまぎれもなくヨーロッパの国なのだが、ピッチの硬さでいえば、ドイツやイングランドのそれよりも、日本のピッチに近かった。

もちろん、日本なら日本だけ、スペインならスペインだけで、若いころから長くプレーしているのであれば、身体が環境に合わせて鍛えられていくわけだから、このときの香川ほど大きな反応は見られないかもしれないのだが。

とにかく、そういった違いがあったからこそ、サラゴサではこれまで経験したことのないほどに、試合後に筋肉の張りを覚えたことがあった。

左膝や左の足首から甲にかけてひどい痛みが出た時期もある。試合中にふくらはぎをつってしまうこともあったし、試合の最終盤に左足があまりに痛くて、左足でシュートを打てないときもあった。

身体のなかにある、痛みを知らせるセンサーが激しく動いているのが、わかった。

一見すると、そんな繊細さと相反するもののように感じることでもあるが、香川が密かに誇りにしてきたことがあった。

それが、スパイクへのこだわりが強くないこと。新品のスパイクを嫌う選手も多いが、香川はどんなスパイクも難なく履きこなしてきた。でも、スペインに来てからはそうもいかなくなった。

スパイクには同じデザインのものであっても、地面と接するソールと呼ばれる部分の形状が異なるバージョンが存在する。大まかに2種類に分かれている。「固定式」と、「取り換え式」だ。

固定式というのは、地面に刺さるスタッドがスパイクに固定して取りつけられているタイプ。

取り換え式というのは、スタッドの先端が金属となっていて、取り換え可能なタイプだ。グラウンドや天候によって、スタッドの高さ（長さ）があるものを選ぶことができる。

固定式は足への負担は少ないが、グリップする力（地面に食い込む力）が弱い。日本のように地面が硬い場合には、グリップする力が弱くてもしっかり食い込むので、これで十分。足への負担が少ないために、むしろ好まれる。

取り換え式は足への負担が大きくなるが、グリップする力も強い。ドイツやイングランドで固定式のスパイクを履いていたら、歩いているだけでも足を滑らせてしまう。それくらいに地面がゆるい。そこで、足への負担は大きくなるかわりに、滑らないようなスパイクを選ぶ（＊58）。

地面が柔らかいときの方が、地面の深いところまでスパイクが「噛む」感じがある。

一方で、日本のように地面が硬い場合には、スパイクのスタッドが土の表面に刺さっている感覚はあるのだが、深くまで踏みしめている感覚はない。

2010年の7月にドルトムントに移籍したときから、試合には基本的に取り換え式のスパイクを履いて臨んできた。練習は試合を想定したものだと考えているから、練習でも同じだ。

さらにいえば、取り換え式のスパイクが地面の深いところまでつかんでくれるような感覚があるからこそ、「キュッキュッキュッ」とステップを踏んでいける。それが自分のようなタイプにとっては大切なのだと香川は考えている。

しかし、スペインへ来てからというもの、足への負担を考え、練習で固定式を履く機会が増えていった。毎試合のようにスパイクの種類を取り換えてみたこともあるし、試合の前半と後半で別のスパイクを試したりもした。スタッドの長さの調整も何度も試みた。

でも……。

「あー!! また一歩、余計にステップ踏んでるやん」

「相手にとって全く脅威にならないターンやな……」

「オマエ、痛みが怖いんか!?」

これらは、パスを受けたあとに、心のなかで自分自身にぶつけた言葉である。

それくらい不甲斐なさを覚えていた。

香川は、左右どちらの足でトラップしても問題ないような状態なら、右足を使うことが多い。

そのとき、左足はターンをするときに自分を支える、大事な軸足となる。

でも、そこに痛みがあるから、右足を大きく広げてターンするのを反射的に避けてしまう。勢い良く左足を踏み込むと激痛が走るからだ。

その結果、普段であれば大股の1歩で済む距離を、小刻みに2、3歩チョコンと踏む。衝撃をなるべく受けないようにと、地面にそっと左足をおろすこともあった。あるいは、以前はかかとを浮かせて軽快にステップを踏み込んでいた場面でも、足の甲の痛みを怖がって、かかとをベチャッと地面につけるようになった。

だから、自分の強みとしていたボールタッチからの「ダイナミックな」動きが失われていった。普段よりも1歩も、2歩も多くステップを踏めば、相手チームの選手からすればマークにつくのが容易になる。

あのころの香川は、羽をもがれた鳥のようなものだった。そんな状態で効果的なプレーができるはずもなかった。


開幕から2ヶ月がたった2019年の10月ごろ、痛みはピークに達していた。

この時期のスペインメディアからの厳しい意見には、ある程度は、素直に耳を傾けられた。自分のパフォーマンスの質の低さはメディアから断罪されてしかるべき状態にあると香川も認めていた。

左足首と甲が痛む。我慢してプレーする。今度は、膝に痛みが出る。それでもどうにか耐えていると、太ももの裏側が過去に経験したことがないくらいに張ってしまう。

痛みや違和感が連鎖していく。痛い箇所が足首からどんどん上がってくる。痛みを感じる身体のセンサーをごまかそうとすれば、別の箇所の痛みを生み出し、それがさらにまた別の箇所の痛みを呼び起こし……。負の連鎖は続いていった。

もちろん、香川も手をこまねいていたわけではなかった。左足の様々な箇所についてMRI検査を通して調べてもらった。日本から超音波治療の器具を購入し、スタッフに運んでもらった。足首のテーピングについても、トレーナーに頼んで様々な巻き方を習得してもらい、それまでとは異なる巻き方に変えてみた。日本代表の主治医と選手という立場で出会い、今も信頼を寄せる池田浩ドクターにサラゴサまで来てもらい診療と治療をしてもらった。筑波大学准教授の谷川聡に足の負担を減らす身体の使い方についてレクチャーを受け、トレーナーには、身体のケアの量も増やしてもらった……。

そういうものが、少しずつ実を結び始めてきたのが11月に入ってからだった。


「試合の日の朝からの様子を丸1日見せてもらったけど、こんなにも多くのケアをやっているなんて、想像していなかったわ……」

日本から来た筆者に香川はそんな言葉をかけられた。11月16日、ホームゲームの行なわれた日のことだ。サラゴサとアルバセテとのナイトゲームが組まれていた。

あの日の過ごし方は以下のようなものだった。

起床して体重計に乗ってから（これは試合のある日もない日も変わらないルーティーン）朝食をとる。食べ終わると、バケツにお湯を張り、両足をつけて、いわゆる「足湯」のような形で両足首を温める。練習場に行き、トレーナーに付き合ってもらって、パス交換などボールを使った軽度のトレーニングをする。それは身体の疲れや痛みをチェックする役割も担っている。

帰宅してからは超音波を出す最新の機器による治療とマッサージを受ける。痛みのある箇所や筋肉が張っている箇所を中心に、それらを緩和するためのものだ。

そのあと、昼寝を1時間ほど。目を覚ますと、ソファーの上で少しゆっくりしたあと、夕食をとる。

試合の2時間半ほど前にスタジアムへ向かう。チームメイトよりも早めに到着して、ロッカールームで身体を温めつつ、丁寧にストレッチを行なっていく。

そして、試合を迎える。

試合が終われば、今度は帰宅してアイシングをする。

「最近は、あっという間に1日が終わっちゃうんだよね」

苦笑いを浮かべてから、香川はこう続けた。

「ドルトムントから、わざわざスペインの2部に来たのだから、結果を残して当たり前で、それができなければ大きな失望に変わるというのはわかってる。

それだけの覚悟はあったけど、まさか身体が適応できないとは……。こんな現実、なかなか消化できないよ。自分に対しても、自分の身体にも、腹立たしい。足が痛いからと休んでばかりもいられないしさ。でも、10月の最悪の時期からは階段を一段ずつ……いや、もっと小さく、一歩ずつかもしれないけど、前には進めるようになったから。これから、だよね」

FROM SHINJI

僕は言い訳を書き連ねたいのではない。

この本をまとめるにあたって最も大切にしてきたことのひとつは、これを読むサッカー少年少女やヨーロッパの舞台で活躍するのを夢見る若い選手たちが、何かを感じてくれたり、リアルな現実を知ってもらえるようにすることだ。だから、ここでも自分の経験を書き残したつもりだ。

＊57　２０１８－19シーズンの前半戦に所属したドルトムントでは４試合にしか出場していないので、実質は８シーズン。２位につける内田は７年連続（実質６年）。

＊58　実際には、ヨーロッパのなかでも地面の柔らかい国や地域でプレーする日本人は、固定式のスタッドと取り換え式のスタッドの両方が交ざってつけられている「ミックス」と呼ばれるスパイクを履くことがほとんど。

折れかけていた心を救ったもの

２０２０年に入ってから、香川の序列は目に見えて下がっていった。

チームが、攻撃的なポジションに、ペレイラ、プアード、ブルギの３選手を補強したこととも関係している。

「もし、カガワが望むなら、移籍をしてもかまわない」

代理人を通して、クラブ幹部からのそんなメッセージも伝えられた。

1月の香川の主戦場は国内カップ戦であるコパ・デル・レイだった。チームにとって最も重要なのは1部昇格のかかるリーグ戦だ。だから、リーグ戦で主力選手が起用される一方で、それ以外の選手たちはカップ戦で使われていた。

例えば、1月21日のコパ・デル・レイの3回戦。当時1部にいたマジョルカが相手だったが、この試合は控え選手のテストと主力選手へ休息を与えるために存在していて、直前のリーグ戦とはスタメンが7人も入れ替えられた。それでもマジョルカに勝ち、翌週のラウンド16では、最終的にこのシーズンのラ・リーガを制することになるレアル・マドリードと戦った。さすがにこの試合は0－4で大敗したのだが……。

実はこのシーズンの公式戦で、香川が最も多くのフィニッシュに直接絡んだのは、このレアル戦だった。シュート5本、味方のシュートにつながるパスを3本出した。

スペイン王者相手の試合でひとり気を吐いたことに周囲からは賞賛の声も上がっていたし、何より、レギュラー抜きの試合に送り込まれても腐らずにサッカーを続けている証明になった。

これでまた、出番が増えそうだった。

しかし、そう簡単に進まないのがこの時期の香川である。2月8日、フエランブラーダ戦ではリーグ戦では3試合ぶりのスタメンだったが、前半36分に負傷交代を余儀なくされた。

良い感覚が出た矢先に、今度は右足ハムストリングを痛めてしまった。一時期に比べれば足首周りの痛みはやわらいでいたのに、怪我をした。

ようやく復帰できたのは、約3週間がたったあと、2月29日のラシン戦だった。しかし、この試合を含めて2試合に出たタイミングで、新型コロナウイルスの流行によってスペインはロックダウンに。当然ながら、リーグも中断された。

当時の香川は2つの苦しみにさいなまれていた。

ひとつが、サラゴサにやってくる前に抱いていたプレーのイメージと、実際に自分が見せたプレーとのギャップである。先のレアル戦のように格の違いを見せた試合もあったが、コンスタントに力を発揮できなかった。

自分の実力をみんなに見せつけるつもりで香川はサラゴサにやってきた。

それなのに、活躍ができない現実があった。

情けないし、みじめにも思った。誰かのせいではない。自分のせいだ。

周囲の評価に心を乱されることはないが、フェルナンデス監督の自分への期待が大きく変わっていくのを感じた。チームに加わって数週間は、よくこう言われていた。

「毎試合スタメンで出るつもりでいてくれ。オレのオフィスに来て、どうすべきか選手としての考えを教えてくれ」

ところが、加入してから1ヶ月が過ぎたころには、そうした声もかけられなくなった。

当時は、スペインの2部へ移籍する前にドルトムントのチームメイトらに言われた言葉が頭に浮かぶことがあった。

「シンジは2部でプレーするような選手ではないよ」

オレのレベルは、そんなに落ちたのか?

そんな疑問が何度も頭をよぎった。

「期待の高かった選手が、その期待に応えられなくなったときに、どうしてもその落差に苦労する。2部の選手を下に見ている気持ちはなかったけど、ドルトムントにいたときなど、2部のチームと対戦するときには『めちゃくちゃ差があるな』と思ってやっていたし。それなのに、2部にいて、上手くいっていない自分がいるわけだから……余計に、気持ちが落ちる。『オレは、ここで何もできないのか』って。それで、だんだん自信を失っていく」

心の奥にあるマイナスの感情を拭い切れない。むしろ、それに押しつぶされそうだった。

もうひとつの苦しさというのが、痛みのために、練習に全力で取り組めないことだった。

練習グラウンドには宝物が落ちているんや。

そう考えて、戦ってきた。

ここ最近の香川は特にそうだった。スタメンから外れたときも、試合のメンバーに入れなかった後も、練習場で歯を食いしばって、評価をひっくり返してきた。

でも、痛みがあるから、全力で練習に取り組めない。一時期よりは良くなっていたが、それでも足首と足の甲の痛みはあった。

「毎日の練習をやるときにも足の痛みを感じるというのは本当にストレスで」

練習を通して自信をつかむことも、感覚を磨くことも、できなかった。

そして、そのまま試合を迎える。試合のときに痛みがやわらいでいるわけではない。状況を好転させられるはずがなかった。

そんなときに、リセットボタンを押されたかのように、新型コロナウイルスの流行による自粛期間に突入することになった。

3月8日のマラガ戦の翌週に練習は中断して、スペインもロックダウンに突入した。当初は10日くらいで終わるだろうと思っていた。5月8日に練習の再開が許されるまで約9週間も自粛生活が続くとは想像もしていなかった。

いわゆる「自粛疲れ」というような言葉は日本でも話題になったし、普段と異なる生活によってストレスがかかる人がいたのは事実だ。

でも、香川にそんな心配は必要なかった。その理由のひとつは、コロナで苦しむ人や、その対応に追われる医療関係者がいることを知って、自分の置かれている状況を冷静に見つめられたから。

ただ、ポジティブになれた理由がもうひとつあった。

あの期間の前まで、香川は自分のダメなところや痛みに向き合うことに疲れていた。その疲れから解放された。これが、大きかった。

家にとじこもっていたら、他の選手や自分の過去のプレーと比較する必要もない。グラウンドでボールを蹴るとき、止めるとき、ターンするときに覚えていた痛みからも解放される。

痛みを感じることによるストレスと、痛みのために全力で練習できない歯がゆさから解放されたことはものすごく大きな意味があった。

自粛生活が始まってしばらくすると、シンプルな、2つのルールを決めた。

1つ目が、体力と筋力の維持のために自転車を漕ぐこと。実はこのシーズンの開幕前のオフ期間から、香川は筑波大学で准教授を務めている谷川の指導を受け始めた。110メートルハードルで、かつては日本記録を持っていた谷川は、オリンピックにも2度出場した経験がある。陸上が専門だが、サッカー選手の指導経験も豊富だ。谷川から勧められたトレーニングが、室内用のインドアバイクを用いたものだった。

勧められた理由としては、新しいことを取り入れる必要性があったから。同じトレーニングをしていれば、身体も心もそれに慣れてしまう。それを避けるために、これまでやっていなかったトレーニングに挑戦することになった。

それにインドアバイクであれば、患部に負担をかけずにトレーニングをすることができる。実際に、大怪我からのリハビリで使用されることも多い。

サラゴサでの生活に必要な環境がそろったあと、2019年の冬にバイクを購入していたのだ。なお、買ったのは2019年に日本で開催されたラグビーW杯のときに、多くの選手が使用して、好評をえていた機種だった。

これが、突如始まった自粛生活で大活躍することになった。

2つ目のルールが、スペイン語の勉強だった。

フォーマルな言葉を話す人へのリスペクトと憧れが強いから、香川が対外的に英語やドイツ語を披露する機会は多くない。ただ、コミュニケーションをとる積極性は歴代の日本人選手のなかでもトップクラスだった。

文法的に正しい英語を話せるわけではないが、英語を使ったチームメイトとのコミュニケーションはしっかりとれていた。香川の誕生日にSNSのアカウントへ送られてくる海外の選手からのメッセージの多さから、その一面は垣間見れたはずだ。世間のイメージと実際の香川とのイメージで最もギャップがあるもののひとつが、海外の選手とのコミュニケーションだろう。

「そのイメージは違っていたままで良いです(笑)。英語にしたって下手だし、自信はないから。ただ、単語や表現のレパートリーは少ないけど、話す方ではあるかもしれない」

そんな香川にとって、語学の勉強で唯一の反省があるとしたら、ユナイテッドからドルトムントに帰ってきてからのこと。ドルトムントに最初に所属していた2年間よりも、ドイツ以外の出身選手の数が増えていたため、ロッカールームで英語が話される機会が圧倒的に増えていた。そのため、ドイツ語よりも英語の方が、上達してしまった。もう少しドイツ語を勉強してもよかったのかもしれないと思う部分はあった。

そんな反省に加えて、スペインならではの事情があった。スペインの人たちは、ドイツ人のように積極的に英語を話すようなことはない。香川が海外に渡ってから所属したどのクラブよりも英語を話さない選手の割合が大きかった。だから、スペイン語を話す必要があったのも事実だ。

移籍した直後からスペイン語のプライベートレッスンを受けてはいたものの、そこまで身が入っていたわけではなかった。ドイツ時代のほんの少しの後悔と、スペインに渡ってからの上達のスピードを考えて、今が頑張るタイミングだと思った。そもそも、その国の言葉を理解しようとしているのは、その国の人たちや文化をリスペクトすることに他ならない。些細なことかもしれないけど、その姿勢はピッチの上でも活きてくるはずだ。

シンプルな2つのルールは、自由に外出できない生活にリズムを与えてくれた。小さな2つの目標をサボらずにコツコツとこなしていくことで、折れかけていた心は回復していった。

そして、それを毎日続けていくことで、小さな自信も芽生え始めていた。

2ヶ月近くたって、グラウンドに出て練習が許されるころには、前を向いていた。

思わぬ形で訪れた自粛期間を、香川が自分の傷んだ心を回復するため有効に使えたことは、あとになって振り返るとき、大きな意味を持っていた。

FROM SHINJI

確かに、レアル戦を含めたコパ・デル・レイの2試合ではすごく良い感覚でプレーできた。ただ、あのときは良い感触をつかむだけで終わってしまった。ああいうときにゴールを決めると、肩の荷が下りたり、自信にもなる。

でも、それができないまま、さらに怪我もした。そこからはけっこう、しんどい時間だった。

ひょっとしたら、ヨーロッパに来てから最もキツかったかもしれない。

これまでも多くの日本人選手がヨーロッパのクラブへと移籍してきたけど、長くヨーロッパで戦い続ける選手だけでなく、すぐに日本に戻る選手もいた。正直なところ、彼らの気持ちはよくわからなかった。そうした決断をする選手たちに対して、少し否定的な感情を抱いたこともある。

幸いにして、僕はヨーロッパに来てから、3年続けてタイトルも獲れた。全く試合に絡めないような経験とも無縁だった。

だけど、今回ばかりは彼らの気持ちがわかるような気がした。

自分の思うようなプレーが全くできなければ、自信はどんどん失われていく。自信を失った状態でピッチに立っても、良いプレーなど望めない。むしろ、以前なら難なく見せられていたプレーすらできなくなっていたりする。そんな現実を目の当たりにすれば、メンタルをやられる。そうなると……日本に帰って、また一からやり直したいと思うのも、少しも不思議ではない。今回ほど、帰国を選んだ選手たちの気持ちに共感できたことはない。

だから、この先にヨーロッパで苦しむ若い選手がいたら、まずはその気持ちに同情してあげられる気はする。まして、僕のように曲がりなりにも色々と経験して、30歳を過ぎてから苦しむのと、20歳前後でヨーロッパに来て苦しむのとでは状況も違うから。

ただ、そうやって彼らの立場を同情してあげたあとには、やはり、こう言うはずだ。

「本当に苦しいよな。それはよくわかる。日本に帰った方が苦しみから早く解放されるのかもしれない。でも、我慢して戦い続けていれば、絶対に光は見えてくるから、あきらめずに頑張れ」

コロナ禍で問われた役割

新型コロナウイルスの被害が報道されるようになった当初は、遠く離れた日本のことを考えていた。

自分には、何ができるのだろうか……。

そんなときだった。TVから、危機的状況にあるマドリードの病院の様子が流れてきたのは。

ヨーロッパのなかでもスペインは新型コロナウイルスの感染者数が特に多かった。そこに映されていたマドリードの病院の混乱ぶりは、モノクロの写真や映像で見た、戦時中の野戦病院のようなだった。

日本のこともそうだが、まずは、自分が暮らしているスペインのためにやるべきことがあるのではないか。そう感じた。

ただ、マドリードにはたくさんのクラブがあるし、首都でもあるから、寄付などのサポートもある程度は寄せられるはずだ。そこで、サラゴサのためにできることを探り始めた。

クラブに相談してみると、サラゴサの出身で、このときはパリSGでプレーしていたエレーラが先頭に立って取り組んでいるプロジェクトについて聞かされた。

エレーラは２０１４年夏にユナイテッドに加入した。香川はこの年の8月末にドルトムントへ移籍したから、一緒にプレーしたのは1ヶ月ほどだ。ただ、連絡先は知っていて、その後もたまに連絡をとることがあった。そして、２０１９年の夏にサラゴサに移籍してからは、美味(おい)しいレストランを紹介してもらったり、連絡をとるペースも増えていた。彼が取り組んでいることがあると聞いて、すぐにコンタクトをとった。

そこで紹介されたのが、高齢者に食事をデリバリーする活動だった。

幸いにして、当時のサラゴサは、マドリードなどとは異なり、病院に患者があふれているような状況ではなかった。スペインでも高齢者がコロナに感染したときのリスクは指摘されていたから、高齢者の感染をさけるのは重要な課題だった。

最終的には香川も日本円にして５００万円以上の額を寄付して、エレーラのプロジェクトに総額５０００万円以上が集まった。

その一方で、サラゴサのキャプテンのサパテルには電話でこう伝えた。

「こういう状況だからこそ、クラブにかかわる人たちの将来や日常が保証されることが大切だと思う。彼らのためになるのであれば、給料の削減などに応じる用意があるから。ただ、みんなが一律の割合で削減するべきだとは考えていないよ」

香川が気を使ったのは、プロとしては駆け出しの選手たちのことだった。2部ともなれば、若い選手たちの給料はそれほど高いわけではない。若くして、所帯を持つ選手などは、給料の減額は大打撃にもなりうる。だから、一律での減額を望んでいるわけでもない、と念を押した。

最終的にはチームのなかで給料の額や年齢なども考慮され、一定の幅のなかで減額が行なわれることになった。

香川を突き動かしたのは、ヨーロッパで戦ってきた10年間で培ってきた自覚だった。

ユナイテッド時代のチームメイトであるマタに誘われて参加した「コモン・ゴール」プロジェクトもそうだが、ヨーロッパでは最も知名度のあるサッカー選手がそうした活動をするのは当然だ。

ドルトムントのときにも毎年のように小児病院をチームみんなで訪れて、若くして病院で苦しんでいる子どもたちを元気づけるような活動をしていた。だから、この時期にサッカー選手として社会のための活動をするとき、何か特別なことをしているという感覚すらなかった。

そうしたスペインでの活動に目処がたったことで、今度は日本の人たちにむけて、できることを考えた。

同じ事務所に所属する選手たちと共同で計20万枚のマスクを寄贈するプロジェクトに参加した以外にも、個人的な希望から、子どもたちのために時間を使うことにした。オンラインのコミュニケーションツールを通して、子どもたちと話をしたり、サッカーを教えるイベントを5日続けて行なった。以前から子どもたち向けのチャリティーイベントなどを開いてきたからこそ、今回も外で遊べない彼らのための活動を最優先したのだ。

あとになって、その活動を見た同じ事務所の若い選手たちの一部から、「自分も同じようなことをやりたい」という声が上がっているのを知った。若いときには社会のために何かしたいと思っても、何をすればいいのか、何ができるのかが、わからないようなケースも少なくない。ヨーロッパに来た最初のシーズンに起こった東日本大震災のときなど、当初は自分に何ができるのかわからずに苦労した経験が香川にもあった。だから、彼らが自分からヒントを得たというのを聞いたときは、少し嬉しく思った。

ただ、スペインから日本の様子を見ていて、違和感を覚えることがなかったわけではない。

例えば、この時期に芸能人などがYouTubeなどに進出することが増えた。それは当然のことだろう。視聴者を楽しませるのが芸能人の仕事だからだ。外に出たり、誰かと交流することが限られているなかで、そうした分野で彼らの力は発揮される。

そんな流れに乗るかのように、スポーツ選手が自作の動画コンテンツを作り始めた。ただ、そのなかにはスポーツ選手の本分を忘れてしまっているのではないかと香川が感じる内容のものも少なくなかった。

例えば、YouTube の番組の企画であれば、「〇〇ベストイレブン」や「人生で対戦したなかですごい選手ベスト3」など。こうすればある程度のアクセス数をとれるというフォーマットにそって、発信する選手も多かった。実際、少しでもプロで活躍したことのあるサッカー選手のところには、そういう形で YouTube チャンネルを作らないかという提案が来る。

そういう提案を受けた選手たちに同情を覚える部分も、香川にはある。

「ヨーロッパのクラブでプレーするようになったり、日本代表に選ばれると、道を歩いているだけでも、『すごい！』と声をかけられたりする。そういうリアクションを受けると、勘違いしたり、調子に乗ってしまう。僕だって、そういう環境にずっといたら『オレはすごい人間だ』と勘違いしてしまうだろうなと思うので……」

ただ、最後までわからなかったのは、サッカー選手のプライベートやピッチの上での経験を面白おかしく話そうとすることだ。そうすることで、自らの価値を自らで落としているように見えたからだ。

「こっちでは、プライベートはある程度放っておいてもらえるけど、その分だけ、本業のサッカーに対しては厳しい目で見られる。勝とうが、負けようが、遊びに行けるし、試合に負けたとしても周囲の人はチヤホヤしてくれる日本とはそこが大きく違う。ドルトムントやマンチェスターでも、試合に負けて、のんきに遊びに出ているのを知られれば、監督やチームメイトからの信頼も失うから」

サッカー選手である以上は、責任も、幸せの源泉もサッカーにあるのだ。

「サッカーに対して厳しい目が注がれるから、試合では何としてでも勝とうとするし、試合にかける気合いが違う。オレたちはそれくらい、サッカーに命をかけてやっているんだよ」

地域を代表するサッカー選手として戦っているから、給料や待遇も良く、社会的な地位も高い。だから、社会で困っている人がいれば率先して行動する。

それが、ヨーロッパにおけるサッカー選手のあり方だ。

ヨーロッパのサッカーや文化の全てが正しいとは、香川も思わない。それでも、そういう考え方だけは見習うべきものだと考えている。

FROM SHINJI

当初は、サラゴサでの寄付の件は公表するつもりはなかった。ただ、エレーラから発表があり、地元メディアでは詳しく報じられることになった。

社会的な影響力のあるサッカー選手が先頭に立って行動するのが当然だと思われているヨーロッパのような文化は、日本にはまだない。むしろ、日本でそういう行動をすると、売名行為だとか偽善だと言われてしまうこともある。そういうノイズが耳に入ってくるのがおっくうで、僕から発表する気はなかった。

ただ、今は当時とは少し異なる考えがある。日本におけるサッカー選手やスポーツ選手のあり方を変えるためには、そういうことも隠さずに伝えていかないといけないと考えるようになった。

僕らは、ファンやサポーターをはじめとして、社会の多くの人たちに支えられている。だからこそ、その社会でハンデを背負っている人がいたり、そんな社会が苦しい状況に置かれているときには、僕らが恩返しをするべきなのだ。

そういう原則を理解すれば、SNSやYouTubeを使って、誰に向けて、どんなことを、何のために発信するべきなのかも、わかると思う。

みんながアスリートとしての意義と責任を考えて発信することで、その価値を高めていきたいと僕は考えている。

光について

期待は、裏切られた。

コロナ禍で、グラウンドでボールを蹴ることが許されなかった期間はおよそ9週間にわたっていた。そこまで空くことは大きな怪我をしたとき以外にありえない。

逆に言えば、普段ならば考えられないくらいの期間にわたって、左足を休ませられたということになる。

「ひょっとして……」

痛みがとれているのではないか。

少しだけ期待して、ロックダウン明けのチーム練習に参加した。また、痛みは出た。左の足首周りと、膝の箇所に。

そんなに甘くないか……。

少し、残念に思った。

でも、このときの香川がそれまでと異なっていたのは、ショックを受けたり、痛みを覚えるだけでは終わらなかったことだ。

自粛期間中にはサボることなく、インドアバイクを漕ぎ、スペイン語の勉強をするというシンプルなルールを守っていたからこそ、ポジティブな心持ちでいられた。

痛みが比較的軽かった膝については、練習場でサラゴサのトレーナーと話しているときに、膝蓋腱の柔軟性について指摘された。

「可動域を広げるようなトレーニングをすることで状態が変わるのでは？」

そんなアドバイスを受けて、柔軟性を増すようなトレーニングを取り入れるようになると、それだけでずいぶんと痛みは軽減された。

懸案だった足首周りについての痛みを解決するヒントは、食事のあとに何気なく足を触っていたときに降ってきた。

右足の甲と左足の甲の腫れ具合を見比べながら、ストレッチをしていたときだった。真剣に向き合っているというよりも、何気なく触っていただけだ。そのなかで、ある動きを加えたら痛みが楽になる感じがあった。

翌日になって同じストレッチを試したところ、やはり、効果が感じられた。そこからは毎日の入浴のあと、身体がほぐれた状態でそのストレッチをしていくことになった。

「気持ちの面でも前向きでいると、何気ないタイミングであのようなアイデアが落ちてきてくれる。あれで、それまでとは痛みの度合いが大きく変わったから。そういうマインドを持てるために行動する意味を改めて感じましたよね」

自粛期間を迎える前の香川ならば、そんなストレッチを試そうとは思わなかったはずだ。ドクターやトレーナーに痛みを軽減するための処置を任せるだけだった。

心が前向きになったからこそ、だったのかもしれない。

これでもう、心配はいらない。

「これまでの8ヶ月、痛みの解消という見えなかった光が、少し見えた」

ここからはピッチの上でゴールやアシストという結果を再びつかむことに意識を向けていった。

リーグ再開後の2試合目となったルーゴ戦では、先制ゴールも決めた。そのあと左足の違和感もあり2試合でベンチ入りしながら、出番がなかったが、それでも気持ちは揺るがなかった。

以前のようなひどい痛みがなかったからだ。香川はドクターでもトレーナーでもないから、痛みだけは解消できない。痛みがないから、試合に出られなくても一喜一憂しない。練習に全力で取り組むだけだった。

この時期には練習で思わぬ副産物もあった。

「それまではチームメイトと意思疎通を図れなかった場面で、スペイン語で会話できるようになった。それだけで、気分も変わってくる。『あぁ楽しかったな』とか、『少しでも、通じ合えたなぁ』と、小さな喜びになる。これまで海外に来てコミュニケーションで困ったことはなかったし、そういうものの重要性はあまり大事にしていなかったかもしれない。ただ、スペインに来て、サッカー以外の部分でもそういうものを作り出していくのは大事なんだなと思った」

この時期はクラブのYouTubeチャンネルやSNSで流れるファン向けの動画でスペイン語を話したことも話題になった。

試合中でもチームメイトと話す機会があれば、積極的にスペイン語で指示を送る。

「よく話していたのは、自分がより、プレーしやすくなるための指示で（笑）。でも、そういうことを伝えるのは大切なこと。攻撃で責任のあるポジションを任されているわけだから、自分がやりやすいように、自分にボールが入りやすくなるように、要求していく必要があるし自分が輝くためにも周囲に要求したりしないといけない。日本みたいに空気を読んでくれるわけではないから、言葉で繰り返して伝えていかないと」

気力がみなぎっていた効果は、何気ないところにも現れた。

後半29分からの途中出場だった、7月9日のテネリフェ戦。ドリブル突破からゴールを狙おうと、積極的にドリブルを仕かけていた香川を止めようとした相手のセンターバックが2度の警告を受け、退場した試合だ。プレーのキレもあったのだが、出場時間の短さやスタメンかどうかは関係なく、チームを引っ張る気迫であふれていた。

相手センターバックが警告を受けたのとは別の場面で、激しいタックルで香川のプレーを止めにきた選手がいた。ファールで倒されると、香川はその選手に向かっていった。そして、顔をギリギリまで近づけて、怒りをあらわにした。あわや乱闘になるほどの迫力だった。ピッチの上では一歩もひるまずに、戦う姿勢を見せないといけない。一つひとつのプレーが自分を含めた多くの人の未来を左右するからだった。

「一応、心は冷静だったから、あれは一つのアピールにすぎないとも言える。でも、そういうところでチームメイトに自分の気持ちを伝えることに意味があると思えるようになったのかもしれない」

これまではあまり見せたことのないような姿勢があったのは、決して偶然ではない。

スペインの2部は1位と2位が1部に自動昇格で、3位から6位までの4チームがプレーオフを戦い、残りひとつの枠を争う。

その2位の座をかけて戦ったのが、最終節のひとつ前のアルバセテ戦だった。しかし、チームは1－4で大敗。これで2位以内に入る可能性が消滅した。しかも、スタメンを外れた香川は最後まで出番すら与えられなかった。

その結果、レギュラーシーズンの最後の試合となるポンフェラディーナ戦は3位から6位までの順位を決めるためだけの戦いになった。

そこでサラゴサは、GKを含めてスタメンを9人も変更した。スアレス、エグアラスなどの主力の大半に休みを与え、怪我などのリスクを避けるためだ。フォーメーションも、それまであまり採用してこなかった〔4－1－4－1〕で戦った。

実は香川は、トップ下のポジションよりも1列下がるインサイドハーフの位置でプレーしたいと考えていた。その理由は主に2つある。

ひとつは、ビルドアップのときに低いところまで下がってボールを受けることが多かったからだ。前線に効果的なボールが入ることが少なかったし、ボールに触れることで香川自身もリズムをつかめたことからのアクションだった。ただ、トップ下からそこまで下がってしまうと、他のポジションの選手とのバランスが悪くなってしまう。インサイドハーフなら、攻撃の組み立てに積極的に参加しても、そのあとのプレーに難なくつなげることができる。

もうひとつは、前線の選手のタイプの問題からだった。サラゴサには細かいパス交換などのコンビネーションを使って、相手の守備を崩すようなタイプの選手がほとんどいなかった。だから、高い位置にいても、センターフォワードのスアレスらと近い距離をとるメリットよりも、スペースを消してしまうデメリットの方が大きかった。それならば、本来はトップ下の選手がいる位置のスペースは空けておき、低い位置からスピードに乗って、そこへ出て行く方が効果的なプレーが見せられると考えていたのだ。

　ポンフェラディーナ戦で香川は多くの場面で攻撃の起点となり、スピードに乗ったドリブルで高い位置に入っていく場面も増えた。直前の６試合で１分５敗という悲惨な成績だったチームの攻撃のリズムも変わり、２－１で勝利をつかみ、３位でプレーオフを迎えることになった。

　ただ、このタイミングでプレーオフ圏への滑り込みを狙っていたフエンラブラダだけではなく、サラゴサにも新型コロナウイルスの陽性患者が出たことで、リーグは大混乱。当初は7月23日と26日に組まれていたプレーオフの準決勝は、およそ３週間遅れでの開催となった。そして、これに伴い、イングランドのワトフォードからレンタル移籍中だったスアレスのレンタル期間は終了。チーム得点王の彼が、プレーオフに出られないことになった。

　それでも、８月14日と17日に行なわれたプレーオフの準決勝のエルチェ戦では、アウェーとホームでの２試合とも、香川はスタメンで送り込まれた。しかも、シーズン最終戦で結果を残した〔４－１－４－１〕のフォーメーションのインサイドハーフのポジションで。

　確かに、ペナルティーエリア付近にさしかかったところでチームメイトの多くが香川を探すほどの存在感を放った。

　しかし、アウェーでのファーストレグは０－０で終わり、セカンドレグを迎えた。

　後半５分にペナルティーエリアに入ってから香川が放ったシュートはクロスバーに阻まれるなど、優勢に試合を進めながらもゴールが遠い。そして、後半37分になって、相手に先制ゴールを許してしまった。

　そのあと、後半41分、サラゴサにＰＫのチャンスがやってきた。この大事な局面で、キッカーのロスは、「パネンカ」を試みる。ＧＫが左右のどちらかに飛ぶことを前提にして、ボールを軽く浮かせて中央に蹴り込むシュートだ。プレッシャーのかかる場面で、「パネンカ」を選択するのには勇気がいる。

　しかし、予想に反して、ＧＫは微動だにしなかった。だから、ＧＫが本来の場所から動くのを前提にしたシュートは完全に失敗。勢いのないシュートは、難なくキャッチされてしまった。

　結局、この日のサラゴサは多くのチャンスを作りながらも１ゴールも奪えず、０－１で敗戦。プレーオフ決勝にすら進めずに敗退が決まった。

　自分の力を証明して、チームにかかわる人たちに幸せを届けてみせる。

そんな意気込みとともにやってきた、サラゴサでのファーストシーズンは開幕前の期待を裏切る形で終えることになってしまった。

FROM SHINJI

痛みを気にせずに継続的にプレーできたのはロシアW杯以来のことかもしれない。

ふとしたことから、あのときのようなストレッチを思いついたのだから、前向きな気持ちで毎日を過ごせるように努力をすることの意義を改めて感じた。

しかも、そうした姿勢を手にできたきっかけの半分はスペイン語の勉強にあった。サッカーとは一見、関係なさそうに見えるものでも、ポジティブに取り組んでいけば得られるものがあるというのを、ヨーロッパに来て10年目にして学んだ気がする。

なお、僕が初めてクラブのＳＮＳにスペイン語で寄せたメッセージで「香川が線過去を用いている」と指摘された。スペイン語で過去を表現するときには、線過去や点過去など、いくつかのパターンがあるのは知っているけど、その使い分けまでマスターしたうえであのように話したわけではない。そういう細かい文法よりも、コミュニケーションをとる意思とポイントを押さえているだけだ。

プレーオフの結果はもちろん、受け入れがたかった。ただ、一部で批判を受けた、セカンドレグでのロスのＰＫについては……相手のＧＫがＰＫの際に早く動く癖があると知っていたから、「パネンカ」を選択したのだと思う。あのＰＫがキャッチされた瞬間は悔しかったけど、ロスがあの選択をした理由は想像できた。

実は、僕もあの試合では自分がＰＫを蹴るチャンスがいつ来てもよいように、事前に相手ＧＫのＰＫの際の動き方を映像で確認していたからだ。僕がＰＫを蹴っていたとしても、ＧＫのタイミングをずらそうと考えたはずだ。

ただ、あのときピッチに立っているメンバーのなかでは、ロスの方がＰＫを蹴る優先順位が上だった。実際、彼はシーズンのリーグ戦で４本のＰＫ全てを成功させていた。それに対して、僕は１本蹴って、

1本成功。自分がPKを任されたときに備えて準備をしてきたけど、1年の積み重ねで彼が蹴ることになった。

もっと僕が長くピッチに立ち、PKを蹴る機会も多かったら、あそこで僕がキッカーになっていたかもしれないし、自分が獲得したPKだったら……と、あとになって考えたりもした。

リーグ戦の再開後は、痛みもなかったから、練習から全力で取り組むことができた。だから、監督の評価に対して腹を立てることもなかったし、最後はピッチの上で証明するだけだと考えていた。

プレーオフの2試合を通して、自分の力をある程度は見せることができたと思うけど、何度かゴールを決めるチャンスがあったなかで、決められず、チームを1部に導けなかったのは事実だ。そこには責任を感じている。

もう少し早く痛みが治まっていれば、もう少し早くインサイドハーフで起用されれば、と思ったが、時間切れだったし、それは言い訳にできない。

最終的にはシーズンで4ゴールという結果だから、物足りなかったとしか評価されない。でも、それが攻撃的なポジションで戦う選手の宿命なのだ。

強くなった心とともに、新天地へ

失意のシーズンが終わったタイミングで、クラブ首脳陣と新シーズンについて話をした。

「バラハ新監督は2トップで戦いたいと望んでいるから、フィジカルの強い前線の選手を獲得しようと我々は考えている。来シーズン、シンジのポジションをうちのチームのなかで見つけるのは難しいだろう」

昇格という目標に届かなかったのだから、彼らが厳しい意見を投げかけてくるのにはうなずけた。

一方で、厳しい意見を聞いても、平然としていられる自分がいることに香川は気がついた。これまでの経験があったからだ。

思うように試合に出られない状況からポジションをつかんだことがあった。シーズン前の監督の構想や戦術とは全く異なるものが、シーズン中に採用されるケースも何度も目の当たりにした。監督にわざわざ個別に呼ばれて、移籍を勧められたこともあった。

そもそも、どこのクラブに行っても保証されることなんてない。ポジションは、良いパフォーマンスを見せて、勝ち取るものだ。

だから、シーズン終了直後のクラブとのやり取りが香川の考えを変えるようなことはなかった。

「『このまま終われないぞ』と自然に思えたわけで。むしろ、『オレも少しくらいは芯が強くなったのかな』と感じた」

まずは、シーズンが終わったこのタイミングで、思い切って心のスイッチをオフにしようと考えた。

レギュラーシーズンの最終戦が行なわれたのが7月20日。サラゴサのプレーオフの最終戦は、8月16日だった。これは、例年ならば開幕戦が行なわれるような時期だ。

コロナ禍で大半の国でシーズンの終わる時期が遅くなったとはいえ、ヨーロッパの大半のクラブより1ヶ月ほど遅いシーズンの閉幕だった。

「サラゴサでは、試合のためにバスで7~8時間かけて移動したことが8回くらいあったけど、思いの外しんどかった。2部だからそういう環境なのだろうけど、そんな過酷な移動は10代のころ以来。ただ、残ったのは肉体的な疲れというよりも、精神的な疲れだから。これはオフでのリフレッシュが必要だなと」

クラブの許可を得て、日本でリフレッシュする時間をもらった。

日本では、ホテルでの隔離期間を経てから、オフにしか会えない人たちと顔を合わせた。これまでとは違って、マスクをして、距離をとりながら。

一方で、新シーズンに向けた身体作りにも取り組んだ。自主トレーニングに付き合ってくれた、かつての仲間がいた。内田篤人だった。8月23日の彼の引退試合は、ホテルで見た。内田の性格からすれば、最後の試合では膝に巻いた痛々しいテーピングをとってプレーするかもしれないと香川は想像していた。

しかし、最終戦でもこれまでと同じように膝にしっかりとテーピングを巻いて戦う姿があった。

やはり、それほどの怪我だったのか……。

そう感じると同時に、気がついた。それほどの怪我なのに、飄々（ひょうひょう）とプレーしてきた内田の強さに。

その後、内田と顔を合わせる機会があった。日本で自主トレをしようにもコロナ禍で、他の選手を誘いづらい。そんな話を伝えたところ、「引退して暇だからさ」という内田らしい言葉とともに、1日だけトレーニングを手伝ってくれた。

「ウッチーって、最後の最後までSNSをやらなかったりと、生き方が少しもブレなかった。自分の所属するクラブを大切にする姿勢や、怪我をしても自ら『痛い』とは言わなかったことも含めて。そこがカッコよかったし、あの生き方にはリスペクトしかなかった。ブレない強さを改めて見せつけられた気がしたよね」

それ以外にも、日本滞在中に何度も通った場所があった。トレーナーの谷川准教授のところだ。

新シーズン開始前のこの時期は、大きな意味を持っている。1年間戦い抜く身体を作るためのプランを練り、そのために必要なトレーニング方法を習得する時間だからだ。

5日間ほどだったが、昼過ぎから始めて、夏の終わりが近づいた9月の陽の入りまで。じっくりと身体を動かす日々だった。

そんな生活も終盤にさしかかったある日のこと。練習が終わり、香川の脚を見た谷川にこう言われた。

「筋肉に艶が出ているね。脚の筋肉がどんどん新しいものに入れ替わっている証拠。ここからまた、進化できるよ」

谷川の指導には独特のメニューと表現がある。「筋肉の艶」というのも、そのひとつだ。その考え方に感銘を受けたから、谷川の教えを仰いでいる。香川は谷川の言葉を聞いて、こう感じた。

眠っている筋肉がいっぱいある。それなら、トレーニングのやり方次第で、まだまだ進化できる！

日本で新シーズンの戦いに向けたエナジーをもらえた。これでまた、新監督のもとで迎えるサラゴサでの新シーズンをフレッシュな気持ちで戦っていける。

そう確信できた。

コロナ禍ということもあり、シーズン後の日本での休みとしては最も短かったが、その短さに負けないくらいのパワーをためて帰ることができた。

サラゴサに戻ってからは、移籍の可能性もにらみつつ、日々のトレーニングに全力で取り組んでいた。

ただ、クラブを取り巻く状況は、失意の昇格プレーオフ敗退を機に一変していた。

最終的には、この夏に他のチームから移籍してきた選手が14人、レンタル移籍期間を終えて戻ってきた選手が6人。計20人もの選手を迎えることになった。大ナタが振るわれたのだ。

香川の運命を決定づけたのは、9月11日に成立した移籍だった。

南米ウルグアイの出身であるフェルナンデスがサラゴサにやってきた。前のシーズンにはレンタル移籍でサラゴサを離れていたブラジル人のライーも復帰していたから、チームには香川を含めて計3人のEU圏外選手が所属することになった。ただ、スペイン2部のチームに与えられるEU圏外の枠はわずか2つだ。

9月25日。サラゴサは、新シーズンのEU圏外となる選手の登録を完了させた。フェルナンデスとライー、昨シーズンはいなかった2人にEU圏外の2つの枠は与えられた。

これにより、香川は新シーズンにサラゴサのEU圏外の選手としての登録から外れることが確定した。

「契約解除は想像していなかった」

香川は後にスペインメディアの取材にそう答え、それが日本にも伝わった。ただ、そのニュアンスを正確に記すと、こうなる。

「契約が残っている自分を、クラブが選手登録から外すことなど想像していなかった」

こうなると、残された道はひとつしかない。クラブと、代理人を含めた香川サイドで話し合いを行ない、契約を解除する方向で話は進んだ。

シーズン中にクラブが選手との契約を解除するのは確かに珍しいが、監督との契約が解除されることはよくあり、そのときの対処はパターン化されている。だから、クラブ側は、監督の契約を解除するときの一般的なケースと同じような解決方法を香川側に提案してきた。

「色々な想いを持って、2年契約を結んでいたのに、こんなことがあるのかよ……」

周囲にそう話したりもしたが、文句ばかり言っても始まらない。頭を切り替えて、状況を整理していった。

こうして、新たな所属先が決まるまでひとりで練習をすることになった。そこで心がけたのは、こういうことだ。

「2~3週間で行き先が決まると思って、準備をしよう」

所属先が決まって初めて本腰を入れてトレーニングをするようでは、試合で活躍できるコンディションを作るまでに時間がかかってしまう。それでは新天地で良いスタートが切れるはずはない。

前向きに取り組めたのには、3つの理由があった。

1つ目は、初めてのロックダウンのときと異なり、自宅の外に出て練習できたから。

2020年の3月から6月途中までのおよそ15週間に及んだスペインでのロックダウンのときには、トレーニングのために自宅の敷地外に出ることは禁止されていた。ただ、今回は当時と異なり、グラウンドに出て、シュートを打ったり、数十メートルの飛距離のボールを蹴ることもできる。

しかも、契約は解除されたものの、サラゴサの練習場を自由に使わせてもらうことができた。

これが、大きかったし、ありがたかった。

クラブスタッフはいつも温かく迎えてくれたのだから。

そもそも、香川の契約解除を決めたのは、SDのアランテギであり、クラブの誰かとケンカ別れをしたわけではない。

「クラブのスタッフたちはみんな優しかったし、少しでも困ったことがあれば、助けてくれた。グラウンドなどの施設も快く開放してくれた」

結果的には、新シーズンのサラゴサが最下位に沈むほどに低迷したため、11月にバラハ監督が、12月にアランテギSDがクラブを追われることになるのだが、その後も、クラブスタッフの対応は変わらなかった。

親切にしてくれた理由は、実は香川にもよくわからない。

最初のシーズンに痛みで苦しんでいたときに、試合日の午前中の誰もいないグラウンドで、身体を温め、痛みのある左足を動きやすくするために汗を流す様子をスタッフが好意的に見ていたからかもしれない。あるいは、一生懸命覚えたスペイン語で多少は直接コミュニケーションをとれるようになったことも関係しているのかもしれない。

何はともあれ、そうした心づかいはやはり、嬉しかった。

かつての香川は、サッカーさえできればいいだろうと考えるタイプだった。もちろん、今も一番大切なのはサッカーで結果を残すことだと思っているが……。

「こうやってコミュニケーションをとって、自分が考えていることを表現していくのも大切だなというのは少しずつ感じるようになったからね」

しかも、11月ごろからはトレーニングパートナーができた。

香川と同じように、前のシーズンにサラゴサでプレーしながら、所属先のなかったコロンビア人のD・トーレスだ。それまでは所属事務所のスタッフや、パーソナルトレーナーにトレーニングのサポートをしてもらっていたが、やはりプロ選手と一緒にトレーニングができるのは大きかった。

これで、メニューの種類も、一つひとつのプレーの強度も上げられた。

2つ目は、最初のロックダウン期間を乗り越えたときに得られた自信を身体が覚えていたことだった。

インドアバイクでのトレーニングとスペイン語の勉強をノルマとして、毎日しっかりクリアしていたあの時期だ。

確かに、風が吹けば飛んでしまいそうな、自分との戦いのなかでの小さな勝利だった。

しかし、小さな勝利でも、2ヶ月近くもしっかり続ければ自信がつくことを知った。あの経験があって、ドン底に思えたところから這い上がってくることができた。

だからこそ、所属先が決まるまでの期間を、心を鍛える時間にしようと思えた。

3つ目は、良きライバルがいたこと。日本代表でも長い間ともに戦ってきた、岡崎慎司の存在だ。

香川は神戸市の出身で、隣接する宝塚市の出身なのが岡崎だ。兵庫県で育った2人は、同じようにドイツやイングランドでプレーした経験がある。そして、漢字は異なるが、ともに名前は「シンジ」である。

ただ、共通点の多さとは反比例するかのように、プライベートでの親交はそこまでなかった。

岡崎は高校まで兵庫で暮らしていたが、2学年下の香川は中学1年で兵庫を離れた。イングランドのクラブにいた時期は異なっていたし、同時期にプレーしていたドイツでは住む都市が遠く離れていた。

そんな2人が、同じタイミングでスペインの2部のクラブへと移籍した。岡崎が所属していたウエスカはサラゴサから車で1時間ほどの距離にある小さな街のクラブ。しかも、彼が住んでいたのは香川のサラゴサの家から車で10分くらいのところだった。

プライベートで会う機会は一気に増えた。バックボーンが重なるところは多いし、サッカーを好きな気持ちならば誰にも負けないという自負を抱えているところも共通点だ。

だから、スペイン2部でのシーズンの間に、2人で色々な話をした。同じ部活で戦う高校生みたいに、熱い話を交わした日もあった。

香川が刺激を受けたのは、岡崎の「結果を残す力」と「覚悟」だった。

岡崎は12ゴールを決めて、ウエスカを1部昇格に導いた。

「岡ちゃんが結果を残したことにはリスペクトしかない」

岡崎は必ずしも印象的なセリフを言うわけではないし、

言葉で周囲を引っ張るタイプでもない。ただ、彼の言葉の端々や生き方からあふれ出ているのが、ヨーロッパで戦うサッカー選手としての「覚悟」だった。

ゴールから見放される時期、怪我をしている時期、長いシーズンのなかでは上手くいかない時間が必ずある。ただ、岡崎は肝が据わっていて、そんなときでも動じない。ヨーロッパの舞台で、日本から来た選手として最後まで戦い抜く覚悟があるのだ。

「あのような覚悟を持てるのは、岡ちゃんがしっかりと物事の本質を見ているからだと思う。そんな岡ちゃんからはものすごく刺激を受けた」

香川にとって嬉しかったのは、2人で話していても、傷のなめ合いにならなかったこと。話せば話すほど、頑張らなければという気持ちが自然とわき出てくる。

「オレも岡ちゃんに負けてられないわ。もっと努力せなアカン」

岡崎と話をした夜、眠りに落ちる前にそう心のなかでつぶやいたことが何度あったかわからない。同志であり、ライバルだった。30代に入ったとしても、ライバルが成長をうながしてくれるのは10代のころと変わらない。

そうした要因が、香川を前向きにしてくれた。

もしも、かつての香川だったら、契約解除という現実にショックを受け、落ち込んでいたかもしれない。なにしろ、これまでのサッカー選手としてのキャリアのなかで、オファーを受けずに契約満了になること、つまり、戦力外のような扱いを受けたことはなかったからだ。アスリートの大半はそういうものに直面する。今回はそれに近かった。

下を向かずにいられたのは、物事が思い通りに進まない現実に「向き合えていた」からだ。

「シンジは2部でプレーするような選手ではない」という反対意見もありながら、スペイン2部のサラゴサへ移籍した理由ははっきりしている。2部のクラブへ行くことのマイナスよりも、スペインでプレーすることで得られるプラスのほうがはるかに大きいと考えたから。

自分で決めたことだ。後悔はない。

だから、落ち着いて、自分に言い聞かせることができた。

「あのときに厳しい決断をしたんだから、その影響があったとしても当然じゃないか！　今さらジタバタしてどうする？」

苦しい状況や難しい状況を受け止め、そこからどう戦うかを考えていけるくらいに心は強くなっていた。

「サラゴサでの1年の経験は自分を変えてくれた。オレは強くなった。それだけは言えるから」

だから、所属先が決まらないまま1ヶ月、2ヶ月と過ぎても、自分を責めることも、悲観的になることもなかった。

そうやって毎日のトレーニングに淡々と取り組んでいる間に2021年を迎え、1月に入った。もちろん、いつオファーが来てもいいように、年末年始に日本に帰ることもないままに。

これ以上待っても、自分が心から行きたいと感じるオファーは来なそうだ。そう感じ始めたのが1月の後半に入ってから。その時点で、届いていた正式なオファーを改めて精査した。この冬の主要国の移籍期限は2月1日だったが、期限よりも少し早めに見直したのは過去の反省からだ。

2年前にベシクタシュへ移籍したときには、期限ギリギリで動いたため、監督らと満足に話をする時間もなかった。もちろん、厳密に言えば、今回の香川は所属クラブがなかったため、2月1日を過ぎても交渉は可能だ。ただ、2月1日直前に多くの移籍交渉がまとまっていくため、それよりも少し前に動き、しっかりとクラブの方針などを聞く時間をとるべきだと考えたのだ。過去の教訓を活かそうと香川は考えた。

精査していくなかで、心に響いたのがPAOKテッサロニキのオファーだった。

まず、ガルシア監督と話をした。彼が考えているプランやフォーメーションなどについて聞いた。その過程で知りたかったのは、監督やクラブがどのような理由で自分に興味を示したのかについてだった。というのも、ヨーロッパの中堅国のなかには、選手の獲得してきたタイトルや知名度、人気を選手獲得の際の基準にしているクラブも少なくない。

ガルシア監督と話をして感じたのは、都合の良い話ばかりを口にする人〝ではない〟ということ。監督にはやりたいサッカーがあり、その実現のために香川を必要としてくれる。かといって、「君ならレギュラー間違いなしだ」などと口にすることなく、当たり前のように競争を求めてきた。ポジションについては監督としてはトップ下のようなプレーを求めるが、香川がシチュエーションによってはインサイドハーフ的な役割も担いたいと伝えれば、柔軟に意見交換をしてくれる。誠実で、健全な話ができた。

ここまで来れば、迷いはない。

1月27日、ギリシャの名門PAOKの一員となった。背ている。


番号はこれまでと同じように23番を選んだ。そして、背番号の上部にプリントされるネームはベシクタシュに移籍してから続けているように、「KAGAWA」ではなく「SHINJI　KAGAWA」にした。

「みんなにはSHINJIと呼んでもらいたい。でも、登録名はKAGAWAだし、SHINJIだけだと縦長のアルファベットが並んでバランスが悪い。どうしようか考えたときに、セルヒオ・ラモスなど、スペインの選手がよくやっているフルネームでの表記が良いかなと思って」

ギリシャにも依然としてコロナの影響があるため、ベシクタシュに加入したときのような記者会見も、サラゴサに入団したときのような華々しいセレモニーもない。

これまでと比べればかなり静かに、PAOKの一員としての第一歩を踏み出すことになった。

ド派手なイベントなんて今はいらない。大げさな目標も口にしない。

どんなことがあっても、黙々と、毎日ベストを尽くしていく。

そんな決意を表すかのような船出となったことは、決して偶然ではない。

香川はそう信じて、新しい自分を表現していこうと考え

あとがき

僕の胸は今、晴れ渡っている。

こんな気持ちは、初めてかもしれない。

怖いもの知らずで、勢いに背中を押してもらっていた若いころには味わえなかった感覚だ。かといって、30歳のときとも違う。余裕と自信を持って、毎日の練習と試合に取り組めている。

自分の気持ちに向き合って下した決断を経て、ギリシャで戦っているからだ。


2019年夏、ヨーロッパ生活10年目にして、ようやくスペインの舞台にたどり着いた。

そもそも、僕の心のなかにはスペインで挑戦したいという強い想い(おも)が昔からあった。それなのに、その想いの強さに気づけなかったから、ヨーロッパに来てからスペインでプレーするようになるまで9年もかかってしまった。

ただ、「シンジは2部リーグで戦うべき選手ではない」と反対されても、スペインへ挑戦して本当に良かったと思っている。

だから、今回もギリギリまでスペインでプレーする道を模索した。1秒でも長くピッチに立つことがサッカー選手の生きがいだが、一時的にそのチャンスがない日々を過ごしても、こだわり続けた。

当然ながら、所属するクラブがなければお給料をもらえない。31歳になって、働く場所を得られないキツさ、もどかしさ、焦燥感――。多くの方にとって想像するのは難しくないはずだ。

そんな現実とも向き合いながら、所属クラブのない時間を僕は過ごしていた。

サラゴサとの契約を解除してすぐにＰＡＯＫに来たのと、４ヶ月近くもスペインでプレーする道を模索したうえでＰＡＯＫに来たのとでは、全く違う。

ここに至るまでの間に別の選択をしていたら、いつか必ず、後悔することになっただろう。

この浪人期間中に、たびたび聞かれた質問がある。

「日本でプレーするつもりはないのですか？」

僕は今のところ、日本に帰ってプレーしようとは考えていない。Jリーグのレベルを下に見ているからではない。

自分の志を曲げたくないからだ。

僕はブレたくない。

貫くべきは、僕がヨーロッパに来た理由だ。

サッカー選手として成長したいから、ヨーロッパを選んだ。

最初にドルトムントに来たときから、目標は変わらない。今振り返れば生意気だったとは思うけど、当時は「少しでも早く次のステップに進みたい」と口にしたほど。あのころからサッカー選手としての階段を上ることに夢中だった。

自分の成長を考えたとき、サッカー界の頂点へ地続きでつながっているヨーロッパで戦い続けるのが最善の道だと考えている。

そして、もうひとつ、理由がある。

日本代表の存在が心にあるからだ。

過去に参加した2回のW杯を通して感じたのは、ギリギリの戦いに身を置いた経験こそが、大一番でものをいうということ。

そんなギリギリの戦いを続けて手にできるのが、強さだと思う。

W杯のような舞台では国中の注目と期待が注がれるから、プレッシャーは大きい。

相手も必死になって戦ってくる。プレーの強度、いわゆるインテンシティーは高く、一つひとつのプレーで相手から受けるプレッシャーもそれまでとは段違いだ。

そんな試合のなかで訪れる苦しい時間帯や逆境に立たされたときに求められるのが、精神的な強さだと気づいた。

過去2大会に出場したけど、そこでの僕自身の経験と、所属クラブでチームメイトだった選手や対戦した選手がW杯で優勝するのを見て、それに気がついたのだ。

ヨーロッパでは、日本にいるときとは比べものにならないほどのストレスがかかる状況でサッカーをやるから、結果を残したときの喜びもひとしおだし、そこでの戦いを通して、僕らは強くなれる。

だから、2022年のW杯までは、ヨーロッパで戦い続けると心に決めているのだ。

2019年1月末にベシクタシュに移籍してから、2020年の5月ごろまで、僕が悩まされ続けていたのは、理想のイメージと、目の前にある現実とのギャップだった。

高い理想を抱きながら、上手くいかない現実を見ようとすればするほど、そのギャップの大きさにうちのめされた。それを繰り返していくうちに、心はすり減り、気力が失われていった。足の痛みがひどくなった理由はいくつかあるけど、原因のひとつは当時の僕のメンタルにもあったと思う。

理想ばかり高くしてもダメ。かといって、現実から目をそらすのも良くない。

少し余裕を持っていないと、心はパンクしてしまう。何となくわかっていたつもりだったけど、この1年半でついに理解した気がする。

僕はようやく、自分の心を上手くコントロールできるようになった。サッカーに夢中になっているときにしか感じられない、あのしびれるような瞬間をこれからも味わいたい。

心を震わせてくれる環境なんて、誰も用意してくれない。後悔しないように歩んできた道に、ワクワクする環境を僕の力で作り出していく。

それが、サッカー選手としての成長につながると信じて。

香川真司

香川真司　SHINJI KAGAWA

１９８９年3月１７日生まれ。兵庫県出身。中学入学と同時に宮城県へサッカー留学し、FCみやぎのジュニアユースに所属。高校２年生でセレッソ大阪に加入、J２得点王に輝くなどクラブのJ１昇格の原動力となる。２０１０年、ドイツのボルシア・ドルトムントに移籍すると中心選手として活躍し、９期ぶりのブンデスリーガ制覇やクラブ史上初となる国内2冠に大きく貢献。２０１２年にイングランド・プレミアリーグの名門マンチェスター・ユナイテッドに移籍してリーグ優勝を経験。その後、ドルトムント、トルコのベシクタシュJK、スペイン２部リーグのレアル・サラゴサを経て、ギリシャのPAOKテッサロニキに所属。日本代表には平成生まれの選手として初めて選出され、背番号１０を背負い、２０１４年ブラジルW杯、２０１８年ロシアW杯に出場。日本代表９７キャップ、通算３１ゴール。１７５cm、６８kg。ポジションはMF、FW。公式Twitter：@S_Kagawa0317　公式Instagram：@sk23.10

ミムラユウスケ　YUSUKE MIMURA

スポーツライター。2009年1月にドイツへ渡る。日本のメディア関係者としては唯一ドルトムントに住んだ人物であり、フランクフルト在住期間を含めて計8年弱にわたって現地で取材。2016年9月に拠点を日本へ戻す。W杯と日本代表の試合も2010年南アフリカ大会から取材を続けている。著書に内田篤人との共著『淡々黙々。』、『千葉ジェッツふなばし 熱い熱いＤＮＡ』、横浜ビー・コルセアーズに取材した『海賊をプロデュース』（共著）がある。公式Twitter：@yusukeMimura

構成　　　　　ミムラユウスケ
デザイン　　　山本知香子
写真　　　　　操上和美（カバー、扉、巻頭モノクロ）
巻頭カラー（順に AFLO／千葉格、ロイター、JFA）
AFLO（三章扉／picture alliance、四章扉／Press Association、六章扉／新井賢一、七章扉／ロイター、八章扉／なかしまだいすけ）、千葉格（五章扉）
その他は著者提供
スタイリング　鈴木肇
マネジメント　UDN SPORTS
編集　　　　　二本柳陵介、宮寺拓馬（幻冬舎）

※各選手の所属チームなどを、一部省略させていただきました。
※所属チームなどのデータは、2021年3月1日現在のものです。

心が震えるか、否か。

2021年4月5日　第1刷発行
2021年4月30日　第2刷発行

著　者　香川真司
発行人　見城 徹
編集人　舘野晴彦
編集者　二本柳陵介

発行所　株式会社 幻冬舎
〒151-0051 東京都渋谷区千駄ヶ谷4-9-7
電話　03(5411)6269(編集)
　　　03(5411)6222(営業)
振替　00120-8-767643
印刷・製本所：図書印刷株式会社

検印廃止

ISBN978-4-344-03722-9 C0095
幻冬舎ホームページアドレス　https://www.gentosha.co.jp/

この本に関するご意見・ご感想をメールでお寄せいただく場合は、
comment@gentosha.co.jp まで。